Über dieses Buch Über Hitchcocks Werke und ihre Machart ist viel geschrieben worden, er selbst hat sich der Öffentlichkeit immer nur wie maskiert gezeigt und hat eifersüchtig darüber gewacht, daß sein privates Leben privat blieb. Nie hat er auch den diskretesten Blick in seinen persönlichen Seelenhaushalt gestattet. So war die Tatsache, daß sich der alte Geheimniskrämer in seinem achtzigsten Lebensjahr bereitfand, eine Biographie zu »autorisieren«, schon eine kleine Sensation.

John Russell Taylor schildert kenntnisreich und detailliert den Werdegang Hitchcocks, mit dem ihn eine langjährige Freundschaft verband, von den ersten Anfängen in der frühen englischen Stummfilmzeit bis zum Weltruhm in Hollywood, wo der exzentrische Regisseur in den fünfziger Jahren als erster Filmemacher der Kinogeschichte zum Kassenmagneten wurde. Zugleich gibt der Autor überraschende Einblicke in die Arbeitsmethoden des Meisters. Jeder einzelne Film wird ausführlich behandelt; denn der Satz: »Sein Leben, das sind seine Filme« gilt für niemanden mehr als für Alfred Hitchcock.

Die »Times« schrieb über diese Biographie: »Ein wirklich großes Buch. Nie zuvor hat jemand Hitchcock so genau bei der Arbeit beschrieben noch diese Arbeit so präzise und kritisch bewertet.«

Der Autor John Russell Taylor, geboren 1935, war in den sechziger Jahren Filmkritiker der Londoner »Times« und von 1972 bis 1979 Professor an der Cinema Division of the University of Southern California. Neuerdings ist er wieder Kritiker bei der »Times«.

John Russell Taylor

Die Hitchcock-Biographie

Alfred Hitchcocks
Leben und Werk

Aus dem Englischen
von Klaus Budzinski

Fischer Taschenbuch Verlag

Titel der Originalausgabe:
Hitch. The Life and Work of Alfred Hitchcock

Fischer Taschenbuch Verlag
August 1982
Umschlagentwurf: Jan Buchholz/Reni Hinsch
Foto: Süddeutscher Bilderdienst
Fischer Taschenbuch Verlag GmbH, Frankfurt am Main
Lizenzausgabe mit freundlicher Genehmigung
des Carl Hanser Verlags München Wien

Druck und Bindung: Clausen & Bosse, Leck
Printed in Germany
1480-ISBN-3-596-23680-0

Für Nicolas

Inhalt

Vorbemerkung

Mein erster Dank gilt Alfred und Alma Hitchcock, ihrer Tochter Pat (O'Connell) und seiner Schwester, Mrs. Nellie Ingram. Sie haben mir in jeder Hinsicht aufs freundlichste geholfen, ließen mich ihre Zeit und Aufmerksamkeit weit über Gebühr strapazieren und beantworteten alle meine Fragen, passende wie unpassende, mit größter Liebenswürdigkeit und Präzision. Ohne ihre unermüdliche Hilfe wäre dieses Buch nie zustande gekommen. Besonderen Dank schulde ich auch Peggy Robertson, Hitchcocks persönlicher Assistentin, und seinen Mitarbeitern bei Universal; desgleichen den Teams von FRENZY und FAMILY PLOT.

Jeder, der einmal mit Hitchcock gearbeitet hat, spricht über ihn mit Freude, doch möchte ich insbesondere all denen danken, die sich trotz voller Terminkalender die Zeit nahmen, mir zu helfen, wann immer sie konnten. Unter anderen waren es: Rodney Ackland, Michael Balcon, Eric Barton, Charles Bennett, Ingrid Bergman, Robert Boyle, Carlos Clarens, Juliet Benita Colman, Marlene Dietrich, Henry Fonda, Joan Fontaine, John Gielgud, Ted Gilling, Cary Grant, Joan Harrison, Edith Head, Tippi Hedren, Bernard Herrmann, Patricia Highsmith, John Houseman, Bernard Kantor, Arthur Knight, John Kobal, Ernest Lehman, Norman Lloyd, Margaret Lockwood, Sarah Marshall, Jessie Matthews, Ivor Montagu, Michael Redgrave, Victor Saville, Daniel Selznick, Fred Sill, Donald Spoto, Joseph Stefano, James Stewart, Peter Viertel, Lew Wasserman.

Noch viele andere haben mir meine Arbeit beträchtlich erleichtert. Genannt seien hier Penelope Houston und das Redaktionsteam von *Sight and Sound*, die eine erste Fassung des 15. Kapitels vorabgedruckt haben; Brenda Davies, Gillian Hartnoll und die anderen in der Bibliothek des British Film Institute; Jeremy Boulton und sein Team im National Film Archive; die Mitarbeiter der Bibliothek der Academy of Motion Picture Arts and Sciences; John Hall und seine Leute bei RKO Radio in Los Angeles; mein Assistent Bill Lewis sowie meine Kollegen in der Cinema Division of the University of Southern California.

Oktober 1977 J. R. T.

Das Rätsel Hitchcock

Zweierlei steht fest: Jeder kennt Alfred Hitchcock – und niemand kennt ihn. Sicher weiß jedermann, wie er aussieht. Seit den dreißiger Jahren, als seine kurzen persönlichen Auftritte in jedem seiner Filme zu seinem »Markenzeichen« wurden, hat sich seine Erscheinung dem Publikum stärker eingeprägt als die aller anderen Filmregisseure. Außer Cecil B. de Mille ist er der einzige, dessen Name in einem Film mehr Gewicht hat als die Namen aller mitwirkenden Stars. Doch seit den verschiedenen Fernsehserien mit Titeln wie ALFRED HITCHCOCK PRESENTS, in denen er zu Anfang und Ende jeder Episode persönlich vor die Kamera trat, haben die Dinge sich regelrecht überschlagen. Hitchcock ist heute ein reicher Mann, und, was noch alarmierender ist, vermutlich der einzige Mensch, der fast überall in der Welt auf Anhieb erkannt wird. Einem Freund, der vor Jahren mit ihm gereist ist und ihm dies einmal im Scherz entgegenhielt, widersprach er zwar heftig, konnte aber als Gegenbeweis nur vorbringen, Filmstars seien außerhalb ihrer vertrauten Umgebung ganz unscheinbare Figuren. Man stelle sich Barbra Streisand im Feinkostladen an der Ecke vor oder Robert Redford in einem Bus der Linie 14. Auch prominente Politiker würde man außerhalb ihres Landes und Rahmens kaum ohne weiteres identifizieren – Mao Tse-tung wäre auf der Straße einer amerikanischen Großstadt nur einer von vielen Chinesen. Doch Alfred Hitchcock würde man fast überall auf der Welt in jedem beliebigen Kontext sofort erkennen, und zwar als Alfred Hitchcock und nicht als jemand, der ihm irgendwie ähnlich sieht. (Er selber sagt: außer in England, wo man ihn nie erkenne, weil er wie tausend andere aussehe – eine Behauptung, die man wie vieles, was er sagt, mit Vorbehalt nehmen muß.)

Allerdings ist sein Erscheinungsbild und sein Image, wenn auch nicht vorsätzlich in allen Details von ihm selbst erzeugt (er hat sich zum Beispiel nie mit seinem Übergewicht abzufinden gelernt), so doch zumindest sorgfältig kultiviert, fast wie eine Maskerade. Man hat manchmal geradezu den Eindruck, Alfred Hitchcock trage eine Alfred-Hitchcock-Maske, oder in dem dicken Mann stecke ein anderer dicker Mann, der mit aller Gewalt heraus will. Und in der Tat: für jemanden, über den soviel geschrieben wird und der sich des Wertes und der Möglichkeiten der Publicity so bewußt ist wie er, hat er es erstaunlich gut geschafft, privat zu bleiben – ein schüchterner, zurückgezogen lebender Familienvater, umgeben von Büchern und Bildern, von Frau und Hund sowie einem kleinen Kreis enger Freunde; eine Tochter wohnt mit ihrer Familie in nächster Nähe. Außer gelegentlichen Einblicken in seine legendäre Küche und seinen Weinkeller erscheint in Zeitungen und Magazinen wenig über sein Privatleben. Seine Frau ist seit 1926 selten interviewt worden, seine Tochter, soweit ich weiß, noch nie. Bekannt ist, vor allem seit französische Kritiker gern darauf hinweisen, daß er römisch-katholische Eltern hatte und römisch-katholisch erzogen wurde, doch welchen Einfluß der Katholizismus auf sein Erwachsenenleben ausgeübt hat, ist immer noch ein tiefes Geheimnis. Aufgrund seiner Filme und einiger ungeheuerlicher Aussprüche hält man ihn oft für einen Menschenfeind, oder genauer: für einen Frauenfeind, doch schildern ihn alle, die je mit ihm zusammengearbeitet haben, als den freundlichsten und sanftmütigsten Menschen der Welt, und sein Mitarbeiter-Team besteht seit jeher zu einem beträchtlichen Teil aus Frauen (allen voran, von Anfang an, am längsten und am wichtigsten seine Frau Alma Reville), mit denen er offensichtlich noch besser auskommt als mit Männern. Und wer würde wohl ohne nähere Kenntnis der Umstände in dem fröhlichen Zyniker, als welcher er sich in der Öffentlichkeit gibt, die sentimentale Ader vermuten, jedes Jahr, wenn nur irgend möglich, stets dieselbe Weihnachts- und Neujahrs-Pilgerfahrt nach St. Moritz in jenes selbe Hotel zu machen, wo er mit seiner Frau im Dezember 1926 die Flitterwochen verbrachte?

Dieses vorbildlich konservative, extrem private Privatleben hat ihm in seinen ersten zehn Hollywood-Jahren wohl am ehesten den (zuweilen verbissenen) Respekt der Großen der Filmbranche eingebracht. Er mag noch so sonderbar und unbegreiflich (und herausfordernd englisch) sein, zumindest hat nie jemand seinen ganz auf die Sache gerichteten Professionalismus bezweifelt, dem es mehr darum ging, einen erfolgreichen Film als ein Vermögen zu machen (wenn sich auch das eine recht glücklich zum anderen fügte). Hitchcock ging nie auf Parties, hatte keine Affären mit Stars und machte eigentlich nie etwas anderes als Filme. Als man ihn kürzlich fragte, was er am liebsten täte, wenn er es sich aussuchen könnte, antwortete er: »Ich weiß nicht. Ich liebe Bilder, aber ich kann nicht malen. Ich liebe Bücher, aber ich bin kein Schriftsteller. Das einzige, was ich kann, ist Filme machen. Ich könnte mich nie zur Ruhe setzen – was gibt es denn sonst noch?« Ein Rätsel mag er schon sein, doch er war stets auch eine Art Vorbild.

Denn außer dem privaten Hitchcock und dem öffentlichen Hitchcock gibt es auch den professionellen Hitchcock: den, der seine ganze Kraft auf die Vorbereitung eines Films verwendet, der vorher alles bis ins kleinste Detail durchkalkuliert und völlig in der minutiösen Umsetzung seiner Pläne aufgeht; den Mann der Routine und striktesten Disziplin, den ruhenden Pol selbstsicherer Zielstrebigkeit im Atelier, den Mann, der nie die Stimme zu heben braucht, der – und das in dieser Welt der überschäumenden Temperamente! – nie Wutausbrüche hat, ja der sogar glaubt, er könne nicht einmal Wut *empfinden*. Jahrelang hat er alles darangesetzt, sich zu einer perfekten Filmfabrikationsmaschine zu machen, und so ist der Ausspruch eines anderen Filmemachers, der ihn seit vierzig Jahren kennt, in einem bestimmten Sinne durchaus richtig: »Es gibt keinen wahren Alfred Hitchcock außerhalb seiner Filme.«

Aber irgendwie muß es doch einen wahren Alfred Hitchcock außerhalb seiner Filme geben. Denn alle ernsthaften Aussagen über Wesen und Wirkung seiner Filme verweisen auf ein und dieselbe Grundhaltung: Film sei ein Mittel zur Beherrschung der Menschen, eine Waffe im Lebenskampf. Orson Welles hat den Film einmal das schönste Spielzeug genannt, das je ein Junge in die Hand bekommen hat; Fellini sieht in ihm ein imaginäres Theater, in dem der Filmemacher seine Phantasien ausagieren und in die Wirklichkeit umsetzen kann. Für Hitchcock scheint er der Hebel zu sein, mittels dessen ein verschreckter Mensch, der ständig unerklärlichen Schuldgefühlen und Ängsten ausgesetzt ist, diese durch Manipulation anderer Menschen überwinden kann, ein Werkzeug, die Menschen geistig zu beherrschen und sie zunächst einmal genau dahin zu bringen, wohin sie, wie er befürchtet, *ihn* haben wollen.

Denn Hitchcock ist nicht so sehr *in* seinen Filmen – er *ist* seine Filme. Man kann mit Psychoanalyse alles beweisen, also auch, daß seine katholische Erziehung Spuren hinterlassen habe, die noch heute in seinen Filmen sichtbar werden (warum wohl hätte ihn sonst die bloße Idee, einen Bischof mitten aus der Messe heraus kidnappen zu lassen, so sehr erregt, daß er darauf seinen ganzen dreiundfünfzigsten Film, FAMILY PLOT, aufgebaut hat?). Oder daß ein ungutes Erlebnis beziehungsweise Nicht-Erlebnis mit einer kühlen Blonden die Wurzel all jener Filme sei, in denen die Blonde trotz all ihrer Kaltblütigkeit am Ende stets unweigerlich zu einem Häufchen Elend zusammenschrumpft. Ob diese Hypothesen nun stimmen oder nicht, Tatsache bleibt, daß diese Elemente sich in einer Kunst niedergeschlagen haben, die keiner äußeren Erklärung bedarf. Einerseits ist Hitchcock der raffinierteste aller Filmemacher, derjenige, der seine Mittel und seine Zwecke am besten beherrscht; andererseits gehört er zu den großen Primitiven – darin nämlich, daß er sich mit äußerster Unbefangenheit total in seinen Filmen entblößt. Freilich kommt das dank seines starken Talents auf dasselbe hinaus.

Darum ist es im Grunde auch gleichgültig, was für ein Mensch Alfred Hitchcock ist und ob sich der »wahre Hitchcock« ans Licht bringen läßt. Doch auch wenn solche Fragen unser Urteil über seine Filme kaum berühren, gibt es eine rein menschliche Neugier, die uns zur Lösung des Rätsels drängt. Und ohne Zweifel bleibt Hitchcock ein Rätsel. Wie soll man seine verschiedenen, einander widersprechenden Erscheinungsbilder unter einen Hut bringen: den würdevollen, formellen Profi und den schamlosen Selbstdarsteller, der für ein Bild in der Zeitung noch die abgeschmacktesten Gags nicht scheut; den treusorgenden Ehemann, der vor seiner Heirat nie mit einem Mädchen ausgegangen ist, und den fragwürdigen alten Knaben der späteren Filme, den so offenkundig die Ströme und Nebenströme des Sex faszinieren; den Mann, der mit todernstem Gesicht und erhobenem Zeigefinger die Torheiten anderer kritisiert, und den grinsenden, verletzlichen Schuljungen, der dann und wann unversehens für einen kurzen Augenblick hinter der Fassade hervorlugt? Es muß also letzten Endes drei Hitchcocks geben. Zum einen den öffentlichen Hitchcock: den Publikumsunterhalter, den geschickt stilisierten Typ. Zum zweiten den professionellen Hitchcock: den passionierten Filmemacher, der sich ganz auf seine Arbeit konzentriert und nicht an seiner Konzeption und ihrer akkuraten Ausführung rütteln läßt. Zum dritten schließlich den privaten Hitchcock: den Familienvater unter Ausschluß der Öffentlichkeit, der nur selten vom Muster einer Häuslichkeit in klassischer Schlichtheit und Bescheidenheit abweicht, ein Inbegriff englischer Mittelstandstugenden. Wer davon ist der »wahre« Hitchcock? Nun, alle drei natürlich. Der Feinschmecker mit den leicht makabren Witzen und den stoischsteif geäußerten Ungeheuerlichkeiten ist ebenso echt wie der entschiedene Privatmann, der gelegentlich zum Vorschein kommt, wenn er von seinen frühesten Kindheitserinnerungen spricht oder wenn er begeistert von diesem oder jenem Lieblingsstück aus seiner erlesenen Gemäldesammlung schwärmt – einer Aquarell-Gruppe von Rowlandson, einer Landschaft von Sickert, einem Klee.

Es liegt in Hitchcocks Format als Künstler und Mensch, daß er all das mit ganzem Herzen und nichts davon restlos ist. Jorge Luis Borges beschwört in einer Kritik über *Citizen Kane* den Schatten G. K. Chestertons herauf (nebenbei: auch ein englischer Katholik aus der Jahrhundertwende) mit dem Zitat, das furchterregendste Labyrinth sei ein Labyrinth ohne Mittelpunkt. Viele finden Hitchcock furchterregend, einige davon aus genau diesem Grunde. Ziel dieses meines Buches ist es, in das Labyrinth einzudringen und seinen Mittelpunkt zu suchen.

Ich bin dazu erst auf ziemlich verschlungenen Umwegen gekommen. Wie vermutlich die meisten Menschen kannte ich den Namen Hitchcock, bevor ich die leiseste Ahnung davon hatte, was ein Filmregisseur eigentlich macht – obwohl ich wohl kaum je die Meinung jenes Schuljungen teilte, den ich kürzlich in einer Buchhandlung kategorisch zu einem Freund über Hitchcock habe sagen hören: »Natürlich macht der an seinen Filmen überhaupt nichts, weißt du – er führt nur Regie.« Einer der ersten Filme, die ich gesehen habe, war THE THIRTY-NINE STEPS, woraufhin ich gleich auch JAMAICA INN sehen mußte, obwohl meine Eltern meinten, der Film sei für mich vielleicht ein bißchen zu grausig. Kurz bevor ich 1962 Filmkritiker der *Times* wurde, lernte ich »Hitch« kennen und freundete mich in den folgenden Jahren einigermaßen mit ihm an, wie sich ein Kritiker mit einem Filmemacher eben anfreunden kann.

Richtig kennengelernt habe ich ihn allerdings erst, als ich nach Los Angeles kam, um an der University of Southern California zu lehren. Ich hatte mit der Filmindustrie nicht mehr direkt zu tun und war ein weiterer Engländer in einer fremden Stadt. Hitch war sehr nett zu mir, und wir pflegten bald ziemlich regelmäßig miteinander zu Mittag zu essen. Es waren gemütliche, gesellige Mahlzeiten, bei denen wir zwanglos über Filme plauderten, die wir gesehen hatten, über England in alter und neuer Zeit und natürlich über Hitchs Vergangenheit und was er alles erlebt hatte – all das verschlang ich mit der Gier des unverfrorenen Fans.

Schon früh war mir aufgefallen, daß unter den vielen Büchern über seine Filme kein einziges den Menschen Hitchcock behandelt – selbst Truffauts Marathon-Interview berührt in der Diskussion über Hitchcocks Werk persönliche Dinge nur am Rande. Ich dachte mir also, jemand müßte über Hitch eine Biographie schreiben. Und warum nicht ich? Ich hatte lang und breit über seine Filme geschrieben, hatte eingehend die stiefmütterlich behandelte Frühzeit der britischen Filmindustrie studiert; mehr noch: Meine eigene englische Herkunft und Familiengeschichte wies ein paar überraschende Ähnlichkeiten mit Hitchcocks Ursprüngen auf, was mich in die Lage versetzte, die Bindungen und Windungen seiner lebensentscheidenden frühen Jahre zu verstehen.

Ich unterbreitete ihm die Idee. Er zögerte. Er sagte, man habe ihn oft darum gebeten, und immer habe er nein gesagt. Mir wollte er es zwar nicht gleich abschlagen, aber er wollte auch noch nicht ja sagen. Und damit war das Thema erledigt. Ich merkte allerdings, daß er in den folgenden anderthalb Jahren immer wieder die Rede darauf brachte, mit Formulierungen wie: »Wenn Sie dieses Buch mal schreiben . . .« Also faßte ich mir schließlich ein Herz und bat ihn erneut, und diesmal stimmte er ohne Zögern zu. Wie ich später erfahren sollte, geht er die meisten neuen Projekte auf diese Weise an: Er überstürzt nichts, sondern läßt sich Zeit, die Sache abzuklopfen, läßt sich von dem Betreffenden sozusagen »vorsprechen« und entscheidet sich erst, wenn er seine Antwort fix und fertig hat. Hat er sich aber einmal entschieden, dann bekennt er sich voll und ganz zu seiner Entscheidung. So beantwortete er alle meine Fragen, wie unverschämt sie auch sein mochten, brachte mich oft und oft mit seiner Frau und seiner Tochter zusammen und ebnete mir den Weg zu Gesprächen mit vielen Menschen, die jahrelang mit ihm zusammengearbeitet, aber niemals Interviews gegeben hatten und es nur Hitch zuliebe tun wollten.

Nur selten schreibt er persönliche Briefe, und kaum je hat er sich mit so etwas wie persönlichen Aufzeichnungen belastet. Über seine späteren Filme gibt es eine Fülle von Dokumentationen, aber nur wenige oder gar keine über seine frühen, die er noch nicht selber produziert hatte. Er besitzt kaum Fotos von sich aus der Zeit vor 1930 (Kinderbilder von ihm existieren anscheinend überhaupt nicht) oder von seiner früheren Umgebung. In vielen Details muß sich der Biograph weithin auf Hitchcocks Gedächtnis verlassen. Zum Glück ist es phänomenal. Wie jeder große Erzähler hat er Geschichten auf Lager, die er gern erzählt und die er auf Bitten seiner Zuhörer immer wieder erzählen muß. Aber auch die erzählt er, obwohl sie sich im wesentlichen gleichbleiben, nie zweimal auf die gleiche Weise: Immer wählt er einen neuen Blickwinkel, der neue Einzelheiten zutage fördert. Auch sonst kann man ihn auf fast alles ansprechen, ihn nach Dingen fragen, über die nachzudenken er in den letzten vierzig oder mehr Jahren offensichtlich keine Gelegenheit hatte, und er wird mit präzisen Namen und Daten aufwarten, wie sie kaum einer von uns über Ereignisse der letzten Monate referieren könnte.

Dazu kommt, daß ich die einzigartige Gelegenheit hatte, einen ganzen Film – FAMILY PLOT – von der Grundidee bis zur Uraufführung durch alle Stadien zu verfolgen. Da das bislang noch niemand getan hat, ein chronologischer Bericht über Hitchcock *at work* aber nicht nur an sich interessant ist, sondern auch ein Licht auf seine Persönlichkeit und seine Denkweise wirft, habe ich mich im letzten Kapitel in einer sonst vielleicht als unproportioniert erscheinenden Breite über Einzelheiten dieses Films ausgelassen. Insgesamt ist dieses Buch jedoch das Ergebnis einer Befragung, bei der ich versucht habe, keine einzige Antwort ungeprüft zu übernehmen.

Erster Teil
England

1. Kapitel

Im Jahre 1899 war der Stadtbezirk Leytonstone noch kein Stadtbezirk, er lag nicht einmal in London. Irgendwo draußen im undefinierbaren Osten schüttelte er gerade die traditionelle Schläfrigkeit eines Essex-Dorfes ab und erfreute sich der zweifelhaften Entwicklung zu einem Straßendorf längs der Straße von London zu den Postdampfern, die im Nordseehafen Harwich ins Dock gingen. Fünfzehn Jahre zuvor, etwa um die Zeit, als William Hitchcock, Obst- und Gemüsehändler, in einem bescheidenen Backsteinladen in der High Road Nr. 517 mit einer Wohnung im oberen Stockwerk seinen Groß- und Einzelhandel eröffnet hatte, scheint die Gegend hauptsächlich als Endstation für erholungsbedürftige East-Londoner berühmt gewesen zu sein, die in der waldigen Wildnis von Epping Forest Erholung suchten. Die Landkarte zeigt rundherum freie Flächen – Epping Forest, Wandstead Park, Leyton Flats, den Great Shrubbage sowie, etwas weniger verlockend, die Workhouse Schools von Bethnal Green, ein ausgedehntes Waisenhaus, und den neuen City of London Cemetery, den man zweifellos deshalb dorthin legte, weil das Land, bevor die Flut der billigen Einfamilienhäuser es mit Ziegel und Mörtel überschwemmte, noch erschwinglich war und die Gegend den Waisenkindern aus dem Arbeitshaus in Londons wimmelndem East End noch frische Landluft zu bieten hatte.

Auf jeden Fall war ein unternehmungslustiger junger Kaufmann der achtziger Jahre hier am richtigen Ort. Die Bevölkerung nahm ständig zu und deckte das ganze soziale Spektrum ab, vom alten Landadel über den wohlhabenden Mittelstand von Walthamstow und Epping bis zu den proletarischen Neuansiedlern, die sich von den Nachbargemeinden East Ham und Leyton aus über das Land ausbreiteten. William Hitchcocks Großhandelsaktivitäten erstreckten sich über ein weites Gebiet, dessen kleine Läden und Warenhäuser er mit Obst und Gemüse belieferte; auch der Einzelhandel florierte, und zwar so sehr, daß William schon bald einen zweiten Laden auf der anderen Seite der Hauptstraße von Leytonstone übernahm. Seine drei Brüder waren alle Fischhändler, und als sein Geschäft weiter expandierte, beredeten sie ihn dazu, sich auch an ihren Fischhandlungen zu beteiligen. So bauten sie schließlich eine Kette auf, die sich über ganz Süd-London erstreckte und später zu einem wesentlichen Bestandteil des riesigen Mac Fisheries-Trusts von 1930 werden sollte. In den neunziger Jahren war das freilich noch Zukunftsmusik. Im Jahre 1890 gründete William eine Familie mit einem Sohn, ebenfalls William, dem 1892 eine Tochter, Nellie, folgte und dann, sieben Jahre später, sein drittes und letztes Kind, Alfred Joseph, geboren am 13. August 1899.

Wie sich erweisen sollte, war 1899 für die englische Unterhaltungsindustrie ein recht gutes Jahr. Im selben soliden und respektablen Mittelstand wie Alfred Hitchcock kamen zwei weitere künftige Berühmtheiten zur Welt: Charles Laughton sechs Wochen vorher in Scarborough, Yorkshire, und Noel Coward vier Monate später in Teddington, ungefähr so weit westlich von London wie Alfred Hitchcock östlich davon. In beider Karriere und Persönlichkeit finden sich eine Reihe merkwürdiger Parallelen und Kontraste. Von Coward zu Hitchcock scheint auf den ersten Blick keine Brücke zu führen, doch ihre überraschende Mischung von Sentimentalität und Zynismus, ihr glühender englischer Patriotismus in Verbindung mit einem unbefangenen Kosmopolitentum, ihre außergewöhnliche soziale Mobilität und ihr sicheres Auftreten in Milieus, die von ihrer eigenen Herkunft abwichen, dazu die Gabe, sich ihre eigene Welt zu schaffen und sie ohne weiteres auf das Publikum zu übertragen – all das weist auf eine unvermutete Ähnlichkeit hin. Laughton, der große, wenn auch bizarre Schauspieler, rundlich wie ein Riesenbaby, Zyniker und Sinnenmensch, hat sogar bei einigen Gelegenheiten beruflich Hitchcocks Wege gekreuzt; er hatte eine vielleicht noch wesentlichere Eigenschaft mit ihm gemein als Coward: Er war ebenfalls katholisch geboren und erzogen worden.

Denn die Hitchcocks waren – was bei Familien ihrer Herkunft relativ selten vorkommt – seit jeher englische Katholiken. Gewiß war im East End von London, einem Schmelztiegel der Nationalitäten, damals und seither ein ansehnlicher Teil der Bevölkerung katholisch, hauptsächlich Nachkommen kurz zuvor eingewanderter Iren. Ferner gab es auch immer noch Enklaven des alten katholischen Landadels, der sich im nicht allzu weit entfernten East Anglia hatte halten können. Und schließlich gab es in eher intellektuellen Kreisen eine Anzahl von Konvertiten, die die große katholische Erneuerungsbewegung Mitte des neunzehnten Jahrhunderts, zur Zeit der Newman und Manning, hereingeschwemmt hatte. Die Hitchcocks aber gehörten zu keiner dieser Gruppen. Warum sie katholisch waren und wodurch sie es geworden sind, ist offenbar nicht überliefert. Die Familienmitglieder wußten lediglich, daß sie wohl »schon immer« katholisch waren, und hielten infolgedessen stets eine gewisse Distanz zu ihren Glaubensgenossen und zu ihren Nachbarn, die der anglikanischen Kirche zuneigten oder, wenn sie ursprünglich Nonkonformisten waren, im Zuge ihres sozialen Aufstiegs der Staatskirche beitraten. Die Religion spielte in der Familie Hitchcock eine wichtige Rolle; die Eltern, fromm und gottesfürchtig, gingen regelmäßig zur Kirche und waren streng zu ihren Kindern, die jede Woche mehrere Meilen Landstraße zur Sonntagsschule nach St. Francis in Stratford gehen und regelmäßig beichten mußten und einen fast ausschließlich katholischen Unterricht genossen. Später hat sich die strikte Frömmigkeit der Eltern wohl etwas gelockert, aber das änderte nichts an der strengen, beschränkten und zugeknöpften Atmosphäre der abgesondert und sehr zurückgezogen lebenden Familie, in die Alfred Hitchcock hineingeboren wurde.

Er muß ein ziemlich einzelgängerisches Kind gewesen sein. Als Jüngster, sieben Jahre nach seiner Schwester geboren, hatte er wenig Kontakte zu seinen Geschwistern, da ja sieben Jahre in der Kindheit einen unüberbrückbaren Abstand darstellen. Gelegentlich machte sich wohl ein kindlicher Groll bemerkbar, übergangen zu werden. Einmal ging die Familie auf eine Radtour zum nahegelegenen Green Man Pub, und man erklärte ihm kategorisch, er könne nicht mitkommen, weil er zum Radfahren noch zu klein sei und nur vom Rad fallen würde. Er hielt dem entgegen, das liege nur an der Blödheit der Fahrräder: Wenn sie drei Räder hätten, würde man nicht herunterfallen. Erst später entdeckte er, daß es so etwas wie ein Dreirad wirklich gab, und beglückwünschte sich dazu, die Idee von sich aus rein durch Anwendung seines gesunden Menschenverstandes entwickelt zu haben.

Wenn man ihn schon von diesen oder jenen Freuden ausschloß, so blieben ihm dafür zum Glück auch ein paar weniger angenehme Pflichten erspart. Sonntags nach der Messe mußten William und Nellie im zweiten Laden gegenüber mithelfen, nur Alfred brauchte nie im Laden zu arbeiten. Dennoch verbinden sich seine frühesten Erinnerungen mit dem Laden. Direkt hinter dem Haus befanden sich die Glashäuser. Der Anblick der prachtvollen Bananenstauden, die da in der Wärme der Gasflammen reiften, ihr Geruch und das Zischen des Gases – all das gehört zu seinen lebhaftesten Kindheitseindrücken. Als er ein bißchen älter war, durfte er mit den Lieferwagen mitfahren, die, von Pferden gezogen, Obst und Gemüse zu den Grünzeughändlern rund um Epping brachten. Das dauerte oft den ganzen Tag lang. Fasziniert hat ihn damals auch eine andere Prozedur, nämlich das Schälen der Walnüsse, die noch in ihrer fleischigen grünen Schale in den Laden kamen und dann von den Angestellten für den Verkauf geschält wurden.

Allerdings sind nicht alle Erinnerungen so ungetrübt. Eine, die regelrecht wie eine »Rosebud«-Story klingt (ist sie vielleicht der Schlüssel zu soviel Mißtrauen, soviel stummer Wachsamkeit in seinem späteren Leben?), geht auf sein fünftes Lebensjahr zurück. Er erwachte am Heiligen Abend und sah, wie seine Mutter ein paar Spielzeuge aus seinem Nikolaus-Strumpf herausnahm, sie in die Strümpfe des Bruders und der Schwester stopfte und ihm dafür zwei Apfelsinen in den seinen tat. Ein anderes Erlebnis, das einen eigentümlich tiefen Eindruck auf ihn machte, war, wie er eines Sonntagabends um acht aufwachte und entdeckte, daß seine Eltern ausgegangen waren und nur das Mädchen auf ihn aufpaßte. An das heftige Gefühl von Trostlosigkeit und Verlassenheit erinnerte er sich noch, als er selbst Vater wurde: Er bestand darauf, daß Sonntagabends stets eine warme Mahlzeit im Hause sein mußte und daß er und seine Frau möglichst immer in Rufweite ihrer Tochter blieben, solange sie die verletzliche Phase ihrer Kindheit durchmachte. Dann ist da noch die berühmte Geschichte von seinem kurzen Aufenthalt in einer Arrestzelle. Nach der klassischen Version wurde Hitchcock mit fünf oder sechs Jahren zur Strafe für irgendein geringfügiges Vergehen (und es muß schon sehr geringfügig gewesen sein, war doch nach allem, was man hört, der kleine Alfred, den sein Vater »das Lämmchen ohne Fehl und Tadel« nannte, fast unnatürlich still und artig) mit einem Zettel zum Polizeirevier geschickt. Der diensttuende Beamte las den Zettel und sperrte Alfred fünf Minuten lang in eine Zelle, wobei er sagte: »So machen wir das hier mit ungezogenen kleinen Jungen.« Diese Geschichte paßt so gut zu Hitchcocks allbekannter Furcht vor der Polizei, zu der traumatischen Angst, die in seinen Filmen mit Haft und Verhaftung verbunden ist, daß der Verdacht naheliegt, sie gehöre in die Kategorie »Wenn nicht wahr, so doch gut erfunden«. Vermutlich hat Hitchcock die Geschichte auch so oft erzählt, daß er selber nicht mehr genau weiß, ob sie wahr ist. Seine Schwester allerdings behauptet steif und fest, sie habe sich so und nicht anders abgespielt.

Der Vorfall läßt darauf schließen, daß William Hitchcock ein strenger Vater war. Menschen, die ihn kannten, sagen, er sei im Grunde ein freundlicher, ziemlich gefühlsbetonter Mann gewesen, der unter einem rätselhaften Zwang gestanden habe, seine Gefühle unentwegt zu unterdrücken, mit der Folge, daß er an verschiedenen bohrenden Schmerzzuständen erkennbar nervösen Ursprungs, wie Pickeln und Karbunkeln, litt. Er wachte ängstlich über das sittliche Wohl seiner Kinder. Das ging soweit, daß sie selbst von völlig ehrbaren abendlichen Vergnügungen ihrer Meinung nach viel zu früh nach Hause mußten. Er blieb dann auf, um sicher zu sein, daß Nellie die Zeit pünktlich einhielt, selbst wenn sie nur zu einem reputierlichen Tanzvergnügen aus war, noch dazu in der prosaischen Begleitung ihres Bruders Alfred. Gleichzeitig schirmte er seine Kinder umsichtig vor den Einflüssen der Außenwelt ab. Alfred besuchte nur kurz eine von den »Faithful Companions of Jesus« geleitete Klosterschule (»für die Töchter von Gentlemen und kleine Jungen«, wie draußen das in Schwarz und Gold gehaltene Schild voll Stolz bekundete) und noch kürzer die Grundschule, die 1893 direkt hinter dem Hause der Hitchcocks errichtet worden war. Hier hatte er einen Beschützer in Gestalt des Laufjungen vom Laden, der pro Woche einen Schilling für kleine Dienstleistungen bekam und dafür unter anderem jede Strafe auf sich nehmen mußte, die Alfred in der Schule aufgebrummt bekam. Doch bald kam Pater Flanagan und machte Alfreds Eltern die Hölle heiß dafür, daß sie ihn überhaupt auf eine weltliche Schule geschickt hatten, woraufhin man ihn im Alter von etwa neun Jahren als Internatszögling auf das Salesianer-College in Battersea schickte.

Auch dort blieb er nicht lange. Zum Schuljahrsbeginn packte ihm seine Mutter ein Freßpaket mit etwas Rückenspeck und einem gebratenen Seezungenfilet und anderen schönen Dingen.

Als er etwa eine Woche dort war, besuchte ihn am Sonntag nach der Messe sein Vater und fragte ihn, was es zu Mittag gegeben habe. Och, kaltes Seezungenfilet aus dem Freßpaket, antwortete das Kind bekümmert. Daraufhin wurde sein Vater so wütend, daß er kreidebleich entschwand, um den Schulleiter aufzusuchen, und noch am selben Nachmittag um drei wurde Alfred von seinem Bruder und seiner Schwester abgeholt, um diese Schule nie wiederzusehen. Das einzige, woran er sich aus dieser Zeit erinnern kann, ist die Inbrunst, mit welcher die frommen Patres an das Purgieren als Heilmittel für alle Übel, ob körperliche oder moralische, glaubten, weshalb die Schüler zum abendlichen Tee regelmäßig ein starkes Abführmittel bekamen – mit all den unausbleiblichen unangenehmen Folgen.

Die Disziplin auf Alfreds nächster Schule, dem St. Ignatius-College in Stamford Hill, wo er bis zum Alter von vierzehn Jahren blieb, war nicht minder streng, doch übte man sie dort etwas vernünftiger. Die Jesuiten waren damals bekannt für ihre Unerbittlichkeit in der Anwendung von körperlichen Züchtigungen, die sie mit ritueller Förmlichkeit ausführten, meistens mit einem Rohrstock aus Hartgummi. Das Raffinierte an dieser Strafe war jedoch psychologischer Art: Wenn ein vom rechten Wege abgekommenes Kind zu körperlicher Züchtigung verurteilt war, konnte es sich die Zeit der Vollstreckung aussuchen – zur Frühstückspause, zur Mittagspause, am Nachmittag oder am Abend. Natürlich schob das Kind, den ganzen Tag vor Angst schwitzend, den schicksalhaften Augenblick so lange wie möglich hinaus. Wenn er dann gekommen war, mußte es ein weiteres Ritual über sich ergehen lassen: Schläge auf die Hand gab es jeweils nur drei, weil die Hand danach zu taub war, um einen vierten noch zu spüren. Die Höchstzahl pro Tag waren also sechs Schläge, auf jede Hand drei, so daß, wenn das Vergehen so schwer war, daß es zwölf Schläge verdiente, die ganze Prozedur am folgenden Tage wiederholt werden mußte. Hitchcock, der offenbar immer noch ein sehr stiller Junge war, kann wohl, wenn überhaupt, nicht sehr oft das letzte Mittel zu spüren bekommen haben, und doch erinnert er sich, daß allein der Schrecken, der davon ausging, »wie ein Gang zum Galgen« sein Leben gezeichnet und eine fast krankhafte Abscheu vor jedwedem Verhalten, das als böse gedeutet werden könnte, in ihm erzeugt hat: Wenn man artig war, entging man nicht nur der Hölle, sondern hatte auch mehr Chancen, der willkürlichen und brutalen Züchtigung zu entgehen, die so unberechenbar war wie der Zorn Gottes. (»Unberechenbarkeit«, sagt Enid Bagnold, »ist das Wesen der Macht.«) In diesem Zusammenhang lernte Hitchcock auch eine dauerhafte Lektion in Understatement. Eines Tages ließ ihn sein Lieblingspater zu einer Strafe antreten, sah ihn traurig an und sagte: »Das ist nicht schön, nicht wahr?« Ehrerbietig erwiderte Alfred: »Nein, Herr Pater«, und der Priester ließ den Schlag ganz sanft auf seine Hand fallen. Ein Symbol, doch ein durchschlagendes Symbol, um so wirksamer, als es die offenkundige, direkte Geste vermied – wie es Hitchcock in seinen reiferen Filmen oft getan hat.

Auch St. Ignatius war wieder ein Internat, und Hitchcock scheint dort ein sehr zurückhaltendes, in keiner Weise auffälliges Leben geführt zu haben. Gleichwohl hatte er seine weniger zurückhaltenden Momente. Eine Zeitlang war er Meßknabe, doch getrieben von »einem kindischen Verlangen, eine feierliche Rolle zu spielen«, war er neidisch auf die beiden Haupt-Ministranten, die die großen Kerzen trugen. Eines Tages bat er den ersten Meßdiener, ihm dieses Amt abzutreten. »Was gibst du mir dafür?« fragte der Junge. »Hast du'n paar Sexton Blakes?« Er hatte noch nie diese Groschenheftchen in der Hand gehabt. Also ging er hin und kaufte ein Dutzend Sexton-Blake-Geschichten, um den Zeremonienmeister zu bestechen und das Amt zu bekommen. Dummerweise hatte er nicht daran gedacht, daß er die Responsorien im Wechselgesang mit dem Priester nicht wußte. Als der Augenblick gekommen war, herrschte eine entsetzliche Stille. Dann sah er, wie der Priester dem ersten Ministranten gereizt bedeutete, er solle den Versager von der Bühne schaffen, wie eine Varieté-Nummer, die einfach nicht abtreten wollte, und das war das Ende seines großen Auftritts.

Verständlich, daß er sich im allgemeinen gern klein machte, daß er lieber beobachten als selber mitspielen wollte, wann immer ihm das möglich war. Auch waren seine schulischen Leistungen nicht gerade bemerkenswert, er hielt sich etwa in der Mitte zwischen dem Klassenbesten und dem Klassenletzten. Sein bestes Fach war Geographie. Auch hierin tendierte er zur Eigenbrötelei, beobachtete lieber, als sich zu engagieren, und verfolgte, wo er konnte, seine leicht exzentrischen Privatinteressen. Er war zum Beispiel ganz fasziniert vom Londoner Bus-System, sammelte Karten und Fahrpläne und erfüllte sich schließlich seinen Wunsch, sämtliche Strecken der London General Omnibus Company Meter für Meter abzufahren. Mit sechzehn kannte er die Geographie von New York auswendig – rein vom Kartenlesen. Seine Lieblingslektüre bestand in Kursbüchern und Cooks Reiseprospekten, und er war stolz darauf, sämtliche Stationen des Orient-Express aus dem Kopf hersagen zu können.

Damals schien er noch keine ausgesprochen künstlerischen Interessen gehabt zu haben, wenn er auch entsprechend seiner Vorliebe für Geographie gerne Landkarten zeichnete, echte wie fiktive. Er dachte sich Spiele aus, Weltkarten mit Schiffsrouten, die er mit bunten Nadeln absteckte und zu imaginären Reiseplänen zusammenstellte – und das alles nur für sich, denn er kann sich nicht erinnern, seine kindliche Begeisterung je mit einem Spielkameraden geteilt zu haben. Man wird das Gefühl nicht los, daß Hitchcocks Kindheit von einer seltsamen Einsamkeit überschattet war. Nicht daß er ausgesprochen unglücklich gewesen wäre, doch er erinnert sich, immer nur allein gewesen zu sein (wenn auch, wie es scheint, aus freiem Entschluß); altersmäßig getrennt von Bruder und Schwester; in einer eigentümlichen Distanz zu seinen Eltern, die bei aller Sorge um ihr jüngstes Kind sich ihm offenbar nur schwer mitteilen konnten; in Angst vor seinen Lehrern, vor der Polizei, vor jeder Art von Behörde. Nicht von ungefähr ist das Hauptthema seiner Kunst, das so oft als Spannung – *suspense* – beschrieben wird, genaugenommen Angst. Noch als Erwachsener, so bekennt er, habe er oft irrationale Ängste gehabt – wie etwa einen so hochgradigen Horror vor Scherereien mit der Polizei, daß er seit seiner Ankunft in Amerika kaum jemals selber Auto gefahren ist und einmal regelrechte Angstkrämpfe bekam, nur weil er auf einer Fahrt ins nördliche Kalifornien einen vielleicht noch glimmenden Zigarrenstummel aus dem Wagen geworfen hatte. Die Geschichte seiner Scheinverhaftung durch die Polizei dürfte wohl doch kein Witz sein, und es fällt schwer, den Ursprung vieler Charaktereigenschaften des reifen Mannes – Indirektheit, Schüchternheit, Sturheit, das Beharren auf der totalen Kontrolle seiner Umgebung und darauf, alle nur denkbaren Lebenssituationen, persönliche wie berufliche, voll in den Griff zu bekommen – anderswo als in dem dicklichen, verschlossenen, mißtrauischen Kind zu suchen, das davon überzeugt war, wenn es nur irgendwie aus der Reihe tanzte, wenn es nur ein bißchen von dem erkennen ließ, was es dachte und empfand, wenn es irgend jemandem seine Gefühle verriete, würden sofort »sie« kommen (die harten, rationalistischen, tadelsüchtigen »Sie« aus Edward Lears Nonsens-Gedichten) und ihn sich schnappen. Wie Norman Bates am Ende von PSYCHO sagt: »Ich möchte nur ganz ruhig hier sitzen, nur für den Fall, daß sie mich verdächtigen. Wahrscheinlich beobachten sie mich – nun schön. Sollen sie sehen, was für ein Mensch ich bin – einer, der keiner Fliege was zuleide tut.«

Auch als Hitchcock dann in die Flegeljahre kam, scheint sich kaum viel geändert zu haben. Irgendwelche Freundschaften lassen sich nicht nachweisen. Kardinal Heenan behauptet, auf St. Ignatius in seiner Klasse gewesen zu sein, doch Hitchcock weiß nichts davon; Hugh Gray, nachmals Übersetzer von André Bazins Aufsätzen über das Kino, saß ebenfalls in seiner Klasse. Hitchcock muß damals abnorm sensibel und zurückhaltend gewesen sein und bezeichnet sich selbst als einen »besonders unattraktiven jungen Mann«. Auch Mädchen spielten in seinem Leben nicht die geringste Rolle: Als er mit Anfang zwanzig seine spätere Frau kennenlernte, war er außer mit seiner Schwester noch nie mit einem Mädchen ausgegangen, und es erfordert nicht viel Phantasie, hinter dem Behagen, mit dem er später die kühlen, scheinbar so reservierten blonden Heldinnen seiner Filme behandelte, die ressentimentgeladenen Träume eines unansehnlichen, pummeligen Vierzehnjährigen zu vermuten, der in der Schule oder auf dem Heimweg ein sichtlich unnahbares blondes Mädchen beobachtet und sich dabei denkt: »Wenn ich die in meiner Gewalt hätte, nur für ein paar Augenblicke . . .«

Wie dem auch sei, die Tatsache, daß er fern von zu Hause auf einem äußerst strengen Internat lebte, ließ ihm wenig Gelegenheit, außerhalb der Schulzeit seine Eltern zu sehen oder seinen eigenen Interessen nachzugehen. Zwei unverheiratete Cousinen, Mary und Teresa, scheinen besonderen Anteil an dem Jungen genommen zu haben und machten ihm Mut, seinen eigenen Weg zu gehen. Wahrscheinlich ist nie davon die Rede gewesen, daß er ins elterliche Geschäft eintreten sollte. 1914 starb sein Vater. Man holte Alfred von der Schule, und er erfuhr die Neuigkeit von seinem Bruder, der dann das Geschäft übernahm. Daraufhin ging Alfred in die Wohnung seiner Schwester, und er erinnert sich, wie sie ihn mit der fast aggressiven Feststellung begrüßte: »Du weißt, dein Vater ist tot«, was ihm ein surreales Gefühl von Zerrissenheit vermittelte. Kurz danach verließ er im Alter von vierzehn Jahren die Schule. Als man ihn fragte, was er werden wolle, erwiderte er, um irgend etwas zu sagen, er interessiere sich für das Ingenieurswesen. Daraufhin steckte man ihn in die School of Engineering and Navigation, zu deren Lehrplan hauptsächlich technisches Zeichnen und die Anfertigung von Bauplänen, etwa für Kugelventile, gehörte: Zeichenkunst gewiß, aber nicht im entferntesten Kunst.

Nach einer kurzen Lehrzeit ergriff Alfred seinen ersten Beruf: Er trat als technischer Angestellter in die W. T. Henley Telegraph Company ein, eine Firma, die elektrische Leitungen herstellte. Der Erste Weltkrieg übte keine sonderliche Wirkung auf ihn aus. Er kann sich allerdings sehr genau erinnern, wie er bei einem Luftangriff in das Zimmer seiner Mutter zuhause in Leytonstone rannte, um nachzusehen, ob sie wohlauf sei: »Das ganze Haus war in Aufruhr, und mittendrin versuchte mein armes, Elsa-Maxwell-dickes Muttchen verzweifelt, in ihre knielangen Pumphosen zu steigen; aber während draußen um einen von Suchscheinwerfern angestrahlten Zeppelin herum die Granaten krepierten, stieg meine Mutter unter lauten Gebeten immer wieder mit beiden Beinen in dasselbe Hosenbein – ein außergewöhnlicher Anblick!« Auf diese Pumphosen-Geschichte kam er nach Jahren zurück, als er sie in die erste Szene seines Tonfilm-Thrillers MURDER einbaute.

1917 wurde er gemustert, aber für untauglich befunden und vom Militärdienst freigestellt. Stattdessen meldete er sich zu einem Freiwilligen-Corps der Royal Engineers, der Pioniere. Man traf sich abends im Inns-of-Court-Hotel am Holborn Viaduct, wo die Teilnehmer theoretischen Unterricht im Legen von Sprengsätzen und ähnlichem erhielten. Einmal nahm er auch an praktischen Übungen im Hyde Park teil. Er ging mit einem anderen jungen Mann von Henley hin, kam sich aber höchst jämmerlich vor, weil er seine Wickelgamaschen nie richtig um die Waden wickeln konnte und sie ihm immer auf die Knöchel rutschten. Weshalb die beiden ihre Sorgen bei einem Mittagessen in Lyons Corner House am Marble Arch begruben.

In dieser Zeit hat er sich wohl für Naturwissenschaften interessiert, jedenfalls muß er ja einen Grund dafür gehabt haben zu sagen, er wolle Ingenieur werden. Doch auch künstlerische Interessen machten sich bemerkbar. Seine Eltern waren mit Begeisterung ins Theater gegangen, eine Leidenschaft, die er von ihnen übernahm: Auch er besuchte regelmäßig, und zwar für gewöhnlich allein, hoch droben auf der Galerie die Premieren neuer Stücke, während zu seiner Lieblingslektüre die broschierten Bändchen von Dodds Penny Plays gehörten. Zum Kino fand er von sich aus, schaute sich, so oft er konnte, alles an, was er konnte, und fing mit etwa sechzehn Jahren an, alle Filmzeitschriften zu kaufen, deren er habhaft wurde – wenn auch, wie es sich für einen anständigen jungen Mann gehörte, nur die technischen und die Fachzeitschriften, nicht die Star-Magazine. Außerdem hatte er Interesse am Zeichnen, entdeckte bei sich auch ein gewisses Talent dafür und wollte seine Ausbildung im technischen Zeichnen durch einen Kursus an der London University bei E. J. Sullivan, einem berühmten Buch-Illustrator jener Zeit, ergänzen. Dort lernten die Studenten die Grundbegriffe des Zeichnens nach der Natur, indem sie zum Beispiel die Aufgabe bekamen, sich mit einem Skizzenblock in einen Londoner Bahnhof zu setzen und Gesichter, Körperhaltungen und Kleidung zu zeichnen. In einem weiteren Kursus erhielten sie einen Überblick über die Geschichte der Schwarz-Weiß-Illustration, was zu Hitchcocks lebenslanger Begeisterung für die englischen Zeitschriften-Illustratoren des neunzehnten und frühen zwanzigsten Jahrhunderts beitrug.

Dieses Freizeit-Interesse blieb bei Henleys, einer altmodischen, recht paternalistischen Firma, die sich die Förderung der gesellschaftlichen Aktivitäten ihrer Angestellten angelegen sein ließ, nicht unbemerkt. Jung-Alfred zeichnete, vom technischen Angestellten zum Kalkulator aufgestiegen, auch Karikaturen von seinen Kollegen für die Betriebszeitschrift der Firma und steuerte darüber hinaus Aufsätze und Kurzgeschichten bei. Im Juni 1919 erschien in der ersten Nummer von *The Henley,* einem hektographierten Magazin, das Henleys Social Club herausbrachte, unterzeichnet mit »Hitch«, eine Geschichte, die bereits deutlich auf die Dinge hinweist, die da kommen sollten:

GAS

Nie zuvor war sie in dieser Gegend von Paris gewesen, hatte nur davon gelesen – in den Romanen von Duvain – oder kannte sie nur aus dem Grand Guignol. Das also war der Montmartre? Jenes Scheusal, wo im Schutze der Nacht Gefahren lauerten, wo unschuldige Seelen unversehens zugrundegingen und wo dem Unvorsichtigen Unheil drohte, wo sich die Zuhälter amüsierten.

Vorsichtig arbeitete sie sich im Schatten der hohen Mauer voran und schaute sich verstohlen um, ob ihren Schritten nicht irgendeine verborgene Gefahr nachfolgte. Plötzlich rannte sie in eine Allee hinein, nicht achtend, wohin diese führte – und tastete sich in der rabenschwarzen Finsternis voran, nur darauf bedacht, der Verfolgung, von der sie fest überzeugt war, zu entkommen. Und weiter, weiter – ach, wann würde das enden? Da – eine Tür, aus der ein Licht drang. Hinein, nur hinein! Nur irgendwohin! dachte sie.

Die Tür stand am oberen Ende einer Treppenflucht – Treppen, die vor Altersschwäche ächzten, als sie vorsichtig hinabzusteigen begann. Da hörte sie ein trunkenes Lachen und schauderte. Das war gewiß – nein, nicht das! Alles, alles, bloß das nicht! Sie erreichte den Fuß der Treppe und blickte in eine übelriechende Spelunke, darinnen menschliche Wracks, Frauen und Männer, versunken in einer trunkenen Orgie. Schon erblickten sie sie, ein Bild angstbebender Unschuld. Ein halbes Dutzend Männer stürzten sich unter den anfeuernden Rufen der übrigen auf sie. Sie schrie vor Angst und Schrecken – wäre sie doch lieber ihrem Verfolger in die Hände gefallen, dachte sie verschwommen, als sie brutal durch die Schenke gezerrt wurde. Die Unholde verloren keine Zeit, ihr Schicksal zu besiegeln. Sie würden ihre Habe unter sich verteilen – und sie – Nun, war dies nicht das Herz vom Montmartre? Fort mit ihr – den Ratten zum Fraße! Jetzt fesselten sie sie und schleppten sie den dunklen Gang hinunter. Eine Treppe hoch, zum Fluß. Die Wasserratten sollen schmausen, sagten sie. Und dann – dann schwenkten sie ihren verschnürten Körper hin und her und warfen sie mit einem Platsch in die dunklen, wirbelnden Fluten. Sie sank, sank, sank – nur ein erstickendes Gefühl: das war der Tod . . . Dann . . .

»Es ist vorbei, Madame«, sagte der Zahnarzt. »Eine halbe Krone, bitte.«

HITCH

Der Social Club weckte rein zufällig in ihm ein weiteres lebenslanges Interesse. Die Clubaktivitäten hatten teilweise die Form abendlicher Zusammenkünfte in einem Saal in der Leadenhall Street, nahe der berühmten viktorianischen gußeisernen Markthalle, bei denen die jungen Damen und Herren der Firma unter den schicklichsten Umständen zusammenkamen, um, wenn sie Lust dazu hatten, die feineren Umgangsformen wie etwa den Gesellschaftstanz zu lernen. Jung-Alfred lernte tanzen bei einem schmucken, mit einem weißen Schnurrbart gezierten älteren Angestellten der Firma namens Mr. Graydon. Drei bis vier Jahre später, 1922, ging ihm die groteske Bedeutung dieser Begegnung auf, als Mr. Graydons Tochter Edith einen zweifelhaften Ruhm in dem berüchtigten Mordfall Thompson/Bywater erlangte, einem der berühmten, von Hitchcock fieberhaft verfolgten britischen Prozesse, den er, wie er selber sagt, heute noch fast auswendig kann.

Was für eine Figur machte Hitchcock damals in den Büros von Henleys? Allem Anschein nach war er noch immer still und mißtrauisch, dabei aber von einem ruhigen Selbstvertrauen und keineswegs schüchtern. Im Alter von achtzehn oder neunzehn hat sich sein Interesse am Ingenieurswesen und an Elektrokabeln – wenn es überhaupt je vorhanden gewesen war – wohl verflüchtigt. Er weiß noch, daß seine Arbeitsweise sprunghaft war, wie sie es noch heute ist: Er konnte sich eine begrenzte Zeitlang voll konzentrieren, rebellierte dann aber gegen die Plackerei des Alltags oder war zu faul, sich ihr ohne weiteres zu fügen. Als Kalkulator ließ er sich fortlaufend Kalkulationsaufträge auf den Schreibtisch packen, und erst, wenn sie sich immer höher türmten, erledigte er sie allesamt in einem Anfall von Arbeitswut, worauf seine Vorgesetzten sich von einer solchen immensen Tagesleistung unerhört beeindruckt zeigten. Das heißt: bis nach und nach immer mehr Kunden sich über den schleppenden Eingang der von ihnen angeforderten Kostenvoranschläge beschwerten.

Doch die Rettung ließ nicht auf sich warten. Da er ein kluger Junge mit eigenen Ideen zu sein schien und über ein paar vorzeigbare Talente als Graphiker verfügte, beförderte man ihn in Henleys Werbeabteilung. Hier war es seine Aufgabe, Texte für Anzeigen in Zeitungen und Zeitschriften sowie Werbeschriften abzufassen und zu redigieren und, wichtiger noch, das Layout zu gestalten sowie die erforderlichen Illustrationen beizusteuern. Er liebte diese Arbeit und verblüffte seine Kollegen durch seine Ausdauer; wenn alle anderen schon längst gegangen waren, blieb er in den Büros in einer Nebenstraße des London Wall so lange, bis die Korrekturabzüge kamen, die er dann noch durchging. Zum erstenmal sah er seine Phantasie und seine Kreativität gefordert; zum erstenmal sah er sich vor die Aufgabe gestellt, mit Mitteln der praktischen Psychologie die Reaktionen des Publikums zu steuern. Beispielhaft für seine Erfindungsgabe in dieser Hinsicht war ein Prospekt für ein elektrisches Spezialkabel zum Einbau in Kirchen und andere historische Gebäude, das mit Blei umkleidet war, damit es sich nicht stilwidrig von altem Mauerwerk abhob. Der Prospekt hatte ein schmales Hochformat in Form eines Sarges. Hitchcocks Umschlagentwurf zeigte unten eine Altardecke mit zwei großen Messingleuchtern darauf und am oberen Rand die Worte »Kirchenlicht« in schwerer Fraktur. Nichts von Elektrizität, und natürlich auch kein Hinweis auf elektrische Leitungen, denn der Kaufanreiz lag ja gerade in der Verschleierung des Produkts bis zur Unsichtbarkeit. Als der Werbechef von Henleys den Entwurf zu sehen bekam, meinte er: »Sehr geschickt. Aber sagen Sie ihm nicht, daß ich das gesagt habe.«

So hätte Alfred Hitchcock, angespornt von kleinen Triumphen solcher Art, durchaus bei Henleys bleiben können. Die Firma und sein Job schienen eine recht sichere Sache zu sein – Henleys ging schließlich in einer größeren Gesellschaft auf, in der AEI Cables, die es noch heute gibt; zwei, drei Firmenangehörige, die etwa um die gleiche Zeit wie Hitchcock dort angefangen hatten, sind in den vergangenen fünfzehn Jahren in Pension gegangen. Hitchcock hingegen hatte offensichtlich kein Sitzfleisch mehr, las seine Filmfachzeitschriften und verbrachte jede freie Minute im Theater oder im Kino. Im Umgang mit Mädchen war er befangen; unaufgeklärt wie die meisten jungen Männer seiner Zeit, von Familie und Schule in diskreter Ahnungslosigkeit gehalten, kannte er nicht einmal die Grundtatsachen des Lebens. Alle seine Energien verwandte der mittlerweile Zwanzigjährige darauf, etwas zu werden, und er wußte bereits ganz genau, in welche Richtung ihn sein Weg führen sollte. Im Jahre 1919 las er in einer Fachzeitschrift, daß die Hollywood-Firma Famous Players-Lasky (aus der später die Paramount hervorgehen sollte) ein Studio in Islington baute und im großen Stil mit der Produktion von Filmen begann. Das klang ganz nach einer Chance, zum Film zu kommen. Die Frage war nur, wie.

2. Kapitel

Warum eine große amerikanische Firma ausgerechnet 1919 in England Filme machen wollte, wird immer ein Geheimnis bleiben. Die britische Filmproduktion war damals bereits angeschlagen: Seitdem Lumière 1896 zum erstenmal in London seine Filme vorgeführt hatte, waren in England ziemlich konstant Filme gedreht worden, und die Industrie hatte bereits mindestens zwei große Krisen durchgemacht, die erste 1909 und die zweite 1918. In beiden Fällen war der Grund derselbe gewesen: die viel zu starke Konkurrenz ausländischer, namentlich amerikanischer Produktionen. Wenn sie die Wahl hatten, sahen sich die Engländer eben lieber amerikanische Filme an. Infolgedessen hatte man amerikanische Stars, Regisseure und Techniker bereits vor dem Ersten Weltkrieg regelmäßig importiert: 1913 wurde die erste London Film Company mit einem großen amerikanischen Stab zur Produktion von Spielfilmen gegründet; im selben Jahr kam Florence Turner, damals ein bekannter amerikanischer Star, mit ihrer eigenen Produktionsfirma nach London, während weitere amerikanische Firmen sich hier nach geeignetem Studiogelände umsahen. Der Kriegsausbruch von 1914 kühlte das Interesse indessen stark ab, so daß sich die britischen Filmemacher für die Dauer des Krieges auf eigene Kosten durchbeißen mußten. Doch trotz der Besteuerung importierter Filme seit dem Jahre 1915 beherrschte der amerikanische Film weiterhin den Markt, und die Ironie der Kinogeschichte wollte es, daß 1917 das Kriegsministerium zur Herstellung seiner vaterländischen und Kriegspropaganda-Filme große Namen aus Hollywood wie D. W. Griffith und Herbert Brenon anheuerte.

Im Jahre 1918 war die britische Filmproduktion fast völlig zum Erliegen gekommen. Die britischen Filmemacher setzten sich zusammen und berieten, in wehmütigem Gedenken an die gute alte Zeit, was in dieser Situation zu tun sei. Eines ihrer Probleme war, damals wie heute noch, daß nur wenige britische Filme im Ausland angemessene Verleih-Chancen hatten. Ein anderes bestand darin, daß die meisten gegenüber der ausländischen Konkurrenz ziemlich dilettantisch wirkten. Zweifellos gab der Gedanke, die Dinge in den Griff zu bekommen, wenn man diese beiden Probleme lösen könnte, den Ausschlag für den Ankauf von Famous Players-Lasky in den ersten Monaten des neugewonnenen Friedens. Die Firma würde amerikanisches Know-how in den britischen Film einbringen und, was vielleicht noch wichtiger war, den Verleih der Filme, die sie in England drehte, in Amerika garantieren.

Der Begriff »britisch« war natürlich nur relativ. Obwohl man mit Rücksicht auf nationale Empfindlichkeiten unter großem Aufwand die »Britishness« der neugebildeten Gesellschaft, der Famous Players-Lasky British Producers Ltd., ihre Kontrolle durch britisches Kapital und einen britischen Aufsichtsrat herausstellte, blieb doch die Tatsache bestehen, daß ihre technische Ausrüstung, ihr Management und der größte Teil ihrer regulären Mitarbeiter amerikanisch waren, sogar solche, die wie der Regisseur Donald Crisp und der Kameramann Hal Young als gebürtige Engländer in Hollywood gelernt und sich dort einen Namen gemacht hatten. Das war insoweit alles noch schön und gut, als sich – ungeachtet der vermeintlichen Vorteile, die das Drehen von Filmen in England im Sinne einer typisch britischen Atmosphäre haben mochte (die dann aber doch nicht zustande kam) – jedenfalls kaum bestreiten ließ, daß die britische Filmproduktion damals in allen Bereichen eine starke Spritze der überlegenen amerikanischen Technik brauchte.

Genau das brachte Famous Players-Lasky British, und genau das war es auch, was den jungen Alfred Hitchcock in erster Linie an ihr interessierte. Wenn jemand im England des Jahres 1919 zum Film gehen und das Metier lernen wollte, dann bot ihm diese Firma die beste Chance dazu. Als Hitch erfuhr, daß die Firma Marie Corellis' Roman *The Sorrows of Satan* verfilmen wollte, rannte er los und kaufte sich das Buch, las es und machte ein paar Skizzen, die sich für Zwischentitel eigneten: leidende Teufel, lodernde Höllenflammen und dergleichen. Dann ging er mit diesen Skizzen bewaffnet hinüber zum Islington-Studio, das nicht weit von Henleys Bürohaus in der City lag, und zeigte der Firma sein Werk. Man bedauerte, leider hätte man umdisponieren müssen und werde nun *The Great Day* verfilmen. Nicht im geringsten entmutigt, ging er nach Hause, machte eine Menge Zeichnungen von großen Tagen und kam damit am nächsten Tag wieder. Seine Ausdauer, wenn nicht gar seine künstlerische Ader, imponierte der Firma doch so sehr, daß sie ihm ein paar Aufträge gab, die er neben seinem Dienst bei Henleys in Schwarzarbeit ausführte – gedeckt von seinem unmittelbaren Vorgesetzten unter der Bedingung, daß er mit ihm Halbe-Halbe machte. Doch schon bald boten ihm Famous Players einen vollbezahlten Posten an. Und so sagte Alfred Hitchcock im Alter von zwanzig Jahren der Kabelfirma entschlossen Lebewohl und verwirklichte seinen Traum: Er ging zum Film.

Nicht, daß sein Einstand dort sonderlich glanzvoll gewesen wäre. Er begann mit recht untergeordneten Arbeiten, nämlich mit etwas, womit er sein Talent bewiesen hatte: Er entwarf Zwischentitel für die Filme, die die Firma gerade produzierte. Damals wurden Zwischentitel noch kunstvoll ausgeschmückt, außerdem brauchte man sehr viele, da sich die Vorstellung der eher intellektuellen Filmemacher, vornehmlich in Deutschland, Filme sollten mit einem absoluten Minimum an unterbrechenden Schrifttiteln auskommen und soweit wie möglich in Bildern erzählt werden, in Hollywood noch nicht recht durchgesetzt hatte – von England ganz zu schweigen. So wurde jede Handlungsphase mit einem gedruckten Dialog und erklärenden Zwischentiteln eingeleitet, die wie in einem Roman Charaktere und Situationen, bevor man sie auf der Leinwand sah, umrissen und erläuterten. Jeder dieser Zwischentitel war mit mindestens einer Schmuckleiste verziert; der Text selber wurde im allgemeinen von Hand geschrieben. Häufig versah man ihn außerdem mit einer – meist reichlich naiven – Art von bildlichem Symbol: Wenn er zum Beispiel besagte, daß der Held ein hektisches Leben führte, erschien als Untermalung eine an beiden Enden brennende Kerze oder dergleichen. Hitchcocks Arbeit wurde also gebraucht und konnte sich sehen lassen. In den folgenden Jahren entwarf er Zwischentitel für elf Filme, die Famous Players-Lasky in England drehten, dazu für einen, den Donald Crisp, einer der Regisseure, den die Firma aus Hollywood mitgebracht hatte, auf eigene Faust produzierte. Schon recht bald engagierte sich Hitchcock allerdings eine Hilfskraft, einen älteren Schildermaler aus einem Laden an der Blackfriars Bridge – ein Beweis dafür, wie er selber sagt, daß er immer genug gesunden Menschenverstand gehabt habe, um zu wissen, daß eine gute Idee zu haben nicht unbedingt heißen müsse, nur man selber könne sie auch am besten ausführen.

Die Firma war klein und straff organisiert. Die Zwischentitelabteilung bestand aus Tom Geraghty, der schon für Fairbanks geschrieben hatte, und Mordaunt Hall, einem nachmaligen Filmkritiker der *New York Times*. Sie arbeitete zusammen mit der Dramaturgie, wo die Filmstoffe eingehend geprüft und die Drehbücher geschrieben wurden. Die Dramaturgie bestand in erster Linie aus drei von Amerika herübergekommenen Autorinnen: Eve Unsell, Margaret Turnbull und Ouida Bergere. In den frühen zwanziger Jahren betrachtete man die Arbeit am Drehbuch wie den Filmschnitt weithin als Domäne der Frauen, und viele der führenden Hollywood-Autoren, unter ihnen June Mathis und Frances Marion, waren Frauen. Als erfahrene Profis unterhielten sie eine kleine Fabrik, in der sie die Stoffe, meistens bereits existierende Theaterstücke und Romane, filmisch aufbereiteten, obwohl der erste in England produzierte Film von Famous Players-Lasky, *The Call of Youth*, auf einem Originalstoff aus der Feder eines erfolgreichen älteren Londoner Dramatikers, Henry Arthur Jones, basierte. Manchmal war die Aufbereitung einfach, doch zum Beispiel *Beside the Bonnie Briar Bush* (1921) schrieb Margaret Turnbull aus einem Roman und zwei verschiedenen Stücken zusammen. Es gab kaum etwas, was diese Damen über die Technik des Drehbuch-Schreibens nicht wußten, und in Alfred Hitchcock fanden sie einen eifrigen und aufmerksamen Schüler.

Schon in diesem frühen Stadium lernte er auch eine Menge über die Möglichkeiten der Manipulation, die das Medium Film bot. Natürlich erzählte der Stummfilm in Bildern und Worten – den Worten der Zwischentitel. Aber schon bald begriff der junge Hitchcock, wieviel man mit Bildern lügen konnte, beziehungsweise bis zu welchem Grade man sie umstellen und uminterpretieren konnte, um ihnen jede gewünschte Bedeutung zu geben. So konnte man eine dramatische Szene, wenn sie nicht gelungen war, zu einer komischen Szene umschneiden und umtiteln; der Filmemacher war Herr in seinem kleinen Reich, einem Reich, das er sich erschuf, indem er zunächst den Film drehte und dann, was noch wichtiger war, mit den einzelnen Stücken spielte, um sie bald so, bald anders zusammenzufügen. Ihr Sinn, das hatte er bald heraus, war nur relativ: Man konnte die Sinngebung den Zuschauern überlassen, konnte sie dahin bringen, die Dinge so zu sehen und zu verstehen, wie sie es sehen und verstehen sollten, konnte die

Dinge so arrangieren, daß man das eine bemerkte und das andere übersah. Die Schauspieler waren in diesem Schachspiel nur Figuren. Mochten sie für ihre Aufgabe mehr oder weniger geeignet sein, letztlich waren sie doch nur Schachfiguren, die ihren Sinngehalt allein aus der Art und Weise bezogen, wie sie im Verlauf des Spiels bewegt wurden. Diese Lektion lernte Hitchcock wohlgemerkt ungefähr drei Jahre bevor Kuleschow seine berühmten Experimente in Publikums-Manipulation machte, indem er Szenen ganz verschiedenen Inhalts jeweils mit dem unveränderten Bild eines fast völlig ausdruckslosen Gesichts konfrontierte.

Gleichwohl ist es nicht sehr wahrscheinlich, daß die Filme, die Famous Players-Lasky in den Jahren 1920–1922 in England drehten, subtile Filmkunstwerke waren. Da es sie nicht mehr gibt, läßt sich schwer etwas darüber sagen. Nur, daß George Fitzmaurice damals als einer der besseren Hollywood-Regisseure galt und Donald Crisp eine gewisse Aura als ehemaliger Assistent des großen D. W. Griffith besaß, dessen *Birth of a Nation* und *Intolerance* zu den großen Filmen gehörten, die die Phantasie des halbwüchsigen Hitchcock ergriffen hatten.

1919, im Gründungsjahr von Famous Players-Lasky British, wurde in Deutschland *Das Kabinett des Doktor Caligari* gedreht, der erste Film, mit dem sich dort die intellektuelle Avantgarde im Kino durchsetzen konnte. In Hollywood inszenierte Erich von Stroheim seinen ersten Film, *Blind Husbands*; Chaplin hatte gerade *A Dog's Life* und *Shoulder Arms* gemacht und war dabei, mit Mary Pickford, Douglas Fairbanks und D. W. Griffith die United Artists zu gründen. In Frankreich drehte Abel Gance sein erstes richtiges Film-Epos, *J'accuse*, und Louis Delluc, der erste intellektuelle Filmtheoretiker, hatte sein erstes Buch, *Cinéma et Cie.* herausgebracht. In Italien war dem »goldenen Zeitalter« des Kinos, das seinen Höhepunkt in dem Super-Schauspiel *Cabiria* (1914) erreicht hatte, eine Zeit des Niedergangs gefolgt, während der schwedische Film solide auf den ersten Hauptwerken der Sjöstrom und Stiller ruhte und in Rußland die ersten Filme der Eisenstein, Pudowkin und Dowtschenko noch fünf bis sechs Jahre auf sich warten ließen. Mit anderen Worten, es war die Zeit, als viel von dem, was im Medium Film an Möglichkeiten steckte, in die Praxis umgesetzt wurde, der Beginn der großen Zeit des Stummfilms, der ersten Ahnungen von seiner intellektuellen Bedeutung und des Auftauchens selbstbewußter Künstlerpersönlichkeiten in den Reihen der Filmemacher.

Alfred Hitchcock waren diese Entwicklungen durchaus nicht unbekannt, doch muß hier betont werden, daß seine ersten Erfahrungen gänzlich praktischer Natur waren. Künstlerische Ansprüche wurden kaum erhoben, geschweige denn ermutigt – bestimmend war einzig die Wirkung des Films auf sein Publikum, ein großes Publikum quer durch alle Volksschichten, da man in England damals im Kino gemeinhin nur eine Unterhaltung für das niedere Volk und weniger für die höheren Stände sah. Hitchcock ging in eine *Industrie*, obendrein in eine *Unterhaltungs*industrie. Er hat oft gesagt, es sei eine der großen Katastrophen gewesen, als jemand auf die schöne Idee kam, die Stätte, wo Filme hergestellt werden, »Studio« oder »Atelier« zu nennen – mit allen darin mitschwingenden künstlerischen Untertönen – anstatt Fabrik. Diese Grundhaltung, die sich damals in ihm bildete, hat sein ganzes weiteres Leben geprägt. Ich brauche kaum zu erwähnen, da es ein Gemeinplatz ist, der praktisch auf jede Art Kunstkritik zutrifft, daß zwischen dem erklärten künstlerischen Anspruch eines Filmemachers und seiner Ausführung nicht notwendigerweise ein Zusammenhang besteht. Ob sich beispielsweise die klassischen Hollywood-Regisseure für Künstler hielten oder nicht – und einige wie John Ford und Howard Hawks haben laut und deutlich jeden solchen Anspruch für sich zurückgewiesen –, hat nur wenig oder gar nichts zu tun mit den ästhetischen Maßstäben, die man an ihre Werke anlegen kann. Umgekehrt wirken die Filme vieler Regisseure, die sich und andere als Künstler gerühmt haben, heute reichlich verblaßt oder gar völlig überholt. Unwahrscheinlich, daß Hitchcock, selbst im Innersten seines Herzens, sich für einen Künstler gehalten hat oder für irgend etwas anderes als einen Praktiker des Filmemachens, und doch ist sein ganzes Leben beherrscht von der totalen, besessenen Hingabe an diese eine Tätigkeit, an das Filmemachen – wovon sich viele, die sich Künstler nennen, eine Scheibe abschneiden können. Unter diesem Aspekt brach der Konflikt zwischen bewußter Absicht und einem nicht zu unterdrückendem Talent schon frühzeitig aus, wahrscheinlich bereits in den Tagen, da Famous Players-Lasky in einem neugebauten Elektrizitätswerk in einer Seitenstraße im rußgeschwärzten Islington anfingen.

Hier jedenfalls bekam er seine erste Chance, einen Film zu inszenieren. Es ergab sich zufällig, wie so oft in der Frühzeit des Kinos. Seit den Anfängen seiner Filmkarriere hatte der junge Hitchcock hauptsächlich mit Frauen zusammengearbeitet – zuerst und vor allem mit den Hollywood-Damen der Dramaturgie-Abteilung von Famous Players-Lasky. Es ist in der Tat eigenartig zu beobachten, wie oft und gern und erfolgreich einer, der aufgrund seiner Filme so häufig in den Verdacht geriet, ein Frauenfeind zu sein, seine ganze Karriere hindurch mit Frauen zusammengearbeitet hat. So wird es uns kaum überraschen, daß der Dreiundzwanzigjährige einer damals recht einflußreichen Dame auffiel und dadurch – obgleich er nichts aufzuweisen hatte, was nach Talent aussah, ja nicht einmal, nach seiner eigenen Aussage, was den brennenden Wunsch verriet, Filmregisseur zu werden – die Chance einer Filmregie bekam.

Die näheren Umstände, wie dieser Film entstand und wie weit er gedieh (er ist bestimmt nie fertig oder aufgeführt worden), bleiben im Dunkel. Selbst sein Titel gibt einem Rätsel auf. In den Unterlagen der Islington-Studios heißt er *Mrs. Peabody;* Hitchcock spricht von ihm als von *Number Thirteen* – wahrscheinlich konnte man sich auf einen endgültigen Titel nicht einigen. Die Frau, die die Idee dazu hatte, war Anita Ross, damals Werbedame für Famous Players-Lasky. Sie genoß einiges Ansehen, weil sie drüben in Hollywood bei Chaplin gearbeitet hatte, was allen ungeheuer imponierte. Im Frühjahr 1922 muß es langsam klar geworden sein, daß die Tage von Famous Players-Lasky British gezählt waren. Die Firma hatte elf Filme produziert, die meisten davon waren publizistisch wie kommerziell Mißerfolge. Außerdem hatten sie, weithin Opfer des britischen Wetters, nicht wie versprochen das einzigartige britische Lokalkolorit wiederzugeben vermocht, und die späteren Filme waren überwiegend im Atelier gedreht worden, was die Kritiker beißend vermerkten. Donald Crisps *Beside the Bonnie Briar Bush*, angeblich in Schottland gedreht, wurde hauptsächlich in Devon gemacht und hätte ebensogut auch in Hollywood gemacht worden sein können. Infolgedessen verminderte die Firma ihre eigenen Produktionen und vermietete ihre Ateliers immer öfter an andere. Donald Crisp, von Famous Players-Lasky mitgebracht, machte in Islington und mit Hitchcock als Titelzeichner eine Eigenproduktion unter seinem Namen, *Tell Your Children.* Unter den anderen Produktionen, an denen in Islington gearbeitet wurde, war jener bescheidene Zwei-Spuler, der mal *Mrs. Peabody* und mal *Number Thirteen* genannt wird; Buch: Anita Ross, Regie: Alfred Hitchcock.

Es scheint ein Lustspiel gewesen zu sein; die Hauptrollen spielten der amerikanische Star Clare Greet und der englische Bühnendarsteller Ernest Thesiger, dem Publikum später bekannt als Schöpfer der Homunculi in *Bride of Frankenstein* und als einer der wunderlichen Bewohner von *The Old Dark House*, dazu allgemein als giftiges und witziges Klatschmaul und als Fachmann für Gobelinstickerei in einer Zeit, in der die Stickerei keineswegs als Männerarbeit galt. Warum aber hatte man nun den jungen Titel-Designer zur Regie herangezogen? Offensichtlich, weil an diesem pausbäckigen jungen Mann mit dem Poker-Face schon damals etwas dran war, was Vertrauen einflößte. Auch sei daran erinnert, daß gar soviel Vertrauen eigentlich nicht nötig war. Es handelte sich ja nur um einen Kurzfilm, und überdies lagen, obwohl die Filmregie damals gerade zum Vorrecht der Spezialisten aus Hollywood wurde, die Zeiten nicht lange zurück, da nahezu jeder und jede sich in Filmregie versuchen konnte und versuchte. Die meisten Stars der frühen Jahre des Kinos hatten von Zeit zu Zeit selbst bei ihren Filmen Regie geführt – warum also sollte dieser junge Mann nicht können, was jeder andere hier auch konnte? Jedenfalls wurde der Streifen, so bescheiden er auch war, niemals vollendet und scheint nicht mehr zu existieren (Gott sei Dank, sagt Hitchcock); er hatte das Pech, gerade zu der Zeit gedreht zu werden, als Famous Players-Lasky in Liquidation gingen und im Studio nur noch ein Reststab einschließlich Hitchcock übrigblieb.

Während des folgenden Interregnums erhielt er noch eine zweite recht begrenzte Regie-Chance. Unter den unabhängigen Produktionen in Islington zu Beginn des Jahres 1923 war *Always Tell Your Wife*, ein einspuliges Filmlustspiel mit dem berühmten Bühnendarsteller Seymour Hicks und seiner Frau Ellaline Terriss in den Hauptrollen. Das war, allem Anschein nach, ein Lieblingsprojekt von Hicks, der das Stück schon einmal verfilmt hatte. Der Regisseur dieses Films, Hugh Croise, war erkrankt oder hatte sich, wie es auch hieß, über die Art der Inszenierung nicht mit Hicks abgesprochen. Wie dem auch sei, sie mußte ohne ihn zuende geführt werden, und so zog Hicks, der damals Anfang fünfzig war und auf der Höhe seines Bühnenruhms stand, Hitchcock heran, ihm dabei zu helfen. Da der junge Mann anders als die meisten Studio-Leute jener Zeit ein begeisterter Theaterbesucher war, kannte er Hicks' Wesen und Können gut genug, um sich ihm besonders angenehm und nützlich zu machen. Hicks seinerseits gehörte zu der Generation von Schauspieler-Regisseuren, die Hitchcocks erste Idole im Show-Geschäft waren, war er doch fast genau so alt wie ein anderer Theaterritter, Gerald du Maurier, der Hitchcocks bester Freund in der Theaterwelt und sein freundschaftlicher Spießgeselle bei so manchem berühmten Streich werden sollte.

Doch auch abgesehen von diesen recht bescheidenen und wenig überzeugenden ersten Regieversuchen muß sich Hitchcock gegen Ende 1922 gefragt haben, ob sein Schritt sehr klug gewesen war, einen einigermaßen sicheren und soliden Job mit Aufstiegsmöglichkeiten wie den bei Henleys für die ewig unsichere Welt des Films aufzugeben. Nach all ihren großen Verheißungen hatten Famous Players-Lasky inzwischen die Produktion eingestellt und waren nach Hollywood zurückgegangen. Im britischen Film schien nicht mehr viel los zu sein, alle redeten nur von der Krise; bei einem solchen »Krisen-Gespräch« in den Connaught Rooms war William Friese-Green, der für sich und damit für England die Erfindung des Kinematographen beanspruchte, im vergangenen Jahr gestorben, und alles deutete auf eine totale Einstellung sämtlicher filmischer Aktivitäten in Großbritannien hin, was im November 1924 die dritte große Krise des britischen Films auslösen sollte. Doch zumindest für Hitchcock und ein paar andere in Islington verbliebene Angestellte war die Rettung nahe.

Merkwürdigerweise war eine Hauptfigur dieser Rettung schon seit ein bis zwei Jahren ganz in seiner Nähe gewesen: ein Filmemacher namens Graham Cutts. Unter den Firmen, die während der Ägide Famous Players-Lasky in Islington Ateliers gemietet hatten, war auch eine neugebildete Gruppe namens Graham-Wilcox, die in der Hauptsache aus dem Produzenten und künftigen Regisseur Herbert Wilcox und dem Regisseur Graham Cutts bestand, bekannt als Jack. Wilcox kam aus der englischen Provinz und hatte vor allem Erfahrung in Verleih und Werbung; Cutts hatte ebenfalls im Norden als Verleiher gearbeitet und als Einstieg in die Filmproduktion einen Film mit dem Titel *Cocaine* gemacht.

Umbenannt in *While London Sleeps*, wurde er von Graham-Wilcox in den Verleih genommen, die dann *The Wonderful Story* nachschoben, den ersten eigens für Graham-Wilcox in Islington (1922) gedrehten Film. Es folgten *Flames of Passion* und *Paddy the Next Best Thing*, beide mit dem amerikanischen Star Mae Marsh und beide mit Erfolg in Amerika gelaufen. Tatsächlich schienen Wilcox und Cutts fast als einzige unter den britischen Filmemachern ihrer Zeit ein handfestes Know-how im Filmgeschäft entwickelt zu haben. Wilcox inszenierte seine Filme weiterhin selbst. Cutts sah sich anderswo um, und schon bald verband er sich mit einer anderen neuen Produzentengruppe, die ebenfalls aus dem Verleihgeschäft in der Provinz kam und in die Produktion strebte.

Diese Gesellschaft nannte sich nach ihren drei Direktoren Balcon-Saville-Freedman. Zwei von ihnen sollten zusammen mit Hitchcock zu den bekanntesten und beständigsten Namen des britischen Films werden. Michael Balcon, geboren 1896, stand am Beginn einer einzigartigen Karriere als Produzent und Produktionschef mehrerer Gesellschaften, von denen in den dreißiger Jahren Gaumont-British und in den vierziger und fünfziger Jahren Ealing Films am bekanntesten werden sollten. Victor Saville, geboren 1897, wurde schon bald selbst ein angesehener Regisseur (unter anderem inszenierte er die beiden Jessie-Matthews-Musicals der dreißiger Jahre) und später in den Vierzigern wie Alfred Hitchcock einer der führenden Männer Hollywoods, vornehmlich als Produzent. Damals waren Balcon und Saville ehrgeizige junge Männer, kaum älter als Hitchcock, aber schon wesentlich erfahrener im Dschungelkampf des Filmgeschäfts. Graham Cutts schließlich, geboren 1885, war ihnen nicht nur altersmäßig voraus, sondern konnte auch auf diverse Filmerfolge verweisen und somit eine gewichtige Rolle als Star-Regisseur bei der Gestaltung der Produktionspläne in Anspruch nehmen. Nachdem diese drei sich zusammengetan und einen Stoff erworben hatten, ein Erfolgsstück von Michael Morton mit dem Titel *Woman to Woman*, brauchten sie nur noch geeignete Ateliers.

So sahen sie sich Anfang 1923 in den Islington-Studios um. Dabei begegneten sie zum erstenmal Alfred Hitchcock. Das scheint ein denkwürdiges Ereignis gewesen zu sein. Sie besichtigten die Lokalitäten an einem Sonntag, während gerade *Always*

Tell Your Wife gedreht wurde, und bemerkten sehr bald einen dicklichen, selbstbewußten jungen Mann, der trotz eines Chaplin-Bärtchens, das er stolz zur Schau trug, um älter auszusehen, noch jünger aussah als seine Dreiundzwanzig. Wenn einige Leute behaupteten – und immer noch behaupten –, Hitchcock sei schüchtern, so merkten weder Balcon nach Saville sehr viel davon. Im Gegenteil, er erschien ihnen selbstsicher, ruhig und bedacht, wenn er nichts zu sagen hatte, doch ebenso fähig, sich ungezwungen und humorvoll auszudrücken, wenn er wollte. Er schien überall zur gleichen Zeit zu sein und packte unaufgefordert zu, wo immer es nötig war, ganz nüchtern, ohne dabei beflissen oder streberhaft zu wirken. Victor Saville sagt, daß er sich bei all seiner Bereitwilligkeit niemals Hals über Kopf in eine Aufgabe gestürzt habe: Wenn etwas auf ihn zugekommen sei, habe er darüber nachgedacht, ob er der richtige Mann dafür wäre, und wenn er geglaubt habe, die Sache machen zu können, habe er sich mit so totaler Nonchalance dazu erboten, daß er irgendwie alle von seiner Fähigkeit überzeugt habe. Offenbar lernte er damals bereits, wie man andere entkrampft, indem man selber ganz unverkrampft wirkt, wie man die Ängste anderer beschwichtigt, indem man lästige Verantwortungen auf sich nimmt.

Als Balcon-Saville-Freedman als Mieter in Islington einzogen, waren sie ein kleiner Konzern, der jeweils immer nur einen Film drehte. Und keiner der damals in England hergestellten Filme wurde mit sonderlich großem Aufwand gemacht: Im Durchschnitt bestand eine Film-Crew aus acht bis neun Leuten, wobei jeder mehrere Aufgaben hatte, jeder dem anderen zur Hand ging, weil gewerkschaftliche Funktionsabgrenzungen noch unbekannt waren. Es gab also eine Menge zu tun für jemanden, der bereit und willens war, alle in einem Filmstudio anfallenden Tätigkeiten zu verrichten. Und Alfred Hitchcock fing sehr schnell damit an. Zum einen hatte er immer noch die Titel-Abteilung unter sich. Doch die ständige Arbeit an Zwischentiteln führt unausweichlich zu Überlegungen über ihren Inhalt, und so hatte Hitchcock auch schon viel mit der Drehbuch-Abteilung zu tun gehabt. Außerdem hatte er sich auf eigene Faust und um etwas vorzeigen zu können, an einem Drehbuch versucht: Wie bei seinem ersten Anlauf als Titel-Designer war ihm zu Ohren gekommen, daß eine Filmfirma einen Roman erworben hatte, den er aus einer Zeitschrift kannte, und sofort hatte er einen Drehbuch-Entwurf geschrieben, ohne sich unter den gegebenen Umständen Hoffnungen auf einen Auftrag zu machen oder gar damit zu rechnen, sondern nur so zur Übung.

Die neue Firma engagierte ihn als Regieassistenten, vor allem aufgrund seiner Arbeit an *Always Tell Your Wife*. Als sie dann jemanden suchten, der ein Drehbuch für *Woman to Woman* nach dem von ihnen erworbenen Theaterstück schreiben könnte, erbot er sich dazu. Gefragt, wie er denn seine Befähigung dafür nachweisen wolle, zog er sein Probe-Drehbuch hervor; man war beeindruckt, und er bekam den Auftrag, zusammen mit Graham Cutts, dem Regisseur, das Drehbuch zu schreiben. Aber das war noch nicht alles. In seiner ersten Zeit in Islington hatte er sich mit einem Filmarchitekten angefreundet, der ursprünglich für *Woman to Woman* vorgesehen war und der ihn der Gesellschaft empfohlen hatte. Dann aber stellte es sich heraus, daß der Mann die Bauten gar nicht machen konnte, woraufhin sich Hitchcock mit seinen bildnerischen und zeichnerischen Talenten auch für diese Aufgabe zur Verfügung stellte. Er brauchte dazu, wie er sagte, lediglich einen Bauzeichner, ein paar Schreiner und noch einige Hilfskräfte. Und so konnte er zu seiner großen Freude fast alle Techniker wiederholen, die er von Famous Players-Lasky her kannte und die mit der Einstellung der Firma ihre Jobs verloren hatten.

Unter denen, die dem Team beitraten, das Balcon-Saville-Freedman als Kerntruppe in das Studio eingebracht hatten, war noch jemand, der Hitchcocks Leben nachhaltig beeinflussen sollte: ein zierliches, lebensprühendes Persönchen mit tizianroten Haaren, genau einen Tag jünger als er, mit Namen Alma Reville. Sie besorgte die Dramaturgie des Films und fungierte, wie das damals üblich war, gleichzeitig als Scriptgirl im Atelier – eine ganz normale Kombination in den Tagen, als Scriptgirls noch nicht mit Buchhaltung und Papierkrieg eingedeckt wurden. Im Atelier achtete sie genau darauf, was zu welchem Zweck gedreht wurde, und hatte danach eine klarere Vorstellung als alle anderen (außer hoffentlich dem Regisseur) vom Zusammenhang des Ganzen. Alma war schon früher, und zwar mit sechzehn, in die Filmindustrie gegangen, hatte ganz bescheiden als Umspulerin im Schneideraum des Twickenham-Studio begonnen (schon ihr Vater hatte in dem Studio gearbeitet, das übrigens ganz in der Nähe der

Straße lag, wo sie geboren wurde), war aber dann soweit aufgestiegen, daß sie schon verschiedene große britische Filme geschnitten hatte, darunter die erste Version des unverwüstlichen *The Prisoner of Zenda.* Sie hatte sogar, imposanterweise, an der Seite des großen D. W. Griffith im Atelier gestanden, als er in Twickenham die Studioszenen zu *Hearts of the World* drehte. In die Islington-Studios war sie mit zwanzig als Cutterin gekommen und auf Hitchcock – wie offensichtlich er auf sie – einige Zeit vor den Dreharbeiten zu *Woman to Woman* aufmerksam geworden. Er fiel ihr zunächst als ein geschäftiger junger Mann in immer demselben langen, schlampigen grauen Rock auf, der umfangreiche Pakete, vermutlich Titel-Kartons, mit sich herumtrug. Er machte stets einen sehr kühlen und distanzierten Eindruck, bis er es sich als Regieassistent bei *Woman to Woman* leisten konnte, sie anzurufen und zu fragen, ob sie den Film schneiden wolle. »Da es für einen Engländer undenkbar ist zuzugeben, daß eine Frau eine bessere Stellung als er hat, sprach er mich erst an, als er eine höhere Position innehatte.«

Ob sich nun Hitchcock zu dieser Zeit wie ein männlicher Chauvinist aufgeführt hat oder nicht, in seinem späteren Leben hat er von einer solchen Einstellung wenig spüren lassen. Im Gegenteil, er scheint stets eine hohe Meinung von den Fähigkeiten der Frau als Mitarbeiterin gehabt zu haben. Zweifellos aber hat den entscheidenden Eindruck, den tiefsten und anhaltendsten Einfluß auf sein Leben und sein Werk in all den Jahren Alma Reville ausgeübt, die denn auch – nach einer damals nicht unüblichen, für heutige Begriffe überlangen Verlobungszeit – schließlich Alma Hitchcock werden sollte.

3. Kapitel

Verführung der Unschuld nennt Michael Balcon das. Und unschuldig war Hitch im Jahre 1923 gewiß. Er rauchte nicht, er trank nicht, er war außer mit seiner Schwester nie mit einem Mädchen aus gewesen. Er hatte Übergewicht, hatte es immer gehabt, und litt schmerzlich unter seinem Äußeren. Er sah jünger aus, als er war, wie ein pausbäckiges Riesenbaby, und der sorgsam gepflegte Schnurrbart täuschte niemanden. Er war als Kind ein Einzelgänger geworden, teils sicherlich aus Schüchternheit und Ängstlichkeit, aber auch weil er merkte, daß er mit seiner Familie und seinen Schulkameraden kaum gemeinsame Interessen hatte. Auf jedem Gebiet, auf dem er unsicher war, vermied er Konkurrenzsituationen. In einer strengen, verklemmten Familie, wo alles – sogar Liebe, wie es scheint – »verdient« werden mußte, gewöhnte er sich daran, Konflikten aus dem Wege zu gehen. Wenn er daran zweifelte, liebenswert zu sein oder auch nur irgendwie attraktiv, vermied er Situationen, die das erweisen mußten. Er vermied es, Schulkameraden mit seinen verschrobenen Interessen zu belästigen, indem er keine Schulkameraden hatte und seinen Interessen allein nachging. Wenn er als Halbwüchsiger mit vielen unterschiedlichen Menschen zusammenkam, schlüpfte er behende in die Tarnung des Spaßmachers vom Dienst, unentwegt vergnügt und munter, stets zuvorkommend und hilfsbereit. Ob sie ihn wohl auch mochten, wenn er es ihnen nicht so leicht machte, ihn zu mögen? Besser, er fragte gar nicht danach, um nicht etwas erfahren zu müssen, was er lieber nicht zur Kenntnis nahm. Als er bei Balcon-Saville-Freedman eintrat, hatte er seine Nummer perfektioniert: Er war beinahe das, was er zu sein schien, ein unkomplizierter, extrovertierter junger Mann, einigermaßen zufrieden mit sich und seiner Situation, ohne merkliche Angst vor dem Dunkel am Ende der Treppe.

Und doch, trotz all seiner Forschheit, bemerkenswert lebensfremd. Was Michael Balcon und Victor Saville bald herausfanden. Obwohl nur wenig älter als er (drei beziehungsweise zwei Jahre), fühlten und benahmen sie sich wesentlich älter. Sie waren beide im Ersten Weltkrieg gewesen, kamen beide aus viel weniger soliden bürgerlichen Verhältnissen – aus jüdischen Familien des mittelenglischen Industriegebiets, die sich mühsam durchschlugen und ihren Kindern notgedrungen viel weniger Schutz boten, als Hitchs Familie ihm geboten hatte – und hatten sich beide auf eigene Füße gestellt in einem Alter, als Hitch, großzügig, wenn nicht gar überreichlich von zuhause unterstützt, noch auf der Schule war. Die Kluft zwischen ihnen und ihm schien, was den Sinn für das praktische Leben angeht, enorm. Aber sie mochten ihn; er machte ihnen Spaß, und er machte sich ihnen überaus nützlich. Sie beschlossen, seine Erziehung in die Hand zu nehmen.

Als erstes: Rauchen und Trinken. Hier ließ sich eine Bresche schlagen: Er liebte gutes Essen. Schon als Angestellter in der City hatte er sich gern im Stil der City-Banker angezogen und war allein essen gegangen in Restaurants wie Simpson's am Strand, einem Treffpunkt von Geschäftsleuten, die sich an dem auf Servierwagen aufgefahrenen Aufschnitt von riesigen Bratenstücken gütlich taten. Dort pflegte er, stets allein, nur in Gesellschaft der *Times* vom Tage, im Vollgenuß seiner Einsamkeit zu tafeln und sich dabei die Rollen auszumalen, die er im Leben zu spielen gedachte. Er sah sich in der Phantasie als Genießer der guten Dinge des Lebens, und zu den guten Dingen des Lebens gehörten der Tradition nach auch erlesene Weine und erlesenes Essen und zum Nachtisch alter Brandy und Zigarren. Nicht, daß erlesene Weine und alter Brandy im Alltag von Islington von Anfang an eine besondere Rolle gespielt hätten – für gewöhnlich taten es Bier und Sandwiches im Pub an der Ecke. Doch immerhin war es ein Anfang, und bald schon zeigten sich seine Mentoren mit der Gelehrigkeit ihres neuen Schülers recht zufrieden.

Mädchen waren wieder eine Sache für sich. Weder Michael Balcon noch Victor Saville waren darin sonderlich erfahren, obwohl sie vor dem »jungfräulichen« Hitch einen ganz schönen Vorsprung hatten. Anders lagen die Dinge bei dem dritten Firmenchef, ihrem Star-Regisseur Jack Cutts. Und mit dem hatte Hitch hauptsächlich zu tun, denn er arbeitete in vielerlei Funktionen an fünf aufeinanderfolgenden Filmen von Cutts mit. Cutts war älter als die anderen, schon an die Vierzig, und galt als großer Frauenheld. Er versammelte stets attraktive junge Frauen um sich, die in seinen Filmen kleine Rollen spielten oder darauf spekulierten, und war berühmt für Bravourstücke – wie zum Beispiel einmal in seiner Garderobe zwei Schwestern während einer Mittagspause vernascht zu haben. Meistens steckte er mitten in einer stürmischen Liebesgeschichte, zuweilen gleich in mehreren auf einmal, die er mit mehr oder weniger Erfolg vor seiner Frau verheimlichen mußte (die eigentlich gar nicht seine Frau war). Dem Vernehmen nach war er kein besonderer Regisseur (keiner seiner Filme aus jener Zeit ist erhalten geblieben), doch er war ein gewiefter Organisator, hatte ein flinkes Mundwerk und war ein guter Kerl, mit dem man viel Spaß haben konnte. Er besaß Energie und Stehvermögen und konnte die Nächte durchfeiern und dennoch am nächsten Morgen meist frisch und munter an die Arbeit gehen. Am Ende freilich forderte die Trinkerei ihren Tribut, und ein paar Jahre später sah sich Hitch in der peinlichen Lage, seinem ersten Chef irgendeine Arbeit besorgen zu müssen, irgendeinen Job in Hitchcocks neuestem Film, THE THIRTY-NINE STEPS. (Er schämte sich ein bißchen, ihm nicht mehr anbieten zu können als einen Drehtag mit Großaufnahmen von Robert Donat, aber selbst diesen Job nahm Cutts voll Dankbarkeit an.) Noch aber war Cutts der erfolgreichste Filmregisseur in England, eine buntschillernde Persönlichkeit, etwas theatralisch, auf vertrautem Fuße mit all den großen Schauspielern, die Hitch bis dahin nur von fern verehrt hatte, und stets auf dem Sprung, bei der geringsten Ausrede oder Nicht-Ausrede loszutoben. Selbst wenn Hitch seine Meinung für sich behielt und ihn nur kühl und voller Mißtrauen betrachtete, war es unvermeidlich, daß Cutts ihn in gewissem Sinn beeinflußte.

Und so war es denn auch: Hitchcock lernte von ihm vor allem, wie man mit Schauspielern umgeht, bei der Arbeit und privat. Doch auf Cutts' eigentlichen Gebiet, der Wunderwelt der Mädchen, hat er Hitch offenbar gar nichts geben können. Hitch war keinesfalls uninteressiert, aber er hatte bereits im stillen ein besonderes Interesse für Alma entwickelt. Ihr Engagement als Scriptgirl für *Woman to Woman* brachte es mit sich, daß er den ganzen Tag über neben ihr im Atelier arbeitete. So viel er auch von Balcon, Saville und Cutts lernen konnte – den Umgang mit Mädchen wollte er sich von ihnen nicht beibringen lassen.

Das war auch ganz gut so, wenn man bedenkt, in was für groteske Situationen ihn die Zusammenarbeit mit Cutts noch bringen sollte. Vorerst ging noch alles in Ruhe vonstatten. Die Dreharbeiten zu *Woman to Woman* begannen im Juni 1923 und waren im August abgeschlossen. Der Film war, wie Hitchcock meint, einer der besten von Cutts und sicherlich auch der erfolgreichste. Für damalige Begriffe war er sowohl üppig in der Ausstattung wie »sophisticated« in der Machart: Das Drehbuch, das Hitch und Cutts aus einem Erfolgsstück der vorangegangenen Spielzeit entwickelt hatten, handelte von einem im Ersten Weltkrieg in Frankreich kämpfenden Engländer. Der hat dort eine Liebschaft mit einer Tänzerin vom Moulin Rouge, die ein Kind von ihm erwartet. Er geht zurück in den Schützengraben, wird verwundet, verliert das Gedächtnis und heiratet dann in England ein anderes Mädchen, ohne sich an seine unvollendete Affäre in Frankreich erinnern zu können. Am Ende hat dann das Mädchen vom Moulin Rouge, nunmehr bekannt als »Die englische Tänzerin«, ihren großen Auftritt, wenn sie mit routinierter Virtuosität in seiner Luxuswohnung tanzt, hereingetragen von vier »nubischen« Sklaven – in Wirklichkeit waren es die Brüder MacLaglen, schwarz geschminkt, und damit, man sollte es nicht für möglich halten, einer der ersten Filmauftritte Victor McLaglens. Hitch formte die Rolle der gefallenen Frau, als sei er mit dieser Gattung intimstens vertraut; zu seiner Erleichterung hatte niemand gegen das, was er geschrieben hatte, etwas einzuwenden.

Auch die Dekorationen waren Neuland für ihn, da er einige ganz spezielle Pariser Szenerien entwerfen mußte, darunter die komplette Rekonstruktion des Moulin Rouge, ohne daß er je einen Fuß auf französischen Boden gesetzt hätte. So schickte er jemanden zu Recherchen für die Ausstattung nach Frankreich, fand dann aber, daß der Betreffende dafür wohl doch nicht der richtige Mann sei, und erklärte Alma plötzlich, sie sollte sich für ein paar Tage um den Betrieb kümmern, er würde nun selber nach Frankreich fahren. Auf dieser seiner ersten Reise hätte er, wie man annehmen sollte, mit dem guten Essen und Trinken Bekanntschaft schließen müssen, für das die französische Hauptstadt berühmt war. Aber nein, Dienst ist Dienst und Schnaps ist Schnaps. Als erstes ging er, kaum daß der Zug um sieben Uhr früh in Paris angekommen war, zur Frühmesse in die Madeleine. Scharfe Beobachtungsgabe und angeborene Intelligenz machten seinen Mangel an Erfahrung reichlich wett; und plötzlich entdeckte Hitchcock, daß er als »art director« (Filmarchitekt) in aller Ruhe bestimmen konnte, wie und aus welcher Perspektive die und die Szene zu drehen sei, und das Publikum würde mitgehen. Ohne es zu wissen, war er damals schon auf dem besten Wege, einen Film völlig unter seine Kontrolle zu bringen.

Zum Publikumserfolg des Films trug – von der Story einmal abgesehen, die in dieser oder jener Form der todsicherste Knüller seit *Enoch Arden* war – wesentlich die Mitwirkung eines großen Hollywood-Stars bei. In Anbetracht der Bedeutung, die für Cutts' frühere Filme Mae Marsh als Verkaufsschlager auf dem amerikanischen Markt gehabt hatte, wurde Victor Saville nach Hollywood geschickt, um für den Erstling der Gesellschaft einen amerikanischen Star zu verpflichten. Dabei hatte er das große Glück, daß Betty Compson momentan ohne vertragliche Verpflichtung war, weil sie gerade einen neuen Vertragsabschluß mit Famous Players abgelehnt hatte. Angesichts der Zugkraft, die sie mit ihren Filmen in den vergangenen zwei Jahren erreicht hatte, fühlte sie sich von Famous Players unterbezahlt. Saville bot ihr 1000 Pfund pro Woche – für englische Filme damals ein sehr großzügiger Betrag –, und sie nahm an unter der Bedingung, daß der Vertrag für zwei nacheinander zu drehende Filme geschlossen wurde. Wie sich dann herausstellte, hatte die britische Firma damit einen großen Fehler begangen, da sie für ihren teuren Star keinen entsprechenden Stoff in petto hatte und überstürzt mit einem weiteren Film in die Produktion gehen mußte, *The White Shadow*, den sie optimistisch mit der Verheißung anpries: »Star, Produzent, Autor, Hauptdarsteller, Kameramann, Szenenbildner, Stab, Studio, Verleih genau wie in *Woman to Woman*«. Leider zeitigte die gleiche Formel (oder fast die gleiche – diesmal stammte das Drehbuch von Michael Morton, dem Autor des Bühnenstücks, auf dem *Woman to Woman* basierte) nicht die gleichen Resultate, und der Film fiel mit Pauken und Trompeten durch. Zunächst aber ritt die Firma Balcon-Saville-Freedman erst einmal auf den schäumenden Erfolgswogen von *Woman to Woman,* die ganz Europa und auch die Vereinigten Staaten überspülten, wo Lewis J. Selznick den Film in jedem großen Paramount-Kino herausbrachte und alle riesig daran verdienten – außer den Produzenten, die die meisten ihrer Rechte abtreten mußten, um auf den ersehnten Märkten überhaupt erst einmal Fuß zu fassen.

Hitch war bekannt als guter Junge voller prächtiger Ideen, mit dem man immer seinen Spaß hatte. George Pearson, ein Filmemacher aus der Frühzeit, konnte sich noch daran erinnern, wie er, als er 1923 in Islington filmte, regelmäßig in Hitchs Büro ging, um mit ihm um Pennies ein selbsterfundenes Pferderennspiel für Kinder zu spielen. Für Hitch indessen war das erfreulichste persönliche Erlebnis bei seiner Arbeit an den beiden Cutts-Filmen die Bekanntschaft mit Betty Compson, einer lustigen, übersprudelnden und dennoch mit beiden Beinen im Leben stehenden jungen Frau, der alle Starallüren abgingen, die nicht die große Diva aus Übersee markierte und die zu dem sich mausernden Filmdekorateur immer nett und freundlich war. Hitch hat ihr das nie vergessen, und als Betty Compson Jahre später kein Star mehr war, sondern eine hart arbeitende Kleindarstellerin in Hollywood, revanchierte er sich bei ihr mit der hübschen kleinen Rolle eines Party-Girls in seiner Filmfarce MR. AND MRS. SMITH. Aus WOMAN TO WOMAN ergab sich freilich, auf Dauer gesehen, etwas viel Entscheidenderes für seine künftige Karriere. Balcon ging mit dem Film in die Staaten, wo er die Firma Selznick, seinen dortigen Verleiher, in einem Zustand momentaner Zahlungsschwierigkeiten und in den Händen der Konkursverwalter vorfand. Lewis J. Selznicks Söhne, David und Myron, standen ohne Job da. Als Balcon nach England zurückfuhr, kam Myron mit; er heiratete in England, ließ sich hier nieder und gründete die Joyce-Selznick-Agentur in London. Sehr bald sollten Hitch und Myron gute Freunde werden, was für Hitch die erste Verbindung mit den Selznicks bedeutete und schließlich fünfzehn Jahre später in seinen Hollywood-Vertrag mit David O. Selznick einmünden sollte.

Vorläufig allerdings dachte Hitch noch nicht im geringsten an eine großangelegte Karriere. Der Erfolg von *Woman to Woman* war gut, wurde jedoch durch den elenden Reinfall von *The White Shadow* gleich wieder zunichte gemacht. C. M. Woolf, der Verleiher, der ihre Produkte vermarktete, hatte die Lust verloren und wollte der Firma keinen Verleih-Vorschuß geben. Es sah ganz danach aus, als müßten sich Balcon-Saville-Freedman in ihrer jetzigen Form auflösen. Doch Balcon zog wie so oft in seiner langen Karriere eine Überraschung aus dem Hut. Eines Morgens kam er in Hitchs Büro und erklärte beiläufig, er habe sich entschlossen, eine neue Firma zu gründen. Sie sollte Gainsborough Pictures heißen und hatte ein Kapital von 100 Pfund. Wieso

Gainsborough? Weil Balcon schon immer ein bestimmtes Porträt von Gainsborough bewundert hatte und meinte, der Name wäre ein gutes Warenzeichen, das den Leuten Kunst und Vornehmheit und Klasse suggerieren würde. Er hatte ein Abkommen mit einer der führenden Verleihfirmen, Gaumont, für einen neuen Film getroffen, der auf der gleichen Linie – mit dem gleichen Team – wie die beiden vorangegangenen liegen sollte. *The Passionate Adventure*, im August 1924 fertig geworden, war eine halbwegs geschickt gemachte Mischung aus dem glanzvollen Leben der Oberen Zehntausend mit dem pittoresken Leben des einfachen Volkes, zum Drehbuch verarbeitet von Hitch und Michael Morton nach einem vielgelesenen Roman von Frank Stayton über einen frustrierten Ehemann (dem Namen nach), der sich, als Penner verkleidet, heimlich in die Slums des East End schleicht. Die Hauptrolle spielte Clive Brook neben einem weiteren amerikanischen Import, Alice Joyce, und auch Victor McLaglen war, diesmal mit seiner natürlichen Hautfarbe, in einer größeren Rolle zu sehen. Hitch mußte das Dekor machen und baute für den Film auf einer 28 Meter langen Rampe einen kompletten Kanalabschnitt mit Häusern zu beiden Seiten, aber solche Aufgaben waren Wasser auf seine Mühle. Die Produktion fiel viel bescheidener aus als die vorangegangenen, war aber als solche ein sicherer Start für die neue Gesellschaft und gab den Auftakt zu einer langen Reihe von Filmen, die Gainsborough und seine nickende Dame für mehr als dreißig Jahre zu einem jedem Engländer vertrauten Symbol werden ließen.

Vorerst aber suchte die Firma Geld, um die nötige technische Ausrüstung zusammenzukratzen. In der kritischen Situation, in der sich der britische Film befand, war es kaum möglich, mehr als einen Film auf einmal zu planen. Für seine nächste Gainsborough-Produktion hielt Balcon Ausschau nach einem Ko-Produzenten, und zwar über den Kanal hinweg nach Deutschland, wo der Filmgigant UFA zu einer der bedeutendsten und erfolgreichsten Produktionsgesellschaften der Welt geworden war. Man einigte sich darauf, ein neues Produktionsschema mit einer (natürlich von Hitch zu besorgenden) Bearbeitung eines Romans von Raymond Paton, *The Blackguard*, über die stürmische Karriere eines Geigers zu erproben. Der Film sollte in den Ateliers von Neubabelsberg bei Berlin mit einer größtenteils deutschen Besetzung und einem amerikanischen Star, Jane Novak, gedreht werden. Die UFA besorgte die Finanzierung, die Engländer übernahmen den Verleih des Films in allen Teilen der englischsprechenden Welt und stellten natürlich die Crew: Balcon als Produzenten (gleichberechtigt mit Erich Pommer, der Hitchcock Jahre später in England noch einmal begegnen sollte), Cutts als Regisseur, sowie Hitchcock als Autor, Ausstatter, Regieassistent und Mädchen für alles.

Anfangs blieb die Truppe in Berlin als Fremde in einem fremden Lande ganz unter sich. Hitch, der vor dem Problem stand, sich mit seinem deutschen Dekorzeichner verständigen zu müssen, stellte fest, daß auch der einmal Zwischentitel gezeichnet hatte und daß sie sich einigermaßen verständigen konnten, wenn sie sich ihre gegenseitigen Mitteilungen aufzeichneten. Bald wurde ihm diese Methode allerdings zu dumm, und er fing allen Ernstes an, Deutsch zu lernen. Auch manches andere fing er allen Ernstes an zu lernen. Cutts steckte schon wieder mitten in einer Liebesaffäre, diesmal mit einer estnischen Tänzerin. Als dann seine »Frau« nach Berlin kam, wurde die Lage für ihn einigermaßen brenzlig, und er zog Hitch und Alma zu Absicherungszwecken heran. Er bat sie, zu ihm und seiner »Frau« zu ziehen. Alma bewohnte dort ein eigenes kleines Schlafzimmer, während Hitch auf dem Sofa im Wohnzimmer schlief. Cutts hatte nun leider überraschend oft »bis spät in die Nacht hinein im Studio zu tun«, was bedeutete, daß Hitch und Alma sich mit Cutts und seiner Freundin sowie dem Kameramann und dessen Freundin in der berühmten Bar »Barberina« trafen. Da saßen sie dann bei Wein und Sekt und Sandwiches, bis es Zeit für den Heimweg wurde, der sie durch die Dorotheenstraße hinter dem Reichstag führte, wo Cutts' Freundin wohnte. Dort verschwand Cutts für eine Weile im Hause; Hitch und Alma saßen solange im Wagen und beobachteten, wie oben das Licht aus- und nach einiger Zeit wieder anging. Dann kam Cutts herunter und nahm sie sehr spät mit nach Hause zu einem schweren englischen Nachtmahl, das Mrs. Cutts vorbereitet hatte (Steak-and-Kidney-Pudding und dergleichen) und das sie natürlich nicht ausschlagen konnten, ohne Verdacht zu erregen. So kam es regelmäßig dazu, daß Hitch unter Entschuldigungen vom Tisch aufsprang, hinausrannte, sich erbrach, um sich dann erneut der Heimsuchung auszusetzen.

Nicht immer wartete Hitch unten im Wagen. Zumindest einmal entdeckte er, daß das Deutschland der Weimarer Republik einige Vergnügungen zu bieten hatte, von denen man sich in Leytonstone nichts hatte träumen lassen (jedenfalls soweit ihm bekannt war). Eines Abends wurden er und Cutts von einem ihrer UFA-Bosse und dessen Familie zum Essen eingeladen. Nach dem Essen ging es dann zu ihrer Überraschung in einen Night-Club, wo Männer mit Männern und Frauen mit Frauen tanzten. Schließlich erboten sich zwei Mädchen, die mit von der Partie waren – die eine noch keine Zwanzig, die andere um die Dreißig –, sie nach Hause zu fahren. Allerdings machten sie einen kleinen Umweg: Unterwegs hielten sie vor einem Hotel, und die beiden Engländer und ihre Begleiterinnen wurden hineingelotst. Im Zimmer machten ihnen die Mädchen ein paar Angebote, die der entsetzte Hitch, vielleicht zu seinem Glück, nicht so genau verstand. Er hielt es für das sicherste, immer wieder »nein, nein« zu sagen, bis sie es aufgaben. Daraufhin gingen die beiden Mädchen, vielleicht weil sie glaubten, die beiden Engländer hätten ihrerseits ein gewisses Interesse aneinander, mit sich selbst ins Bett. Hitch wunderte sich, schaute aber dezent beiseite. Nicht so das dritte junge Mädchen in ihrer Gesellschaft, eine Studentin und Tochter eines UFA-Regisseurs. Die nahm in aller Ruhe Platz und setzte ihre Brille auf, um nur ja nichts zu verpassen. Es ist kaum anzunehmen, daß dieses interessante und exotische Erlebnis einen tieferen Eindruck auf Hitchcock gemacht hat, obwohl er zugibt, sich schon immer für abnorme psychische Verhaltensweisen interessiert zu haben und in der Schlafzimmerszene zwischen den beiden Revuemädchen in seinem ersten eigenen Film, THE PLEASURE GARDEN, die einen leichten lesbischen Anflug hat, eine Widerspiegelung dieses Erlebnisses sieht. Indessen zog es ihn in seiner Freizeit immer mehr zu Alma.

Beruflich war die Arbeit in Neubabelsberg für Hitchcock eine ungeheuer produktive Erfahrung. Bis dahin hatte er ausschließlich in einem kleinen britischen Filmstudio gearbeitet, seine eigenen Fehler und seinen eigenen Weg gemacht, ohne sich groß um die Techniken anderer Filmemacher zu kümmern. Jetzt fand er sich auf einmal mitten im Zentrum der revolutionärsten Ära des Films jener Epoche. Im Atelier nebenan drehte der große F. W. Murnau seinen ersten berühmten Film *Der letzte Mann*, der in der

Diskussion um die Bildersprache des Films das letzte Wort haben sollte: Er zeigte dem Publikum jede Phase von Abstieg und Fall des Hotelportiers mit der prächtigen Uniform (Emil Jannings) ohne einen einzigen erklärenden Zwischentitel. Hitchcock schaute, wann immer er konnte, fasziniert zu. Besonders beeindruckte ihn die Kunst von Robert Herlth und Walter Röhrig, Murnaus Filmarchitekten. Im Drehbuch schien kein Trick zu stehen, den sie nicht kannten und nicht umzusetzen wußten. Eines Tages sah er zu, wie Murnau eine kurze Szene auf einem Bahnsteig stellte und drehte, auf dem gerade ein Zug eingefahren war. Der Waggon nächst der Kamera war real, Passagiere stiegen aus und ein. Die folgenden Waggons waren Attrappen, konstruiert in verkürzter Perspektive, damit sie auf kleinstem Raume den Eindruck eines langen Zuges erweckten. Doch Murnau war derart detailbesessen, daß er, um den Hintergrund zu beleben, am anderen Ende des Schauplatzes einen weiteren Waggon in voller Lebensgröße mit aus- und einsteigenden Passagieren plaziert hatte, und zwar so, daß die perspektivisch verkürzten Waggon-Attrappen mit den beiden ganz vorn und ganz hinten stehenden echten Waggons eine ungebrochene Einheit bildeten. Was man in der Dekoration sehe, spiele keine Rolle, erklärte Murnau – das einzige, was zähle, sei das, was man auf der Leinwand sieht. Diese Lektion sollte Hitchcock nie vergessen.

Doch hatte er nur wenig Gelegenheit, weitere Dreharbeiten zu beobachten. Der Drehbeginn ihres eigenen Films brachte genügend eigene Probleme mit sich. Cutts' Verhalten wurde immer sprunghafter und unberechenbarer; in seiner Verrücktheit nach der estnischen Tänzerin und seiner Flucht vor seiner Frau überließ er mehr und mehr Entscheidungen seinem Regieassistenten. Hitch war es gewohnt, Episoden und Zwischenschnitte mit Statisten zu drehen und sich um all die anderen Kleinigkeiten zu kümmern, die für gewöhnlich Sache des Regieassistenten sind. Nun aber mußte er sich für ganze Sequenzen etwas einfallen lassen. Alma hat nie vergessen, wie sehr ihr die stoische Ruhe und Selbstsicherheit imponierten (obgleich sie sich lieber die Zunge abgebissen hätte, als das zuzugeben), mit denen Hitch mitten in all dem Tohuwabohu sich in jeder Hinsicht so verhielt, als hätte er eine lebenslange Atelier- und Auslandserfahrung hinter sich, und Künstler wie Techniker herumkommandierte, die ihm an Alter und Lebensleistung weit überlegen waren. Einmal zumindest mußte er alle Autorität aufbieten, die ihm zur Verfügung stand. Unter den Sequenzen, die er in eigener Verantwortung zu drehen hatte, war eine Traumszene, in welcher der Geiger sich unter den Hosianna-Rufen der himmlischen Heerscharen zum Himmel emporsteigen sieht. Nun gab es in Neubabelsberg ein Gerüst, das genau das Richtige für die Szene war, da es eine solide konstruierte, ungleichmäßig ansteigende Ebene trug, die eine Schneise durch einen Bergwald darstellte. Das Dumme daran war nur, daß die Konstruktion eben dafür verwendet worden war – die Riesenbäume, die Fritz Langs Filmarchitekten für die Waldszenen seines legendären, kurz zuvor fertiggestellten Filmepos *Siegfried* aufgebaut hatten, waren als Stolz und Zierde des Ateliers stehengeblieben. Und nun kam da dieser junge Engländer und verlangte mir nichts, dir nichts, man solle sie abreißen. Das Studio bat und bettelte, doch er blieb eisern – dieses Gerüst brauchte er und kein anderes. Er war entschlossen, es zu benutzen.

Und er setzte sich durch; schon damals setzte er sich meistens durch. Mit Tränen in den Augen rückte die Abteilung Bauten an, riß Langs Wald ab und baute an seine Stelle in Reihen angeordnete schmale Podeste, verkleidete sie mit Laubsägewolken, durch die der Geiger auf gewundenem Pfade fiedelnd bis an das Himmelstor hinanschreiten sollte. Doch nun tauchte ein neues Problem auf: Wie sollte man in dem bei aller Geräumigkeit doch begrenzten Atelier den Eindruck einer unendlichen Engelschar zustandebringen? Hitchcock beschloß, das menschliche Äquivalent der verkürzten Perspektive anzuwenden, und sandte seine Häscher nach den längsten Schauspielern und den kleinsten Kindern und Zwergen aus, die sie auftreiben konnten. (Die Suche nach Zwergen erforderte neuerliche Abstecher in die Abgründe des Berliner Nachtlebens, die Hitch zu seiner Erleichterung an seine deutschen Assistenten delegieren konnte.) Nachdem er alle Statisten in stilgerecht weiße Engelsgewänder gesteckt hatte, ging er daran, sie nach ihrer Größe auf den Reihenpodesten zu arrangieren, und zwar die Riesen vorn, dann die Komparsen normaler Größe, danach die Kinder und schließlich die Zwerge, so daß die Szene von einer unendlichen, sich in schier endlose Räume hin erstreckenden Zahl gleich großer Engel bevölkert erschien. Ganz hinten, hoch droben unter dem Dach, brachte er die Menschenschlange mit kostümierten Puppen zu ihrem logischen Abschluß. Alle, Menschen wie Puppen, hatten nichts weiter zu tun, als den rechten Arm zum Gruße zu erheben. Um auch die Puppen dazu zu bringen, dachte sich Hitch ein geniales System aus: An jedem Puppenarm war eine Schnur befestigt, die durch das ansteigende Gerüst hindurch nach unten hing und an einem langen Balken befestigt war, der wiederum auf einem Gestell lag. Diese Anordnung wiederholte sich bei jeder Reihe Puppen. Auf ein Signal hin stießen die Atelierarbeiter die Balken von den Gestellen, so daß sie zu Boden fielen und über die Schnüre die Arme der Puppen zur gleichen Zeit ruckartig in die Höhe schnellen ließen. Das einzige Problem bestand nur noch in der soliden Bauweise der Dekoration, die eine mündliche Verständigung des Regisseurs draußen mit den Atelierarbeitern drinnen unmöglich erscheinen ließ. Schließlich löste Hitch das Problem, in dem er das Stichwort in Form eines Pistolenschusses gab. Atelierbesucher sahen zu ihrer Verblüffung, wie der sonst so milde und friedfertige Hitch hin und her rannte, seine Engel unverkennbar mit der Pistole bedrohte und sie mit einem Sturzbach nicht wiederzugebender Ausdrücke dazu brachte, sich gefälligst an seine Anordnungen zu halten.

Trotz der führenden Rolle der UFA auf dem Gebiet der Filmtechnik waren es nicht immer nur die Engländer, die etwas Neues lernen konnten. So kannte sich Hitchcock beispielsweise mit der Technik bestimmter Trickverfahren aus – etwa mit dem Hall-Verfahren, einem Vorläufer des Schüfftan-Verfahrens, das den Kameramann instandsetzte, eine gemalte Fläche mit einer echten Szene in der Kamera zu kombinieren; das Verfahren war von den Amerikanern, bei denen Hitchcock zuerst gearbeitet hatte, mit nach Islington gebracht worden. Einmal wandte er es in *The Blackguard* für eine Szene im Mailänder Dom an, in welcher Touristen die Kathedrale besichtigen und auf besondere Sehenswürdigkeiten deuten mußten, die sich lediglich auf dem gemalten Bildteil befanden. Hitchcock mußte dazu einen britischen Dekorationsmaler heranziehen, und die UFA, die dergleichen noch nie gesehen hatte, interessierte sich so sehr für seine Methode, daß sie eine zweite Kamera aufstellen wollte, um den Vorgang zu photographieren. Hitchcock machte den Herren sehr verbindlich klar, daß visuell überhaupt nichts dabei herausspringen würde, es sei denn, sie nähmen das Verfahren genau aus dem Blickwinkel der

Filmkamera auf. Doch er versprach, ihnen sein Know-how weiterzugeben, wenn er mit den Dreharbeiten fertig sein würde – wobei er insgeheim die paradoxe Situation genoß, die UFA-Experten vor ihm in die Knie gehen zu sehen.

Gegen Ende der Dreharbeiten wuchsen Cutts die Dinge so sehr über den Kopf, daß er mit seiner Freundin einfach verschwand, woraufhin Hitch und Alma den Film, so gut es ging, abdrehen und zusehen mußten, wie sie nach Hause kamen. Später hörte man, Cutts halte sich mit der Estin in Calais auf und starre sehnsüchtig, aber vergebens über den Ärmelkanal. Es hatte sich herausgestellt, daß das Mädchen staatenlos war und mit ihren Papieren nicht nach England hinübergelassen wurde. Cutts war außer sich und bombardierte Balcon und andere einflußreiche Leute mit Telegrammen, in denen er ihnen androhte, er würde Selbstmord verüben oder aber mit seiner Freundin nach Südamerika gehen und Tango-Tänzer werden, wenn sie nicht irgend etwas täten, um seiner Liebsten zu einer Einreise- und Arbeitsbewilligung zu verhelfen.

Ohne die geringste Ahnung von den Ereignissen zu Hause zu haben, hatte Hitchcock von sich aus einen bedeutsamen Entschluß gefaßt. Er und Alma waren mit dem Nachtschiff von Kiel nach England unterwegs. Es war eine äußerst stürmische Nacht. Alma lag in ihrer Kabine und fühlte sich gar nicht wohl, als plötzlich Hitch auftauchte und sie – nach ein paar sachlichen Bemerkungen über aktuelle berufliche Dinge – aus heiterem Himmel fragte, ob sie ihn heiraten wolle. Heute meint er (vielleicht kommt ihm das rückblickend auch nur so vor), er hätte den Augenblick deshalb gewählt, weil die Reise ihnen die seltene Chance geboten hätte, einmal allein zu sein, auch weil er das Gefühl hatte, Almas Widerstandskraft würde in dieser Lage geschwächt und mithin eine Zurückweisung unwahrscheinlich sein.

So war Hitch, als er nach Islington zurückkam, verlobt. Weniger ausgemacht war, ob er Arbeit hatte. Cutts saß noch immer wutschäumend in Calais, und niemand wußte, was aus dem nächsten Film werden sollte, sofern überhaupt etwas aus ihm werden würde. Immerhin hatte man ein Projekt in petto; Gainsborough hatte die Rechte an einem Stück von Rudolph Besier, das später als *Barretts of Wimpole Street* berühmt werden sollte, mit dem Titel *The Prude's Fall* erworben, und Hitch wurde wie üblich mit der Abfassung des Drehbuchs beauftragt. Er arbeitete allein daran; das Script ging nach Calais, kam mit Änderungen zurück, wurde durchgesehen, ging wieder an Cutts, bis es schließlich, immer über diese Distanz, abgeschlossen wurde und drehfertig war. Eile war geboten, da Jane Novak nur unter der Bedingung, zwei Filme hintereinander zu machen, herübergekommen war, und je eher *The Prude's Fall* auf *The Blackguard* folgte, um so besser und billiger für Gainsborough.

Da Cutts nicht nach England kommen wollte, mußte das Produktionsteam zu ihm kommen. So brachen Hitchcock und einer von Balcons Assistenten auf, um mit Cutts eine Lokalbesichtigungsreise zu machen, da der Film an verschiedenen illustren Schauplätzen Europas gedreht werden sollte. Sie trafen sich mit Cutts in Calais, aber er schien sich dort sehr wohlzufühlen und schickte sie nach Paris voraus. Nach ein paar Tagen stießen Cutts und seine Freundin zu ihnen. Ihr gefiel es in Paris so sehr, daß Cutts sich entschloß, mit ihr noch zu bleiben, während Hitch und sein Begleiter nach St. Moritz weiterfuhren. Eine Woche später kamen Cutts und die Freundin in St. Moritz an. Auch dort gefiel es ihr, und so schickten sie Hitch nach Venedig, auf daß er sich nach weiteren Drehorten umsehe und sich mit den Schauspielern und dem übrigen Team treffe. Das alles lief auch recht gut, bis Cutts mit seiner Freundin eintraf. Venedig gefiel ihr nicht – das viele Wasser war so ungesund und trist. Die ganze Mannschaft brach also die Zelte ab und zog weiter zum Comer See. Am Tage ihrer Ankunft tobte ein Sturm auf dem See, und das gefiel ihr auch nicht. Sie habe ganz recht, sagte Cutts, das Wetter hier sei unmöglich. Also zogen sie wieder nach St. Moritz. Beziehungsweise gen St. Moritz, denn nach einer Stunde Eisenbahnfahrt stellten sie fest, daß die Strecke von einer Lawine blockiert war. Da haben wir's, sagte Cutts, also zurück nach England! Und das taten sie denn auch, nachdem sie die ganze Besetzung und das ganze Team unter großem Kostenaufwand quer durch Europa geschleift und keinen einzigen Meter Film gedreht hatten.

Das Buch mußte umgeschrieben werden, damit die ursprünglich vorgesehenen spektakulären Schauplätze im Atelier nachgebaut werden konnten. Das Ergebnis fiel, wie nicht anders zu erwarten, recht kümmerlich aus und gefiel niemandem. Außerdem war Cutts ohnehin sauer, weil es ihm nicht gelang, die Estin nach England zu bekommen. Und nun bemerkte Hitch in Cutts' Verhalten ihm gegenüber deutlich eine unterschwellige Feindseligkeit. Gar zu oft machte Cutts abschätzige Anspielungen auf den »Wunderknaben«, und nur allzu gern schürten böse Zungen im Studio Cutts' Ressentiment, indem sie zu verstehen gaben, Hitchcocks Anteil am Gesamterfolg von Cutts' Filmen werde weit überschätzt – schließlich erschien sein Name weit vor den ihrigen. Besonders der Kameramann Hal Young, ein unangenehmer und zynischer Mensch, der dafür bekannt war, daß er die Rennberichte las, während er mit der anderen Hand die Szene herunterkurbelte, hatte aus wer weiß was für Gründen etwas gegen Hitch und machte ihn bei Cutts nach Strich und Faden schlecht.

Freilich war Cutts selbst in keiner sehr starken Position, da seine Beliebtheit bei der Kritik und beim Publikum seit *Woman to Woman* ständig nachließ. Aber er war Gesellschafter der Firma und konnte nicht ohne weiteres fallengelassen werden, so exzentrisch er sich auch aufführen mochte. Außerdem dachte Gainsborough gar nicht daran, ihren einstigen Star-Regisseur durch einen anderen zu ersetzen. Balcon hatte keine Regieambitionen, und zu dem Zeitpunkt auch Saville nicht, obgleich er später zu einem der führenden Regisseure Englands werden sollte. Auch »der Wunderknabe« hatte noch keine, trotz manchem Gemunkel und trotz einiger Erfahrungen auf diesem Gebiet. So unglaublich es klingt, wenn man an das Kommende denkt, behauptet Hitchcock, er hätte damals nie daran gedacht, Filmregisseur zu werden, da er mit dem, was er machte, vollauf zufrieden gewesen sei. Er war völlig überrascht, als Balcon ihm eines Tages eröffnete, Cutts sei entschlossen, eine Filmversion des überaus erfolgreichen Bühnen-Melodrams *The Rat* mit dem glänzenden jungen Star-Autor Ivor Novello in einer Hauptrolle zu drehen, aber er wünsche nicht, daß Hitch dabei sei.

Hitch nahm das äußerlich ruhig auf, machte sich aber wohl oder übel Sorgen, was er als nächstes tun sollte – besonders angesichts der Krise, die der britische Film wieder einmal durchlief, und der geringen Arbeitsmöglichkeiten. Doch wieder fand Balcon ganz unerwartet eine Lösung. Ein paar Wochen später fragte er Hitch unvermittelt, ob er nicht Lust hätte, selber einen Film zu drehen. Das war ein neuer Gedanke, aber genau auf diesen Moment dürfte sich Alfred Hitchcock von der Pike auf durch die Arbeit an Drehbüchern, durch das Entwerfen von Dekorationen und durch seine vielseitige Regieassistenz bei Cutts systematisch vorbereitet haben. So wußte er, daß er es konnte, und zögerte nicht, mit perfekter Nonchalance zu antworten: »Also gut. Wann fangen wir an?«

4. Kapitel

Die Antwort war: Sofort. Balcon hatte nicht aus einem plötzlichen Impuls gehandelt; er hatte Hitchcock jahrelang beobachtet, er mochte ihn, am meisten aber war er angetan von der Art, wie Hitchcock an eine Sache heranging und wie geschickt er Menschen von seiner Fähigkeit überzeugen konnte, damit fertig zu werden. Eine Art Bauernfängerei, vielleicht, aber wenn es so war, hatte sich Hitchcock zunächst einmal selber damit eingefangen. Er wirkte nicht nur selbstbewußt, er war es auch. Er hatte ein erstaunlich klares Bewußtsein von dem, was er konnte und was nicht. Wenn ihm irgendwelche Zweifel kamen, setzte er sich hin, dachte darüber nach und hatte bald eine vernünftige und praktikable Lösung parat. Balcon zweifelte nicht daran, daß Hitchcock einen Film inszenieren konnte, weil Hitchcock selbst nicht daran zweifelte.

Balcons Meinung fand bei einigen seiner Leute keinen Anklang. Cutts war eifersüchtig auf Hitchcock und verlangte rundheraus, ihn zu bremsen. Freilich konnte er sich damit nach seinen Eskapaden bei *The Blackguard* und *The Prude's Fall* nicht durchsetzen. Die Firma weitete ihre Aktivitäten derart aus, daß Cutts unmöglich alle Filme selber inszenieren konnte; und Balcon argumentierte, es wäre ja dumm, einen unter Umständen sehr teuren Außenseiter heranzuziehen, wo man jemanden im Hause habe, der sich speziell für diese Tätigkeit qualifiziert habe. Wie dem auch sei, Cutts hatte alle Hände voll mit *The Rat* zu tun, der Ende 1925 herauskam und ein Sensationserfolg wurde, womit wieder rundum eitel Sonnenschein herrschte.

Ein anderes Problem in bezug auf das Hitchcock-Projekt war die Finanzierung. Kein englischer Verleiher wollte Geld in den Film eines unbekannten Regisseurs stecken. In Deutschland war Balcon erfolgreicher – oder nicht so wählerisch, je nachdem, wie man es sah: Im Zusammenwirken mit einer in München sitzenden Firma namens Emelka konnte er das äußerst knapp angesetzte Budget für THE PLEASURE GARDEN aufbringen, einen Film nach einem melodramatischen Roman von Oliver Sandys über zwei Revuegirls und ihre unterschiedlichen Temperamente und Schicksale. Obwohl die Handlung überwiegend in England und im Fernen Osten spielt, schrieb der Vertrag vor, daß der Film in Europa gedreht werden und daß die Hauptdarstellerinnen wie üblich Amerikanerinnen sein mußten, diesmal Virginia Valli und Carmelita Geraghty. Die internationale Palette des Films erhielt weitere Farben: der Drehbuchautor war Engländer, der Kameramann Italiener (Baron Ventimiglia) und die Filmarchitekten englischer bzw. deutscher Nationalität. Die Regieassistenz indessen besorgte ein zuverlässiger Freund und Verbündeter – denn es war niemand anderer als Hitchcocks Verlobte, Alma Reville.

Die eigentlichen Dreharbeiten wurden zu einer Kette von Katastrophen, die meistens mit Geld oder richtiger: mit dem chronischen Mangel an Geld zusammenhingen. Zwar hatte die Produktion ihren Sitz in München, doch begann man mit den Aufnahmen an Schauplätzen in Genua, San Remo und am Comer See. Hitch und Alma fuhren nach München voraus, um schon vor Produktionsbeginn mit dem englischen Hauptdarsteller, Miles Mander, zu arbeiten. Dort sollten sie sich dann trennen, Alma sollte nach Cherbourg zurück, um nach dem Einlaufen der »Aquitania« den amerikanischen Star, Virginia Valli, und deren Kollegin Carmelita Geraghty abzuholen, die die zweite Hauptrolle spielen sollte, während Hitch ans Mittelmeer fuhr, um an den dortigen Drehorten ein paar Nebenszenen in den Kasten zu kriegen. Zunächst gingen er, Miles Mander und der Kameramann Baron Ventimiglia nach Genua mit einem Wochenschau-Operateur und einem Mädchen, das Manders italienische Frau spielte und in einer Szene, die sie gleich im Anschluß daran in San Remo drehen wollten, im Meer ertrinken sollte. Der Wochenschau-Operateur sollte ihnen helfen, das Auslaufen eines Ozeandampfers aus dem Hafen von Genua aus mehreren Blickwinkeln aufzunehmen, wobei sie mit einer Kamera vom Schiff und mit einer zweiten vom Ufer aus filmen wollten.

Sofort ergaben sich neue Probleme. Kurz vor Abfahrt des Zuges nach Genua entdeckt Miles Mander auf einmal, daß er seinen Schminkkoffer im Taxi liegengelassen hat, und rast los, um ihn wiederzukriegen, während Hitch hinter ihm herschreit, er solle gefälligst am nächsten Tag rechtzeitig zu den Aufnahmen da sein. Glücklicherweise hat der Zug zehn Minuten Verspätung, und plötzlich sieht Hitch, aufmerksam geworden durch ein Getümmel am Ende des Bahnsteigs, wie sein Hauptdarsteller hinter dem abfahrenden Zug hersprintet und gerade noch aufspringen kann. So weit, so gut. Aber dann bereitet kurz vor der italienischen Grenze Baron Ventimiglia Hitch eine böse Überraschung. Weil nämlich die mitgeführte Kamera und der unbelichtete Film zollpflichtig seien, sagt er, müßten sie beides durch den Zoll schmuggeln. Also wohin damit? Natürlich unter Hitchs Schlafwagenbett. Hitchcock in seiner notorischen Angst vor Polizei und Staatsgewalt schwitzt Blut und Wasser – und das mit Recht, wie sich herausstellt, da die Zöllner zwar nicht die Kamera, wohl aber die dreieinhalbtausend Meter Film finden und sie als nicht angemeldet beschlagnahmen.

So kommt das Team an einem Sonntag in Genua an und könnte die Szene am Dienstagmittag drehen, hat aber keinen Film. Den ganzen Tag über versuchen sie überall, einen aufzutreiben – vergebens. In seiner Verzweiflung schickt Hitch am Montag den Wochenschau-Operateur nach Mailand zu Kodak mit 20 Pfund Sterling, einer gemessen an ihrem Budget beachtlichen Summe, um den benötigten Film zu kaufen. Kaum ist der Kameramann mit dem Film wieder da, teilt man ihnen mit, der beschlagnahmte Film sei freigegeben, sie müßten nur Zoll dafür bezahlen. Sie sind also die 20 Pfund umsonst losgeworden und haben, wie Hitch bei der komplizierten Umrechnerei von Pfund in Mark und dann wieder in Lire schätzt, kaum noch genug Geld bei sich, um die Drehzeit durchzustehen. Es kommt der Dienstag, alles scheint glatt zu gehen: Das Schiff, ein Dampfer der Lloyd Trestino-Linie, soll mittags nach Südamerika auslaufen, und das Team kann einen Schlepper mieten, der sie außerhalb des Hafens an Bord nehmen und sie an Land zurückbringen soll. Das kostet freilich nochmals 10 Pfund, und als Hitch nach seiner Brieftasche langt, um zu zahlen, entdeckt er, daß er nachts im Hotel bestohlen worden ist und nun überhaupt kein Geld mehr hat. In seiner Panik leiht er sich die 10 Pfund von seinem Kameramann sowie weitere 15 Pfund von seinem Star und dreht die erste Szene seiner Karriere als ausgewachsener Filmregisseur.

Eitel Freude, Lust und Wonne. Aber dann ein Sturz aus allen Wolken. Wie um Gottes willen soll es nun weitergehen? Hitch setzt zwei Briefe auf, einen nach London mit der dringenden Bitte um einen Vorschuß auf sein Gehalt, den anderen an die Emelka in München mit der taktvollen Andeutung, man könne unter

Umständen noch ein bißchen Geld gebrauchen. Nach genauerer Überlegung schickt er den ersten ab und zerreißt den zweiten – welch ein eklatanter Beweis für seine Unfähigkeit (die sie ihm, wie er vermutet, ohnehin unterstellen) mußte sein Eingeständnis sein, in einem solchen Frühstadium seines ersten Films, gleich aus welchen Gründen, das Budget überschreiten zu müssen! Nachdem er diese Entscheidung getroffen hat, gehen sie ins Bristol Palace essen, um anschließend nach San Remo zu fahren, wo die Szene mit dem ertrinkenden Mädchen aufgenommen werden soll. Aber da ergibt sich eine neuerliche Komplikation – eine, mit der Hitchcock bisher überhaupt nicht gerechnet hat, die aber ohne Zweifel höchst lehrreich für ihn ist: Er trifft seinen Kameramann und den Wochenschau-Operateur vertieft in eine Diskussion mit der Schauspielerin, die das ertrinkende Mädchen spielen soll. Gefragt, was denn los sei, rückt Ventimiglia mit der Sprache heraus: sie könne nicht ins Wasser. Warum denn nicht, um Himmels willen? Ja, wissen Sie, sie hat ihre Tage ... Was für Tage? fragt Hitchcock in aller Unschuld. Und so wird ihm hier und jetzt eine ausführliche und eingehende Beschreibung der Vorgänge und Perioden im weiblichen Körper zuteil. Sechsundzwanzig Jahre alt, bereits verlobt und kurz vor der Heirat, hat er noch nie etwas davon gehört. Und das einzige, was ihm einfällt, ist: Warum zum Teufel hat sie das nicht sagen können, bevor wir sie für teures Geld von München hierhergebracht haben? Wohin sie, gemeinsam mit dem Wochenschau-Operateur, der nun mit seiner Arbeit fertig ist, umgehend zurückexpediert wird.

Das aber bedeutet, sie müssen von heute auf morgen ein anderes Mädchen suchen, das ungefähr so aussieht wie das erste und das willens ist, sich ins Mittelmeer (das für die tropischen Meere des Fernen Ostens steht, wo der Film seinen Höhepunkt erreicht) eintauchen zu lassen. Zum Glück brauchen sie nur eine Rückenansicht, und die Handlung spielt sich in einiger Entfernung ab: Der Ehemann der Heldin, vom Leben in den Tropen demoralisiert, beschließt, seine italienische »Frau« zu beseitigen, um einen Selbstmord vorzutäuschen. Er muß also hinter ihr her aufs Meer hinausschwimmen, ihr den Kopf unter Wasser halten und dann ihre Leiche unter der Beteuerung, er habe ihr nicht mehr helfen können, ans Ufer ziehen. Doch ach! – das Ersatzmädchen ist entschieden kräftiger gebaut als das Original, und obwohl das

Ertränken einigermaßen effektvoll über die Bühne geht – als dann der Moment kommt, wo Mander sie aus dem Wasser heben und ans Ufer bringen muß, schafft er es nicht und läßt sie bei jeder neuen Aufnahme immer wieder fallen, zum jubelnden Vergnügen einiger hundert interessierter Zuschauer am Strand. Als er es am Ende dann doch schafft, läuft eine kleine alte Dame muschelsuchend geradenwegs vor die Kamera und schaut direkt hinein – und alles muß noch mal von vorne gemacht werden.

Die dritte Sequenz, die nun drankommt, ist eine sehr romantische Szene über die Flitterwochen der Heldin in der Villa d'Este am Comer See mit jenem Taugenichts, mit dem sie anschließend in den Tropen ihr blaues Wunder erleben wird. In Como sollte sich Hitch mit Alma treffen und seinen beiden amerikanischen Hauptdarstellerinnen vorgestellt werden. Als erstes fragt er Alma natürlich, ob sie Geld hat. Die Antwort lautet nein: Es kommt heraus, daß es auch bei ihr Ärger gegeben hat. Zu ihrer Bestürzung waren die beiden Schauspielerinnen bei ihrer Ankunft tonnenweise mit Gepäck beladen und erwarteten einen Star-Empfang (verständlich, wenn man bedenkt, daß Virginia Valli damals einer der größten Stars von Universal war, dabei aber sehr verschieden von Betty Compson mit ihrer fröhlichen Unkompliziertheit). Die Garderobe, die Alma für die beiden in Paris einkaufen mußte, kostete am Ende weit mehr als erwartet, und alle Anläufe, sie in dem bescheidenen und doch gemütlichen Hotel Westminster in der Rue de la Paix unterzubringen, wurden beiseitegeschoben: Es mußte das Claridge sein, kein anderes. Hitchcock wagt nicht, Virginia Valli zu sagen, daß dies sein erster Film ist, und versucht die ganze Zeit, den Selbstsicheren zu spielen, als der er sich hier zu geben verpflichtet fühlt. Nur Alma gewährt er Einblick in seine Zweifel und Beklemmungen: Bei jeder Aufnahme dreht er sich nach ihr um und fragt besorgt: »War es so richtig?«

Irgendwie kommt die Szene am Comer See dann doch zustande: Hitchcocks Gehaltsvorschuß ist gekommen, und sein Hauptdarsteller, mißtrauisch geworden, besteht auf sofortiger Rückzahlung – mit der ziemlich fadenscheinigen Begründung, er müsse seinen Schneider bezahlen. Inzwischen hat sich Hitch dazu aufgerafft, nun doch nach München um mehr Geld zu telegrafieren, und tatsächlich trifft auch welches ein, wenn auch nur wenig.

Doch die Hotelrechnungen wachsen an (Carmelita Geraghty spielt in diesen Szenen nicht mit, und ihre Anwesenheit war im Budget nicht vorgesehen), Motorboote sind zu mieten, und was dergleichen Nebenkosten sonst noch entstehen. Hitch spielt gemeinerweise sozusagen Almas Gefühle für ihn gegen sie aus, wenn er ihr zu verstehen gibt, eigentlich sei es ihre Schuld, daß Carmelita Geraghty überhaupt da ist, und redet ihr ein, daß *sie* Virginia Valli um 200 Dollar anpumpen müsse. *Er* kann sich das selbstverständlich nicht leisten, sonst würde der Star darauf kommen, wie wenig Erfahrung und wie wenig Geld er hat. Alma, praktisch wie eh und je, denkt sich etwas aus und bekommt das Geld, so daß Hitch wenigstens die Hotelrechnung bezahlen und die Schlafwagenkarten nach München kaufen kann. Er kann sogar gerade noch die Überfrachtgebühr für das imposante Aufgebot an Schrankkoffern bezahlen, die die Amerikanerinnen mit sich führen.

Im Zuge fragt er hinterhältig, ob sie wirklich im Speisewagen essen wollten, wobei er andeutet, man müßte ja ein Idiot sein, das Wasser dieser gefährlichen Gegend zu trinken. Zum Glück sind sie zu demselben Schluß gekommen und beschließen, im Abteil zu bleiben und die mitgenommenen Sandwiches zu verzehren; was bedeutet, daß sich die übrige Mannschaft ein Mittagessen leisten kann. Danach fängt Hitchcock wieder zu rechnen an und kommt darauf, daß sie beim Umtausch von Lire in Schweizer Franken Geld verlieren würden. Zum Glück brauchen sie in Zürich nur umzusteigen, das wäre also kein Problem. Nur daß ihr Zug Verspätung hat und ihnen bei der Ankunft der Anschlußzug, langsam aus der Halle dampfend, vor der Nase wegfährt. Schon denkt Hitch verzweifelt: neue Unkosten, Übernachtung in Zürich. Doch da kommt der gerade abgefahrene Zug wie durch ein Wunder zum Stehen. Hastig macht sich Hitch – den Gepäckträgern abwinkend (weil zu teuer) – daran, das Gepäck des Teams eigenhändig durch die Zugfenster umzuladen. Zuviel Hast bringt Tempoverlust: Krachend splittern die Scheiben, und wieder sieht er sich, zitternd vor der Staatsgewalt, zusammengestaucht und vom Stationsvorsteher zu 35 Schweizer Franken Strafe wegen Zertrümmerung des Abteilfensters verurteilt. Erschöpft kommen sie in München mit buchstäblich einem einzigen Pfennig im Portemonnaie an.

Nach dieser Feuertaufe konnte es nur besser werden. Endlich wieder in der Geborgenheit des Ateliers, brachte man die restlichen Dreharbeiten fast reibungslos über die Bühne. Die ersten Szenen des Films spielten ohnehin in einer Hitch durch und durch vertrauten Welt: in der Alltagswelt des englischen Boulevard-Theaters (dem »pleasure garden« des Filmtitels), wo Virginia Valli, das scheinbar abgebrühte, in Wirklichkeit aber idealistische Revuegirl, ihrer Freundin Carmelita Geraghty einen Job verschafft – jener Unschuld vom Lande mit den aufgerissenen Augen, die dann bald auf die schiefe Bahn gerät, ihrer Wohltäterin den geliebten Mann wegnimmt und das Theaterleben gegen ein Leben in Glanz und Wonne auf Kosten einer ganzen Galerie männlicher Bewunderer eintauscht. Selbst in München, fern der Heimat, hatte Hitchcock keine Mühe, diese sehr englischen Szenen mit Leben zu erfüllen. Doch München unterschied sich ohnehin wohltuend von dem Trubel in Neubabelsberg. Hier ging es ruhiger und auch provinzieller zu. Hier konnte Hitchcock nach eigenem Gutdünken arbeiten, ohne daß man ihm viel dreinredete oder gar Druck von außen auf ihn ausübte. Wenn es dennoch ein paar nennenswerte Differenzen gab, so mit Alma, seiner fanatischen Schnittmeisterin, die den Film nach Hitchs Ansicht zu hart geschnitten hatte. Sie war da anderer Meinung, doch endete ihre erste große Auseinandersetzung wie so viele andere mit einem annehmbaren Kompromiß. Als Michael Balcon zur ersten Vorführung des fertigen Films herüberkam, war er erstaunt darüber, daß der Streifen in keiner Weise wie ein deutscher Film wirkte; in Licht und Schnitt wirkte er völlig amerikanisch. Das aber war, wie Hitchcock betont, zu erwarten gewesen: Schließlich hatte er das Filmhandwerk von den Amerikanern gelernt.

Balcon war begeistert: Sein Urteil über das Talent des jungen Mannes fand sich glänzend bestätigt. Die Gefühle der deutschen Ko-Produzenten waren eher gemischt. Überraschenderweise war Hitchcock, bedenkt man die romantische Melodramatik der Handlung, die ja mit dem Thriller-Stil seiner späteren Filme kaum etwas zu tun hatte, bereits mit diesem Erstling in den Ruf filmischer Unmenschlichkeit geraten. Am Ende des Films dreht der Bösewicht (Miles Mander), betrunken und von Visionen des von ihm ermordeten Mädchens verfolgt, vollends durch und will gerade seine Frau (Virginia Valli) mit einem Krummsäbel umbringen, als im letzten Augenblick der ortsansässige Arzt erscheint und ihn erschießt. In seiner alles verschlingenden Lesewut war Hitchcock irgendwo auf die Theorie gestoßen, daß Wahnsinnige angesichts des Todes augenblicklich wieder normal werden, und hatte beschlossen, diese Erkenntnis zu einem dramatischen Effekt zu nutzen. Wenn also der Schuß fällt, fällt zugleich der Wahnsinn von Mander ab, er wendet sich um und sagt ganz sachlich: »Oh, hello, doctor«, bemerkt dann, daß er blutet, schaut leicht verblüfft zu Boden, bricht zusammen und stirbt. Dies erschütterte den deutschen Produzenten derart, daß er mitten in der Vorführung aufsprang und schrie: »Das ist unmöglich! So was kann man nicht zeigen! Das ist unglaubwürdig und viel zu brutal!« Dennoch wurde es so und nicht anders gezeigt, und Hitchcock merkte sich den Effekt, um ihn später, ziemlich am Anfang seines ersten MAN WHO KNEW TOO MUCH, noch einmal, und zwar brillant, zu verwenden.

Den Film fertigzustellen, war eine Sache; ihn zur Aufführung zu bringen, eine ganz andere. Die heimischen Kinobesitzer hatten noch immer ihre Zweifel, und obwohl der Erfolg von *The Rat* Gainsboroughs Kredit in ihren Augen mächtig hob, kam THE PLEASURE GARDEN erst ein halbes Jahr später in die Kinos. Die Aufnahme beim Publikum war erfreulich, wenn nicht gar sensationell: Der *Daily Express* bejubelte Hitch als »jungen Mann mit Meisterhand«. Der Film lief hier und da, nicht sehr lange, aber erst nach Hitchs drittem Film, THE LODGER, fand er wirklich Beachtung. Inzwischen gab es wieder viel zu tun, mit der Emelka wurde ein neuer Film verabredet, der wieder in München entstehen sollte. Dieser Film, THE MOUNTAIN EAGLE (in Amerika betitelt *Fear O' God*) ist der einzige von Hitch, der heute nicht mehr aufzutreiben ist, wenn es auch schwer fällt zu glauben, daß er nicht irgendwann irgendwo, unter einem anderen Titel, in einer privaten Sammlung oder in einem osteuropäischen Archiv wieder zum Vorschein kommt. Hitchcock selbst jedenfalls behauptet steif und fest, das sei kein großer Verlust, denn der Film sei schrecklich gewesen.

Seine wunderliche Entstehungsgeschichte begann mit der Diskrepanz zwischen dem Schauplatz der Handlung und den Drehorten des Films. Er basierte auf einer Story, die ein Charles Lapworth ersonnen hatte, ein Assistent von Balcon, der früher einmal für Goldwyn in London gearbeitet hatte, und handelte von einer ledigen Lehrerin im alten Kentucky, die den Klauen eines üblen Ladenbesitzers entkommt und sich zu einem mysteriösen Einsiedler flüchtet, den sie am Ende heiratet. Wenn man schon in Ko-Produktion mit Deutschland arbeitet, sagte sich Balcon, warum sollte es dann Tirol nicht ebenso tun wie Kentucky? Wer kam schon je nach Kentucky? Hitchcock fuhr also nach München, um geeignete Drehorte zu suchen, hatte aber keine Ahnung, wo er anfangen sollte. Eines Tages erblickte er in einem Schaufenster ein Gemälde mit genau dem Typ Dorf darauf, das er brauchte – ein unbestimmbares Gewirr von Dächern, ein Kirchturm –, und erklärte seinen deutschen Partnern, genau so habe er sich den Schauplatz vorgestellt. Ohne groß nachzudenken machten die Deutschen den Maler ausfindig, fragten ihn, wo das Dorf liege, und kamen stolzgeschwellt zu Hitch mit der Meldung, es handele sich um Obergurgl im Ötztal und sie würden ihm eine Fahrt dorthin arrangieren. Was sie ihm nicht sagten, war, daß sich an die zweistündige Bahnfahrt eine fünfstündige Fahrt über eine Landstraße anschloß, die nicht nur für Autos befahrbar war, sondern deren letztes Stück ab dem Nachbardorf (namens Zweizimmern und fast ebenso groß) man nur zu Fuß zurücklegen konnte. Schließlich kamen sie in Obergurgl an, fanden den Ort gut, erkundigten sich nach den Wetterverhältnissen, erfuhren, daß der erste Schnee dort stets pünktlich Anfang November fällt, und traten zu Fuß den Heimweg an. Ungefähr anderthalb Kilometer vor Zweizimmern befiel Hitch auf einmal eine heftige Übelkeit, die er sich überhaupt nicht erklären konnte. Später diagnostizierte man sie als eine besondere Form von Klaustrophobie; kurz zuvor hatte er das Bedürfnis empfunden, laut zu den Bergen hinaufzuschreien: »Ich will mit jemand englisch sprechen!« Er konnte plötzlich den Zwang nicht mehr ertragen, mit Leuten, die kein Wort Englisch sprachen, deutsch sprechen zu müssen.

Wieder in München, starteten sie die Produktion und fuhren mit dem Team, aber noch ohne die Hauptdarstellerin, zu den Dreharbeiten erneut nach Obergurgl. Sie wollten Szenen mit Schnee und Szenen ohne Schnee drehen und hatten damit gerechnet, die ohne Schnee zuerst zu drehen. Natürlich fielen in der ersten Nacht, einen Monat früher als gewöhnlich, dreißig Zentimeter Neuschnee, was für diese Jahreszeit unerhört war. Sofort stellte man sich darauf ein und disponierte um, nun aber fehlte die Hauptdarstellerin. Von London aus bombardierte Balcon Hitch unentwegt mit Telegrammen (gewissermaßen Zeitlupentelegrammen, wenn man bedenkt, daß sie zu Fuß über Bergpfade hinaufbefördert werden mußten) und schlug ihm darin alle möglichen Hollywoodstars vor – meistens solche, die, wie Agnes Ayres, mittlerweile einigermaßen passé waren. Schließlich teilte er Hitch kurz und bündig mit, er werde ihm Nita Naldi schicken, bestens bekannt als Vamp aus De Milles *Ten Commandments* und als Partnerin von Valentino in *Blood and Sand.* Wohl kaum die passende Besetzung, dachte Hitch entmutigt, und ihre Ankunft mit großer Stargarderobe, einem distinguierten (und reichen), weißhaarigen Begleiter, der sie jeden Tag ins Atelier begleitete, und überlangen scharlachroten Fingernägeln war kaum dazu angetan, seine Stimmung zu heben. Am problematischsten waren die Fingernägel, aber er konnte die Diva schließlich dazu bewegen, sie der Rolle zuliebe abzufeilen. Am Ende fand er in ihr eine hochamüsante Frau mit einem handfesten, etwas deftigen Sinn für Humor und einem breiten Brooklyn-Akzent, der in einem bizarren Gegensatz zu ihrer würdevollen Leinwand-Erscheinung stand.

Froh, nach ihren Erfahrungen in Deutschland Anfang 1926 wieder in England zu sein, stürzten sich Hitch und Alma (die auch bei THE MOUNTAIN EAGLE wieder assistiert hatte) mit Begeisterung in die Vorarbeiten zu einem dritten Film, der diesmal ganz in der Nachbarschaft, in Islington, gedreht werden sollte. Immerhin hatten sie Arbeit, wenn es auch nicht allzu rosig für sie aussah. THE PLEASURE GARDEN war endlich in die Kinos gekommen, hatte das Publikum aber nicht gerade von den Stühlen gerissen. THE MOUNTAIN EAGLE war abgedreht und auf Eis gelegt worden – er kam erst einen Monat nach der Uraufführung von THE LODGER, im September 1926, heraus. Die Firma war neuerlich reorganisiert worden und sollte ihre Filme nun durch ein Gebilde namens Piccadilly Pictures vertreiben, dem der nicht allzu kooperative C. M. Woolf als Vorsitzender, Balcon als geschäftsführender Direktor und der Schauspieler Carlyle Blackwell als Mit-Direktor für die Produktion angehörten. Cutts hatte einen langfristigen Vertrag als Star-Regisseur, und wenn er auch in Hochstimmung über den Erfolg von *The Rat* und mitten in den Vorbereitungen der Fortsetzung, *The Triumph of the Rat,* keinerlei Groll gegen Hitch zu hegen schien, war es für Hitch doch keine sehr angenehme Situation, Seite an Seite mit einem Mann zu arbeiten, der noch wenige Monate zuvor alles darangesetzt hatte, ihn hinauszuwerfen.

Vorläufig jedoch sollten alle diese Widrigkeiten in den Hintergrund treten, denn zum erstenmal war Hitch auf ein Thema gestoßen, das ihn wirklich inspirierte. Es hatte damit angefangen, daß er sich ein Stück anschaute, das *Who Is He*? hieß und einen Roman-Bestseller von Belloc Lowndes, *The Lodger*, zur Vorlage hatte. Anlaß zu Roman und Stück hatten die Morde gegeben, die Jack the Ripper 1888 in Whitechapel begangen hatte, unweit von London Wall, wo Hitch bei Henley angestellt gewesen war. Damals hatte die Vorstellung, daß ein teuflischer Killer, offenbar ein Mann mit medizinischen Kenntnissen, unentdeckt durch die Straßen schleichen, Prostituierte töten und ihnen den Bauch aufschlitzen konnte, ganz London nahezu in Panik versetzt, und der daraus folgende allgemeine Aufschrei hatte einer Kampagne zur Verbesserung der Lebensverhältnisse in den Slums des East End wesentlichen Auftrieb gegeben. Mit der Zeit jedoch und weil Morde dieser Art nicht mehr vorkamen, ließ das Interesse notgedrungen nach. Als Mrs. Belloc Lowndes' Roman 1911 zuerst in *McClure's Magazine* erschien, erregte er nur sehr wenig Aufmerksamkeit. Doch nach und nach stiegen die Verkaufsziffern, und 1923 waren von der billigen Sixpenny-Ausgabe über eine halbe Million verkauft.

Der junge Hitch, der ja nicht weit von den Schauplätzen dieser Verbrechen entfernt gewohnt hatte, zu einer Zeit, da sie der Öffentlichkeit noch lebhaft in Erinnerung waren, muß etwas über den Ripper gewußt haben. Was seine Phantasie an dieser romanhaften Darstellung der Geschichte fesselte, war ihre Konzentration auf das triviale Alltags-Milieu des Killers, der plötzliche, unerwartete Einbruch des Schreckens in eine untadelig heile, nüchterne, ehrbare Welt sehr ähnlich der seinen. Die Anregung zu ihrem Roman hatte Mrs. Belloc Lowndes aus mitgehörten Fetzen einer Unterhaltung bei einem Abendessen geschöpft, als einer der Gäste einem anderen erzählte, der Butler und die Köchin seiner Mutter, die Zimmer vermieteten, glaubten, Jack the Ripper als Untermieter beherbergt zu haben. Genau das und in genau diesem Milieu wird in Buch und Stück *Der Fremde* geschildert, das Ganze zudem aus der Sicht der Familie, bei welcher der Fremde wohnt, aus ihrem heraufdämmernden Verdacht und ihren Ängsten heraus. Hier schienen die Möglichkeiten eines großen filmischen Themas gegeben, zu dem Hitchcock eine besonders enge Beziehung hatte: eine Kombination von Verbrechen, für das er die leicht voyeuristische Neugier eines ängstlichen, strikt gesetzestreuen Menschen hatte, und der kleinbürgerlichen Welt seiner Kindheit, wobei das Ganze in jenem London spielte, das er, anders als den Fernen Osten oder Kentucky, so gut kannte.

Der große Vorteil, den das Projekt bot, war leider auch sein größtes Problem. Der für die Hauptrolle vorgesehene Star war niemand anderer als Gainsboroughs größtes Kapital, Ivor Novello, der sich auf der Leinwand in *The Rat* ganz nach vorn gespielt hatte und jetzt an der von Jack Cutts inszenierten Fortsetzung arbeitete. Novello war eher eine Persönlichkeit (und ein Typ) als ein Schauspieler, aber er stand noch am Anfang seiner Karriere und war als Typ noch nicht festgelegt. In *The Rat* hatte er einen pittoresk zwielichtigen Charakter gespielt, einen Zuhälter, der Frauen behandelte, wie man das von Zuhältern annahm, und das war soweit ganz in Ordnung gewesen – Millionen Frauen wünschten sich insgeheim, von ihm herumgestoßen zu werden. Aber ein pathologischer Killer – das war denn doch etwas anderes. Wenn also Novello diese Rolle spielen sollte, mußte er am Ende unschuldig aus der Sache hervorgehen und zu Unrecht verdächtigt worden sein. Nun, überlegte Hitch, das wäre vielleicht gar nicht so schlecht. Das eigentliche Thema der Geschichte war ohnehin die Angst mit ihren Folgen, nicht die Psychologie ihrer Hauptfigur, die ja sogar im Original dunkel bleibt. So begann Hitch in direkter Anknüpfung an das Buch zusammen mit Eliot Stannard, der seine beiden vorangegangenen Filme geschrieben hatte, mit einer freien Bearbeitung. Im Studio wurde gemunkelt, Jack Cutts sei gar nicht froh darüber, »seinen« Star dem aufsteigenden Regieassistenten überantwortet zu sehen, und mache seinen Gefühlen offen Luft. Doch unter Balcons schützender Hand wurde das Projekt Anfang Mai drehfertig.

Das Team war im wesentlichen das gleiche wie zuvor, mit Alma als Regieassistentin und Ventimiglia hinter der Kamera. Aber der Stil war diesmal, dem Thema entsprechend, ganz anders. Wirkten die beiden Filme, die Hitch in Deutschland gemacht hatte, sehr amerikanisch, so erschien nun THE LODGER (»Eine Geschichte vom Londoner Nebel«) sehr deutsch: dunkle Schatten, unheimliche Winkel und beunruhigende Arrangements, um eine Atmosphäre von Neurose und Zwielichtigkeit zu vermitteln. Der damalige deutsche Film war auf Atmosphäre spezialisiert, er hatte ein ganzes Repertoire visueller Ausdrucksmittel geschaffen – Spiegel und Spiegelungen zur Erzeugung von Sinnestäuschungen; Treppen als Sinnbild des Unentrinnbaren; empor- oder niedersteigende Menschen, deren Bewegungen ein Gefühl von Erhebung oder Niedergeschlagenheit suggerieren; Wendeltreppen, die sich hinauf ins Dunkel bohren und dem Zuschauer das Gefühl vermitteln, er verliere den Boden unter den Füßen, ohne daß er genau sagen kann, warum. Alle diese Elemente waren in Verbindung mit der Figur Jack the Rippers zwei Jahre zuvor in der dritten Episode von Paul Lenis *Wachsfigurenkabinett* hervorgetreten, einem Film, den Hitchcock mit Sicherheit gesehen hat, entweder in Deutschland oder bei einer Vorführung der New Film Society, der er kurz nach ihrer Gründung in London im Jahre 1925 beigetreten war. Sie tauchen zwar in THE LODGER wieder auf, doch geht Hitchcock in jeder Hinsicht ganz anders an das Thema heran: Lenis Darstellung des Jack the Ripper ist eine durch und durch halluzinatorische, expressionistische Phantasie, während Hitchcocks Darstellung, wie sein gesamtes späteres Werk, ganz und gar in der Realität des Alltags wurzelt.

Natürlich weitete sich Hitchs eigene Alltagsrealität immer mehr aus. Er bewegte sich mehr und mehr in Theaterkreisen und schloß rundherum Freundschaften. Während der Produktion von *Woman to Woman* zum Beispiel hatte er einen jungen Mann kennengelernt, der sich ebenfalls gerade seine ersten Sporen verdiente: Sidney Bernstein (später Lord Bernstein), der einer seiner wenigen engen Freunde fürs Leben werden sollte. Bernstein arbeitete in der Kinobranche, seine Familie kontrollierte eine Firmengruppe, aus der die weitausgreifende und mächtige Granada-Kino-Kette hervorgehen sollte. Doch während die meisten Filmtheaterbesitzer damals (und bis heute) reine Geschäftsleute waren, die eben unter anderem auch mit Filmen handelten, obwohl es – ungeachtet ihrer besonderen Anteilnahme am Kino – ebensogut Seife oder Gebrauchtwagen hätten sein können, interessierte sich Sidney Bernstein für den Film an sich, seine Herstellung, seine künstlerischen Möglichkeiten, seine Wirkung auf das Publikum; er gehörte in England zu den ersten, die nicht nur die Zahl der Kinogänger interessierte, sondern die auch wissen wollten, warum die Leute ins Kino gingen, und er organisierte, um das herauszufinden, die ersten systematischen Erhebungen über die Gewohnheiten des englischen Kinopublikums. Er und Hitch verstanden sich auf Anhieb, da Bernstein der erste in Hitchs Leben war, der über den Film ziemlich genauso dachte wie er selber. In anderen Dingen hatten sie sich darauf geeinigt, sich nicht einigen zu können – Bernstein hatte sehr linke politische Überzeugungen, Hitchcock dagegen war ausgesprochen unpolitisch –, doch als Bernstein 1925 die Film Society mitbegründete und Mitglied ihres ersten Beirates wurde, erfuhr Hitchcock natürlich davon und besuchte ihre Zusammenkünfte, so oft er konnte, wenn er nicht gerade im Ausland filmte. Durch diese Verbindung lernte er eine ganze Reihe von Leuten kennen, unter anderem die Autoren Angus McPhail und Ivor Montagu, den Filmregisseur Adrian Brunel und die Filmkritikerin Iris Barry, die später eine treibende Kraft bei der Schaffung der Filmsammlungen und -programme des New Yorker Museum of Modern Art werden sollte. Zum erstenmal bewegte sich Hitch in Kreisen, die ernsthaft die Möglichkeiten des Films als Kunstform diskutierten, und unter Menschen, denen der Film ebenso am Herzen lag wie ihm selber.

In Islington registrierte man diese Kontakte mit Mißtrauen. War Hitch nicht immer ein Kerl mit dem Sinn fürs Praktische gewesen? Sollte er jetzt – Schrecken aller Schrecken! – etwa »Kunst« machen wollen? Zunächst ließ man ihn zwar in Ruhe, nahm aber seine Arbeit an THE LODGER sehr genau unter die Lupe und fand, verfolgte man die Gerüchte, solche Zweifel keineswegs ausgeräumt. Eines Tages verlautete zum Beispiel, daß er eine zolldicke Glasplatte hatte herstellen lassen, um darunter die Kamera aufzubauen und von unten lediglich Ivor Novellos Schuhsohlen zu filmen, während der auf diesem durchsichtigen »Fußboden« hin- und herlief. Ein andermal arbeitete er einen ganzen Tag lang an einer Einstellung, deren Technik, als man die Kopie zu sehen bekam, allen ein Rätsel war: Auf der Leinwand sah man eine Kamerafahrt ohne Schnitt, die den Eindruck erweckte, als gleite die Kamera in einem Tanzsaal rückwärts von einem tanzenden Paar weg auf einen Tisch zu, zwischen einem sich dort gegenübersitzenden Paar hindurch und – immer rückwärts – hinaus durch ein Fenster, das, wie sich dann herausstellt, in einer soliden Mauer sitzt, und weiter zurück über einen Hof. Das Geheimnis bestand darin, daß man alles mögliche auf einen schwenkbaren Kran gepackt hatte – nur nicht die Kamera; im entscheidenden Augenblick hatte man dann zuerst den Tisch mit den beiden Ballgästen heruntergelassen, danach den Fensterrahmen und gleichzeitig die Mauern, die das Fenster umschlossen, so daß all diese Elemente fest und unbewegt erschienen, während sich einzig die Kamera auf eine Art und Weise bewegte, die der gesunde Menschenverstand für unmöglich halten mußte. Um das Maß voll zu machen, beschloß Hitchcock, nachdem er all seine Erfindungskraft auf die Lösung eines rein technischen Problems verwandt hatte, die ganze Einstellung bei der Schlußmontage des Films wegzulassen.

Worauf, zum Teufel noch mal, wollte er hinaus? Balcon wollte verdammt sein, wenn er das wüßte, und die anderen Studioleute, die Balcons Interesse an Filmen und wie sie gemacht wurden nicht teilten, sondern sich einzig für die kommerziellen Ergebnisse interessierten, machten kaum den Eindruck, als ob sie Hitchcock nun mehr Sympathien entgegenbrachten. Es kam noch schlimmer, als Cutts eifrig aus dem Hinterhalt zu schießen begann und nur darauf wartete, daß das junge Genie auf die Schnauze fiel: »Ich weiß gar nicht, was er da dreht«, meinte er zu jemandem im Studio, »ich werde einfach nicht schlau daraus.« (Noch zehn Jahre später sprach er schulterklopfend von Hitch als »jenem begabten Jungen«.) Schließlich wurde der Film C. M. Woolf vorgeführt. Währenddessen verbrachten Hitch und Alma einen nervenaufreibenden Nachmittag damit, die ganze Strecke von der Tower Bridge nach Islington zu Fuß zu laufen in der Hoffnung, daß alles gut ginge. Leider ging es nicht gut. Woolf gefiel der Film nicht, oder er verstand ihn nicht. Man befand ihn für unspielbar und legte ihn für mehrere Monate auf Eis. Wieder sah es so aus, als bräche Hitchcocks Karriere vorzeitig ab. Sein erster Film war kein umwerfender Erfolg gewesen, sein zweiter immer noch nicht herausgekommen, und nun waren alle gegen seinen dritten – den ersten, dessen Stoff er sich selber ausgesucht hatte, ein Lieblingskind eher denn eine Auftragsarbeit, ein Film, in den er sich mit

Begeisterung hineingestürzt hatte. Sie wollten ihn nicht einmal in den Verleih geben. Hitch war völlig gebrochen und fragte sich verzweifelt, was er nun machen sollte – es gab ja nichts, was er sonst hätte machen wollen – und wie und wann, wenn überhaupt, er und Alma nun heiraten könnten.

Zum Glück machten die Erfordernisse des harten Kommerzes den Mangel an höherer ästhetischer Würdigung wieder wett. Gainsborough brauchte neue Filme, um seinem Erfolg mit *The Rat* und einer Betty-Balfour-Komödie, *Sea Urchin*, bei welcher der rührige Jack Cutts ebenfalls Regie geführt hatte, weitere folgen zu lassen. Nun hatte man ja die beiden Hitchcock-Filme fertig auf Lager, und da schien ihnen THE LODGER trotz aller Unverständlichkeit noch die besseren Chancen zu bieten, da schließlich Ivor Novello die Hauptrolle spielte, der nach Meinungsumfragen damals als der beliebteste britische Filmstar galt. Sicher ließ sich damit also etwas anfangen. An diesem Punkt griff nun Balcon auf die Hilfe von Ivor Montagu zurück, einem jungen Mann aus der neuen Generation jener gescheiten Universitätsabsolventen, die sich mit dem Kino zu beschäftigen begannen. Hitchcock kannte ihn flüchtig von der Film Society her, und da Montagu zusammen mit Adrian Brunel eine kleine Produktionsfirma hatte, bat ihn Balcon, sich den Film anzuschauen und sich zu überlegen, ob er ihn in eine besser zu verkaufende Fassung würde umschneiden können.

Montagu sah den Film – und war überwältigt: Das war technisch und künstlerisch allem, was damals in England gemacht wurde, haushoch überlegen, es war gewiß der einzige britische Film, den jemand, der in den jungen deutschen und in den noch jüngeren russischen Film hineingerochen hatte, wirklich ernst nehmen konnte. Montagu befand sich in einiger Verlegenheit, da er ja kaum sagen konnte, er glaube nicht, daß an dem Film irgend etwas zu ändern sei. Schließlich fand er einen Ausweg, indem er vorschlug, er wolle sich mit Hitch zusammensetzen und ihm einige Stellen in dem Film nennen, die durch einen Umschnitt vielleicht deutlicher herauskommen würden; auch wolle er ihm vorschlagen, die Schlußsequenz mit der Jagd neu zu drehen, weil das Original etwas unterbelichtet sei. (Hitch kam dem bereitwillig nach, da das, abgesehen von allem anderen, eine wirksame Spritze für sein Budget und zusätzliche Drehzeit für den Film bedeutete.)

Die einzige von Montagu vorgeschlagene einschneidende Veränderung bestand in der Radikalisierung einer Tendenz, mit der Hitchcock bisher nur sehr vorsichtig experimentiert hatte. Die britischen Filme jener Zeit waren gespickt mit umständlichen Zwischentiteln, denn die britischen Filmproduzenten hatten wenig oder gar keine Ahnung von dem im Ausland sich abzeichnenden Trend, einen Film soweit wie möglich in der Sprache der Bilder zu erzählen. Hitch hatte das zwar in Deutschland gesehen, aber er kannte die konservative Einstellung seiner Arbeitgeber und erklärte das Geschehen lieber verbal, als seine Deutung dem Zufall zu überlassen. Montagu sagte ihnen, sie sollten getrost die Zwischentitel auf das äußerste Minimum reduzieren und die ganz unverzichtbaren so knapp und pointiert wie möglich halten. Da er den Ruf eines unabhängigen Experten genoß, den sie gut (wenn nicht sehr gut) dafür bezahlten, daß er sie beriet, kamen sie seinem Wunsche nach. So ging er daran, die Titel herauszuschneiden und zu straffen; zugleich zog er den Maler und Plakat-Entwerfer E. McKnight Kauffer, der damals als sehr avantgardistisch galt, für die graphische Gestaltung des Vorspanns und der Zwischentitel heran. Nachdem der Film auf diese Weise leicht und doch bedeutsam überarbeitet worden war, kam er im September 1926 in die Kinos und hatte auf Anhieb Erfolg. Er erntete Kritiken wie kaum ein britischer Film zuvor. Der *Bioscope* schrieb: »Vielleicht ist dieser Film die beste britische Produktion, die je gemacht worden ist«, und Tages- wie Wochenzeitungen stimmten in den Chor der Lobpreisungen ein. Es war der Anfang dessen, was sich als eine dauerhafte Liebesgeschichte zwischen Hitch und den Kritikern erweisen sollte.

Hitch meint, THE LODGER sei der Anfang von »Alfred Hitchcock« gewesen, der erste wirkliche Hitchcock-Film. Und das offensichtlich nicht nur, weil er sein erster Thriller war. Er ist, wenn man ihn in Kenntnis der weiteren Entwicklung Hitchcocks betrachtet, in seiner Finesse und seiner moralischen Zweideutigkeit wie in seiner virtuosen Verwendung rein technischer Mittel ein sehr bezeichnender Film. Hitchcock hat sich darüber in letzter Zeit sehr selbstkritisch geäußert, hat die stilistischen Floskeln zu einem gewissen Grade als Tricks abgetan, die man einem jungen Manne nachsehen müsse, der zum erstenmal seine künstlerischen Muskeln spielen läßt. Der berühmte Kameraschuß auf Ivor Novellos Füße durch den Glasfußboden zum Beispiel (der die Angst der Familie wegen der unentwegt über ihrem Kopfe hin- und herstapfenden Schritte verdeutlichen soll) war seiner Meinung nach unnötig, selbst im Stummfilm, wo man ein visuelles Äquivalent zum Trapsen von Schritten brauchte: ein Blick auf den hin- und herpendelnden Kronleuchter und vielleicht in die Gesichter der angstvoll Horchenden, die den Schritten des Mieters über ihnen mit den Augen folgen, hätten mit weniger Aufwand den gleichen Zweck erfüllt. Tatsache ist aber, daß gerade diese Einfälle damals das Publikum und die Kritik am nachhaltigsten beeindruckten und wesentlich zu Hitchcocks rasch aufkommendem Ruf als Wunderknabe beitrugen (ganz ähnlich wie bei Orson Welles, als er in *Citizen Kane* alle seine Talente auf einmal zur Schau stellte). Oft sind ja die beunruhigendsten und denkwürdigsten Augenblicke in Hitchcocks Filmen genau diese fast surrealistischen Details, die plötzlich seine Aufmerksamkeit gefesselt oder seine Phantasie entzündet haben und offensichtlich aus ganz privaten Gründen in den Film hineingerutscht sind – aus Gründen, deren sich Hitchcock, der nie zur Nabelschau neigte, wohl selber kaum voll bewußt ist.

Dennoch läßt sich nicht bestreiten, daß die äußere Brillanz von THE LODGER tatsächlich dahin tendiert, die Aufmerksamkeit des Zuschauers vom eigentlichen Kern der Geschichte abzulenken. Ob Hitchcock das beabsichtigt hatte oder nicht, der Erfolg des Films und die Umstände, unter denen er beim Publikum ankam, zeigten ihm eine Fülle von Möglichkeiten zur Manipulierung der Publikumsreaktionen durch die Form des Thrillers; sie lehrten ihn, wie man ein Publikum dazu bekommt, Vorstellungen zu akzeptieren und Emotionen zu teilen, die es, würde man sie ihm auf andere Weise vermitteln, als beunruhigend empfinden oder gar ablehnen würde. Schon THE LODGER weist zahlreiche Themen und Situationen auf, die in Hitchcocks späteren Filmen ständig wiederkehren und den Mann und seine Denkmechanismen deutlich widerspiegeln, selbst wenn sie ihm selber großenteils unbewußt sind und ihre Wirkung auf andere nahezu unterschwellig verläuft. Insbesondere zeichnet der Film ein sehr trübes Bild der menschlichen Natur und verführt uns durch eine kaum spürbare, aber unentwegte Verwirrung unserer Moralvorstellungen dazu, es zu akzeptieren – womit er uns, derart desorientiert, auf

Gnade und Ungnade dem Filmemacher ausliefert. Die Notwendigkeit zum Beispiel, den Mieter von den Verbrechen, deren man ihn verdächtigt, freizusprechen, mag ursprünglich von der Besetzung der Rolle mit Ivor Novello diktiert worden sein, dennoch kommt sie Hitchcocks anderen Absichten sehr zupaß. Mag sein, meint er, daß kein normaler Kinobesucher auch nur auf die Idee käme, Ivor Novello könnte sich als Sexualmörder erweisen (romantische Helden tun solche Dinge nicht), aber dann dürfte auch kein normaler Kinobesucher auf die Idee kommen, Pearl White könnte von dem herandonnernden D-Zug zerstückelt werden – und doch habe so etwas noch nie die Leute davon abgehalten, in qualvoller Spannung auf ihren Sitzen herumzurutschen und zu bangen, ob die unausbleibliche Rettung in letzter Minute nun wohl kommt oder nicht. Hitch legt genügend Indizien aus, die den Verdacht erwecken, Novello könnte tatsächlich »der Rächer« sein, der da nachts durch die Straßen schleicht und goldgelockte Mädchen umbringt (die Geschichte spielt in der Gegenwart, und der Mörder hat nur entfernte Ähnlichkeit mit Jack the Ripper), damit wir seine Schuld als Möglichkeit ernsthaft in Erwägung ziehen und uns, infolge eines typischen Hitchcock-Tricks, plötzlich dabei ertappen, mit ihm zu sympathisieren und bang zu hoffen, daß er nicht erwischt wird – lange bevor wir klipp und klar erfahren, daß er es gar nicht gewesen ist.

Auf der Welle dieser Sympathie mit dem Ausgestoßenen und Verirrten wird der netten, adretten und heilen Welt, in der er herumirrt, schonungslos die Maske heruntergerissen. Alle Bemerkungen über die deutsch-expressionistischen Qualitäten des Films haben von Anfang an bis auf den heutigen Tag die Tatsache verdunkelt, daß der Film eigentlich in zwei klar unterschiedenen Stilen gedreht worden ist: einem, der der dunklen spukhaften und mysteriösen Schattenwelt des Mieters, und einem anderen, der der ordentlichen, wohlanständigen Welt der Zimmerwirtin und ihrer Familie entspricht. Die extravaganten Blickwinkel und seltsamen Arrangements, die die Aufmerksamkeit des Betrachters auf sich ziehen, beschränken sich auf die Welt des Mieters; fast alle schlimmen Dinge, die sich ereignen, all die ins Licht gerückten dunklen Seiten der menschlichen Seele, sind eingebettet in die helle und klare Solidität der Alltagswelt. Im Grunde geht ja von dem verdächtigen Mieter überhaupt keine Bedrohung aus; er ist eher ein Katalysator, der in anderen Menschen Reaktionen auslöst, besonders in jenem Polizisten, der die Tochter des Hauses hofiert. Im Laufe der Handlung wird dieser solide, ein bißchen schwülstige, doch im Grunde anständige Mann selber fast zum Mörder, indem er aus Eifersucht, weil sich sein Mädchen für den Mieter interessiert, ein ganzes Anklagegebäude gegen ihn als den »Rächer« aufbaut und ihn virtuell der Lynchjustiz preisgibt, bevor die Nachricht kommt, daß der wirkliche Mörder gefaßt worden ist.

Hier haben wir das erste Beispiel für den berühmten, von französischen Kritikern so gern auf Hitchcocks Werk angewandten Begriff der »Schuldübertragung«, der stets mit Hitchcocks angeblicher Faszination für die Macht der Beichte verbunden wird, worin man einen Ausfluß seiner strengen katholischen Erziehung zu sehen vermeint. Wie dem auch sein mag, fest steht, daß unsere Sympathien in Hitchcock-Filmen recht eigenartigen Objekten gelten: Er sieht – und zeigt uns – den Charme und die Unschuld inmitten der Schuld und, oft noch eindringlicher, die Fäulnis unter der wohlanständigen Oberfläche. Oder er zeigt uns, bedeutungsvoller noch, wie gefährlich die Konvention der Rechtschaffenheit sein kann, auf die wir, wollen wir uns im Leben behaupten, alle angewiesen sind. John Arden sagt in einem seiner Stücke von einer »durchschnittlichen, doch nicht verächtlichen« Mittelstandsfamilie, daß »ihre natürlichen Anstands- und Güte-Instinkte nie ernsthaft auf die Probe gestellt worden sind. Wenn das geschieht, ist es aus mit ihnen«. Auch Hitchcock neigt zu der Ansicht, daß die Anstands- und Güte-Instinkte der Menschen vielleicht natürlich sind, doch einer ernsthaften Probe selten standhalten. THE LODGER ist solch eine Probe – ein Test, den niemand mit fliegenden Fahnen besteht. Wohl ist der Polizist das eklatanteste Beispiel für den moralischen Zerfall, der sich unter Druck (und zwar überwiegend selbst erzeugtem Druck) vollzieht, doch auch keiner aus der Familie kommt völlig unversehrt davon. Und was soll man erst von all den ordentlichen Leuten draußen halten, die wir da in der raffiniert gemachten Montage am Anfang des Films mit einer fast lustvollen Gier in Panik geraten und Panik verbreiten sehen und die dann am Ende, wie vorauszusehen, sich in einen blindwütig blutdürstigen Haufen verwandeln?

Hitchcock mag zeitlebens der perfekte Bürger, das Produkt

seiner Klasse und seiner Herkunft gewesen sein, und doch sind bei ihm niemals Anzeichen des typisch bürgerlichen Lasters Selbstgefälligkeit zu finden gewesen, jener Zufriedenheit mit der Welt und der menschlichen Natur, jener Überzeugung, Gut und Böse, Recht und Unrecht ließen sich fein säuberlich trennen und erkennen. In THE LODGER sehen wir ihn die moralische Doppelbödigkeit von FRENZY 46 Jahre später in den Grundzügen bereits anlegen – die Sympathie mit dem Sexualmörder, die Unansprechbarkeit der so ehrbaren und aufrechten Charaktere und die Tendenz zum Rollentausch im Handlungsablauf. FRENZY geht natürlich darüber hinaus: Der Mann, dem unsere Sympathie gehört, steht nicht nur im Verdacht, ein Sexualmörder zu sein, er ist wirklich einer; der Rachefeldzug des unschuldigen Opfers wird nicht beschönigt, wie in THE LODGER, wo sich der Mieter nicht als der Rächer erweist, sondern als einer, der sich an dem Rächer, der seine Schwester umgebracht hat, rächen will. Es ist fraglich, inwieweit Hitchcock das Publikum dahin hat bringen wollen, in dem Beinahe-Lynchen des zu Unrecht Verdächtigten eine Kreuzigung zu sehen, mit der unvermeidlichen Gleichsetzung der Figur mit Christus (er interessierte sich offenbar viel mehr für den Aspekt ritueller Demütigung durch das Anlegen von Handschellen), doch die Art, wie diese Sequenz filmisch gestaltet ist, suggeriert ganz klar ein Martyrium und führt uns dazu, mit der Figur zu sympathisieren, als seien wir, wie man normalerweise sagen würde, von ihrer Unschuld überzeugt – doch sollten wir im Blick auf Hitchcocks späteres Werk vielleicht lieber sagen: als seien wir von ihrer *Schuld* überzeugt.

Freilich konnte man von denen, die THE LODGER zum erstenmal sahen, kaum verlangen, daß sie dies alles erkannten. Für sie war der Film nur ein ungewöhnlich aufregender, atmosphäregeladener Thriller mit einem tröstlichen Happy End. Doch Hitchcock war sich der ironischen Untertöne in der Schlußszene offenbar voll bewußt: Wir sehen, wie die Wirtin und ihr Mann ihre Tochter und deren Mann in ihrem protzigen Heim besuchen, dort den unheimlichen Fremden seelisch geheilt vorfinden und sich nun in dieser ungewohnt prunkvollen Umgebung dienernd und knicksend wie Dienstboten aufführen. Es fragt sich allerdings, ob das auch andere so sahen und nicht, wie gewohnt, in Begriffen von belohnter Tugend und Ende gut, alles gut. Doch gleichviel, ob

Zuschauer und Kritiker nun alles mitbekamen oder nicht, sie bekamen immerhin soviel mit, daß Hitchcock über Nacht zur Sensation wurde. Unverzüglich ergriff Gainsborough die Gelegenheit beim Schopfe und brachte vier Wochen nach der Uraufführung von The Lodger endlich auch The Mountain Eagle in die Kinos. Zugleich drängten sie Hitch, möglichst bald den nächsten Film zu machen – den ersten des Jahres 1927, wieder mit Ivor Novello in der Hauptrolle. Hitch war bereit und willens. Doch zuvor gab es etwas anderes zu tun: Am 2. Dezember 1926 wurden er und Alma, die unterdessen zum Katholizismus übergetreten war, Mann und Frau.

5. Kapitel

Es war eine schlichte Vormittags-Hochzeit im engsten Familienkreise – Braut, Bräutigam und zwei bis drei Freunde – in einer Nebenkapelle des Brompton Oratory. Nach der Zeremonie zogen sie alle miteinander in die nahegelegene Wohnung, wo Hitch schon alles vorbereitet hatte, schnitten den Kuchen an, prosteten einander zu und verfrachteten die Gäste dann in gemieteten Autos zu einem Mittagessen ins West End, während sie selbst sich aus dem Staube und mit dem Fährzug auf den Weg nach Frankreich machten. Noch ganz benommen von ihrer Ankunft in Paris – wem liefen sie als erstem in die Arme? Keiner andern als der gefürchteten Nita Naldi, die jetzt hier mit »Daddy« lebte, dem vornehmen älteren Herrn, der sie bei THE MOUNTAIN EAGLE überallhin begleitet hatte. Keine Widerrede duldend, entführte sie die beiden zum Mittagessen in ihre elegante Stadtwohnung und flößte ihnen soviel Trinkbares ein, daß sie, als sie am hellichten Nachmittag in ihr Hotel taumelten, das Gefühl hatten, der Teppich der Hotelhalle würde unter ihren Füßen nur so auf- und abwogen. Das sei, soweit sich Alma erinnert, das erste- und letztemal in ihrem Leben gewesen, daß sie regelrecht und hoffnungslos betrunken gewesen wäre.

Von Paris aus fuhren Hitch und Alma weiter in die Schweiz, um den größten Teil ihrer Flitterwochen im Palace Hotel von St. Moritz zu verbringen. Das war ihm – und ist ihm noch immer – das liebste Hotel der Welt. Noch heute im Besitz der Familie, die es schon damals führte, gehört es zu den ganz seltenen Luxus-Hotels, die in ihrem Äußeren und ihrem Service von den Zeitläuften und den wechselnden Standards unberührt geblieben sind. Das meint jedenfalls Hitch, und er muß es wissen, da er und Alma sei 1926 Jahr für Jahr, so oft sie nur konnten, über Weihnachten und Neujahr die Reise der Erinnerung an ihren Honigmond nach St. Moritz angetreten haben – ein romantischer Zug, der so gar nicht zu der herkömmlichen Vorstellung von Hitchcock als dem zynischen Witzbold und grausamen Spezialisten des Makabren zu passen scheint. Gewiß zeigt sich Hitchcock jedesmal ganz erstaunt, wenn die Leute, denen er begegnet, ihn ständig mit seinen Figuren identifizieren (»Wenn sie doch nur begreifen würden, daß ich im Leben viel ängstlicher bin als sie!«), aber wenn es stimmt, was er behauptet, dann setzt er wie die meisten furchtsamen Menschen alles daran, seine Verletzlichkeit zu kaschieren. Tatsache bleibt, daß seine Ehe mit Alma von Anfang an eine Liebesheirat ohne jedes Wenn und Aber war und bis heute eine alles andere ausschließende gegenseitige Hingabe und Zuneigung sowie auf allen Ebenen eine enge persönliche und berufliche Verbundenheit geblieben ist.

Gleich nach ihrer Rückkehr warteten rein praktische Dinge auf ihre Entscheidung. Beide mußten sich sofort wieder an die Arbeit zu seinem nächsten Film, DOWNHILL, machen. Davor allerdings lag der Einzug in ihr neues Heim, eine Dachwohnung in der Cromwell Road 153 in West-London, an die neunzig Stufen hoch (ohne Lift, versteht sich). Da Hitchcock ja einmal »art director« gewesen war und jetzt gute Kontakte zur Ausstattungs-Abteilung des Studios hatte, entwarf er die Einrichtung selber – mit Möbeln und Stoffen von Liberty's – und ließ sie von Studio-Handwerkern ausführen. Zum erstenmal wohnten er und Alma außerhalb ihrer Familien. Als unverheiratete Familienmitglieder hatten sie bisher, wie man es von ihnen erwartete, bei ihren Eltern gewohnt, so daß Hitch und Alma während ihrer ganzen Verlobungszeit und gemeinsamen Arbeit in Islington jeden Tag durch halb London fahren mußten, er von Leystonstone im Osten, sie von Twickenham im Westen, um sich mehr oder weniger in der Mitte zu treffen. Nun hatten sie sich ein behagliches, bescheidenes Heim im konservativen englischen Stil geschaffen: solide, konventionelle Möbel, Chintzbezüge, poliertes Holz und Messing. Ein von Anfang an freundliches, angenehmes, wohnliches Zuhause, eher gemütlich als repräsentativ. Hier führten die Hitchcocks ein gastliches Haus und lebten die ganze Zeit glücklich in dieser Wohnung, bis sie 1939 nach Amerika gingen. Um die Mitte der dreißiger Jahre verdiente Hitchcock wesentlich besser, und sein Lebensstil hatte sich weitgehend verändert. Doch obwohl er inzwischen ein (ebenfalls recht bescheidenes) Landhäuschen dazuerworben hatte, widerstand er steif und fest allen Einflüsterungen von seiten Balcons und anderer, ins elegante Mayfair zu ziehen: »Ich habe nie den Wunsch verspürt, den Bereich meiner Klasse zu verlassen.«

Hitchcock hatte jetzt nicht nur eine Wohnung, sondern auch

einen Ruf zu erhalten: den nämlich, den ihm der ungeheure Erfolg des LODGER auch bei der Kritik eingebracht hatte, Englands führender Filmemacher zu sein. Was das bedeutete, begriff er sehr schnell – und besser und nachhaltiger als alle anderen. Zur Zeit des LODGER war Hitch zusammen mit Ivor Montagu, Adrian Brunel und ein paar anderen, die irgendwie mit dem Film zu tun hatten, einem zwanglosen Club beigetreten, der sich »Hate Club« (Haß-Club) nannte. Der Sinn der Sache war, daß man sich dort von Zeit zu Zeit traf, um Dampf abzulassen, zu diskutieren, sich (oftmals unter höchst aufrührerischen Reden) über Menschen und Zustände, die einem mißfielen, das Maul zu zerreißen. Einmal ging es um die Streitfrage, für wen sie eigentlich Filme machten. Die einen sagten: für das Publikum, die anderen: für die Verleiher und die Filmtheaterbesitzer, denn wenn man nicht zuallererst denen gefiele, wie könnte man da jemals hoffen, das Publikum zu erreichen? Nur Hitch sagte kein Wort. Schließlich fragte ihn jemand, wie er darüber denke. »Oh«, meinte er, als sei dies das Selbstverständlichste von der Welt, »natürlich für die Presse.« Die Kritiker seien die einzigen, die einem die Freiheit gäben, das Publikum dahin zu bringen, daß es sieht, was es sehen soll, und den Verleihern und Kinobesitzern die Pistole auf die Brust zu setzen. Wenn man sich mit den Kritikern gut stelle und so dafür sorge, daß der eigene Name und das eigene Werk dauernd in der Zeitung und damit dem Publikum vor Augen stünden, dann sei alles andere ein Kinderspiel.

Alle Anwesenden hielten Hitch selbstverständlich für verrückt oder, schlimmer noch, für zynisch, seinen Opportunismus so unverblümt zuzugeben. Natürlich hat man heute gut reden, die Jahre hätten ihm recht gegeben, aber das Problem ist doch nicht so einfach. Hitchcocks Einzigartigkeit liegt nicht so sehr in dieser frühen Erkenntnis von Wert und Wichtigkeit der Publicity, nicht einmal in seinem Geschick, sie zu nutzen, als vielmehr in der Kombination dieser Erkenntnis mit einer unerschöpflichen Produktivität. Auch andere haben die Bedeutung der persönlichen Publicity und der Selbstinszenierung erkannt – Cecil B. de Mille und Orson Welles waren in dieser Hinsicht niemals müßig –, und es hat umgekehrt viele hochbegabte Künstler gegeben, die gar kein Talent bewiesen, sich auf dem Markt zu verkaufen. Keiner aber beherrschte diese beiden einander ergänzenden, doch nicht notwendigerweise miteinander verbundenen Tätigkeitsebenen so vollendet wie er. Das Muster nahm bereits in den zwanziger Jahren Gestalt an. Allerdings ließ sich noch nicht sagen, daß sich bereits eine klare Vorstellung von Hitch oder vom »typischen« Hitchcock-Film herausgeschält hätte. THE LODGER war eine wegweisende Tat, und in der Rückschau erkennt man alle Arten von typischen Stilmerkmalen, die über das Thrillerhafte hinaus auf Künftiges hinweisen – die Andeutung sexueller Perversität in den Beziehungen zwischen dem Mieter und dem Mädchen beispielsweise, womit Hitchcock zum erstenmal ein sado-masochistisches Modell erprobte, das in seinen späteren Filmen noch oft wiederkehren sollte, in so leichten wie TO CATCH A THIEF und in so dichten wie MARNIE: Er suggeriert uns, das Mädchen fühle sich zu dem Mieter nicht zuletzt gerade deshalb hingezogen, *weil* – und nicht *obwohl* – sie den dumpfen Argwohn hat, er könne der wahnsinnige Killer sein. Eine solche Suggestion wirkt bei einem, der noch nicht die Ehe vollzogen hat, der nach eigenem Bekenntnis »noch Jungfrau ist«, überraschend raffiniert oder wissend. Hitchcock kannte auch bereits die sexuellen Nebenbedeutungen des Handschellenanlegens sowie die Freuden und Qualen des Gefesselt- und Erniedrigtwerdens in den entscheidenden Szenen von des Mieters Verhaftung, Flucht und Verfolgung. Zum ersten-, aber keineswegs letztenmal in seinen Filmen hatte Hitch einen Weg gefunden, seine eigenen Ängste und Schrecken angesichts der Macht in jeder Form und Gestalt zu kanalisieren, nutzbar zu machen und sich von ihnen vielleicht vorübergehend zu befreien.

Es lag in der Natur der Sache, daß sich die Zuschauer damals vor allem von der technischen Kühnheit des Films frappieren ließen. Namentlich die glänzend gemachte Montage der Anfangsszenen fesselte ihre Aufmerksamkeit, und die berühmten Spezialeffekte des weiteren Handlungsablaufs wie die gläserne Zimmerdecke und die Handschuhhand, die als Sinnbild für das unheimliche und bedrohliche Herabsteigen des Mieters das gewundene Treppengeländer herabgleitet, näher und näher auf den Betrachter zu – all das faszinierte die Leute. Wenn derlei grelle Effekte mitunter vielleicht den Handlungsrahmen sprengten, wußte Hitchcock doch, was er tat. War wirklich einmal eine Einstellung allzu weit hergeholt – wie die, an der er im LODGER lange, aber vergeblich gebosselt hatte: wo ein Gefangenenwagen der Polizei mit zwei kleinen runden Fenstern in den rückwärtigen Türen, hinter denen man die Insassen infolge der Fahrerschütterungen hin- und herschlingern sieht, auf einmal das Aussehen eines Gesichts mit rollenden Augen annimmt –, ließ er sie im allgemeinen fallen. Denn seine Tollheit hatte stets Methode.

Auch für etwas anderes, was später zu einem berühmten Merkmal seiner Filme werden sollte, hatte das Publikum noch kaum einen Blick (wie sollte es auch!): für Hitchcocks persönliches Auftreten. In einer Szene in einer Zeitungsredaktion sieht man ihn für einen kurzen Augenblick, leidlich erkennbar, mit dem Rücken zur Kamera sitzen; er behauptet, man habe einen zusätzlichen Statisten gebraucht und es sei gerade keiner da gewesen. Es ist auch behauptet worden, Hitchcock sei am Ende der Verfolgungsjagd unter der Menge an den Geländern gewesen, doch nach eingehender Prüfung der Sequenz vermute ich, daß es jemand ist, der ihm in der Dunkelheit unter bestimmten Blickwinkeln ähnlich sieht. Aber das spielt keine Rolle. Hauptsache ist, daß er hier zum erstenmal im Bild erscheint und damit den Reigen seiner berühmten, zu seinem Markenzeichen gewordenen Kurzauftritte eröffnete – ein weiterer Beweis für seinen bemerkenswerten Sinn für Publicity und damit für das Erfordernis, sich dem Publikum als unverwechselbare Persönlichkeit bildhaft einzuprägen (zu einer Zeit, da Filmregisseure im allgemeinen geheimnisvolle Wesen waren, die hinter der Kamera standen und vom Publikum in keiner Weise wahrgenommen wurden).

Als nächstes bekam Hitchcock nun eine Aufgabe übertragen, die eher auf den ausgetretenen Pfaden lief und ihn nicht besonders reizte, aber doch auch gewisse praktische Vorteile bot. Der Film hieß DOWNHILL und basierte wie *The Rat* auf einem Stück, das Ivor Novello (der auch im Film wieder die Hauptrolle spielte) zusammen mit der Schauspielerin Constance Collier unter dem gemeinsamen Pseudonym »David Lestrange« für sich geschrieben hatte. DOWNHILL gehört nicht gerade zu den Filmen, auf die sich Hitchcock heute sonderlich viel zugute hält; er selber macht sich als erster lustig über ein paar absurde Zwischentitel – wie etwa (wenn dem Helden, weil er angeblich ein Ladenmädchen in Schwierigkeiten gebracht hat, der Rausschmiß aus dem College droht): »Heißt das auch, daß ich nicht mehr beim Turnier der Alten Herren mitspielen darf, Sir?« – und der Film hat unleugbar einige ziemlich absurde Momente (obwohl das zitierte Beispiel so absurd nun auch wieder nicht ist – insbesondere, wenn man das Alter des Helden nicht an Ivor Novellos Erscheinung mißt) sowie ein paar naive bildliche Stilmittel, etwa wenn der Held, nachdem ihn sein Vater hinausgeworfen hat, buchstäblich herunterkommt, indem er in einem Fahrstuhl mit dem Schild »Down« in die Londoner Untergrundbahn hinunterfährt. (Die betreffende Szene drehte Hitchcock unmittelbar nach einem Theaterbesuch, noch in Frack und weißem Binder, spätabends in der U-Bahn-Station Maida Vale).

Sieht man jedoch DOWNHILL heute, so empfindet man ihn als einen seiner lebendigsten und originellsten Stummfilme. Vielleicht liegt es an Hitchcocks mangelnder Beziehung zum Stoff (»Ein dürftiges Stück«), daß er diesen Film eher als eine technische Fingerübung betrachtet. Die Darstellung des Internats, in dem die Handlung beginnt (es ähnelt, wenn es auch eine Spur vornehmer ist, ein bißchen Hitchs St.-Ignatius-Internat), verklärt zwar keineswegs das Internatsleben – ganz anders als in *Goodbye Mr. Chips,* wo die Schuljugend der Oberschicht aus dem Blick des zukurzgekommenen Kleinbürgertums romantisiert wird. Doch die wahren Freuden finden, wie so oft, außerhalb der Schule statt. Eine Ahnung von Hitchcocks Möglichkeiten vermittelt gleich zu Beginn die Szene im »Ye Olde Bunne Shoppe«, wenn der Held, Roddy, und sein bester Freund mit den Gefühlen des willigen Ladenmädchens spielen – zu einem Feuerwerk von Lichteffekten deutscher Filmschule und zu ausgiebigen Spielereien mit den Bewegungen eines Perlenvorhangs (gar nicht zu reden von der komischen Einlage, wie Hitchcock sie später immer wieder in spannungsgeladene Szenen einschob, wenn ein kleiner Junge mit einem Penny in den Laden kommt und von einem der beiden Besucher bedient wird).

Der vielleicht erstaunlichste Moment kommt später in einer Sequenz, die Roddys Abstecher in die »Welt des schönen Scheins« einleitet. Er ist gerade von einem wütenden Vater aus seiner eigenen Wohnung geworfen worden. Nun sehen wir ihn in Großaufnahme: Er trägt einen Frack und wirkt recht aufgeräumt. Dann fährt die Kamera zurück, und wir erkennen, daß er in

Wirklichkeit Kellner ist. Das von ihm bediente Paar steht vom Tisch auf und geht zur Tanzfläche, wo es ein paar für einen Tanztee reichlich hingebungsvolle Figuren dreht. Und auf einmal beginnt der »Kellner«, während die Kamera die Tanzenden weiterverfolgt, mitzutanzen, und jetzt merken wir, daß sich das Ganze auf einer Bühne als Teil eines Musicals abspielt – Illusion in Illusion verpackt, wie in einem chinesischen Kästchen. Auf den ersten Blick wirkt das als Überraschungseffekt und bringt uns schlagartig die Kunst und den Einfallsreichtum des Filmemachers zum Bewußtsein; auf den zweiten Blick wirkt es zwar weiter so, vermittelt uns aber darüber hinaus den Genuß, gleichzeitig genau verfolgen zu können, wie es funktioniert. Als DOWNHILL entstand, arbeitete im ganzen britischen Film niemand mit einer so filmischen Phantasie, erzählte kein anderer einen Film mit dieser zupackenden und faszinierenden Beherrschung filmischer Möglichkeiten. Ja, man hat das Gefühl, Hitch konnte gar nicht anders, nicht einmal bei einem Thema, das ihm überhaupt nicht lag.

Die Dreharbeiten gingen nicht ganz reibungslos vonstatten. Zum einen geriet Hitch mit Ivor Montagu, der soviel dazu beigetragen hatte, die eklatante Katastrophe des LODGER in einen Triumph zu verwandeln, und der nun an Buch und Schnitt von DOWNHILL mitwirkte, in einen Streit über Grundsätzliches. Montagu hatte, wie es sich für einen jungen intellektuellen Eindringling in das Reich des Films gehörte, alle möglichen Prinzipien darüber, was man im Film tun könne, was man tun solle und was man nicht dürfe. Er hatte insbesondere etwas gegen Szenen, die ihm Unmögliches zu vermitteln schienen oder den Zuschauer anderweitig zu täuschen geeignet waren. Er bekennt, darin selber nicht ganz konsequent gewesen zu sein, als er nämlich in THE LODGER eine Szene einfügte, wo eine Hand einen elektrischen Lichtschalter ausschaltet und das Licht erst den Bruchteil einer Sekunde später ausgeht – praktisch eine Unmöglichkeit, die man aber hinnehmen mußte, wenn man die Geste auf der Leinwand noch wahrnehmen sollte. Eine Aufnahme indessen, die Hitch unbedingt in DOWNHILL haben wollte, wollte Montagu partout nicht schlucken. Es handelte sich um eine Szene in einem Taxi, in der sich die Knie des Helden mit denen seiner neuen Angebeteten und denen ihres älteren Gönners in einer ziemlich zweideutigen Weise berühren, das Ganze direkt von oben fotografiert.

Montagu rügte, das sei ein unmöglicher Blickpunkt – nicht mal eine Fliege an der Decke des Taxis würde das Geschehen so sehen, es sei denn, das Taxi wäre drei Meter hoch. Hitch ließ das wie üblich kalt: Die Aufnahme zeigte, was sie zeigen sollte, und damit basta. Montagu ärgerte sich, daß er sich mit seiner Meinung nicht hatte durchsetzen können, und obwohl er mit Hitch befreundet blieb, stieg er nach den vorbereitenden Arbeiten zu EASY VIRTUE aus. Sie arbeiteten erst sieben Jahre später wieder zusammen, als das Schicksal und Michael Balcon sie zu Hitchs erstem MAN WHO KNEW TOO MUCH wieder zusammenbrachte.

Mit Ivor Novello war es ein ganz anderes Arbeiten. Sechs Jahre älter als Hitch, hatte er sich zunächst einen Namen als Song-Texter gemacht, dann als Schauspieler und Dramatiker, und war mit der ursprünglichen Bühnenfassung von *The Rat* im Jahre 1924 zum großen Matinee-Idol seiner Generation geworden. Er war der klassische Typ des Herzensbrechers, Autor einer langen Reihe rührseliger Operetten, in denen er meist selber die Hauptrolle spielte, schön und schmachtend, traurig und treu. Privat war er ganz anders, drollig und charmant, homosexuell von der etwas tuntigen Art und ein knallharter Geschäftsmann. So verschieden sie waren, wurden Hitch und er in den beiden Filmen, die sie miteinander machten, gute Freunde, und DOWNHILL ist denn auch wohl der einzige Film mit Novello, der etwas von seinem Sinn für Jux und Tollerei vermittelt, ursprünglich sogar noch stärker als in der Endfassung. Hitch hatte eine Szene gedreht, in der Novello und Jan Hunter sich als Rivalen um die Gunst ein und derselben Frau prügeln. Anfangs ganz formell gekleidet, Hunter im Cut mit gestreifter Hose, fangen sie dann aber bald an, mit harten Gegenständen zu werfen, die immer größer werden, bis sie mit fast mannshohen Piedestalen aufeinander los- und am Ende beide zu Boden gehen. Die Produzenten freilich sahen diese possenhafte Wendung der Ereignisse gar nicht gern – so könne man ein romantisches Idol doch nicht präsentieren! – und die Szene mußte raus.

Hitch war von Novellos Publicity-Geschick fasziniert. Als die letzten Szenen von DOWNHILL abgedreht waren, mußten noch ein paar Großaufnahmen von Novello gemacht werden, wie er bei seiner Rückkehr nach England durch das East End von London wankt. Hitch hatte schon seinen nächsten Film, EASY VIRTUE, begonnen und war bereits am Drehort an der Riviera. Novello kam großspurig angereist, mietete sich für eine Nacht im Hôtel de Paris in Nizza ein, gab dort in seiner Suite eine Menge Interviews und verschwand, als er das alles hinter sich hatte, für die restliche Drehzeit in eine ganz bescheidene Pension. Die Aufnahmen wurden auf dem Flachdach der Pension gedreht. Ein paar Männer hielten einen gemalten Hintergrund von den Londoner Docks hoch, während Novello an Ort und Stelle im hellen Sonnenlicht des Mittelmeers davor herumlief, von den Einheimischen mit ungläubigen Blicken verfolgt, in denen die Frage zu lesen war, was um alles in der Welt diese verrückten Engländer da wohl machten.

Der zweite Auftrag, mit dem Hitchcock sich 1927 konfrontiert sah (der, wie man sich ausrechnen kann, DOWNHILL so nahe auf dem Fuße folgte, daß er kaum den einen Film beendet hatte, als er schon mitten im nächsten steckte), war ein noch viel spröderer Stoff. DOWNHILL war wenigstens ein Episodenspiel gewesen und hatte eine Fülle von Schauplätzen aufzuweisen gehabt. Noel Cowards Stück EASY VIRTUE dagegen bestand fast nur aus Dialogen und war bewußt auf den Typ Problemstück um Frauen mit Vergangenheit und Familien mit Grundsätzen hin angelegt, der dreißig Jahre zuvor ungemein beliebt gewesen war. Augenscheinlich für einen Stummfilm genau der falsche Stoff. Hitch gab sich jedoch nicht so leicht geschlagen. Die Handlung spielt unter anderem im Süden Frankreichs und in einer ländlichen Gegend Englands und enthält außerdem zwei Gerichtsszenen, die die dunkle Vergangenheit und das schlimme Los der glücklosen Larita herausstellen sollen. (Wenn sie den Gerichtssaal zum zweitenmal verläßt, spricht sie zu den Photographen draußen die Worte, von denen Hitch sagt, es wäre der schlimmste Zwischentitel, den er je geschrieben habe: »Drückt ab – sonst ist eh schon alles erschossen!«) Der Film zeigt alles, was im Stück nur verbal erklärt wird: Laritas heimliche Schuld und das Werben eines jungen Mannes um sie, der keine Ahnung davon hat, so daß das Stück, wie Coward es geschrieben hat, eigentlich erst ungefähr in der zweiten Filmhälfte beginnt.

Hitchcock hat nie direkt mit Noel Coward an dem Film gearbeitet – er schrieb das Drehbuch selbst, zusammen mit Eliot Stannara und zuerst auch mit Ivor Montagu. Es wäre interessant zu wissen, wie Coward und Hitch in dieser Phase ihrer beider Karriere miteinander ausgekommen wären: Sie waren fast gleichaltrig und stammten aus einem sehr ähnlichen Milieu, hatten aber von Anfang an beruflich ganz verschiedene Wege eingeschlagen. Coward war Novello als Bühnenidol bereits hart auf den Fersen, nur daß Novello den Typ des traditionellen Liebhabers verkörperte, während Coward die Generation der cleveren, zynischen Jung-Intellektuellen repräsentierte, deren bekanntester Vertreter er 1924 mit dem ungeheuren Erfolg seines Stücks *The Vortex* geworden war. Zufällig war *The Vortex* fast zur gleichen Zeit wie Easy Virtue von Adrian Brunel, einem Kollegen aus dem Hate Club, und mit keinem anderen als Ivor Novello verfilmt worden – ohne besonderen Erfolg übrigens, da sich der Film, mit Dialog-Zwischentiteln nur so überladen, mühsam im Kielwasser des Stückes dahinschleppte, während sich Hitchcocks Film frisch und munter auf eigenen Füßen fortbewegte.

In Easy Virtue stecken einige große Hitchcock-Gedanken und ein paar typische Hitchcock-Tricks – von der Art, die ihn besonders amüsierte, weil niemand dahinterkam, wie sie gemacht waren. Davon zeugt ein klassisches Beispiel zu Anfang des Films, wenn der Richter im Scheidungsprozeß den Verteidiger durch ein Fernglas beobachtet. In diese Einstellung wollte Hitch eine Nahaufnahme des Anwalts aus der Sicht des Richters einblenden, doch war es aus technischen Gründen nicht möglich, die Scharfeinstellung so schnell zu wechseln, daß der Effekt auf direktem Wege erzielt werden konnte. So ließ Hitch eine riesige Hand aus Gips mit einem mächtigen Fernglas anfertigen, die in der Aufnahme den Eindruck erweckte, sie sei die Hand des Richters dicht vor der Kamera. Dann nahm er ein Double des Schauspielers, der den Anwalt spielte, benutzte es für die Weiteinstellung, die gleich darauf vom Heben des Fernglases überdeckt wird, stellte den richtigen Schauspieler in derselben Pose, nur umgekehrt, hinter die Kamera und ließ das Riesenfernrohr mit einem Spiegel versehen, so daß, als es ins Blickfeld der Kamera gehoben wurde, das scheinbar durchs Fernglas vergrößerte Bild in Wirklichkeit ein durch den Spiegel reflektiertes Bild in natürlicher Größe war.

Mit solchen verzwickten technischen Tricks erschöpft sich freilich noch nicht der ganze Einfallsreichtum des Films. Eine seiner bezauberndsten Szenen entstand aufgrund einer rein dramaturgischen Idee sowie einer kleinen persönlichen Entdeckung. Larita (gespielt von Isabel Jeans) wird von einem anständigen, idealistischen jungen Mann umworben, der keine Ahnung von ihrer Vergangenheit hat. Schließlich macht er ihr einen Heiratsantrag, worauf sie, zwischen Furcht und Wollen hin- und hergerissen, ihn bittet, sie abends anzurufen, dann würde sie ihm ihren Entschluß mitteilen. Das tut er denn auch, aber die ganze nun folgende Szene bringt nicht etwa die beiden Gesprächsteilnehmer, sondern die Telefonistin in der Fernsprechzentrale ins Bild. Die stellt die Verbindung her, hört eine Weile mit halbem Ohr zu, hört dann näher hin, und nun können wir das Hin und Her des Gesprächs in ihrem Mienenspiel verfolgen, das in einem triumphierenden Lächeln kulminiert, als Larita schließlich ja sagt. Mit diesem Kunstgriff sparte Hitch zwei Dekorationen ein, fand für die Szene, die sonst nur aus einem langweiligen Dialog bestanden hätte, eine witzige filmische Form – und gab einer jungen Schauspielerin die erste Chance: Benita Hume, die ihm in einem Bühnenstück aufgefallen war und später ein großer Star und eine gute Freundin der Hitchcocks werden sollte.

Um die Zeit, als EASY VIRTUE fertig war und in die Kinos kam, schob sich bereits eine Wolke, noch nicht größer als eine Faust, über den Horizont der internationalen Filmwelt. Am 6. Oktober 1927 hatte der erste (noch nicht hundertprozentige) Spiel-Tonfilm, *The Jazz Singer*, in New York Premiere – und damit waren die Tage des Stummfilms gezählt, ob man es wahrhaben wollte oder nicht. Zunächst allerdings zeitigte diese Nachricht in England nur relativ wenig Wirkung. Kein britischer Filmproduzent konnte es sich leisten, Geld in die neue technische Ausrüstung zu stecken, die ein noch im Versuchsstadium befindliches Verfahren erforderte, das sich zudem möglicherweise als Schlag ins Wasser erwies. Außerdem hatte die britische Filmindustrie – wie stets – schon genug damit zu tun, die Produktion auf dem sehr bescheidenen Niveau, das damals die Regel war, überhaupt in Gang zu halten. Ein klein wenig besser wurde die Lage erst, als es Ende 1927 gelang, die ansonsten desinteressierte Regierung dazu zu bewegen, den Cinematograph Films Act zu verabschieden, ein Gesetz zur Festlegung einer für die britischen Kinos obligatorischen Quote an britischen Filmen. Trotz heftiger Widerstände von seiten derer, die als Folge der staatlichen Protektion eine

Überflutung der Kinos mit minderwertigen einheimischen Filmen fürchteten, bedeutete dieses Gesetz zumindest eine belebende Spritze für die britische Filmindustrie; und obwohl die Vorlage das Parlament nur sehr langsam passierte (vom Mai bis Dezember), wurde die Finanzierung schon bald bedeutend leichter.

Als Nebenprodukt dieser optimistischen und expansionistischen Phase ergab sich die Gründung einer neuen Firma namens British International Pictures, geleitet von John Maxwell, einem Rechtsanwalt aus Glasgow, der schon seit 1912 im Filmverleih und Kinowesen tätig war. In rascher Folge kaufte die Firma Verleihfirmen, Kinos, Tochter-Produktionsgesellschaften und die Elstree-Filmstudios auf. Auch engagierte sie alle verfügbaren Talente, um ihren Qualitätsanspruch innerhalb der nun wieder gesichert erscheinenden britischen Filmindustrie zu untermauern. Noch wichtiger: Sie gewann Alfred Hitchcock, den sie mit der Aussicht auf mehr Freiheit und größere finanzielle Mittel von Michael Balcon und Gainsborough abwarb – für Hitch ein verlockendes Angebot, da Gainsboroughs Finanzen spürbar schrumpften und er seit THE LODGER mit keiner der folgenden Regieaufgaben allzu glücklich gewesen war.

Zumindest den ersten Film für BIP drehte er nach eigener Wahl und einem Original-Script von ihm und Eliot Stannard (den er von Gainsborough mitgebracht hatte). Der Film spielte in der Welt des Boxsports und trug den Titel THE RING. Hitch hatte sich nie sonderlich fürs Boxen interessiert, auch für andere Sportarten nicht, ging aber gern zu den großen Kämpfen in die Albert Hall, um ihre eigenartigen Rituale zu beobachten: die Schickeria, in Lack und Frack und Samt und Seide um den Ring geschart; den Brauch, über einen Boxer eine ganze Flasche Champagner auszugießen, um ihn in der dreizehnten Runde wieder auf die Beine zu bringen, und dergleichen mehr. All das verarbeitete er in den letzten Passagen des Films. Die spektakulären Vorkämpfe, die im ersten Stadium vorkommen, verkörperten einen anderen Aspekt dieser Schattenseite des Show-Geschäfts, die Hitch von jeher fasziniert hatte und die ihm nun Gelegenheit bot, vor echter Kulisse und mit viel Lokalkolorit ein ganzes Spektrum aus dem Leben der englischen Unterschicht zu zeigen, das man in jenen Tagen nur selten, wenn überhaupt, auf der Leinwand zu sehen bekam. Da ein naturgetreuer Realismus in Hitchcock-Filmen nur selten Selbstzweck ist (nicht einmal in THE WRONG MAN, wo eine Geschichte aus dem Alltagsleben bewußt so erzählt wird, wie sie sich abgespielt hat), wird dieses Stilmittel als einer der Effekte, die er im Köcher hat, gern übersehen. Und doch gehören zu den einprägsamsten Szenen von THE RING solche Episoden von fast dokumentarischem Wert wie die Szenen auf dem Rummelplatz und später unter den Zuschauern des Boxkampfs. Besonders stolz war Hitch damals auf die realistischen kleinen Details, die wohl kaum ein Zuschauer seinerzeit bewußt wahrgenommen hat, wie etwa den Gegensatz zwischen der abgegriffenen Karte, mit der in den Kämpfen von »Ein-Runden-Jack« gegen seine Herausforderer regelmäßig die erste Runde angezeigt wird, und der nagelneuen, noch nie benutzten Karte, die hervorgeholt wird, wenn einmal ein Herausforderer wider Erwarten bis zur zweiten Runde durchhält.

Die Handlung von THE RING ist nicht besonders subtil. Bei Vorkämpfen wird ein Boxer (gespielt von dem dänischen Schauspieler Carl Brisson) entdeckt und von einem Wettkampfveranstalter und dem amtierenden Weltmeister (Ian Hunter) lanciert. Jetzt kann er endlich seine Freundin vom Rummelplatz heiraten, die sich allerdings nicht schlüssig ist, für wen sie mehr übrig hat, für ihn oder für den Weltmeister, und die auch nach ihrer Heirat den Schlangenarmreif, ein Geschenk des Champions, weiterhin trägt und mit ihm ausgeht, trotz der verständlichen Eifersucht ihres Mannes. Der Titel bezieht sich auf den Boxring, den Ehering und eventuell auch auf den Armreif, deren symbolische Gleichsetzung durch reine Bildeffekte (wie sie Hitch später als naiv abgetan hat) ausgedrückt wird, etwa durch einen Kameraschuß auf die Hand der Heldin, bei dem man sieht, wie ihr der Ring an den Finger gesteckt wird und ihr gleichzeitig das im Ärmel versteckte Armband über das Handgelenk fällt. Ferner gibt es eine Fülle von Spiegeltricks deutscher Machart, oft wiederkehrende optische Täuschungen, etwa wenn es in einer Party-Szene dem Ehemann, der die Heldin und den Champion in einem Spiegel beobachtet, aus diesem Blickwinkel so vorkommt, als würden die beiden miteinander flirten. Verglichen mit der Kompliziertheit dieser Effekte hat der Film Momente, die uns heute tatsächlich naiv vorkommen, zum Beispiel die Idee, auf der Geburtstagsparty des Boxers, wo alles auf die Heimkehr seiner Frau wartet, das Vorrücken der Zeit durch das Wenigerwerden des Champagners in der Sektflasche anzudeuten, oder die Stufenleiter seines Erfolgs durch das Immerhöherrücken seines Namens auf einer Anzeigentafel zu markieren, während sich ringsherum die Jahreszeiten ablösen (auf Winterschnee folgt Frühlingserwachen und so weiter).

Wahrgenommen wurden derlei Effekte schon. So verkündete der Kritiker des *Bioscope* begeistert, dies sei »der großartigste britische Film, der je gedreht worden ist«, und die meisten anderen Kritiker neigten zu der Meinung, daß er gar nicht schlecht wäre. Zugegeben: Hugh Castle schrieb in der sehr intellektualistischen Zeitschrift *Close-Up*, Hitchcock habe mit The Ring »um ein Haar etwas Großes geschaffen«, doch damals ließ er an britischen Filmen ohnehin selten ein gutes Haar. Der Streifen spielte zwar kommerziell nicht viel ein, aber er förderte Hitchcocks Karriere und gewährte ihm bei der Premiere die Genugtuung eines donnernden Beifalls für eine raffinierte Montage, in der man zu Wahnvorstellungen des Helden, der seine Frau und seinen Nebenbuhler im Kuß vereint zu sehen glaubt, ein wildes Durcheinander verformter Bilder sieht, mit einer zu abstrakten Mustern verzerrten Klaviatur. Hitch selber empfand The Ring als den zweiten »echten Hitchcock-Film«, und sicher hatte er (und hat er noch heute) dabei ein besseres Gefühl als bei den drei nächsten Filmen, die er für die British International drehte.

Über seine Beurteilung dieser Filme läßt sich streiten, wahrscheinlich haben ein paar widrige Umstände im Zusammenhang mit ihrer Produktion dabei mitgespielt. Vielleicht auch die Tatsache, daß sie beim Publikum und bei der Kritik nicht recht ankamen. Zwei von ihnen, The Farmer's Wife und The Manxman, waren nach Erfolgsstücken aus anderen Medienbereichen gedreht worden, so daß ein Filmemacher kaum hoffen durfte, noch mehr daraus machen zu können. Der dritte, Champagne, der zeitlich zwischen den beiden anderen lag, basierte zwar wenigstens auf einem Originalstoff, an dem Hitch nicht ganz unbeteiligt war, aber man ließ ihn den Film nicht nach seinen Vorstellungen drehen, und so wurde auch Champagne keine reine Freude für ihn.

Es gab aber auch Erfreuliches in dieser Zeit. Während Hitch The Farmer's Wife machte, arbeitete Alma zu Hause am Drehbuch für Adrian Brunels Verfilmung von Margaret Kennedys romantischem Bestseller *The Constant Nymph*, in der zwei Vertraute der Hitchcocks, Ivor Novello und Benita Hume, die Hauptrollen spielen sollten. Alma war also unter Freunden und mußte nicht mit zu den Außenaufnahmen für THE FARMER'S WIFE, was Hitch sehr erleichterte – aus dem besten aller denkbaren Gründe: Sie war nämlich schwanger. Am 7. Juli 1928 gebar sie eine Tochter, Patricia, das erste und, wie sich zeigen sollte, einzige Kind der Hitchcocks.

Während Almas Schwangerschaft hatten die Hitchcocks für die damals recht erkleckliche Summe von 2500 Pfund ein weiteres Haus erworben, ein Landhaus im Tudor-Stil in Shamley Green, einem Ort gleich hinter Guildford, etwa fünfzig Kilometer südwestlich von London. Es war ein recht bescheidenes Bauernhaus mit einem großen Garten und einem eigenen Waldstück gleich dahinter. Mitten in diesem Waldstück stand eine betonierte Zisterne, aus der der Makler ein Glas Wasser schöpfte und es vor eine Zeitung hielt, um zu demonstrieren, wie klar und rein es sei – so klar, daß man die Zeitung dahinter noch lesen konnte. Die Demonstration, fand Hitch, wäre überzeugender ausgefallen, wenn der Mann davon getrunken hätte. Unverzüglich machte er sich daran, das Haus aus- und umzubauen. Die Straße hinauf entdeckte er eine verlassene Tudor-Scheune und meinte, man sollte die Balken kaufen und zum Umbau wiederverwenden. Damit aber biß er bei seinem Architekten, Woodward, auf Granit: Jedes Detail mußte im Originalstil gehalten sein, das neue Eichenholz mit der Krummaxt geschlagen, luftgetrocknet und mit Holzpflöcken befestigt werden. Was alles in allem eine Ewigkeit dauerte, während welcher der Architekt gelegentlich hereinschaute, um ekstatisch zu betonen, mit wieviel Bedacht er für den Dachfirst unregelmäßige Balken verwendet hätte, um ihm einen pittoresken Durchhang zu verpassen. Auch wollte er unbedingt durchsetzen, daß die Heizung in den Zimmern unter 15 Grad und in den Vorräumen unter 10 Grad Celsius gehalten werde, um ein Schrumpfen des Holzes zu verhindern. Da aber blieb Hitch eisern: Er und seine neue Familie wollten es um jeden Preis gemütlich haben, und so stieg die Temperatur auf 21 bzw. 15 Grad, wenn er auch feststellen mußte, daß der neue Flügel dadurch in einem einzigen Winter um hundert Jahre alterte. Zu dieser Zeit wurden in London gerade die Fassaden von Pugins viktorianisch-gotischem Parlamentsgebäude restauriert, und Hitch suchte sich unter den gemeißelten Steinen, die durch neue ersetzt wurden, einige mit den Buchstaben A und H aus, die er für sein neues Haus erwarb. Stolz ließ er die Initialen als abschließenden Schmuck in die Fassade einbauen.

Unterdessen gingen die Dreharbeiten an THE FARMER'S WIFE einigermaßen glatt vonstatten, auch wenn sich Hitch wohl oder übel eine weitere Feder an seinen Hut stecken mußte, als nämlich der Kameramann, Jack Cox, krank wurde und Hitch gezwungen war, weite Strecken des Films eigenhändig zu drehen. Zwar hatte er den Kameraleuten oft zugesehen, doch niemals selber die Kurbel bedient. Gleichwohl war er der Ansicht, daß das Filmen größtenteils eine Sache des gesunden Menschenverstandes sein sollte, und daß er mit seiner Erfahrung als Art Director zumindest eine Dekoration ohne große Schwierigkeiten müßte ausleuchten können, um eine befriedigende Bildkomposition zuwege zu bringen. In technischen Dingen war er freilich nicht so beschlagen, und so ließ er, um sicher zu gehen, die jeweils abgedrehten Passagen des Films immer gleich ins Labor bringen, um davon Muster ziehen zu lassen, und probierte unterdessen mit den Schauspielern die nächsten Szenen, bis er die entwickelten Muster bekam und prüfen konnte, ob er das gewünschte Ergebnis erzielt hatte. Nicht daß die Schauspieler je etwas davon erfahren hätten – äußerlich gab er sich selbstsicher und gelassen, als habe er seine Filme nie anders gedreht.

Der Stoff ließ ihm in diesem Falle wenig Ellenbogenfreiheit, seine Handschrift zu zeigen: Die Vorlage war ein Schwank von Eden Philpotts, der gerade in London ein ungeheurer Bühnenerfolg gewesen war. Es ging um einen verwitweten Bauern, der ohne Hoffnung auf Erhörung um drei Damen wirbt, bis er darauf kommt, daß die Haushälterin, für die er vorher keinen Blick gehabt hatte, die Richtige für ihn ist. Wie EASY VIRTUE stand und fiel das Stück mit den Dialogen, aber gerade das reizte Hitch und animierte ihn dazu, sich nachdrücklich mit dem Problem der Umsetzung einer Handlung ins Filmische zu beschäftigen. Das Ergebnis ist, wenn auch nicht sehr typisch für Alfred Hitchcock, wie wir ihn kennen, so doch wesentlich charmanter und lebendiger, als er selbst es wahrhaben will. In der Behandlung der kleinen

Dinge im ländlichen Milieu spürt man mehr vom Mißtrauen des Stadtkindes als von jener Romantisierung des Landlebens, zu der Stadtmenschen sonst allgemein neigen, doch ganz augenscheinlich erwärmt er sich für seine Aufgabe und zeichnet eine ganze Galerie kauziger Typen, die die Handlung beleben. Bereits in THE RING hatte er in den grotesken Details der Hochzeit einen pfiffigen Humor bewiesen, etwa wenn die siamesischen Zwillinge vom Rummelplatz sich darüber streiten, auf welcher Seite der Kirche sie Platz nehmen sollen, oder wenn die versammelten Originale und Schaubudenleute, als der Küster ruhegebietend in die Hände klatscht, darauf mit stürmischem Applaus antworten. In THE FARMER'S WIFE werden die drei Angebeteten des frustrierten Bauern – eine vierschrötige Witwe, eine gezierte hypochondrische alte Jungfer und ein dümmliches Dickerchen mit Schmollmund – mit einer Wonne lächerlich gemacht, die einiges zu Hitchcocks Ruf als Frauenfeind beigetragen haben mag. Und die durchgehende Szene der stinkfeinen Teestunde bei der alten Jungfer, wenn die ganze Vornehmheit durch die unerquickliche Interaktion der buntgemischten Gäste sowie den Aufstand und die Hysterie im Souterrain nach und nach unrettbar in die Binsen geht, beweist mit ihrem tadellosen Timing eine Begabung für das Genre der Knockabout-Komödie, die man sonst bei Hitchcock nicht vermutet hätte.

CHAMPAGNE ist noch etwas schwächer als THE FARMER'S WIFE. Hitchcocks Produzent hatte nur den Titel und einen Star, Betty Balfour, ein entzückendes komisches Talent, damals *die* weibliche Attraktion des britischen Films. Hitch gefiel die Idee, da er sich damals nicht nur am Rande für Champagner, seine Herstellung wie seinen Konsum, interessierte, dachte sich eine Geschichte aus von einem Mädchen in Reims, das sich mit dem Zunageln von Sektkisten schlecht und recht durchs Leben schlägt, dann nach Paris geht, eine Weile in Saus und Braus lebt und den dazugehörigen Champagner endlich auch mal trinken darf, bis sie »entehrt« wird, zu einer Art Edelnutte herabsinkt und schließlich, aus Ekel vor Nachtclubs, Parties und Männern, ihre alte Arbeit in Reims wiederaufnimmt, ein für allemal von dem Zeug geheilt. Die Geschichte hatte eine kleine moralische Schlagseite, und die Studioleitung wollte als Vehikel für ihren übersprudelnden Star Betty Balfour etwas Leichteres und Lustigeres. Also setzte sie Hitch eine nicht sehr subtile Geschichte von seinem Freund Walter Mycroft vor (der bald darauf sein Feind wurde). Es geht um eine eigensinnige Millionenerbin, der ihr Vater eine Lehre erteilt, indem er vorgibt, bankrott zu sein, so daß sie sich mit dem Glück im Winkel bescheiden muß und vor die Notwendigkeit gestellt sieht, ihr Leben ohne Erfahrung in praktischen Dingen und ohne etwas gelernt zu haben nach besten Kräften zu meistern. Einzelheiten haften in der Erinnerung, wie der mitreißende Anfang, wenn die Fahrt eines Ozeandampfers zur allgemeinen Aufregung und Konfusion unterbrochen wird vom Erscheinen der Heldin in einem Wasserflugzeug, oder die bösen Scherze, die Hitchcock mit dem schlingernden Schiff und dem Brechreiz erregenden Essen treibt, auch der komisch inszenierte Streit (eine Idee, die er aus DOWNHILL hatte herausnehmen müssen), bei dem er das Stampfen des Dampfers in einem Sturm dazu benutzt, die Würde der Streitenden zu demontieren. Ansonsten allerdings wirkt der Film recht nichtssagend (Hitch selbst beklagt das Fehlen einer vernünftigen Handlung), mag er auch ein bemerkenswertes Bild enthalten, ein Bild der Erniedrigung, bekanntgeworden durch ein berühmtes Standfoto: Während sich die Heldin bei einer Mannequin-Agentur bewirbt, hebt ihr einer der Chefs, hinter ihr stehend, unverfroren mit der Fußspitze den Rock hoch, um ihre Beine zu prüfen.

CHAMPAGNE brachte die Annehmlichkeiten eines ruhigen Atelier-Betriebs mit sich. THE MANXMAN indessen riß Hitchcock wieder hinaus in die rauhe Luft der Außenaufnahmen. Hall Caines Roman spielte auf der Isle of Man, doch war Hitch das zu weit weg; er begnügte sich stattdessen mit Polperro und den angrenzenden Küstenstreifen von Cornwall. Inzwischen, im Herbst 1928, war der Tonfilm nicht mehr aufzuhalten. Am 27. September kam *The Jazz Singer* endlich auch nach London, und sofort ging das Rennen um die besten Marktanteile an einer britischen Tonfilm-Industrie los. Verschiedene Kurzfilme wurden gedreht, die meisten mit dem schwerfälligen Phonofilm-System, einem britischen Eigengewächs, und natürlich wollte auch Hitch damit einen Versuch machen. Für THE MANXMAN bestand allerdings keine Aussicht, ihn als Tonfilm zu drehen, und noch als Hitch ihn drehte, ärgerte er sich über die Verzögerung. Später tat er den Film mit der lapidaren Bemerkung ab, das einzig Interessante an ihm sei, daß er sein letzter Stummfilm war. Dieses Urteil ist ungerecht. Selbst wenn THE MANXMAN nicht der Film war, den Hitchcock damals gern gemacht hätte, also auch nicht so geworden ist, wie ihn Hitchcock sich wünschte, hat er doch seine Qualitäten – und zwar Qualitäten, die ihn damals und seither von den meisten anderen Hitchcock-Filmen unterscheiden.

Vor allem tritt hier das sexuelle Element unverhüllt in Erscheinung auf eine Weise, die in der so forschen, männlichen Welt der englischen Hitchcock-Filme überrascht. Das muß wohl an der ungewöhnlichen Wesensart von Anny Ondra gelegen haben, die vielleicht als erste in Reinkultur die klassische Hitchcock-Blondine verkörperte. Man braucht nur die Szenen der romantischen Dreier-Beziehung, in die sie verstrickt ist, mit denen der bezaubernden, aber harmlosen Lillian Hall-Davies in THE RING zu vergleichen: Auf einmal steht da eine blutvolle, sinnliche Frau vor uns, eine, von der wir uns vorstellen können, daß sie einen derart leidenschaftlichen Konflikt zwischen ihren beiden Jugendfreunden auszulösen vermag – auch daß sie, durchaus nicht unbeteiligt, von ihrer Leidenschaft zerrissen wird: eine Frau, die mehr ist als bloß eine leichtsinnige Kokette. Zum Teil muß das auch an ihrer Verwurzelung in der Schule des deutschen Films gelegen haben. In den Szenen zu Anfang des Films erinnert sie mit ihrer Verspieltheit und Lieblichkeit ein wenig an Elisabeth Bergner. Wenn die Leidenschaft sie dann packt (als ihr Verlobter, der Fischer, auf hoher See verschollen ist, entdecken sie und sein bester Freund ihre Liebe zueinander), wirft sie sich dem liebenden Mann so stürmisch und hingebungsvoll, so unvermittelt und ohne Übergang in die Arme wie eine Figur aus einem expressionistischen Drama. Wenn der Verlobte schließlich wiederkehrt, fühlt sie sich wie ein Vogel im Käfig, fieberhaft auf Flucht sinnend, ganz Instinkt, ein Sinnenwesen eher als ein Produkt der Gesellschaft.

Es läßt sich schwer entscheiden, ob diese Seite des Films von den mitwirkenden Schauspielern geprägt worden ist, oder ob Hitchcock, bewußt oder unbewußt, das Seine dazugetan hat. Im großen ganzen wird es wohl eine künstlerische Wechselwirkung gewesen sein. Rein persönlich mochten Hitch und Alma die Schauspielerin Anny Ondra sehr. Sie war ein spontaner, offenherziger Mensch, dem beide durch all die Jahre freundschaftlich verbunden blieben. Während der Dreharbeiten zu THE MANX-

MAN stellten sie sie ihrem Arzt vor, der sich prompt bis über beide Ohren in sie verliebte. Zu seinem Pech war er ein frommer Katholik, für den sexuelle Kontakte außerhalb der Ehe überhaupt nicht in Frage kamen, und sie ihrerseits hatte gar keine Lust zu heiraten. Es wurde also nichts daraus, und kurz nach ihrer Rückkehr nach Deutschland heiratete Anny Ondra den Boxer Max Schmeling. Als Hitch davon las, schickte er ihr ein Ulk-Telegramm, was er denn da Schreckliches zu hören kriege: Sie hätte einen *Boxer* geheiratet? Er hatte dann großen Spaß, als sie ihren Mann in einem drei Seiten langen Brief leidenschaftlich in Schutz nahm und seine Güte, seinen Charme und das Liebenswerte seines Wesens rühmte.

Die Art ihrer Beziehung findet sich vielleicht am besten in einem kleinen Filmfragment festgehalten, das durch Zufall im British National Film Archive die Zeiten überdauert hat. Es handelt sich um die improvisierte Aufnahme einer Tonprobe, in der man sieht, wie Hitchcock der Schauspielerin Anweisungen erteilt. Zu hören ist dabei folgender Dialog:

HITCH: Nun, Miss Ondra, werden wir eine Tonprobe machen. Das wollten Sie doch so. Also fangen Sie mal an.

ANNY ONDRA: Ich weiß nicht, was ich sagen soll. Ich bin so aufgeregt.

HITCH: Sind Sie immer ein braves Mädchen gewesen?

ANNY ONDRA (*lachend*): O nein!

HITCH: Nein? Haben Sie mit Männern geschlafen?

ANNY ONDRA: Nein!

HITCH: Nein?!

ANNY ONDRA: O Hitch, Sie machen mich ganz verlegen. (*Sie kichert hilflos.*)

HITCH: Nun machen Sie mal, und bleiben Sie ganz ruhig stehen, sonst wird's nicht gehen, sagte die Maid zum Soldaten. (*Anny Ondra bricht völlig zusammen.*)

HITCH (*grinsend*): Schnitt!

Diese Kombination von Aufgekratztheit und Kratzbürstigkeit ist sehr typisch für Hitchcocks Umgang mit seinen Hauptdarstellerinnen: eine Mischung von Humor und Autorität, die Fähigkeit, eine angenehme Atmosphäre zu verbreiten, in der sie sich wohlfühlen, und sie gleichzeitig aus dem Gleichgewicht zu bringen, um ihrem Spiel Konturen zu geben. Es ist wie eine Verführung: Er verführt sie mit einer Art grausamem, ja brutalem Charme dazu, vor der Kamera etwas Außergewöhnliches zu geben. Madeleine Carroll, Ingrid Bergman, Grace Kelly, Eva Marie Saint – sie alle fügten sich ganz natürlich in dieses Muster. Andere, wie Kim Novak und Tippi Hedren, mußte man ein bißchen zurechtbiegen. Doch stets lag ihr Humor auf der gleichen Linie wie Hitchcocks Humor, und alle verkörperten sie physisch und psychisch den gleichen Typ: die für Hitchcock-Filme so bezeichnende kühle Blonde. Ein gewisses Etwas in ihren Gesichtern, in der Farbe ihres Haars und in der Art, wie es fällt, dazu unter der beherrschten, damenhaften Oberfläche das verführerische Flackern verborgener Sinnlichkeit. Am wenigsten verborgen freilich bei Anny Ondra – es ist, als hätte sie bereits alles gehabt, was diesem Muster entsprach, aber es hatte sich noch nicht voll herausgebildet, teils weil Hitch es noch nicht so deutlich sah, teils weil ihre Rollen in den beiden Filmen, in denen er sie herausstellte, ein sehr leidenschaftliches Spiel verlangten, das mit der künstlichen Kühle der späteren Hitchcock-Heldinnen nicht in Einklang zu bringen war.

6. Kapitel

BLACKMAIL ist natürlich wieder etwas anderes. Es ist der erste rundum britische Tonfilm in der Geschichte des Kinos. In Hitchcocks eigener Geschichte markierte er die Rückkehr zum Thriller, den Hitch seit THE LODGER nicht mehr angepackt hatte, bestätigte erneut seine Meisterschaft und gab den Kritikern eine glänzende Rechtfertigung ihrer früheren Lobeshymnen auf sein Talent. BLACKMAIL stand am Beginn einer Epoche und lieferte ein anschauliches Beispiel dafür, was man mit dem noch immer riskanten neuen Medium, dem Tonfilm, schon alles machen konnte. Obgleich Hitch in den nächsten Jahren Rückschläge und Durststrecken zu überwinden hatte, bestand nach BLACKMAIL keine Gefahr mehr für ihn, ignoriert oder abgeschrieben zu werden.

Zu Beginn der Dreharbeiten sah es allerdings noch nicht danach aus. Die Vorlage war ein Stück gleichen Titels von Charles Bennett, einem jungen Autor, der hauptsächlich Thriller schrieb. Bennett sollte in Hitchcocks Leben und Werk noch eine wichtige Rolle spielen, fürs erste jedoch war ihre Verbindung recht lose: Der Vorspann nennt ihn als Mitarbeiter am Drehbuch, doch stellt er selbst das heute in Abrede. Das Stück hatte am Globe Theatre im Februar 1928 mit Tallulah Bankhead in der Hauptrolle und unter der Regie von Raymond Massey einen nur mäßigen Erfolg. Kurz danach hatte Bennett im Comedy Theatre mit einem anderen Stück, *This Last Hour*, einen enormen Erfolg, und dies (weniger die Meriten des durchgefallenen Vorläufers) war der Grund dafür, daß man BLACKMAIL Anfang 1929 aus der Mottenkiste holte und gleich mit drei Ensembles auf Tournee schickte. Das war der Stand der Dinge, als man Bennett anbot, einen Stummfilm daraus zu machen, doch der erfolgreiche Autor zeigte im Vollgefühl seines anschwellenden Tantiemenstroms kein sonderliches Interesse daran. Damals lernte er Hitch kennen und hat vielleicht gesprächsweise ein paar Ideen zu der Verfilmung beigesteuert, wenn er das heute auch bezweifelt. Wie üblich zeichnete Hitch für Bearbeitung und Drehbuch verantwortlich, wobei ihm der Dramatiker Benn Levy die Dialoge schrieb.

Dialoge? Was haben denn in einem Stummfilm Dialoge zu suchen? Nun, ursprünglich gab es keinen Dialog über das hinaus, was in den Zwischentiteln stand, und tatsächlich existiert eine vollkommen stumme Version des Films, gedreht für jene rückständigen Kinos, die sich aus finanziellen Gründen noch nicht auf den Ton umgestellt hatten und von denen es 1929 noch ziemlich viele gab. Auch John Maxwell scheute trotz Drängens von Hitch eine solche Investition. Hitch brannte darauf, mit dem neuen Medium zu arbeiten, und spielte in Gedanken die Möglichkeiten durch, BLACKMAIL als Tonfilm zu drehen. Doch dahin schien kein Weg zu führen, und so begann er ihn als Stummfilm. Unterdessen aber holte die Geschichte den britischen Film ein, und Maxwell beschloß noch während der Dreharbeiten, auf den tönenden Wagen zu springen und wenigstens in der letzten Filmrolle von BLACKMAIL ein paar gesprochene Dialoge unterzubringen, so daß man den Film als »teilweise mit Ton« ankündigen konnte. In der Chefetage wußte man also nur, daß Hitch eine zweite Version der letzten Rolle mit ein paar gesprochenen Dialogen drehte.

Doch dazu war Hitch viel zu selbstbewußt – und zu schlitzohrig. Er hatte den Film ungefähr auf der Linie des LODGER angelegt, mit einer grandios durchgeführten, rein optisch gestalteten Exposition, die diesmal den ganzen Vorgang einer Verhaftung zeigte: den Mann mit der Pistole, wie er in einem schäbigen Zimmer unterm Dach von Kriminalbeamten entwaffnet und mit aufs Revier genommen wird, wo sie ihn registrieren, verhören, photographieren, ihm Fingerabdrücke abnehmen und ihn schließlich in eine Zelle sperren, sich dann die Hände waschen und auf den Heimweg machen wie normale Leute, die ihr Tagewerk getan haben. Die Heldin des Films hat, wie in THE LODGER, einen Polizisten zum Freund, und der Film kuliminiert, ebenfalls wie in THE LODGER, in einer virtuos inszenierten Verfolgungsjagd. Hitch hatte das Gefühl, daß es mehr als genug filmisch sehr wirkungsvolle Passagen gab, um auch schon vor der letzten Rolle mit Klangeffekten und Dialogfetzen zu experimentieren; das tat er denn auch, und zwar mit solchem Erfolg, daß er seine Produzenten mit der Vorführung der teilvertonten Version voll von den sensationellen Möglichkeiten überzeugte, die er aus dem neuen Medium herausholen konnte. Von da an war es nur noch ein kleiner Schritt, sie dazu zu bringen, ihn bestimmte Schlüsselszenen zu einem ausgewachsenen Tonfilm nachdrehen zu lassen.

Heute neigt er dazu, die Art seiner damaligen Dialogbehandlung recht kritisch zu beurteilen: Die Dialoge seien zu hölzern, sie klängen eher wie gesprochene Titel als wie lebendig dahinfließende Gespräche. (Bei den ersten Tonfilmen redeten die Schauspieler tatsächlich immer davon, sie »sprächen ihre Titel«.) Bis zu einem gewissen Grade stimmte das auch. Doch der Film kostete, bevor der Tonfilm endgültig fest im Sattel saß, auch die Freiheit der ersten Tonfilmzeit aus, Dialoge nur dann einzusetzen, wenn es nötig und nützlich war. Bald schon machte der Begriff des hundertprozentigen Tonfilms diese Freiheit zunichte, und die Filmemacher mußten um die Erhaltung des Prinzips der Bildsprache in ihren Filmen kämpfen. Trotz einiger unvermeidlicher technischer Unzulänglichkeiten im Ton ist BLACKMAIL jedoch im großen ganzen bemerkenswert ausgewogen. Und zwar trotz der Mißlichkeit, daß Anny Ondras Text von einer anderen gesprochen werden mußte, da ihr starker Akzent im Munde der Tochter eines Londoner Ladenbesitzers sehr merkwürdig geklungen hätte. Damals waren freilich Feinheiten wie Synchronisation und Nach-Synchronisation in Tonstudios noch unbekannt; alles Gesprochene mußte beim Drehen direkt mit aufgenommen werden. So ließ Hitch eine andere Schauspielerin, Joan Berry, Anny Ondras Text im Off sprechen, während diese, so synchron sie konnte, entsprechende Mundbewegungen machte – mit bestem Erfolg, wie hier betont werden soll.

Da Hitchcock bereits für die stumme Fassung die sehr filmische Anfangssequenz gedreht hatte (die Mordszene, wo die Heldin den Mann, der sie verführen will, in seinem Studio-Appartement ersticht), sowie den Schluß mit der Verfolgungsjagd durch das Britische Museum, hatte er das Gefühl, daß sich auch über die bloße Beigabe des Dialogs hinaus noch ein bißchen mit der phantastischen Möglichkeit des Tons experimentieren ließe. Und so dachte er sich jene Szene aus, die in jedem Lehrbuch steht und die Publikum und Kritiker damals ebenso begeisterte wie seinerzeit Ivor Novellos durch die gläserne Zimmerdecke gefilmte Schritte im LODGER. Die Szene folgt unmittelbar auf die Mordszene. Die Heldin hat sich unbemerkt nach Hause schleichen können und versucht nun, so zu tun, als sei alles wie sonst. Ihre Mutter weckt sie, scheucht sie aus dem Bett, in das sie sich kurz vorher, ohne sich auszuziehen, hat fallen lassen, und sie geht hinunter zum

Frühstück. Die Unterhaltung dreht sich ausschließlich um den mysteriösen Mord in der vergangenen Nacht, und allmählich hören wir, was da gesprochen wird, mit den schmerzhaft geschärften Ohren des Mädchens: »Wie schrecklich, einen Menschen so umzubringen«, sagt die geschwätzige Nachbarin. »Von hinten mit einem Messer! Ich hätte vielleicht einen Ziegelstein genommen, aber niemals ein *Messer*. Ein *Messer* ist was Furchtbares. Ein *Messer* ist so schmutzig und so schrecklich ...« – und so weiter in dieser immer verschwommener werdenden Litanei, aus der einzig das Wort »Messer« scharf und schrill hervorsticht. Diese Verlagerung ins Subjektive war damals etwas völlig Neues, und wenn sie heute ein wenig zu gewollt und aufgesetzt wirkt (wie der Kameraschuß durch die gläserne Zimmerdecke im LODGER) – 1929 war sie *die* Sensation.

BLACKMAIL ähnelt THE LODGER aber auch in anderer Hinsicht: Auch hier durfte Hitch den Schluß nicht so drehen, wie er ihn eigentlich hatte drehen wollen, sondern mußte sich mit einem viel konventionelleren Happy End bescheiden. Ursprünglich wollte er nämlich am Schluß die gleiche Sequenz der Verhaftung und Einsperrung eines Tatverdächtigen bringen wie am Anfang, nur daß es diesmal die Heldin sein sollte. Auch hier sollte der Beamte, der die Verhaftung vornimmt, ihr Freund sein, doch sollte zwischen ihnen nichts auf ihr Verhältnis hindeuten – er sollte nur ganz mechanisch seine Pflicht tun, und wenn er sie schließlich abgeführt hatte, sollte der andere Polizist ihn wieder fragen: »Also, was machst du heute abend, gehst du mit deiner Freundin aus?« Darauf sollte er ohne erkennbare Emotion antworten: »Nein, heute nicht« und weggehen. Das wäre in seiner Ironie gewiß ein effektvoller Schluß gewesen; ebenso gewiß hätte es aber auch höchst deprimierend auf ein Publikum wirken müssen, das die ganze Zeit mit der Heldin mitgelitten und um sie gebangt hatte. Denn der Handlungsverlauf bewirkte natürlich, daß das Publikum die Frage nach ihrer Schuld verdrängte oder doch dahingestellt sein ließ, was, nüchtern betrachtet, einigermaßen problematisch ist. Immerhin hatte ihr Opfer sie lediglich mit auf sein Zimmer genommen (ohne daß sie sich dagegen gesträubt hätte) und war zudringlich geworden – man hätte schwerlich behaupten können, sie hätte den Mann in Abwehr einer unzweideutigen Vergewaltigung getötet. Demnach hätte sie sich zumindest der Notwehrüberschreitung in Bestürzung, Furcht oder Schrecken schuldig gemacht, was in England schwerer wiegt als Totschlag. Das Drehbuch lenkt unsere Aufmerksamkeit geflissentlich davon ab und hin auf das Ablenkungsmanöver des Erpressers, um Mitleid für die Heldin als Opfer eines derart niedrigen und gemeinen Verbrechens zu erwecken und uns durch einen dramaturgischen Taschenspielertrick weiszumachen, seine Entlarvung und Verfolgung sei gleichzusetzen mit der Entdeckung des wirklichen Mörders in THE LODGER, durch die der zu Unrecht Beschuldigte aus dem Schneider war. In ihrer beflissenen Suche nach einer tieferen christlichen Moral, die sie in allen Hitchcock-Filmen wittern, wollen einige Kritiker hier in den letzten Filmszenen einen deutlichen Hinweis darauf erblicken, daß der Heldin, mag ihr auch eine Strafverfolgung erspart bleiben, und ihrem Verlobten, dem Polizisten, zeitlebens die Seelenqual des Wissens um ihre Schuld nicht espart bleiben werde. Nichts spricht allerdings dafür, daß Hitch etwas derart Tiefes (oder je nachdem, wie man es sieht, derart Plattes) im Auge gehabt hat: Für ihn war und bleibt der Schluß ein aufgezwungenes Happy End, ein Kompromiß, an dem er vor allem deshalb seinen Spaß hatte, weil sich ihm damit schon früh Gelegenheit bot, die Moralbegriffe des Publikums vorsätzlich mit solchem Erfolg und zu einem solchen Grade zu korrumpieren, daß die Leute am Ende einer straffrei davongekommenen Mörderin stürmisch applaudieren.

Auch sonst enthält der Film eine ganze Reihe launischer Züge, aus denen hervorgeht, wie Hitch sich heimlich dabei amüsierte. Zum Beispiel die Art, wie er den verhinderten Verführer darstellt, der im engeren Sinne ja eigentlich gar kein Bösewicht ist, und der denn auch von Cyril Ritchard gespielt wurde, der später in Amerika als König des Lustspiels und des Musicals zu Rang und Namen kam. Seine musikalische Begabung machte sich Hitchcock auch hier in BLACKMAIL zunutze, indem er ihn, bevor er erstochen wird, ein Stück auf dem Klavier spielen ließ. Aber der Mann will ja das Mädchen verführen, und so lag es nahe, ihn als schnauzbärtigen Bösewicht aus dem Melodram darzustellen. In Wirklichkeit war er zwar glattrasiert, doch in einer Einstellung führte Hitchcock das Licht so, daß der Schatten eines schmiedeeisernen Kronleuchters genau in der Form eines Zwirbelbartes auf Ritchards Gesicht fiel. Seinen »Abschiedsgruß an den Stummfilm« nennt er das.

Aber Hitchcock benutzte in BLACKMAIL noch viel raffiniertere Techniken – insbesondere bei der Verfolgungsjagd durch das Britische Museum gegen Ende des Films, die wegen der unzureichenden Lichtverhältnisse nicht an Ort und Stelle gedreht werden konnte. Da sich jedoch Hitch in seiner wachsenden Vorliebe für originelle und spektakuläre Schauplätze auf das Britische Museum versteift hatte, mußten all diese Szenen im Atelier gedreht werden, wozu Hitch einige sehr komplizierte Varianten des Schüfftan-Verfahrens benutzte: Er ließ von den neun vorgesehenen Schauplätzen im Museum Standfotos und davon wiederum Diapositive machen, die, von hinten beleuchtet, den Szenen die erforderliche Helligkeit geben sollten. Dann ließ er auf den Dias die Stellen wegkratzen, die den Orten entsprachen, an denen er die Schauspieler agieren lassen wollte. Die Dias wurden nun dicht vor die Kamera plaziert, und nur diejenigen Teile des Originalschauplatzes, vor denen die Schauspieler unmittelbar agieren sollten, wurden in Lebensgröße nachgebaut, so daß Dia-Bild und Dekoration bei der Aufnahme nahtlos miteinander verschmolzen. Alles, was man demnach im Atelier sah, war ein Türrahmen und davor ein Mann, der angestrengt ins Nichts schaute; alle übrigen Dinge, die man im Film zu beiden Seiten des Türrahmens sieht, die Wände und Schaukästen, auf die der Mann scheinbar starrt, befanden sich nur auf dem Dia.

Das alles mußte zudem in größter Heimlichkeit gemacht werden, weil Maxwell sich schon über die lange Drehzeit aufregte und niemand in der Studio-Leitung über das Schüfftan-Verfahren mehr wußte, als daß es sich dabei um eine neumodische technische Spielerei handelte, die durchaus auch ins Auge gehen konnte. Zur Tarnung postierte Hitch am Rande eine zweite Kamera, die scheinbar einen Brief zur Verwendung als Insert aufnahm. Ein Beobachtungsposten wurde aufgestellt, und wenn jemand aus der Chefetage gesichtet wurde, hörten sie sofort auf und konzentrierten sich angestrengt auf den Brief, bis die Gefahr vorüber war. Dieses Manöver wandten sie mit solchem Erfolg an, daß Maxwell und sein Stab bei der Rohschnittvorführung unbedingt wissen wollten, woher Hitch denn bloß die Zeit für die Aufnahmen dieser irren Verfolgungsszenen im Britischen Museum genommen hätte.

Noch heute läßt sich in der Tat schwer sagen, was im Atelier und was (wenn überhaupt etwas) am Originalschauplatz gedreht worden ist. Sogar die Sequenz, wo der Erpresser quer über das Dach des Lesesaals gejagt wird, wurde im Atelier auf einem abgeschrägten Gerüst durch ein entsprechendes Dia hindurch gefilmt.

BLACKMAIL war auch in anderer Hinsicht ein Erstling, in einem vielleicht unwesentlichen, aber doch sogleich ins Auge springenden Aspekt: In diesem Film tritt Hitchcock zum erstenmal für einen kurzen Moment persönlich in Erscheinung. Eigentlich war er bereits in THE LODGER kurz zu sehen, doch in BLACKMAIL tritt er mit einem charakteristischen Gag ins Bild, mit dem er sich unverwechselbar zu erkennen gab. Da sitzt er breit und behäbig mit rundem Filzhut in der Londoner Untergrundbahn und liest in aller Ruhe ein Buch, während sich ein Lausebengel über die Sitzlehne neben ihm beugt und ihn piesackt, wofür er sich eine handfeste, aber folgenlose Ohrfeige einhandelt. Die Szene ist Vorläufer und Muster vieler ähnlicher Kurzauftritte dieser Art und symbolisiert gewissermaßen Hitchs Eindringen in das Bewußtsein der Öffentlichkeit – eine unter englischen Filmemachern einzigartige Position, die ihn schließlich zu einer der bekanntesten Erscheinungen der Welt werden ließ.

Der Film kam denn auch von Anfang an erfreulich gut an. Er wurde zu einem ansehnlichen Kassenerfolg und stieß darüber hinaus bei der Kritik auf einhelligen Jubel. THE LODGER hatte die Hoffnung geweckt, es gäbe vielleicht doch so etwas wie einen britischen Film, der einen Vergleich mit ausländischen Produktionen nicht zu scheuen brauchte. Seither hatten die Kritiker nach einer weiteren Bestätigung dieser Hoffnung gesucht. Gewiß waren Hitchcocks Filme – oder jedenfalls einige davon – recht gut gewesen, gut genug zumindest, um den Kritikern das Gefühl zu geben, daß ihr Vertrauen nicht enttäuscht worden war. Gleichzeitig gab es aber bei aller Anerkennung eine ganze Reihe von Rechtfertigungsversuchen und Vorbehalten und viel Kopfschütteln über die mindere Qualität der Stoffe, mit denen er sich herumschlagen mußte. Nun aber konnte die Filmpresse erleichtert aufatmen, hatte doch THE LODGER in BLACKMAIL einen würdigen Nachfolger gefunden – in einem Film überdies, der ganz dazu angetan war, dem Medium als solchem neue Anstöße zu geben und – dank Hitchcock – den britischen Film auf dem heiklen Gebiet des Tonfilms an die Spitze der Entwicklung zu katapultieren. Selbst die sonst so überhebliche Fachzeitschrift *Close-Up*, die zwar die »Glorifizierung der ›Messer . . . Messer . . . Messer‹-Sequenz durch die englische Presse« mißbilligte, mußte zugeben, daß der Film »eine klare Vorstellung von den Möglichkeiten des Mediums« vermittle, und schloß mit der Feststellung, daß infolgedessen »manche schon davon sprechen, daß der Tonfilm eine Kunstform sei«.

Zu denen, die so sprachen, hätte durchaus Alfred Hitchcock gehören können, obwohl er, damals wie heute, nicht gern allzu viel Wesens von seinen privaten Überzeugungen machte, sondern lieber sagte, er drehe bloß einfach Filme und überlasse die Kunst sich selbst. Tatsächlich hatte sein nächster Auftrag mit Kunst herzlich wenig zu tun. Fast alle großen Hollywood-Gesellschaften hatten die Einführung des Tons als Gelegenheit zur Produktion spektakulärer Revue-Filme begrüßt, mit denen sie die sprecherischen (und gesanglichen) Fähigkeiten möglichst vieler ihrer Stars in der aufwendigsten und eingängigsten Form würden herausstellen können. Warners machten *The Show of Shows* mit allem, was sie hatten, von John Barrymore und Loretta Young bis zu Bea Lillie und Rintintin. MGM boten *The Hollywood Revue of 1929* mit Joan Crawford, Norma Shearer, Laurel und Hardy, Buster Keaton, Jack Benny und vielen anderen. Von Paramount kam *Glorifying the American Girl*, zusammengestellt von Florenz Ziegfeld, und von Universal *The King of Jazz* als Hymnus auf Paul Whiteman und andere. Was also lag näher, als daß auch die Elstree-Studios kurzerhand mit einem hausgemachten Gegenstück, *Elstree Calling*, herauskamen.

Aber, ach – zwischen Buch und Leinewand schwebt der finstren Mächte Hand. *Elstree Calling* wurde ein wahrhaft schreckliches Lehrstück schlimmer Bunter-Abend-Unterhaltung, eine stur abfotografierte Bühnen-Show mit einem Aufgebot an filmtechnisch völlig unerfahrenen Regisseuren, darunter Jack Hulbert und André Charlot, unter der Gesamtleitung von Adrian Brunel. Ein paar Songs stammten von Hitchs altem Mitarbeiter Ivor Novello, und zu den bedauernswerten Mitwirkenden zählten Anna May Wong und der nachmalige Held des britischen Rundfunks im Kriege, Tommy Handley. Hitchcock hatte mit all dem nicht das geringste zu tun, bis auf die Rahmenhandlung, in der eine Arbeiterfamilie, nicht unähnlich denen in THE LODGER und BLACKMAIL, die Show verzweifelt in ihren neuen Fernsehapparat hereinzubekommen versucht (was Anfang 1930 mehr Science fiction als Science fact war) und durch die Ungeschicklichkeit und Reizbarkeit des Vaters sowie die begeisterten Schilderungen ihrer glücklichen Nachbarn von dem, was sich auf deren Bildschirm tut, fast zum Wahnsinn getrieben wird. Das einzig Interessante an der Sache ist für uns heute (und vielleicht auch für Hitch damals), daß der Vater von dem englischen Komiker Gordon Harker gespielt wird, der bereits größere Rollen in THE RING, THE FARMER'S WIFE und CHAMPAGNE gehabt hatte. Sonst aber läßt sich kaum behaupten, daß Hitchs Sequenzen (die kaum mehr als ein, zwei Drehtage beansprucht haben können), obwohl sie noch die erträglichsten des ganzen Films sind, einen bedeutsamen Platz in seinem Werk oder in seinem Leben einnehmen.

In der Tat war *Elstree Calling* lediglich ein seltsames Zwischenspiel zur Zeit der Vorbereitungen für seinen nächsten Film, ein weitaus gewichtigeres Projekt und das erste Werk, das Hitchcock von Anfang an als hundertprozentigen Tonfilm konzipierte. Aus seiner heutigen Sicht als hundertfünfzigprozentigen Tonfilm, denn inzwischen neigt er dazu, JUNO AND THE PAYCOCK als abfotografiertes Theater abzutun. Damit tut er ihm freilich unrecht, denn gerade das ist dieser Film weniger als etwa DIAL M FOR MURDER oder ROPE, doch man versteht schon, was Hitchcock damit meint, und er scheint ja auch für diese späteren Filme nicht viel übrig zu haben. Dabei hatte er sich JUNO AND THE PAYCOCK (wie übrigens auch ROPE, nicht aber DIAL M FOR MURDER) selber ausgesucht. Er hatte Sean O'Caseys Stück, das zur Zeit der irischen Aufstände spielt, mehrmals im Theater gesehen und war von ihm wie vom Spiel der Dubliner Abbey Theatre Company ungemein beeindruckt. Besonders angetan war er von seiner Schlichtheit und Unmittelbarkeit im Gegensatz zu der ausgeklügelten Inszenierung von O'Caseys *The Silver Tassie*, die C. B. Cochran kurz zuvor herausgebracht hatte und die ihm zu »aufgedonnert« vorkam. Besonders die letzte Szene gefiel ihm sehr, wo der Humor bewußt bis zu dem Punkt getrieben wird, an dem er Übelkeit erregt. Er hatte Ivor Montagu, der sein Freund geblieben war, obwohl sich ihre beruflichen Wege getrennt hatten, von seiner Begeisterung erzählt, und eines Tages hatte Montagu im Atelier, wo BLACKMAIL gedreht wurde, eine Zusammenkunft mit dem Autor arrangiert. O'Casey, der nie zuvor seinen Fuß in ein Filmatelier gesetzt hatte, erschien in exotischer Aufmachung – in einem Knickerbocker-Anzug aus Tweed – und gab, nachdem er sich ein paar Sekunden verständnislos umgeschaut hatte, die einigermaßen überraschende Feststellung von sich: »Der beste Erzieher ist doch das Leben selbst« – eine merkwürdige Reaktion auf dieses Reich der Illusionen, dachte sich Hitch. O'Caseys einziger Kommentar zu dem Gedanken einer Verfilmung von JUNO lautete: »Warum wollen Sie das verdammte Ding überhaupt machen?« Gleichwohl verstanden sich Hitch und O'Casey auf Anhieb, und der Handel, JUNO AND THE PAYCOCK mit einem Teil der Originalbesetzung des Abbey Theatre, namentlich mit Sara Allgood als Juno zu verfilmen, war rasch besiegelt.

So fand sich der durch und durch englische Hitch plötzlich in der Situation, einen durch und durch irischen Stoff zu verfilmen – noch dazu ein herausragendes Erfolgsstück, dessen innere Struktur und Gedankenführung keine großen Veränderungen dulden würde, selbst wenn Hitch das für richtig gehalten hätte. In der Ausarbeitung des Drehbuches hielten sich er und Alma streng an das Original. Voller Verzweiflung dachte er fortwährend: »Wie komm ich da bloß raus?«, doch die einzige Stelle, bei der er wirklich meinte, der Text könnte eine Erweiterung vertragen, war der Anfang des Stückes. Da Hitch auf alle Fälle den Pub zeigen wollte, wo die Leute tranken (ein sehr wichtiges Moment in ihrem Leben), überredete er O'Casey, eine Szene im Pub dazuzuschreiben, die mit einer drastisch inszenierten Schlägerei und Schießerei enden sollte. Ansonsten hielt sich der Film so genau an das Stück, daß er, wie Hitch heute meint, nichts mehr mit Kino zu tun hat, da sich ihm keine Möglichkeit ergeben habe, die Handlung in filmischer Form zu erzählen. Photographiert hat er das Bühnenstück immerhin mit sehr viel Phantasie und stellenweise mit grandiosen technischen Einfällen. Während die Phantasie selbstverständlich noch heute durchscheint, muß man sich schon die filmhistorische Situation von damals vergegenwärtigen, um den technischen Einfallsreichtum voll ermessen zu können. Da ist zum Beispiel eine Szene, in der sich die Familie im Wohnzimmer ganz aufgeregt um das neue Grammophon versammelt und darüber völlig den Sohn vergißt, der in panischer Angst neben dem Kamin kauert. Ihre

Unterhaltung wird von einem draußen vorüberziehenden Trauerzug und danach von Schüssen unterbrochen; währenddessen fährt die Kamera nach einer Totalen des Zimmers und der Familie hinter dieser vorbei groß auf den schuldbewußten Jungen und seine Reaktionen.

Heute würde man sagen: ein Kinderspiel. Dabei vergißt man jedoch, daß seinerzeit alles Akustische an Ort und Stelle produziert und aufgenommen werden mußte. Also mußten das Grammophon »If You're Irish, Come into the Parlour« spielen, der vorbeimarschierende Trauerzug die Marianische Hymne singen, die Familie durcheinanderreden, Schüsse losgehen und all diese Geräusche zur gleichen Zeit in dem winzigen Atelier erzeugt werden. Zu allem Überfluß konnte man keine passende Aufnahme von dem Lied auftreiben, so daß es ebenfalls im Atelier produziert werden mußte. Infolgedessen befanden sich dort außer den Schauspielern und dem Kamerateam ein kleines Orchester ohne Bässe (zur Erzeugung der blechernen, entfernt klingenden Trauermusik); ein Requisiteur, der das Lied sang, wobei er sich die Nase zuhielt, damit es wie aus dem Grammophon klang; ein Geräuschspezialist mit einem schußfertigen Maschinengewehr sowie ein Chor von etwa zwanzig Sängern als Trauergemeinde. Und das Ganze synchron zum Dialog und abwechselnd in verschiedener Lautstärke und Intensität, je nachdem, ob das Fenster auf- oder zugemacht wird. Wie gut das Ganze schließlich gelungen ist, zeigt sich schon daran, daß niemand dem Resultat anmerkt, mit welchen Problemen Hitchcock damals zu kämpfen hatte.

Trotz seiner Zweifel an der kinogerechten Aufbereitung des Textes kam der Film glänzend an und erhielt von der Kritik solche Lobeshymnen, daß es Hitch schon peinlich war. James Agate, berühmt dafür, daß ihm selten etwas recht zu machen war, schrieb im *Tatler*: »JUNO AND THE PAYCOCK ist für mich fast ein Meisterwerk. Bravo, Mr. Hitchcock! Ein Bravo den irischen Schauspielern und ein Bravo für Edward Chapman! Das ist ein großartiger englischer Film.« Andere Kritiken standen dem kaum nach. Hitch fühlte sich geschmeichelt, hatte aber auch Schuldgefühle, als ob er ein Lob einheimse, das eigentlich anderen gebührte, da seiner Meinung nach die Qualitäten des Films mit dem Kino nichts zu tun hatten. Zumindest O'Casey teilte diese Ansicht offenbar nicht. Er war über das Ergebnis so glücklich, daß er sich mit Hitch sofort an ein Original-Drehbuch setzte zu einem Film, der unter dem Titel *The Park* gewissermaßen den Mikrokosmos des Großstadtlebens in Gestalt eines Tagesablaufs in einem kleinen öffentlichen Park mit seinem ewigen Kommen und Gehen zeigen sollte. Nur durch ein lächerliches technisches Mißverständnis – von der Art »Wer ruft wen an?« – kam das Projekt nicht zustande, doch schrieb O'Casey das Buch später zu seinem Stück *Within the Gate* um. Hitchcock hat O'Casey, obwohl er ihn in späteren Jahren kaum mehr sah, ein herzliches, nicht ganz von Bosheit freies Angedenken bewahrt und bekennt, daß von beidem etwas in den alten Landstreicher eingeflossen sei, der in THE BIRDS das unmittelbar bevorstehende Ende der Welt vorhersagt.

Wesentlich mehr nach Hitchcocks Geschmack und, wenn man seine späteren Filme betrachtet, dem »typischen Hitchcock« wesentlich näher war sein nächster Film, MURDER. Nicht daß er in einem entscheidenden Punkt ein »typischer Hitchcock« wäre. Er ist vielmehr ein Krimi à la »Wer ist der Täter?« – ein Genre, von dem Hitch im allgemeinen nichts wissen will oder das er zumindest relativ uninteressant findet, weil es sich nicht mit seiner oft zum Ausdruck gebrachten Überzeugung verträgt, Spannung sei wichtiger als Überraschung: Es konzentriere viel zuviel Aufmerksamkeit auf das rein technische Problem, herauszubekommen, welche von allen in Frage kommenden Personen »es« – was auch immer das sei – getan hat. Die Idee zu MURDER stammte aus einem Krimi von Clemence Dane und Helen Simpson mit dem Titel *Enter Sir John*. Ein berühmter, geadelter Schauspieler wird zum Amateurdetektiv, weil ihn als Mitglied eines Schwurgerichts das Gefühl beschleicht, daß die Geschworenen eine des Mordes angeklagte junge Frau zu Unrecht verurteilt haben. In der Tradition zahlreicher Gentleman-Detektive geht er daran, den Fall auf eigene Faust aufzuklären, ganz mit der linken Hand, nur um sein Gewissen zu beruhigen, und kommt am Ende zu dem verblüffenden, aber leidlich überzeugenden Schluß, daß der wahrhaft Schuldige ein Mulatte, ein Artist in Frauenkleidern ist.

Obwohl das Wer-ist-der-Täter-Rezept nicht gerade Hitchcocks bevorzugte Sache ist, fand er auch in diesem Stoff noch so manches, was ihm willkommene Gelegenheit bot, den dunklen Dschungelpfaden menschlicher Verhaltensweisen nachzugehen und alle möglichen Einfälle und Erinnerungen unterzubringen. Den würdevollen Bühnenritter (eine hervorragende Leistung von Herbert Marshall) bedenkt er gleichzeitig mit Respekt und einem leicht mokanten Augenzwinkern: Einmal zeichnet er ihn als Gentleman, wie er im Buche steht, so wenn der noble Herr seine Suppe ausdrücklich mit dem gleichen Löffel ißt, wie ihn sein hoffnungslos »gewöhnlicher« Gast benutzt, dem er dann aber diabolisch auf die feine englische Art erklärt, was man mit der Kirsche im Cocktailglas anfängt. Ein andermal bedenkt ihn Hitch mit einem verschlagenen Humor, so wenn der große Mime in dem armseligen Logis, das er bezogen hat, um Ort und Umwelt des Verbrechens kennenzulernen, von den wilden Rangen seiner Zimmerwirtin im Bett bestürmt wird. Ferner verarbeitete Hitch seine Erinnerungen an das hoheitsvolle Wesen von Sir Herbert Beerbohm Tree, dem Direktor von Her Majesty's Theatre, in jener Szene, wo Sir John die devoten Provinzschauspieler empfängt: Den weitflächigen, bauschigen Teppich in Trees Arbeitszimmer, über den sich der zitternde Besucher zu des Allgewaltigen Schreibtisch vorarbeiten mußte, bauschte er mittels einer daruntergelegten Matratze dermaßen auf, daß man den Eindruck bekam, der Besucher würde knietief darin einsinken. Und die Erinnerung an jenen Luftangriff, bei dem seine Mutter in ihrer Aufregung nicht in ihre Pumphosen fand, schlug sich nieder in der Sequenz am Anfang, wo die ganze Nachbarschaft von den Todesschreien des Mordopfers aufgeschreckt wird und die an der Fensterfront entlanggleitende Kamera die unterschiedlichsten Reaktionsweisen der einzelnen Familien einfängt. Da sich die Handlung – ob tatsächlich oder nur scheinbar – großenteils um die feinen Unterschiede zwischen den Klassen dreht, hat man immer wieder versucht, Hitchcock auf bestimmte Haltungen festzulegen: Ist er ein Snob oder ein Anti-Snob, lehnt er sich gegen das Establishment auf oder kriecht er vor ihm zu Kreuze? In Wirklichkeit ist er, wie zu erwarten, viel zu gerissen – oder tendiert von Natur aus zu sehr zum Paradoxen oder läßt sich einfach von der Dramatik der Handlung von Szene zu Szene treiben –, um sich eindeutig festzulegen. Ohne Zweifel enthüllen die Handlungen der Jury in den Anfangsszenen (und daraus folgend die Verurteilung der unschuldigen jungen Schauspielerin) ganz offen die Attitüde sozialer Überlegenheit und das Klassenvorurteil der nicht ganz Hochgestellten gegenüber den eindeutig Unterlegenen. Und an so mancher Stelle macht sich Hitchcock über Sir Johns Hochmut lustig. Auf der anderen Seite verleugnet er aber auch nicht eine gewisse Gönnerhaftigkeit gegenüber Menschen, die nicht wissen, mit welchem Löffel man eine Suppe ißt, und die er sich blamieren läßt im Kampf mit ohnehin nichtssagenden Etikettevorschriften. Fraglos erklärt sich dergleichen großenteils aus den Konventionen der Zeit – kein Mensch, sei er liberal oder sonstwie eingestellt, ließ es sich damals einfallen, etwa die Anspielung auf die Mischlingseigenschaft des wahren Mörders (die Drohung, diese Eigenschaft zu enthüllen, hatte zu dem Mord geführt) als Rassenvorurteil zu beanstanden oder sich über den Gebrauch von Begriffen wie »Mischling« in eindeutig abfälligem Sinne groß aufzuregen. Ob man allerdings (weil der Mann in Frauenkleidern auftritt) so weit gehen sollte, hinter dem Wort »Mischling« ein Kodewort für homosexuell zu vermuten, darüber läßt sich streiten; denn trotz des affektierten weibischen Getues von Esmé Percy in der Rolle des Mörders weist in dem Film nichts wirklich auf eine solche Absicht hin, und Hitch kannte schon damals die feinen Nuancen sexueller Abartigkeit viel zu gut, um Transvestitentum (insbesondere den reinen Show-Transvestitismus) ohne weiteres mit Homosexualität gleichzusetzen.

Im Verlauf der Dreharbeiten entschloß sich Hitch, mit improvisierten Dialogen zu experimentieren, um der Darstellung mehr Spontaneität zu verleihen. So besprach er mit den Schauspielern zuerst den Sinngehalt der Szene und in großen Zügen den Text, den sie darin sprechen sollten, und gab ihnen dann auf, sich ihre Dialoge selber auszudenken. Leider erbrachte dies nur recht dürftige Resultate, den Schauspielern war die Sache offenbar unangenehm, und so befand denn Hitch, derlei Improvisationen seien seine Sache nicht. Andere filmische Neuerungen gaben da schon mehr her. Vielleicht wegen der häufigen Bezüge des Drehbuchs auf Shakespeares *Hamlet* (zum Beispiel wird dem Verdächtigten eine Falle in Form eines Spiels im Spiel gestellt) erfand Hitch für den Helden ein Selbstgespräch, einen inneren Monolog, der zu Herbert Marshalls unbewegtem Gesicht ablaufen sollte. Das bot den Vorteil einer Hörbarmachung seiner Gedanken und ermöglichte eine sehr direkte, ganz natürlich wirkende Exposition, und obwohl die Produzenten der Meinung waren, das Publikum würde für so etwas kein Verständnis haben (woher käme dann die Stimme?), scheint die Verwirklichung dieser Idee keine nennenswerten Probleme gemacht zu haben. Anders stand es mit einer Szene, in der Herbert Marshall sich im Bad rasieren und dabei im Radio das Vorspiel zu *Tristan und Isolde* hören sollte – ein Problem, das sich bei den primitiven Aufnahmetechniken jener Zeit nur lösen ließ, indem man ein Dreißig-Mann-Orchester irgendwo hinter das Waschbecken zwängte.

Doch was immer Hitchcock bei den Dreharbeiten zu MURDER auch für Probleme gehabt haben mag, sie waren nichts im Vergleich zu denen, die er bei der gleichzeitig unternommenen Herstellung einer deutschen Fassung unter dem Titel *Mary* (später: *Sir John greift ein*) zu lösen hatte. Versionen in zwei oder drei Sprachen, oft mit weit voneinander abweichenden Besetzungen, waren in der Frühzeit des Tonfilms üblich, um das plötzliche Zusammenschrumpfen der möglichen Zuschauerzahl eines Films aufzufangen. Auch im Stummfilm hatte es das hier und da schon gegeben. Von Hitchs CHAMPAGNE gibt es eine von Géza von Bolvary inszenierte deutsche Fassung. Aufgrund seiner mühsam erarbeiteten Deutschkenntnisse schien Hitch der geeignete Mann dafür zu sein, bei beiden Versionen seines neuen Tonfilms Regie zu führen, doch mußte er schon bald einsehen, daß das viel schwerer war, als er es sich vorgestellt hatte. Zunächst fuhr er zur Besprechung des Scripts nach Berlin, in der Zuversicht, die Änderungsvorschläge der deutschen Produzenten abschmettern zu können – irrtümlich, wie er bald einsehen mußte. Das englische Publikum kannte er, er wußte, was bei ihm ankam und was nicht, er hatte das sichere Gefühl für Stimmung, Stil und Tempo. Beim deutschen Publikum wußte er das nicht und fand seine Bemühungen, sich mit der deutschen Version (vornehmlich aus Etatgründen) so eng wie möglich an die englische zu halten, ständig vom Widerstand der deutschen Schauspieler durchkreuzt, die sich manchmal glatt weigerten, Dinge zu tun, die ihre englischen Kollegen völlig normal und einsichtig fanden.

Alfred Abel, der die Rolle Herbert Marshalls übernommen hatte, wollte nicht die Szene spielen, wo der Schauspieler beim Frühstück im Bett von den Kindern seiner Zimmerwirtin gepiesackt wird; so könne man einen derart vornehmen Mann nicht behandeln, behauptete er. Wenn der große Mime die (unschuldig) wegen Mordes Verurteilte im Gefängnis besucht, trägt sein englischer Darsteller dazu einen Regenmantel und einen Tweedanzug, nachdem er die leicht komisch wirkende Staatsschauspieleraufmachung – schwarzes Jackett, gestreifte Hose – gegen die einem Detektiv eher anstehende Kleidung vertauscht hatte. Abel indessen wollte unbedingt in korrekter Garderobe auftreten, denn er begebe sich ja (gleich unter welchen Umständen) immerhin zu einer jungen Dame, und alles andere wäre in den Augen eines deutschen Publikums nicht so sehr komisch als einfach unschicklich. Unnötig zu sagen, daß Hitchcock mit Abel nicht allzu gut zurechtkam (dafür um so besser mit Olga Tschechowa, der nachmaligen Lieblingsschauspielerin Hitlers, die mit Abel in der deutschen Fassung spielte), doch mußte er zugeben, daß Abel vielleicht insofern recht hatte, als sich Hitch diesmal etwas zu viel zugemutet hatte.

Dennoch befestigte MURDER, jedenfalls die englische Fassung, Hitchs Renommee bei Presse und Publikum, und sein nächster Film, obgleich abphotographiertes Theater nach dem Muster von JUNO AND THE PAYCOCK, war eine sichere und gedanklich solide Aufgabe, deren er sich wie üblich mit Anstand entledigte. John Galsworthys Stück *The Skin Game* war bereits 1920 in London herausgekommen. Es handelte von einem Kampf auf Leben und Tod zwischen zwei Familien, einer des Landadels und einer von neureichen Unternehmern, über ein Stück Land nahe der Kleinstadt, in der beide wohnen. Das Stück ist sehr dialogreich, ernst und pedantisch gebaut und bietet wenig Möglichkeiten zur Entfaltung ausgesprochen filmischer Effekte. Unter diesen Umständen beschloß Hitchcock, aus der Not eine Tugend zu machen und die Sache frontal anzugehen: Tugenden und Schwächen dieses Films stammen weit mehr von Galsworthy als von Hitchcock. Denn Hitch hielt sich, abgesehen von ein paar subjektiven Großaufnahmen zur Dramatisierung einer Ohnmacht, meist zurück und drehte den Film in einem kühlen, sachlichen Stil, sehr im Unterschied zu dem fast expressionistischen Stil von MURDER. Während der Vorbereitungen zu dem Film gelang es ihm, der nach wie vor ein eifriger Theaterbesucher war, den alternden Dramatiker kennenzulernen und von ihm zu einem Wochenende in sein Landhaus eingeladen zu werden. Galsworthy lebte damals in recht wohlhabenden Verhältnissen (der Erfolg namentlich der

Forsyte Saga hatte ihn zu einem reichen und berühmten Mann gemacht), umgeben von einer zahlreichen Familie. Hitch trat sogleich ins Fettnäpfchen. Als Mrs. Galsworthy ihn fragte, welche Musik er besonders schätze, antwortete er: »Wagner. Der ist so melodramatisch.« »O nein«, erwiderte Mrs. Galsworthy entschieden, »*wir* lieben Bach.« Beim Essen merkte Hitch sodann, daß Galsworthy die Themen der allgemeinen Konversation bestimmte. »Wir sprechen jetzt mal über . . .«, begann er, und alle bemühten sich mannhaft, ihm zu folgen. Wenn er dann von einem Thema genug hatte, schnitt er ein anderes an mit den Worten: »Und jetzt reden wir mal über . . .« Hitch erinnert sich, wie durch einen Schleier, an ein recht surrealistisches Stadium der Unterhaltung, als Galsworthy verkündete, sie würden nunmehr die Beziehungen von Objekten untereinander diskutieren, und dann sagte: »Nehmen wir an, ich habe ein Klümpchen Sago auf dieser Seite und ein anderes auf jener. Kein Klümpchen weiß von dem anderen Klümpchen. Und doch muß es irgendeine Verbindung zwischen ihnen geben . . .« Wieso gerade Sago? wunderte sich Hitch, während seine Aufmerksamkeit sanft abdriftete. Er fühlte sich gleichermaßen belustigt wie beeindruckt von Galsworthys Verinnerlichung der großen Gebärde, und etwas von seinen zwiespältigen Empfindungen ist sicherlich in den Film mit eingeflossen, in dem die Gewichte mehr als im Stück zuungunsten des Landadels verschoben sind.

Nach diesen Theaterverfilmungen, die ihm weder künstlerisch noch geographisch große Bewegungsmöglichkeiten ließen, hatte Hitch das Gefühl, daß es an der Zeit sei, einmal kürzer zu treten. Auch hatten weder er noch Alma schon längere Zeit richtig Ferien gemacht, und so befreundeten sie sich rasch mit dem Gedanken an einen Filmstoff, der Auslandsreisen und Dreharbeiten an Schauplätzen im Ausland erforderte. RICH AND STRANGE (in Amerika dann EAST OF SHANGHAI genannt) war daher ein Stoff nach Hitchcocks Herzen und der erste seiner Filme seit THE RING, der auf einem original für den Film geschriebenen Buch basierte, einem von Hitch selber entwickelten »Thema« von Dale Collins. Die Grundidee ist, daß ein spießiges Ehepaar einen Haufen Geld gewinnt, wodurch sich sein Leben verändert, überwiegend zum Schlimmen hin, als sie, zwei harmlose Provinzler im Ausland, auf eine Kreuzfahrt um die Welt gehen.

Zufällig waren Hitch und Alma selber mit Pat, die jetzt vier Jahre alt war, gerade auf Kreuzfahrt gewesen. Sie wollten, der Sonne nachfahrend, auf einem Vergnügungsdampfer einen angenehmen Winterurlaub verbringen, die Westküste Afrikas entlang, dann über den Atlantik in die Karibik und zurück. Alles ging glatt und reibungslos vonstatten, bis sie einen Tag lang in Bathhurst in Gambia Station machten. Dort bekam jeder Passagier einen Wagen mit Chauffeur, meist freundliche Leute, die sich aus eigenem Antrieb zur Verfügung stellten, weil sie gern Menschen kennenlernten. Durch Zufall erhielten Hitch und Alma den Priester des Ortes zugeteilt, der sie zu seiner Missionskirche im Dschungel mitnahm. Bei ihrer Ankunft sahen sie eine Eingeborenenfamilie mit ihrem splitternackten Sohn vor ihrer Hütte sitzen. Der Vater winkte dem Jungen, er solle hineingehen und sich etwas anziehen; kurz darauf kam der Junge wieder, bekleidet mit einem Hemd, das ihm bis zum Nabel reichte, und sonst gar nichts, und jeder schien zufrieden, daß den guten Sitten damit Genüge getan war. Auf dem Rückweg sagte der Priester, als sie sich einer Menschenmenge näherten, plötzlich: »Ich kann Sie jetzt nicht weiterbegleiten – das ist nämlich eine Touristenattraktion hier.« Wie sich herausstellte, war es ein überaus züchtiger Tanz, der vermutlich aus einem Fruchtbarkeitskult hervorgegangen war, in dem zwei Maisgarben eine Rolle spielten, aus denen sich am Ende eine kleinere Garbe herausschälte – kaum aufregender oder unzüchtiger als ein Erntedankfest in jeder englischen Dorfkirche. Diese Kreuzfahrt hatte wahrscheinlich keinen besonderen Einfluß auf die Konzeption von RICH AND STRANGE, außer daß sie, wie Hitch dunkel bemerkte, ihm und Alma plastisch vor Augen führte, wie schnell solche Kreuzfahrer, allesamt brave Leute, einander zu hassen anfangen, wenn sie nur eine Zeitlang auf einem Schiff zusammengepfercht sind.

Bevor sie ernstlich mit den Arbeiten an RICH AND STRANGE begannen, gingen Hitch und Alma (die mit Val Valentine zusammen das Drehbuch schrieb) nach Paris, um ein paar Hintergrundinformationen zu recherchieren. Sie hatten sich eine Szene ausgedacht, in der das zentrale Ehepaar im Film, Fred und Em, in die Folies Bergères geht und in der Pause zu einem originalen Bauchtanz mitgenommen wird. Hitch und Alma gingen also in die Folies Bergères und fragten in der Pause einen jungen Mann im

Smoking, wo man hier Bauchtänze zu sehen bekäme. Der nahm sie mit auf die Straße und rief ein Taxi. Auf ihre fragenden Mienen hin erklärte er ihnen, der Bauchtanz finde in einer Dépendance statt. Das kam ihnen denn doch seltsam vor, weshalb Hitch meinte, es müsse sich wohl um einen Irrtum handeln, und als sie vor einem anrüchig wirkenden Haus hielten, sagte er zu Alma: »Ich wette, das ist ein Bordell.« In seiner unschuldigen Jugend war er nie in einem solchen Haus gewesen und sie natürlich auch nicht, und so nahmen sie all ihren Mut zusammen und beschlossen, erst einmal hineinzugehen. Die Mädchen kamen herunter und zeigten ihre Reize, Hitch und Alma machten aus der Situation das Beste, indem sie für alle Sekt bestellten, und dann fragte die Madame ganz geschäftsmäßig, welche der Mädchen Hitch am meisten zusage und wie man der Dame behilflich sein könne. Die beiden konnten sich nur durch ein übertrieben schlechtes Französisch retten, traten überstürzt den Rückzug an und fuhren geradenwegs zum Theater zurück, um zu entdecken, daß sie überhaupt nicht in den Folies Bergères gewesen waren, sondern im Casino de Paris – und so führten sie sich in der Fremde fast ebenso naiv auf wie die Hauptfiguren ihres Films.

Wieder in England, machten sie das Drehbuch fertig, besetzten die Rollen, und Hitch schickte ein zweites Kamerateam zu Außenaufnahmen mit einigen wenigen Schauspielern und einer technischen Kernmannschaft, die nun alle zusammen auf eine echte Kreuzfahrt gingen: von Marseille durch den Suezkanal, das Rote Meer und den Indischen Ozean bis nach Colombo. Wegen der ungewöhnlich langen Drehzeit bei all diesen Außenaufnahmen konnte er sich keine großen Stars leisten, sondern engagierte begabte Charakterdarsteller von den Bühnen des Londoner West End: Das im Mittelpunkt der Handlung stehende Ehepaar spielten Henry Kendall und Joan Barry (die nun endlich, nachdem sie bereits Anny Ondra in BLACKMAIL ihre Stimme geliehen hatte, auch leibhaftig in einem Hitchcock-Film auftrat), während Betty Amann die falsche Prinzessin darstellte, die an Bord die Aufmerksamkeit des Ehemannes auf sich zieht; Percy Marmont war der junge Mann, der ihr den Hof macht, und Elsie Randolph, ein zauberhafter Musical-Star, verkörperte in grotesker Aufmachung und in großer Kriegsbemalung die grausam überzogene Rolle der unvermeidlichen alten Jungfer und Nervensäge.

Die kleinen Genreszenen auf einem arabischen Markt oder eine Rikscha-Fahrt im Fernen Osten und dergleichen wurden programmgemäß heruntergedreht. Das Team kehrte zurück, während inzwischen im Atelier für weite Strecken des Films Dekorationen aufgebaut worden waren, die mit bewundernswerter Naturtreue das an den Original-Schauplätzen gedrehte Material ergänzten. Die Filmhandlung ist, gelinde gesagt, recht eigenartig – merkwürdig bitter und trist, eine Abenteuergeschichte, in der alle Abenteuer schiefgehen. Über eins war man sich einig: In diesem Film war beim besten Willen kein »typischer Hitchcock« zu erkennen, was immer man darunter auch verstehen mochte. In den letzten Jahren hat man ihn ausgegraben und begeistert hochgelobt, wahrscheinlich weil er von allen englischen Filmen Hitchcocks an Dichte und Dunkelheit seinen großen Hollywood-Filmen am nächsten kommt. Trotzdem – und trotz der Tatsache, daß er, wie Hitch selber sagt, »voller Ideen steckt«, läßt er alles in allem doch viel zu wünschen übrig. Wie so oft in solchen Fällen macht sich Hitch heute Vorwürfe, den Film nicht richtig besetzt zu haben – besonders durch die Besetzung der Rolle des Fred, der Quintessenz des spießigen Kleinbürgers, mit Henry Kendall, einem weltmännischen, unverkennbar homosexuellen West-End-Komiker.

Doch trotz dieser nicht gerade idealen Besetzung und einigen merkwürdig primitiven Stellen (die meisten Außenaufnahmen mußten ohne Ton gedreht und mit Zwischentiteln von geradezu stummfilmmäßiger Ausführlichkeit zusammengestückelt werden) hat RICH AND STRANGE doch etwas seltsam Quälendes an sich. Die Anfangsszene schlägt den Ton an, wenn Fred theatralisch *»Life«* verlangt und erklärt, das Beste in ihrer Situation wäre der Gasofen. Das ist zugleich lächerlich und geht einem in seiner Bitterkeit doch irgendwie an die Nieren, so daß man eine schwarze Komödie erwartet. Die Komödie ist dann zwar nicht ganz so schwarz, doch gewiß sehr grotesk. Die hanebüchenen Abenteuer der beiden Unschuldsengel auf großer Fahrt fangen ganz harmlos an mit einer Sauferei in Paris und dem kleinen Gag, wenn sie, zu weiterem nicht mehr in der Lage, ins Bett wanken und jeder denkt, der andere bete. Bald schon sind sie dann nicht mehr so unschuldig – sie verfallen in zügellose Großmannssucht, vor allem Fred, der sich in die unverkennbar falsche Prinzessin verliebt. Was sich an Bord alles tut, füllt einen ganzen Katalog sozialer Demütigungen, weshalb es kaum überrascht, wenn sich die Dinge zum Schlimmen wenden.

Und doch überrascht es, wahrscheinlich weil die Art und Weise, wie es dazu kommt, schon schlimm genug ist. Was als romantischer Flirt begonnen hat, wächst sich zu einer ernsthaften Bedrohung für Freds Ehe aus und endet nach einem höchst unerquicklichen Streit zwischen den beiden mit seiner tiefsten Erniedrigung. Dazu kommt ein Schiffbruch, und erst im Angesicht des Todes finden die Eheleute zu einer Art Versöhnung: »Bist du mir sehr böse?« – »Jetzt nicht mehr, zu Anfang ja. Ich habe Angst, Em.« Doch die Komödie scheint immer wieder durch – selbst noch, als das verlassene Schiff voll Wasser gelaufen ist, zerbricht sich Fred mit spießiger Spitzfindigkeit den Kopf darüber, ob es sich gehört, daß Em die Herrentoilette benutzt. Doch die Wendung zum Dramatischen ist bereits vollzogen. Ihre Rettung durch eine chinesische Dschunke bringt weitere Prüfungen mit sich: Sie werden unvermutet mit dem Tod konfrontiert und mit einer totalen Gleichgültigkeit gegenüber menschlichem Leben; sie sehen mit an, wie eine Katze gequält wird, und müssen später, wenn das Fell ausgestellt wird, erkennen, daß sie sie gegessen haben, und schließlich werden sie Zeugen einer Geburt unter denkbar primitivsten, fast tierischen Umständen. Möglich, daß sie daraus gelernt haben. Zumindest kehren sie mit Erleichterung heim zu ihrem leckeren Steak-and-Kidney-Pudding, ihrer Zeitungslektüre und dem Radio mit den neuen Batterien – zu all den Dingen ihres Kleinbürgerlebens, über die sie immer so gestöhnt hatten. Und enden, wo sie begannen: bei einem hübschen kleinen Ehekrach.

Hat das Leid sie geläutert? Ist das Ganze nur eine simple Moritat nach dem Motto »Schuster, bleib bei deinem Leisten«? Welche Stellung bezieht Hitchcock selber zu diesen albernen, doch auch nicht ganz unliebenswürdigen Figuren? Das ist nicht die Art Fragen, wie man sie normalerweise mit Aussicht auf eine befriedigende Antwort an einen Hitchcock-Film stellt, obwohl man dazu vesucht sein mag in der Annahme, daß, wenn Alfred Hitchcock ein Denker in dramatischen Kategorien ist, in seinen Dramen etwas verborgen sein müsse, was sich herausschälen und als Gedanke formulieren ließe. In der Regel behaupten sich seine

Filme, diese perfekt ausgerüsteten kinematographischen Maschinerien, erfolgreich gegen die Spekulationen derer, die einen selbständig artikulierbaren philosophischen Kern in ihnen suchen. Aber dann sind da wieder Filme, die einen Rest offenlassen oder so starke und rational nicht begründbare Resonanzen auslösen – einer davon ist VERTIGO, ein anderer MARNIE und eben, auf seine ungehobelte Art, auch RICH AND STRANGE –, daß man sich fragt, was sie ihm bedeutet haben oder noch bedeuten. Heute weicht er dieser Frage gern aus oder will davon nichts wissen: Der Film sei eine exzentrische Abenteuergeschichte, es seien ganz hübsche Dinge darin, aber das sei nicht herausgekommen. Und damit basta. Oder etwa nicht? Es bleibt uns das dunkle Gefühl, daß Hitchcock hier in RICH AND STRANGE aus seinem Herzen einmal keine Mördergrube gemacht oder zumindest seine Karten mehr aufgedeckt hat, als er eigentlich wollte. Man kann es Menschenhaß nennen oder Widerwillen gegen eine bestimmte Klasse, gegen die Klasse, aus der er selbst kommt. Irgendwas steckt dahinter – nur: was?

Wenn wir in Kenntnis seiner weiteren Entwicklung auch heute nicht ganz dahinterkommen, nimmt es kaum wunder, daß seinerzeit niemand RICH AND STRANGE verstand. Man konnte mit dem Film nichts anfangen und begriff nicht, warum Hitch ihn überhaupt gemacht hatte. Die Kritiken waren mäßig, die Einspielergebnisse gleich Null, und Hitch steckte wieder einmal in einer kritischen Lage.

Es kam sogar noch schlimmer, da sich sein Verhältnis zu John Maxwell und zur Chefetage von British International Pictures nun ganz allgemein verschlechterte. Er sei unberechenbar, unzuverlässig (womöglich hatte er sich schon wieder so eine pleiteschwangere Schnapsidee wie RICH AND STRANGE in den Kopf gesetzt) und habe diese widerliche, kriecherische Angewohnheit, sich bei der Filmpresse lieb Kind zu machen, so daß er eine Selbständigkeit genieße, wie die Firma sie keinem anderen zugestehe. Dabei schrumpften die finanziellen Möglichkeiten der Firma, ihre Filme wurden in jeder Hinsicht immer billiger, bis sie zeitweise auf das Niveau der sogenannten »Quota-Quickies« herabsanken (so nannte man die schnell und billig heruntergekurbelten Filme zur Auffüllung der gesetzlich für das britische Verleihprogramm vorgeschriebenen Quote einheimischer Filme). Hitch hatte das Gefühl, daß seine Tage bei dieser Firma gezählt waren, doch er stand noch unter Vertrag und suchte ihn nach besten Kräften zu erfüllen. Ja, er versuchte sich sogar, wenn auch nicht direkt, an der Produktion von zwei solchen Quickies für die BIP, brachte aber am Ende nur den ersten, *Lord Chamber's Ladies*, zustande, eine ziemlich alberne Giftmischergeschichte unter der Regie des Drehbuchautors Benn W. Levy, mit Hitchs altem Freund Gerald du Maurier in einer seiner ersten Filmrollen sowie Getrude Lawrence (unglaubhaft stumm und leidend in der Rolle der vergifteten Ehefrau) und Hitchs Entdeckung Benita Hume. An diesem Film ging die Freundschaft zwischen Hitch und Benn Levy in die Brüche, als Hitch eines Tages dem Requisiteur Anweisungen gab und Levy zu dem Mann sagte: »Kümmern Sie sich gar nicht um ihn!« Daraufhin sprachen sie dreißig Jahre lang kaum mehr ein Wort miteinander.

Das war nun wirklich Hitchs letzter Film für British International, davor aber hatte er noch einen gedreht, NUMBER SEVENTEEN, an sich nicht viel besser als ein Quota-Quickie, nach einem Stück von Jefferson Farjeon, das die Firma billig eingekauft hatte. Zufällig hatte das Studio damals die Rechte an einem Stoff, für den sich Hitch wirklich interessierte: John van Drutens gerade mit großem Erfolg gespieltes Stück *London Wall*. Zur Mitarbeit am Drehbuch zog er einen Neuling aus der Dramaturgie in Elstree heran, den jungen Rodney Ackland, den er bei der Arbeit an THE SKIN GAME kennengelernt und als Komparsen eingesetzt hatte. Ackland hatte sich als Stückeschreiber schon erste Sporen verdient, doch im Film suchte er noch seinen Platz, sehr zum Argwohn der Studioleitung, denn er hatte – schrecklicher Gedanke – eine höhere Bildung genossen. Hitchcock verstand sich von Anfang an gut mit ihm, und sie arbeiteten zusammen an der Adaption von *London Wall*, bis Maxwell mit typischer Teile-und-herrsche-Sturheit einen anderen Regisseur der Firma, Thomas Bentley, mit der Regie beauftragte und Hitch statt dessen das miserable Stück *Number Seventeen* zuschob – das aus unerfindlichen Gründen wiederum Bentley allzu gern gemacht hätte.

Hitch gab sich wohl oder übel drein, denn er hatte kaum eine andere Wahl, doch beschlossen nun er und Ackland, gestärkt von einem üppigen Vorrat an Hitchs damaligem Lieblingsgetränk, einer besonders starken White Lady, sich zu rächen, indem sie das

Stück auseinanderrissen und es mit lauter Unsinn durchsetzten, bis es niemand mehr ernst nehmen konnte. Der Film spielt zum größten Teil in einer einzigen Dekoration, einem leeren Haus, in welches alle Mitwirkenden verschlagen werden, entweder durch Zufall oder aufgrund eines mysteriösen Anrufs. Den Höhepunkt bildet ein wildes Rennen zwischen einem gekaperten Überlandbus und einem zur Küste rasenden D-Zug, das mit einer spektakulären Bruchlandung des Zuges auf der Kanalfähre endet (alles mit Modellen, aber dennoch sehr eindrucksvoll gemacht). Die relativ steifen Dialog- und Spielszenen des Filmchens, die den größten Teil seiner knapp 64 Minuten ausfüllen, drehte Hitchcock mit einiger Phantasie und Originalität, mit langen Kamerafahrten, viel Helldunkel, düsteren Schatten und grellen Lichtern. All das, um die lächerliche Handlung aufzuputzen, in der jeder ständig im Dunkeln tappt, in der niemand weiß, wer die Guten und wer die Bösen sind, und in der dank einer Häufung melodramatischer Ungereimtheiten alle immerzu Sätze sagen wie: »Genau wie im Kino, nicht wahr?« In ihrem Übermut beschlossen Hitch und Ackland, die Heldin, die ja in solchen Stücken sowieso meist nur dummes Zeug von sich gibt, von vornherein zur stummen Person zu machen. Und wenn sie am Schluß dann plötzlich doch sprechen kann, genügt dafür vollauf die Erklärung, daß der Held das Phänomen kurz und bündig »wieder mal so eine krumme Tour von ihr« nennt. Was dennoch nicht dazu führte, daß irgend jemand Hitch auf die Schliche kam: Die Chefetage akzeptierte den Film als Routinethriller, so gut und so schlecht wie die meisten seiner Gattung, und auch sonst merkte niemand die parodistische Absicht – ein Hitchcock-Spaß, der im verborgenen blühte und der auch weiter im verborgenen blieb.

Trotzdem bedauerte Hitch seinen Abstecher in die Quota-Quickie-Kategorie nicht allzusehr, weil er mittlerweile an einem Stoff arbeitete, der wirklich nach seinem Herzen war. Er hatte Gefallen an der Figur des Bulldog Drummond gefunden, dem Helden einer Romanserie von »Sapper« (Hector McNeil), einem Gentleman-Agenten, der sich frisch-fröhlich und sehr sportlich mit detektivischen Ermittlungen und internationalen Machenschaften beschäftigt. Zu den Vertragsautoren von British International Pictures gehörte Charles Bennett, Verfasser jenes Theaterstücks, nach dem BLACKMAIL gedreht worden war. Hitchcock setzte sich mit ihm zusammen und schlug ihm ein Original-Script unter Verwendung der Drummond-Figur als Vater eines Kindes vor, das gekidnappt wird. Gemeinsam ersannen sie nun *Bulldog Drummond's Baby*, verkauften die Idee an British International Pictures und hielten sich für die Realisierung bereit. Bald stellte sich freilich heraus, daß der Film nicht gerade billig werden würde, auf keinen Fall aber ein Quota-Quickie; außerdem gestaltete sich Hitchcocks persönliches Verhältnis zu Maxwell immer problematischer, da der Chef ihm in ein Projekt nach dem anderen hineinredete. So hatte Hitch einen Film produzieren wollen, den John van Druten schreiben und inszenieren sollte. Van Druten sollte mit einem kleinen Team und zwei Hauptdarstellern ein ganzes Jahr ausschließlich an Originalschauplätzen in der Umgebung von London drehen. Doch van Druten hatte Bedenken, und Maxwell fühlte sich auch nicht wohl bei dem Gedanken, ein so unkonventionelles Projekt zu finanzieren. Daraufhin zog Hitch eine Geschichte von Countess Russell über eine durchgebrannte Prinzessin in Erwägung – sehr ähnlich der, aus welcher später *Roman Holiday* wurde –, aber auch das schlug ihm Maxwell ab. Es war also klar, daß *Bulldog Drummond's Baby* nicht gemacht werden würde, jedenfalls nicht von British International, als Maxwell an Hitchcock schrieb: »Das ist ein filmisches Meisterwerk, alter Junge, aber lieber sind mir die 10 000 Pfund« (die, kaum zu glauben, der ganze Film gekostet hätte). Hitch hatte den Filmkritiker Walter Mycroft, den er als Dramaturgen zu British International gebracht hatte, im Verdacht, gegen ihn zu intrigieren und sein Verhältnis zu Maxwell zu vergiften. Doch wie dem auch sei, vergiftet war es ohnehin, und Hitch hielt es für an der Zeit zu gehen.

Fragte sich nur, wohin. Seit einigen Jahren – genauer: seit dem Ende der Stummfilmzeit – gab es in England zwei größere Filmgesellschaften: die British International unter der Leitung von John Maxwell und die Gaumont-British, ein Kartell, das im Jahre 1927 unter der Leitung von Maurice und Isidore Ostrer, zwei City-Financiers, so etwas wie definitive Formen angenommen hatte. Die Ostrers hatten 1928 einen beträchtlichen Aktienanteil an Michael Balcons Gainsborough-Produktionsgesellschaft erworben und sich 1929 mit C. M. Woolfs »W. and F. renting company« zusammengetan, wobei sie Woolf persönlich (der

Hitch schon einmal über den Weg gelaufen war) als Geschäftsführer eingekauft hatten. Neben diesen beiden großen Produktions-, Verleih- und Lichtspieltheater-Kartellen war die interessanteste und reizvollste Alternative die London Films von Alexander Korda, der bald darauf zum Großproduzenten englischer Renommierfilme werden sollte. Vorerst aber saß Korda, nach dem bescheidenen Erfolg zweier nicht sehr teurer Filme, an einer aufwendigen Produktion, dem Film *The Private Life of Henry VIII*, der bei seiner Uraufführung Ende 1932 eine Sensation hervorrief. Da Korda wußte, daß Hitchcock nach seinem Abgang von British International frei war, griff er zu und nahm ihn ohne Zögern unter Vertrag, doch zu Hitchs Überraschung bekam er nichts zu tun. Schließlich begab er sich eines Tages in die Höhle des Löwen, in Kordas Büro in der Wimpole Street, wo sich ihm das Schauspiel eines aufgeregt hin- und herstapfenden Korda bot, der ihn mit den Worten begrüßte: »Hiiitch, Hiiitch, wo kriege ich bloß ein bißchen Geld her?« Da Hitch der Meinung war, es sei Sache des Produzenten, Geld aufzutreiben, und Sache des Regisseurs, damit bezahlt zu werden, machte er auch dieser Beziehung ein Ende und bekam niemals einen Auftrag von Korda. Übrigens hat er auch nie direkt mit dem anderen großen Boß zu tun bekommen, der 1933 die britische Kinoszene betrat: mit J. Arthur Rank, dem späteren Filmgewaltigen, der sich zunächst noch an religiösen Filmchen versuchte.

Blieb also als einzig realistische Alternative zur BIP die Gaumont-British, wo sich Hitch bald mehr oder weniger gezwungen sah, für den freien Produzenten Tom Arnold zu arbeiten, und zwar ausgerechnet als Regisseur einer ziemlich billigen Version des Musicals *The Great Waltz* nach Musik von Johann Strauß Vater und Sohn. Die Bühnenfassung war in England unter dem Titel WALTZES FROM VIENNA und in den USA als STRAUSS' GREAT WALTZ für Jessie Matthews bearbeitet worden, die seit Victor Savilles *The Great Companions* einer der beliebtesten britischen Stars war. Hitch hatte wohl kaum etwas gegen sie, dafür um so mehr gegen die Produktion. Er nannte sie einmal: »Meine tiefste Ebbe« und machte den Schauspielern und dem Stab gegenüber kein Hehl daraus, wie zuwider ihm die ganze Sache war. Der Film selbst ist dennoch dank ein paar typischer Hitchcock-Einfälle recht charmant geworden, etwa, wenn Hitch das Lied von der schönen blauen Donau dadurch entromantisiert, daß er zu diesem Walzer Kuchen und Torten in einer Bäckerei vorführt; oder wenn er die Demütigung eines Dieners durch seinen Herrn versinnbildlicht durch einen Kameraschuß auf eine Treppenstufe mit den Füßen des Grafen oben im Bild und dem Kopf des Dieners unten. Doch von alledem will Hitch heute nichts mehr wissen. Er behauptet, es wäre ihm damals nicht ganz klar gewesen, in welchen ernsten Schwierigkeiten er steckte – obwohl sein Ansehen nach RICH AND STRANGE und NUMBER SEVENTEEN geschäftlich und bei der Kritik einen Tiefstand erreicht und er niemals einen Film so ungern gemacht hatte wie WALTZES FROM VIENNA. Wahrscheinlich war er damals verzweifelter, als er selbst es sich eingestehen will. So muß er denn recht erleichtert gewesen sein, als ihn eines Tages sein alter Freund Michael Balcon im Studio besuchte. Balcon brachte einen amerikanischen Kameramann mit, der von Hitchs Gewohnheit, den gesamten Film Einstellung für Einstellung vorher festzulegen, begeistert war und erklärte, daß er so etwas noch nie gesehen habe. »Sagen Sie das *ihm*!« sagte Hitch und deutete auf Balcon. Und richtig kam Balcon nach ein paar Minuten zu ihm herüber und fragte ihn ganz nebenbei, was er als nächstes vorhabe. »*Noch* nichts«, erwiderte Hitch beziehungsvoll.

7. Kapitel

1933, im Jahr seiner »tiefsten Ebbe«, hätte wohl niemand Hitchcock die Anwartschaft auf künstlerische Größe zugesprochen. Selbst wer ihn gut kannte, bezweifelte kaum, daß er, wäre er nicht zufällig ins Filmgeschäft gerutscht, ein zumindest ebenso glückliches und erfülltes Leben als Mitinhaber von Mac Fisheries geführt hätte. Er war, wenn auch nicht bewußt verschlossen (obwohl er das auch sein konnte), so doch zumindest recht schüchtern, wann immer er befürchten mußte, andere mit seinen künstlerischen Interessen zu langweilen oder bei ihnen den Eindruck zu erwecken, er bilde sich etwas darauf ein. Selbst wenn es um Filme ging, ließ er die meisten Freunde und Kollegen im Glauben, daß ihn daran nur das Geschäft und die Technik interessiere. Ein alter Freund hat mir einmal erzählt, er hätte damals nicht geglaubt, das Hitch sich jemals einen Film aus anderen als rein praktischen Gründen angesehen habe (etwa um zu sehen, wie ein bestimmter Schauspieler oder Techniker arbeitet) und daß er je einen Film, sofern er nicht von ihm selbst war, bis zu Ende gesehen habe. Das ist sicher vollkommen falsch, namentlich in jenen frühen Jahren, doch es mußte so wirken. Andere verfielen in ungläubiges Staunen, wenn sie Hitchs Sammlerleidenschaft für Kunstgegenstände und Gemälde, seine Liebe zur Musik und sein musikalisches Wissen (das auf bestimmten Gebieten geradezu enzyklopädisch ist) oder seine alles verschlingende Lesewut entdeckten. Niemand hätte das von ihm erwartet.

Der Grund dafür lag sicherlich in einer spezifischen Schüchternheit, an der viele Engländer leiden, die in einem spießbürgerlichen Milieu aufgewachsen sind und längere Zeit darin gelebt haben. Hitch hatte zu Hause nie viel Ermutigung für seine künstlerischen Interessen erfahren (freilich, um gerecht zu sein, auch keine ausgesprochene Entmutigung), und das Filmgeschäft lag, als er dazu kam, überwiegend in den Händen kleiner Geschäftsleute, die mit Filmen ebenso handelten wie andere mit Seife oder Gebrauchtwagen (Hitch kann sich noch gut an die Zeiten erinnern, als die alten Woolfs auf der Straße von ihren Büros an der Ecke Wardour und Old Compton Street standen und ihre Waren anpriesen – »He, he, kann ich Sie mal kurz sprechen?« – und ihre

Geschäfte an der Tür abwickelten wie ein Schneider vor seinem Laden in Whitechapel). Die Angst, wegen seiner exzentrischen künstlerischen Interessen ausgelacht zu werden; die Angst, als Angeber oder Langweiler abgetan zu werden; die Angst, mit seiner Berufsauffassung Argwohn zu erwecken, wenn man ihn für einen jener unseriösen weltfremden Kunstjünger hielt – all das muß dazu beigetragen haben, daß er sich mit einem Schutzwall umgab, den er nur schwer abbauen konnte, selbst wenn er sich unter Leuten wie den ersten Mitgliedern der Film Society bewegte, von denen er sicher sein konnte, daß sie seine Interessen teilten und sich weder über ihn lustig machen noch sich von ihm zurückziehen würden. Alle schüchternen und ängstlichen Menschen müssen sich irgendwann einmal entscheiden, entweder sich völlig zurückzuziehen oder eine Fassade vor sich aufzurichten, hinter der sie leben und wirken können. Hitch hat offensichtlich die zweite Möglichkeit gewählt – und zwar mit solchem Erfolg, daß viele die Fassade für den Menschen hielten.

Das war natürlich genau das, was Hitch angestrebt hatte. Hinter der Fassade verbirgt sich womöglich jenes empfindsame Kind, Vaters »Lämmchen ohne Fehl und Tadel«, der Junge, der geradezu körperlich unter seiner Schüchternheit litt, dem es von klein auf ein Graus war, sich vor anderen auszuziehen, der ein puritanisches Unbehagen am eigenen Körper und ein zwanghaftes Sauberkeitsbedürfnis hatte, das so stark war, daß er nach dem Händewaschen stets das Waschbecken auswischte und die Hähne blank rieb. Das war vielleicht nicht der *wahre* Alfred Hitchcock, bestimmt aber *ein* wahrer Alfred Hitchcock. Zugleich war er stets auch, ganz offen, der gute Kumpel, der extrovertierte Spaßvogel, als der er sich gab. Das erklärt auch seine Vorliebe für handfeste Scherze. Psychologen definieren solche Streiche als das verzweifelte Bemühen der stark Introvertierten, Kontakte herzustellen. Sicherlich spricht in Hitchs Fall einiges dafür, wenngleich die Folgerung, solche Streiche seien die Hebel, mit denen diejenigen, die sich ständig benachteiligt fühlen, andere aus dem Gleichgewicht bringen und sich auf diese Weise ihre Umwelt gefügig machen wollen, doch die Sache nicht ganz trifft, sofern darin ein Element echter Gemeinheit und Grausamkeit mitschwingt. Selbst diejenigen, die für handfesten Jux überhaupt nichts übrig hatten, mußten zugeben, daß Hitchs Streiche nie grausam oder sadistisch waren. Vielmehr zeugten sie von einer lebhaften Phantasie und einem fast surrealistischen Sinn für das Ungereimte und Bizarre.

Hitch hatte an solchem Schabernack bereits im Alter von zwanzig Geschmack gefunden – einen Geschmack, den ein paar alte Freunde wie Gerald du Maurier teilten. Du Maurier mußte einmal für einen klassischen Hitchcock-Jux herhalten, als während einer Vorstellung im St. James's Theatre auf einmal ein ausgewachsenes Arbeitspferd in seiner Garderobe auftauchte und sich jeder den Kopf darüber zerbrach, wer es da – und vor allem wie – hineinbugsiert hatte. Bei anderen Gelegenheiten verwandte Hitch all seinen Scharfsinn darauf, in die winzigen Etagenwohnungen von Freunden in deren Abwesenheit riesige Möbelstücke hineinzuzwängen, oder er überreichte ihnen eigenartige Geburtstagsgeschenke wie etwa 400 Räucherheringe, oder er zahlte einmal ein Darlehen von drei Pfund in Form von 2880 Farthings zurück. Den Dramatiker Frederick Lonsdale verstörte er bei ihrem ersten Zusammentreffen im Claridges mit einem überschwenglichen Lob auf sein höchst albernes Libretto für das Musical *The Maid of the Mountains*, ohne dabei Lonsdales Riesenerfolge, die er mit seinen damals vielgespielten geistreichen Komödien wie *The Last of Mrs. Cheney* und *On Approval* hatte, auch nur zu erwähnen. Lonsdale genoß ihn mit Vorsicht: »Ich habe durch Gerald (du Maurier) von Ihnen gehört. Also, wenn Sie keine Scherze mit mir treiben, dann treibe ich auch keine mit Ihnen.« Ein oder zwei Jahre später begegneten sie sich im Fahrstuhl des Carlton Hotels in Cannes. »Schönes Wetter draußen«, bemerkte Hitch. Lonsdale wurde stutzig. »Wo ist da der Gag?« wollte er wissen. (»Kein Sinn für Humor«, kommentiert Hitch die Geschichte und verzieht den Mund.) Zu seinen Extravaganzen in den Zeiten seiner Freundschaft mit Gerald du Maurier gehörte es, Dinner-Parties zu geben, bei denen alles Eß- und Trinkbare ohne ersichtlichen Grund blau war, von der blauen Suppe über die blaue Forelle und das blaue Huhn bis zum blauen Eis. (»Das war halt so eine schöne Farbe. Ich verstand gar nicht, warum kaum eines unserer Lebensmittel blau ist.«) Dann waren da noch die Spannungs- und die Vorfreuden-Streiche: Zu Hitchs Fahrstuhl-Gewohnheiten gehörte ein ganzes Repertoire von Geschichten, die stets auf dem Höhepunkt der Spannung abrupt durch sein Aussteigen abgebrochen wurden, oder Sätze wie der, den er einmal im St. Regis ausprobiert hatte: »Ich hätte nicht gedacht, daß ein einziger Schuß soviel Blut kosten würde . . .«

Andere Scherze beleuchten einen mehr auf den Menschen gerichteten Sinn für Unsinn. Einmal lud er einen Regieassistenten, Dicky Beville, in sein Haus auf dem Lande ein und sagte ihm, er müsse den und den Bus von Hyde Park Corner nehmen. Beville wollte jede Wette eingehen, daß es so einen Bus nicht gäbe, aber Hitch sagte, doch, den gäbe es wohl, er solle dann und dann auf ihn warten. Der Bus kam tatsächlich, nahm Beville an Bord und brachte ihn in majestätischer Einsamkeit nach Shamley Green – aus dem einfachen Grunde, daß Hitch ihn eigens dafür gemietet hatte. Er konnte sich ebenso einfallsreich revanchieren und trug mit gleichgesinnten Freunden regelrechte Possen-Wettbewerbe aus. Einmal erbot er sich, einen Freund von der Arbeit heimzufahren, nahm ihn dann aber statt dessen geradenwegs mit nach Shamley Green und zwang ihn, dort zu übernachten. Zum Dank für die Gastfreundschaft schickte ihm der Freund eine gehörig gepantschte Flasche guten alten Brandy. Ein paar Tage später bedankte sich Hitch überschwenglich für das Geschenk, das seiner armen, alten Mutter die letzten Stunden verschönern solle, die gerade in diesen Tagen aus unerklärlichen Gründen sehr krank geworden sei. Der Freund war darüber dermaßen zerknirscht, daß er der zum Glück äußerst gesunden und munteren alten Mrs. Hitchcock riesige Mengen Blumen schickte. Wenn Hitch einmal das Gefühl hatte, ein bißchen zu weit gegangen zu sein – wie etwa, als er einem Requisiteur des Studios ein Pfund dafür zahlte, daß er sich über Nacht in Handschellen legen ließ, versehen mit einem Schlaftrunk, dem Hitch allerdings vorher ein starkes Abführmittel beigemischt hatte –, dann machte er das stets großzügig wieder gut, in diesem Falle mit einer hundertprozentigen Zulage am nächsten Morgen.

Solche Scherze gehörten seit jeher untrennbar zu Hitchcocks Lebensart, beruflich wie privat. Unter anderem hielten sie seine Produktionsteams bei Laune, so daß sie zu allem bereit waren. Auch kultivierte er kleine Eigenheiten. Zum Beispiel frönte er ausgiebig der englischen Studiositte, fortwährend Tee zu trinken – eine Angewohnheit, die viel Geschirr gekostet hat, da er immer, wenn er ausgetrunken hatte, die Tasse über die Schulter warf, ganz gleich, wo sie gerade zerschellte. Auch nährte er seinen Ruf, extravagant und zerstreut in Gelddingen zu sein, was in den Tatsachen schwerlich eine Stütze fand. Natürlich hatten sich seine Verhältnisse seit den zwanziger Jahren verändert. Noch in seiner »tiefsten Ebbe« stand er finanziell sehr gut da und konnte sich durchaus ein Wochenendhaus auf dem Lande leisten, zumal er in London weiterhin in der bescheidenen Cromwell Road wohnte, anstatt in eine vornehmere und teurere Gegend zu ziehen. Gleichwohl kam der Hauch von Luxus, den der Ausdruck »Landhaus« vermittelt, der Wirklichkeit von Shamley Green nicht sehr nahe; es war ein ganz anspruchsloses Häuschen in einer fast kleinstädtischen Umgebung, wo er wie ein erfolgreicher kleiner Börsenmakler im Garten herumwerkelte und die Aussaat überwachte – vorausgesetzt natürlich, daß er sich die Hände nicht schmutzig zu machen brauchte. Auch sonst führten er und Alma weiterhin das nüchterne Leben des Mittelstandes, in dem sie aufgewachsen waren: Sie hatten oft Gäste, die Alma selbst bekochte, und erzogen Pat als braves katholisches Mädchen. Rodney Ackland erinnert sich noch, wie man ihn während der Arbeit an NUMBER SEVENTEEN zum Gute-Nacht-Sagen in Pats Zimmer führte und Alma sie voller Stolz aufforderte, ihm den gerahmten Druck von der Auferstehung der Heiligen Jungfrau über ihrem Bettchen zu erklären – woraufhin Pat die Dame in den Wolken ganz lieb für Amy Johnson erklärte.

Freilich leistete Hitch sich auch einige teure Extravaganzen. So fuhr er für sein Leben gern in Mietwagen über Land, obwohl er selber mehrere Autos hatte, auf die er sehr stolz war. Auf einer seiner beruflichen Erkundungsreisen in die Schweiz entdeckte er eine ganz billige Marke einheimischen Apfelweins, an der er Geschmack fand. Nach London zurückgekehrt, rief er alle einschlägigen Läden an, die er kannte, doch keiner führte die Marke. Daraufhin ließ er von den Imperial Airways mehrere Kisten einfliegen und weigerte sich, für den gerade in Arbeit befindlichen Film auch nur einen Finger krumm zu machen, bevor der Apfelwein eingetroffen war – obwohl der ihn nun, dank dieses privaten Imports, fast ein Pfund pro Flasche kostete. Er rief auch gern von hoher See aus Leute an und pflegte von Bord mit Charles Bennett oder anderen Freunden oft eine Stunde lang zu telefonieren. Das alles lag aber schließlich mehr auf der Linie verzeihlicher oder pittoresker Verrücktheiten. Und die Geschichten um Hitchs ganz außerordentlich unpraktischen Umgang mit Geld sind entweder übertrieben oder Ausdruck eines Spiels, das Hitch gern mit sich selber spielte, ohne daß er es ernsthaft nötig gehabt hätte. So erzählt man sich, er habe sich eines Tages entschlossen, seine ausgefallenen Einfälle von jemandem kontrollieren zu lassen, und seinem Buchhalter, einem Jack Saunders, aufgetragen, ihm ein Taschengeld von nur zehn Pfund pro Woche zu gewähren; dann aber habe er sich alle möglichen Schliche ausgedacht, ihn zu bemogeln. Zum Beispiel ließ er sich von Restaurants, bei denen er ein Konto unterhielt, doppelte Rechnungen ausstellen und sich die Differenz in bar auszahlen, oder er lieh sich rundherum Geld und zahlte es nur unter Druck zurück. Falls das so stimmt, kann es jedoch nur ein recht kurzlebiger (und pressemäßig gut lancierter) Einfall von Hitch gewesen sein, denn im allgemeinen hatte er stets einen praktischen Sinn für Sparsamkeit – darin ganz der Kleinbürger mit seiner Angst vor Schulden und seiner Sorge, keinen Notgroschen für schlechte Zeiten zu haben.

Mag sein, daß ihn nun an diesem kritischen Punkt seiner Karriere solche Sorgen bedrängten, doch ließ er sich nichts davon anmerken. Gewiß mußte es für einen jungen Mann, der Frau und Kind und zwei Wohnungen zu erhalten hatte, beklemmend sein, ohne feste Berufsaussichten dazustehen. Doch Michael Balcon fing den Ball, den Hitch ihm zugeworfen hatte, rasch auf, und wenige Tage nach ihrer Begegnung in der Dekoration von WALTZES FROM VIENNA erhielt Hitch von ihm Bescheid. Sobald er einen Stoff habe, an dem Hitch interessiert sei, würde er ihm bei der neuen Gaumont-British, die unter Balcons Leitung kurz zuvor reorganisiert worden war, Gelegenheit zur Realisierung geben. Gut, sagte Hitch, da läge bei British International diese Thriller-Story fix und drehfertig, und er glaube durchaus, daß er sie kriegen könne. Für wieviel? fragte Balcon. Ach, vielleicht so für 500 Pfund, sagte Hitch, innerlich überzeugt davon, daß er sie schon für 250 Pfund bekommen würde. Und so war es denn auch: Hitch kaufte Maxwell die Story für 250 Pfund wieder ab und verkaufte sie Gaumont-British für 500 Pfund. Doch da er nun mal nicht aus seiner Haut heraus konnte, hatte er danach so heftige Gewissensbisse, daß er für die restlichen 250 Pfund eine Büste von Balcon anfertigen ließ und sie ihm zum Geschenk machte.

Damit begann, nach Jahren vielversprechender Leistungen und einer Menge von Fehlstarts, Hitchcocks große Zeit in England. Niemand hatte ernstlich an seinem Talent gezweifelt, aber es hatte einige Zeit gedauert, bis es sich klar und eindeutig manifestierte. Seit THE MAN WHO KNEW TOO MUCH stand das Muster jedoch endgültig fest, und die Gleichung Hitchcock = Thriller schlug dauerhafte Wurzeln im Publikum. THE MAN WHO KNEW TOO MUCH war natürlich nichts anderes als die Endfassung von *Bulldog Drummond's Baby*, aus der man alle Bezüge auf die Figur von Sapper eliminiert hatte: Der Held, obwohl noch immer ein gentlemanliker Typ, hatte nun mehr von einem Amateur. Hitch war startbereit, er hatte endlich ein Script, das ihm wirklich Spaß machte, und wie üblich schon jede Einzelheit vorher im Kopf.

Allerdings nahm er sich die Freiheit, ein paar Änderungen anzubringen. Bei Gaumont-British traf er Ivor Montagu wieder, seinen alten Mitarbeiter aus Stummfilmzeiten, den man geholt hatte, um den Etat eines Jan-Kiepura-Musicals zu kürzen, und der nun bei einer ganzen Reihe von Produktionen als Balcons rechte Hand fungieren sollte und somit auch als Herstellungsleiter von THE MAN WHO KNEW TOO MUCH. Mit Montagu und Charles Bennett, den er von British International mitgebracht hatte, machte sich Hitch an die Umarbeitung mehrerer Drehbuchpassagen. Ursprünglich hatte man vorgehabt, die Mutter des gekidnappten Mädchens, die in den ersten Szenen als Meisterschützin eingeführt wird, zum Werkzeug der Bösewichter zu machen, und zwar indem diese sie in der entscheidenden Phase den Mord ausführen lassen, beziehungsweise sie durch Hypnose dazu zu bringen versuchen. Hitch fand das nun aber, selbst bei der für gewöhnlich recht großzügigen Logik dieser Art Thriller, allzu weit hergeholt und ließ die Frau statt dessen von dem Anschlag erfahren und ihn vereiteln. Außerdem ließ er zur Verdeutlichung der bedrohlichen Situation noch eine Szene in einem Frisiersalon schreiben, wo alle Anwesenden mit heißen Tüchern vermummt dasitzen. Doch kurz vor Beginn der Dreharbeiten sah er zufällig den Film *I Am A Fugitive from a Chain Gang*, in dem eine sehr ähnliche Szene vorkommt, weswegen er seine Szene in eine Umgebung verlagerte, die für die meisten den Gipfel des Schreckens darstellt, nämlich in eine Zahnarztpraxis – und so schuf er einen Klassiker.

Mit diesen geringfügigen Änderungen ging der Film in den winzigen Lime Grove Studios in Produktion und wurde in ganz kurzer Zeit ohne größere Schwierigkeiten abgedreht. Einmal zog man Emlyn Williams, damals ein vielversprechender junger Dramatiker, zur Überarbeitung und Pointierung verschiedener Dialogstellen heran. Williams freute sich auf die Bekanntschaft mit dem legendären Hitchcock, machte aber seine Arbeit ausschließlich zu Hause und kam nie dazu. Nicht lange nach Beginn der Dreharbeiten sah sich Hitch, was in seiner langen Karriere ganz selten vorkam, einmal genötigt, durch die Kamera zu sehen, um zu prüfen, was der deutsche Kameramann, Curt Courant, machte, der sich nicht an seine Anweisungen zu halten schien. Hitch war darüber recht unglücklich, bezeugte das doch mehr als alles andere einen Vertrauensmangel. Courant wurde »in klarem, aber schleppendem Deutsch« angepfiffen, was genügte, um ihn für den Rest des Films in der Furcht des Herrn zu halten. Unterdessen lag Hitchcock, höflich aber zäh, im Kampf mit der damaligen Zensur über die von ihm für die Schlußsequenz geplante Rekonstruktion der berühmten »Belagerung der Sidney Street«, eines Vorfalls, der sich in seiner Jugend im East End abgespielt hatte, als die unbewaffnete Londoner Polizei eine Gruppe Anarchisten aufspürte und zur Verstärkung ihrer Feuerkraft Truppen heranzog. Genau darin lag das Problem, denn die Zensoren meinten, die ganze Angelegenheit sei ein Schandfleck auf dem Schild der Polizei und sollte nicht wieder aufgewärmt werden. Hitch durfte also nicht die Armee ins Spiel bringen und auch nicht die Polizei bewaffnen und schießen lassen. Schließlich kam es zu einem Kompromiß. Die Polizei durfte bewaffnet werden unter der Voraussetzung, daß gezeigt wird, wie sie die Waffen von einem Büchsenmacher der Gegend requiriert. Hitch ging brav darauf ein, machte dann unbeirrt weiter und ließ einen Lastwagen mit einer Ladung Gewehre für die Polizei ins Bild kommen. Offenbar hat das niemand bemerkt.

Angesichts des äußerst knappen Etats ist der Film überraschend gut gemacht, besonders die Sequenz mit dem Mordanschlag in der vollbesetzten Albert Hall. Hier kam Hitchcock seine detaillierte Planung besonders zugute. Er hatte genau festgelegt, wie er die Sequenz drehen wollte, und zwar aus acht verschiedenen Perspektiven, ließ die leere Halle von diesen Blickwinkeln aus fotografieren, die Fotos vergrößern und beauftragte den Maler Matania, in jedes dieser Standfotos das entsprechende Publikum hineinzumalen. Dann ließ er von diesen Bildkompositionen für das Schüfftan-Verfahren Diapositive anfertigen und gleich verschiedene Stellen – das Orchester, ein paar Logen – wegkratzen, um später lebende Komparsen darin agieren und so den Zuschauer nicht merken zu lassen, daß der größte Teil des Publikums unbewegt dasitzt.

Die Besetzung des Films war eine geschickte Mischung aus vertrauten und neuen Gesichtern. Leslie Banks variierte seine gewohnte Rolle des ironischen, hochnäsigen englischen Gentleman, die Rolle der Frau und Mutter besetzte Hitchcock mit Edna Best, einer beliebten Bühnenschauspielerin. Einen der Schurken spielte, auf Hitchcocks ausdrücklichen Wunsch, Peter Lorre, der damals gerade aus Nazi-Deutschland geflüchtet war und den er als Kindermörder in Fritz Langs *M* sehr bewundert hatte. In Lorre fand er einen bizarren Typ ganz nach seinem Herzen, unheimlich und makaber, dabei faszinierend in der Arbeit. Die kleine Rolle des in der ersten Eingangsszene getöteten Scharfschützen spielte Pierre Fresnay, dieser ausgezeichnete französische Schauspieler, der damals gerade greifbar war, weil er mit seiner Frau Yvonne Printemps am St. James's Theatre auftrat. (Die Premiere dieses Stücks war für Hitch übrigens die unbehaglichste, die er je in einem Theater miterlebt hat, da ein Schauspieler seinen Text vergessen hatte und nun in panischer Angst mit betonter Arroganz auf der Bühne herumwankte, bis das Publikum hysterisch wurde und eine regelrechte Lynch-Stimmung das Haus ergriff, als ob die Menge das Gefühl hätte: »Gebt doch dem sterbenden Köter den Gnadenschuß!«) Die gekidnappte Tochter spielte Nova Pilbeam, ein kleines Mädchen, mit dem Hitch trotz seiner oft betonten Bedenken, mit Kindern zu arbeiten, offenbar gut zurechtkam und der er drei Jahre später in YOUNG AND INNOCENT ihre erste Erwachsenenrolle geben sollte. Interessant übrigens, daß manche Kritiker den Film herzlos fanden (vor allem solche, die später von Hitchcocks eigener Neuverfilmung 1956 in Hollywood ganz begeistert waren), weil angeblich die Eltern über das Kidnapping ihres Kindes keine größere Gemütsbewegung erkennen lassen. Dabei ist die kleine Szene, wo Mutter und »Onkel« das nun nutzlos herumliegende Spielzeug betrachten, derart erschütternd, daß einem unwillkürlich der Gedanke kommt: Hitchcock hatte schließlich selber eine Tochter, ein Einzelkind, das zur Zeit der Dreharbeiten kaum jünger war als das Kind im Film, er muß sich also bis zu einem gewissen Grade mit der Situation identifiziert haben.

Als er schließlich einen Film abgedreht und fertiggestellt hatte, der genau das war, was er gewollt, und genauso geworden war, wie er es gewollt hatte – einen Film, der ein Riesenerfolg werden mußte –, sah es ganz danach aus, als würde er, aufgetaucht aus seiner »tiefsten Ebbe«, bei Gaumont-British nun fest im Sattel sitzen. Zuversichtlich machte er sich mit Bennett an die Arbeit zu seinem nächsten Projekt und begann ein Drehbuch nach John Buchans Roman *The Thirty-nine Steps*. Damit erfüllte er sich einen langgehegten Wunsch, da Buchan zu seinen Lieblingsautoren zählte und Hitch schon einmal mit dem Gedanken gespielt hatte, einen Stoff von ihm – den Roman *Greenmantle*, der noch klarer durchgeführt ist – zu verfilmen. Tag für Tag rief Bennett Hitch an, kam von seiner Wohnung am Belgrave Square hinüber in die Cromwell Road, wo Hitch ihn schon auf der Vortreppe erwartete, und nahm ihn im Auto mit in die Ateliers von Shepherd's Bush. Dort besprachen sie dann das Drehbuch, tafelten mittags üppig im Mayfair Hotel oder im Kensington Palace Hotel und fuhren in Hochstimmung zur Nachmittagsbesprechung zurück ins Atelier. Doch als der Rohentwurf fast fertig war, gab es ein böses Erwachen. Michael Balcon mußte geschäftlich nach Amerika, unter anderem, um einen Hollywood-Star – Madeleine Carroll, die er ein paar Jahre zuvor selber nach Hollywood geschickt hatte – für The Thirty-nine Steps zu holen. Während seiner Abwesenheit war C. M. Woolf für das Studio verantwortlich. Und Woolf verband mit Hitch natürlich eine alte Feindschaft seit jenen Tagen, da er The Lodger als unverständliches Zeug auf Eis gelegt und Hitch als einen jener gefährlichen jungen Intellektuellen fallengelassen hatte, die, kaum daß man ihnen den kleinen Finger reicht, gleich die ganze Industrie zugrunderichten.

Es würde also mit Sicherheit Ärger geben, und es gab Ärger. Woolf nahm den fertigen Man Who Knew Too Much unter die Lupe und tat als seine wohldurchdachte Meinung kund, der Film sei fürchterlich, lächerlich, absurd, und sie könnten ihn so, wie er sei, nicht herausbringen. Er müsse neu gedreht werden, und zwar von Maurice Elvey, der jetzt ebenfalls bei Gaumont-British unter Vertrag stand und den ein Kollege damals frischfröhlich den »schlechtesten Regisseur der Welt« genannt hatte. Hitch war dem Selbstmord nahe und bat Woolf auf Knien, den Film so zu zeigen, wie er war. Nun war sich Woolf bei aller Abneigung gegen Hitch durchaus darüber im klaren, wie sehr dieser Regisseur der Firma von Nutzen war – Hitch war ein kostbarer Besitz, weil Geldleute seinen Namen kannten, weshalb man mit Hitchcock unter Vertrag leichter Geld auftreiben konnte. Also hielt er Hitch eine Weile hin, ließ ihn an der Angel zappeln und gab dem Film schließlich widerwillig seinen Segen. Die Premiere fand am Academy Theatre statt und erzielte genau den Riesenerfolg, den alle außer Woolf erwartet hatten, mit überschäumenden Kritiken und einer schier endlosen Laufzeit im Gefolge. Doch Woolf hat nie daraus gelernt: Entschlossen zu beweisen, daß er trotz des offenkundigen Gegenbeweises recht gehabt habe, versteckte er den Film absichtlich in die zweite Hälfte eines Doppelprogramms, wohl wissend, daß zweite Filme in solchen Programmen damals für eine Einheitsgebühr von 5 Pfund gebucht wurden, so daß, obwohl das Programm mit THE MAN WHO KNEW TOO MUCH alle Zuschauerrekorde brach, der Film selber im Endeffekt ein Minusgeschäft war.

Auf dem Papier also hatte Woolf recht behalten, aber außer ihm zweifelte niemand daran, daß THE MAN WHO KNEW TOO MUCH ein Triumph war und Hitchcock sich nun endgültig durchgesetzt hatte. Zwar waren seine Reibereien mit Woolf noch nicht ausgestanden, doch immerhin befand er sich nun in einer wesentlich besseren Position, um damit fertigzuwerden. So konnte er im vollen Vertrauen auf einen größeren Etat, auf eine Starbesetzung und einen respektablen Stoff seiner eigenen Wahl an seinen neuen Film THE THIRTY-NINE STEPS herangehen. Und: er konnte ihn nach seinen eigenen Vorstellungen gestalten. Denn bei aller Bewunderung für und allem Respekt vor Buchan als Schriftsteller verfiel Hitchcock nie in den Fehler, literarisches und filmisches Erzählen zu verwechseln. Die Story des Buches erfährt im Film eine gründliche Überarbeitung: viel kommt hinzu, vieles fällt weg. Einige der eindrucksvollsten Filmszenen – wie die, wo der flüchtige Hannay von einem neidischen Hochlandbauern zuerst beschützt und dann verraten wird – finden im Buch überhaupt keine Entsprechung.

Im Film zielte Hitchcock bewußt auf eine rasche und überraschende Wirkung, ohne seine Zeit groß auf Übergänge zu verschwenden; die Handlung sollte möglichst zügig von Szene zu Szene fortschreiten, wobei jede Episode als eine fast selbständige Kurzgeschichte erzählt wurde. »Drama«, hat Hitchcock einmal gesagt, »ist Leben, aus dem man die langweiligen Abschnitte herausgeschnitten hat.« In diesem Falle wären die langweiligen Abschnitte mühselige Erklärungen dafür gewesen, wie Hannay der Polizei entkommen konnte, obwohl er mit der einen Hand in Handschellen steckte – wir akzeptieren, daß er es kann, so wie wir es dem Helden eines Comic Strip abnehmen, daß er sich aus hoffnungsloser Lage, bedrängt von allen Seiten, mit einer übermenschlichen Kraftanstrengung losreißt und freikämpft. Da bleibt dann keine Zeit mehr zu großen Überlegungen, wenn der Held bereits mitten durch eine Heilsarmeekapelle in einen Versammlungsraum stürzt, in dem man ihn sofort für einen zu spät kommenden Redner hält und unverzüglich auf die Bühne hievt. Die Fixigkeit der Hand betrügt das Auge: »Tempo«, sagt Hitch, »ist die Kunst, das Publikum mit dem gerade Abgelaufenen zu beschäftigen« – und hier hält das Tempo der Übergänge in der Tat das Publikum so sehr beschäftigt, daß es dem Geschehen lustvoll und atemlos immer um einen Schritt hinterherjagt und so das Gefühl hat, der Film zucke wie ein Blitz an ihm vorüber.

In dieser Hinsicht ähnelt THE THIRTY-NINE STEPS am ehesten dem viel späteren amerikanischen Hitchcock-Film NORTH BY NORTHWEST (»Der unsichtbare Dritte«), und im allgemeinen sehen die, die NORTH BY NORTHWEST für Hitchcocks besten amerikanischen Film halten, in THE THIRTY-NINE STEPS auch seinen besten britischen Film. Gewiß sind beide brillante, berückende Unterhaltungsfilme voll übersprudelndem Einfallsreichtum – doch erkaufen beide wohl auch Geschäftigkeit und Glanz der Oberfläche um den Preis eines Mangels an Tiefgang. In keinem der beiden Filme gewinnen wir eine klare Vorstellung davon, was eigentlich der MacGuffin ist, nicht einmal als ein MacGuffin – es ist bloß ein ganz vages Wir-gegen-sie-Komplott, das irgendwie vereitelt werden muß.

Was aber ist, so wird man fragen, überhaupt ein MacGuffin?

Der mysteriöse Begriff, über den Hitch und seine Kritiker sich viel herumgestritten haben, ist wohl mit den THIRTY-NINE STEPS in seinen Wortschatz eingedrungen; Hitchcocks britische Filme aus dieser Zeit enthalten denn auch die klassischen Beispiele dafür. Das Wort stammt aus einem alten, abgeklapperten Witz, den Hitch gern erzählte und der in kurzen Worten von einem neugierigen Burschen und einem schweigsamen Mitreisenden in einem schottischen Eisenbahnzug handelt. Im Gepäcknetz liegt ein dickes, unförmiges, merkwürdig aussehendes Paket, und der neugierige Fahrgast fragt den anderen, was da drin sei. »Ein MacGuffin«, erwidert der. »Was ist denn ein MacGuffin?« – »Ein Ding, womit man im Hochland Löwen fängt.« – »Aber im Hochland gibt's doch gar keine Löwen.« – »Na schön, dann ist es eben kein MacGuffin.« Ein MacGuffin ist also etwas völlig Belangloses, etwas, das es gar nicht gibt, um das sich aber der Dialog und die Handlung drehen und das alle Mitwirkenden für äußerst bedeutsam halten. In THE MAN WHO KNEW TOO MUCH ist der MacGuffin der Mordversuch, während der wirkliche Inhalt der Story das Kidnapping ist – das heißt: jeder im Film ist mit dem Spionagekomplott beschäftigt, doch uns, die Außenstehenden, interessiert nur das Kidnapping. In THE THIRTY-NINE STEPS ist der MacGuffin erneut die Aufdeckung und Zerschlagung eines Spionagerings, doch wir erfahren nie Eindeutiges über die Spione, weder wer sie sind, noch was sie eigentlich wollen. In einem ersten Entwurf zum Drehbuch hatte Hitch den Einbau einer Szene in einer riesigen unterirdischen Flugzeughalle im schottischen Hochland erwogen, die die Spione in ihrem gegen uns gerichteten heimtückischen Komplott gebaut hatten. Nur: wozu sollte das gut sein? Es hätte alles viel zu sehr kompliziert und zu nichts geführt, da wir Außenstehende uns ja nur für unseren Helden auf der Flucht interessieren und nicht dafür, woher er kommt und wohin er flüchtet. Wie in NORTH BY NORTHWEST ist die Jagd selber der springende Punkt.

Die Dreharbeiten waren für Hitch eine amüsante Zeit. Man munkelte damals – ob zu Recht oder Unrecht –, daß Robert Donat und Madeleine Carroll eine heiße Liebesromanze miteinander hatten; folglich nahm Hitch jede auch nur leise Ermüdungserscheinung bei ihm oder ihr zum Anlaß anzüglicher Bemerkungen, wobei sein Schuljungen-Humor voll auf seine Kosten kam.

Sein zu Schabernack neigender Mutwille lief zur Hochform auf, er zerschmiß mehr Teetassen als je zuvor und entschuldigte sich dann mit seinem »Temperament« oder schob es auf die enervierende Wirkung einer strengen Diät. Selbst die Episode mit Hannay, dem Hochlandbauern und dessen Frau (eine der wenigen Filmszenen mit Peggy Ashcroft, die Hitch auf einer Bühne gesehen und sehr bewundert hatte) entwickelte Hitch – obgleich sie im Film zur Erhöhung der Spannung und der Erregung dient – aus einem Witz: aus einer ziemlich gewagten Juxgeschichte von einem lüsternen Weib, einem wachsamen Ehemann, einem Reisenden und einer Hühnerpastete. Er fand eine unbändige Freude daran, Madeleine Carroll die entwürdigendsten Aktionen zuzumuten, ließ sie ins Wasser werfen und durch die Gegend schleifen und holte sie überhaupt ziemlich handfest von ihrem gepflegten hohen Hollywood-Roß herunter. Das war nicht persönlich gemeint, denn sie kamen eigentlich ganz gut miteinander aus, nur fand er die Hollywoodpose, die sie in den Jahren fern von England angenommen hatte, sehr komisch und wollte sie halt ein bißchen stutzen. Heute erscheint uns das als erstes sichtbares Beispiel für seinen gewohnten Umgang mit kühlen Blonden, in den man alle möglichen sexuell motivierten Sadismen hineinlesen kann. Ivor Montagu sagt, obwohl sie damals alle in einem ziemlich naiven Freudianismus in allem und jedem nach sexueller Symbolik suchten, sei es doch keinem von ihnen eingefallen, mehr darin zu sehen als schlichtweg den Spaß an der Klamotte und daran, aus aufgeblasener Dünkelhaftigkeit auf komische Art die Luft herauszulassen. Vielleicht war auch wirklich nicht mehr daran, wenn es auch schwerfällt, das zu glauben.

Vielfältige Beobachtungen und Erfahrungen flossen in die endgültige Fassung der THIRTY-NINE STEPS ein. Hitchcocks Begeisterung für die Music Hall und die handfestere Art des englischen Theaters findet lebhaften Ausdruck in den Szenen der Rahmenhandlung mit »Mr. Memory«, dem Gedächtniskünstler auf der Bühne, den er als Mittelsmann für alle Informationen einsetzt, die die Spione weitergeben wollen. Diese Figur hatte einen echten Varietékünstler namens Datas zum Vorbild, den Hitch oft und oft gesehen hatte; seine Spezialität war die Fähigkeit, fast jede ihm zugeworfene Frage nach Daten und Zahlen zu beantworten. Hitch gab ihm einen Hauch von Besessenheit, das strenge Berufsethos, das ihn zur Beantwortung einer Frage zwingt – und zwar jeder Frage, sofern er die Antwort weiß, auch wenn dies verhängnisvolle Folgen für ihn haben kann. Erscheinungsbild und Flair der Music Hall, die teilnahmslos trippelnden Beine der Girls im Hintergrund, während der Gedächtniskünstler stirbt, die Reaktionen des Publikums, von Betroffenheit bis zur Abwehr, sind mit einer hautnahen Genauigkeit dargestellt, wie sie nur eine liebevolle unsentimentale Beobachtung hervorbringen kann.

Als der Film fertig war, zeigten sich alle, auch Hitchcock und Michael Balcon, mit dem Ergebnis hochzufrieden, ja Hitch sagt noch heute, er zähle THE THIRTY-NINE STEPS zu seinen Lieblingsfilmen. In letzter Minute beschloß er, den Film noch etwas zu kürzen, und zwar um die letzte Szene, die er gedreht hatte: eine Szene mit Donat und Madeleine Carroll in einer Droschke nach dem Verlassen des Theaters, in welcher er ihr mit grotesker Logik erklärt, daß sie in Wahrheit verheiratet seien, da man nach schottischem Recht aufgrund einer einfachen Erklärung heiraten könne, und sie hätten ja beide im Wirtshaus vor Zeugen erklärt, sie seien Mann und Frau. Diese Idee hatte Hitch gereizt, doch nun fand er, daß sie die klaren Linien des Schlusses verwischte. Nachdem die Szene herausgeschnitten war, konnte der Film gezeigt werden, und Balcon fuhr mit einer Kopie nach Amerika, um den Vertrieb in den USA perfekt zu machen.

In diesem Moment – man will es kaum glauben – schlug C. M. Woolf wieder zu. Diesmal teilte er Hitch und Ivor Montagu mit, daß ihre Verträge nach dem nächsten Film auslaufen würden – oder schon vorher, falls sie die Aufgabe, die er ihnen zugedacht habe, ablehnen würden. Diese Aufgabe bestand ausgerechnet in einem Musikfilm über das Leben von Leslie Stuart, dem Komponisten von *Florodora*. Bis dahin hatte Hitch die ganze Sache nicht so recht ernst genommen; wenn er bei Gaumont-British nicht würde weiterarbeiten können, konnte er praktisch überall woanders einen Blankoscheck bekommen, und so war er drauf und dran, auf der Stelle zu gehen. Doch Montagu schlug vor, sie sollten ein bißchen so tun, als ob sie an der *Florodora*-Geschichte arbeiten würden, bis Balcon wieder da wäre – und richtig annullierte der, sobald er zurück war, die ganze Sache, und die Dinge pendelten sich wieder ein; Woolf mochte weder Hitch noch seine Filme, aber da sie die größten Kassenschlager waren, die Gaumont-British je gehabt hatte, mußte er sie wohl oder übel hinnehmen. In jedem Falle wurde ihm die Sache 1936 nach dem Anlaufen von THE THIRTY-NINE STEPS aus der Hand genommen. Der Film hatte sowohl in den Vereinigten Staaten als auch in England einen sensationellen Erfolg, und der Name Hitchcock war nun in der Tat ein internationaler Begriff. Schon kamen auch die ersten Hollywood-Angebote für Hitch, darunter solche, von denen er nie erfuhr, weil Gaumont-British sie ihm unterschlug oder gleich ablehnte, während andere von Balcon geschickt aufgefangen wurden, der sich begreiflicherweise für verfügungsberechtigt über seinen Schützling hielt und gern den Eindruck erweckte, er sei außer Hitchcocks Produzent und Freund eigentlich auch sein Agent – alles nur, um ihn in England zu halten.

Nicht daß Hitch bereits ernstlich vorgehabt hätte, sich von England zu lösen. Beruflich stand es in London sogar besser für ihn, war er doch hier der große Fisch im kleinen Teich. Auch privat hatte er sich das Leben bequem und angenehm gemacht. Er hatte einen Stamm von Mitarbeitern um sich geschart, die gleichzeitig seine Freunde waren. Solange er in London lebte, konnte er auch nach Herzenslust einer seiner großen Leidenschaften frönen und ins Theater gehen, während zur Befriedigung seiner anderen Passionen – gut zu essen und zu trinken – der Kontinent gleich vor der Haustür lag. Auch seine Familie hatte er in Reichweite. Seine Mutter hatte er in einer Wohnung nahe der seinen in Kensington untergebracht und ließ ihr regelmäßig durch seinen Chauffeur Obst und Blumen bringen. Auch mit seinem Bruder blieb er in enger Verbindung; Pat besuchte ihn mit Wonne in seinem Fischgeschäft in Süd-London, wo sie auch übernachtete, und dann verkehrten sie auch weiterhin viel mit Hitchs Lieblingscousinen Mary und Teresa, den Künstlerschwestern, in Golders Green. Wochentags blieb er in London, an den Wochenenden fuhr er regelmäßig nach Shamley Green; zu Weihnachten traten er und Alma, dazu nun auch Pat, wann immer sie konnten die Reise der Erinnerungen nach St. Moritz ins Palace-Hotel an; und sei es dort oder im trauten Heim, am Familientisch in der Cromwell Road im Kreise von Alma und seinen Autoren oder auf seinen mit Ferien verbundenen beruflichen Auslandsreisen – überall brachte er es auf geniale Weise fertig, hart und konzentriert an seinen Drehbüchern zu arbeiten. Pat war jetzt acht und wechselte aus der von Nonnen geleiteten Privatschule in Cavendish Square zum Mayfield über, einem führenden katholischen Mädcheninternat (eine Zeitlang war auch vom Roedean die Rede gewesen, aber ein Freund hatte Hitch das ausgeredet). Merkwürdig, daß Hitchcock, der unter seiner Internatszeit so sehr gelitten hatte, sein eigenes Kind partout auf ein Internat schicken wollte, doch in jenen Tagen war das so üblich, und so tat er es eben, wobei er und Alma weiterhin so oft wie möglich mit Pat zusammen waren, sogar während der Schulzeit. Und obwohl dem Kind vieles in der Schule gar nicht gefiel, fand es bald lebhaftes Interesse am Schultheater und spielte gleich im ersten Jahr Hauptrollen in zwei Märchenstücken, »Rumpelstilzchen« und »Der kleine König, der nie groß wurde«. Von da an war sich Pat zumindest einer Sache stets sicher: wenn sie groß geworden war, würde sie Schauspielerin werden.

Hitch führte in diesen Jahren in vielerlei Hinsicht ein isoliertes Leben. Abgesehen von seiner Familie kannte er kaum jemanden, der nicht irgendwie mit dem Show-Geschäft zu tun hatte, mit Theater oder Film. Sorgsam vermied er jedes politische Engagement – ja, er lehnte es sogar ab, sehr zur Enttäuschung des linksgerichteten Ivor Montagu, Präsident der Gewerkschaft der Filmschaffenden A.C.T.T. zu werden, als diese 1936 beschloß, ihr Haus in Ordnung zu bringen und zu einer Kraft zu werden, mit der die Industrie würde rechnen müssen, und als sie zur spektakulären Unterstützung ihrer Sache jemanden vom Range Hitchcocks suchte. Vielleicht fürchtete Hitch, mit einer Interessengruppe identifiziert zu werden, die weithin als Unruhestifter angesehen wurde; wahrscheinlich aber hatte er ganz einfach das Gefühl, daß so etwas nicht in sein Interessengebiet fiel und reine Verschwendung einer Kraft und Zeit wäre, die er für sich und andere nutzbringender ins Filmemachen stecken könnte.

Inzwischen hatte Hitch eine perfekte Routine im Verfassen der Drehbücher für seine Filme entwickelt. Nachdem er sich einen Stoff ausgesucht hatte, faßte er ihn gemeinsam mit Alma und Charles Bennett zunächst zu einem knappen Exposé von einer halben Seite zusammen. Dann stellten sie die notwendigen Fragen: Was sind das für Leute, wie stehen sie im Leben, woran arbeiten sie, was tun sie zu Hause? Danach machten sie einen größeren Aufriß von sechzig bis siebzig Seiten, in dem sie die

Handlung Szene für Szene skizzierten, allerdings noch ohne Dialog, nur als Bildergeschichte. Schließlich wurden ein oder mehrere weitere Autoren an den Dialog gesetzt. Bei Drehbeginn hatte Hitch also stets ein komplettes, bis ins einzelne ausgearbeitetes Script in der Hand, von ihm selbst nach Einstellungen aufgegliedert und Szene für Szene im Story-Board-Stil skizziert, weshalb während und nach Abschluß der Dreharbeiten kaum noch Änderungen erforderlich waren – höchstens manchmal das Weglassen einer Szene, wie bei der abgeschnittenen Schlußszene von The Thirty-nine Steps, oder das Hinzufügen einer plötzlichen Eingebung. Hitchcocks regelmäßige Mitarbeiter am Buch waren damals Alma, Charles Bennett und Ivor Montagu (letzterer figuriert riert zwar im Vorspann lediglich als Ko-Produzent, spielte aber nach allgemeiner Übereinkunft eine gewichtige Rolle im Stadium der Buch-Erstellung). Zu den Dialog-Verfassern gehörten Romanciers wie Ian Hay und Helen Simpson oder Dramatiker wie Gerald Savory, aber sie arbeiteten meist nur gastweise, da Hitch der Ansicht war, Dialoge seien relativ unwichtig.

Während der Vorbereitungen zu The Thirty-nine Steps erfuhr das Team eine Bereicherung durch jemanden, der später zu Hitchs engsten und dauerhaftesten Mitarbeitern gehören sollte. Hitch hatte nach einer Sekretärin inseriert, und unter den Bewerberinnen war eine adrette, mittelblonde Schönheit, eine Cambridge-Absolventin namens Joan Harrison. Sie trug einen Hut, weil ihre Mutter meinte, das gehöre sich so, wenn man sich bei einer bedeutenden Persönlichkeit bewerbe. Doch schon nach wenigen Minuten fragte Hitch sie sehr höflich, ob sie den Hut nicht abnehmen wolle. Sie nahm ihn ab, sie redeten, und nach einer halben Stunde hatte sie den Job. Zunächst mußte sie hauptsächlich bei den Script-Besprechungen dabei sein und Notizen machen sowie Hitchs tägliche Korrespondenz erledigen. Bald aber gewann sie eine Vorstellung davon, wie sich die Arbeit mit Hitch gestalten ließe, und schlug eines Tages vor, eine Bootsfahrt zu unternehmen, damit alle wieder einen klaren Kopf bekämen. Als sie dann mit Charles Bennett dazu erschien, stellten sie fest, daß Hitch für den Tag einen Themse-Dampfer mit 250 Plätzen gemietet hatte, mit dem sie ganz groß auf See hinausdampften, die drei ganz allein, und dabei am Drehbuch von The Thirty-nine Steps arbeiteten. Da Joan Harrison unverkennbar ein kluges

Mädchen war, nahm sie schon bald viele Dinge selber in die Hand, machte, ermutigt von Hitch, Vorschläge zur Drehbuchgestaltung und nahm ihm mit Umsicht und Geschick vieles ab, so daß er bei der Arbeit freie Hand hatte. Sie und Alma wurden ebenfalls gute Freundinnen, und bald schon gehörte sie zur Familie, daheim, im Atelier und oft auch in ihren Ferien. 1937, bei YOUNG AND INNOCENT, avancierte sie zur Drehbuch-Mitautorin, und 1939 ging sie mit den Hitchcocks nach Hollywood, wo sie selber fulminante Karriere machte, mal mit, mal ohne Hitch. Heute ist sie mit dem Romanschriftsteller Eric Ambler verheiratet; beide gehören zum allerengsten Freundeskreis der Hitchcocks.

Nun aber wurde es Zeit, die nächste Aufgabe anzugehen und den Erfolg der THIRTY-NINE STEPS auszubauen. Hitch sah sich schon nach einem Stoff um, als Michael Balcon ihm nachdrücklich einen ans Herz legte. Nicht daß Hitch regelrecht dazu gezwungen wurde, doch hielt er es nach reiflicher Überlegung für diplomatisch klug, ja zu sagen, zumal er – Realist, der er ist – in der Vorlage durchaus bestimmte Möglichkeiten sah, und so griff er zu. Die Sache war die: Kritiker brauchen bekanntlich – damals wie heute – ein bißchen Zucker, man muß sie nicht gerade bezahlen, aber ihnen das Gefühl vermitteln, daß man sie braucht. Hitch hatte das schon früh erkannt. Als noch keineswegs hochbezahlter Regisseur hatte er einen Großteil seines Gehalts dazu verwendet, herzliche Beziehungen zu Kritikern und Filmjournalisten zu pflegen, indem er ihnen Neuigkeiten zuspielte, sich um sie kümmerte und mit ihnen über seine Pläne sprach, so daß sie sich innerlich für einen Film engagierten und sich dazugehörig fühlten, lange, bevor sie ihn zu sehen bekamen. Mit einigen wenigen Kritikern freundete er sich sogar an, namentlich mit Caroline Lejeune vom *Observer*, die ab und an zu Gast in der Cromwell Road war und der er zu ihrer Beruhigung zu erkennen gab, daß ihre Ansichten über seine Filme ihre Beziehungen in keiner Weise berührten. Als sie nämlich einmal schamhaft bemerkte: »Ich fürchte, ich war letzten Sonntag nicht gerade nett zu Ihnen«, erwiderte Hitch strahlend: »Nun schön – ich mache meinen Job, und Sie machen Ihren; dafür werden wir beide schließlich bezahlt.« Obwohl ihm nicht im Traum eingefallen wäre, für eine gute Kritik zu bezahlen (was bei einigen weniger renommierten Mitgliedern der Rezensentengilde nicht unmöglich und bestimmt auch nicht unbekannt war), glaubte Hitch fest an die Notwendigkeit, sich mit der Presse gut zu stellen.

Im Falle von THE SECRET AGENT, unter welchem Titel das neue Projekt lief, war es nun so gewesen, daß der Filmkritiker des *Daily Telegraph*, Campbell Dixon, ein Stück nach dem Roman *The Hairless Mexican* geschrieben hatte, eine von Somerset Maughams Geschichten über einen Geheimagenten namens Ashenden (die wiederum Maughams eigene Erlebnisse als Geheimdienstler während des Ersten Weltkriegs zum Hintergrund hatten). Balcon hatte es für richtig und vertretbar gehalten, die Stückrechte zu erwerben und Dixon mit einer kurzen Szenenskizze für ein Drehbuch zu beauftragen. Die sollte nun Hitch und Ivor Montagu als Grundlage für ihren nächsten Film dienen. Montagu war das gar nicht recht – es erinnerte ihn an seine leidigen Erfahrungen mit Eisenstein in Hollywood, als man ihnen aus Gründen der Studio-Politik einen Stoff nach dem anderen zuschob und dann wieder wegnahm, so daß sie am Ende überhaupt nicht zum Schuß kamen. Diesmal aber konnte Hitch ihn überzeugen: Wenn sie erst einmal mit der Ausarbeitung des Drehbuchs begonnen haben würden, konnten sie Dixons Skizze in den Papierkorb werfen, und niemand würde das merken oder sich groß darüber aufregen. Zudem würde Dixon, wenn er wollte, sich vor den Leuten in Positur werfen können: »Ach, wissen Sie, ich arbeite zur Zeit an dem neuen Hitchcock-Film.«

Am meisten bemängelte Montagu die Grundidee des Scripts: daß ein Agent erst den Falschen und dann gleich als nächsten den Richtigen umbringt. Er meinte, das würde die Sympathie des Publikums überstrapazieren, deshalb sollte die zweite Bluttat aus Versehen geschehen, und auch die erste sollte nicht von dem Agenten selbst ausgeführt werden, mochte er auch im weiteren Sinne dafür verantwortlich sein. Außerdem sah Montagu in der Geschichte eine Möglichkeit, in der Verpackung eines Unterhaltungsfilms politische Inhalte zu vermitteln, etwas über die Idiotie von Machtpolitik und die Eigenverantwortlichkeit des Individuums. Heute gibt er zu, daß die Idee nicht gut war, weil sie mit Hitchs völlig apolitischem Temperament nicht vereinbar gewesen wäre und solche Untertöne den klaren Thrilleraufbau der Story in der Tat durcheinandergebracht hätten. Hitch war als Praktiker von Anfang an um Einfälle bemüht, die den Film von Szene zu Szene vorantreiben sollten, also um die berühmten Hitchcock-Tupfer. Das erste, was er fragte, war: »Wo spielt das Ganze? In der Schweiz? Gut. Was gibt es in der Schweiz?« Die Antwort hieß: die Alpen, Seen, Schokolade und Volkstänze. Also mußte das alles mit in den Film hinein.

Mit diesen Vorstellungen gingen Hitch und Charles Bennett an die Ausarbeitung des Drehbuches. Sie griffen auf die ursprüngliche Story von Maugham zurück sowie auf eine weitere aus der Ashenden-Serie, »The Traitor«, strickten daraus die Haupthandlung und erweiterten sie um die Liebesgeschichte aus Campbell Dixons Stück. Hitch entschied, die Alpen seien dazu da, daß jemand in eine Gletscherspalte falle, und die Schokoladefabriken, um als unverdächtige Tarnung für das Hauptquartier der Gauner zu dienen. Doch trotz vieler Arbeitssitzungen am runden Tisch in der Cromwell Road wollte das Ganze nicht so recht zum Tragen kommen. Schließlich wußte man keinen anderen Ausweg, als Bennett heimzuschicken, damit er über Nacht das gesamte Treatment entwerfe, und am andern Morgen flogen er und Hitch in die Schweiz. Dort begaben sie sich zuerst nach Kandersteg, wo Ivor Montagu Urlaub machte, fuhren mit ihm nach Lauterbrunnen, diskutierten dort Tag und Nacht über die Geschichte und blieben so lange, bis sie sie ungefähr im Griff hatten. Von Lauterbrunnen fuhr Bennett nach Hause, während Hitch einen Abstecher zum Balkan machte, vor allem, um die Kulisse für die im Rohscript vorgesehene Eisenbahnfahrt am Ende des Films in Augenschein zu nehmen. Er hatte etwas gegen die damals übliche Trachtenseligkeit in Filmen, die in exotischen Ländern spielten, und mußte immer an eine klassische Karikatur aus dem *Punch* denken, wo verschiedene Völker abgebildet waren: einmal so, wie wir sie uns immer vorstellen (also alle in malerischen Volkstrachten), und einmal so, wie sie wirklich aussehen (nämlich alle gleich in ihrer heutigen Alltagskleidung). Dementsprechend stellte er fest, daß sich auf dem Balkan alle entweder von Kopf bis Fuß konventionell oder halb und halb kleideten, teils einheimische Tracht, teils pure Konfektion.

Zurück in England, ging Hitch sofort an die Hauptarbeit: Er machte das Drehbuch fertig, besetzte den Film und drehte ihn. Um das mit den THIRTY-NINE STEPS geweckte Interesse der

Amerikaner wachzuhalten, setzte er zwei Hollywoodstars ein, wieder Madeleine Carroll, ferner Robert Young, der normalerweise Liebhaber- und Lustspielrollen spielte, für den Bösewicht im Stück. Als pittoresken mexikanischen »General«, der dem Helden bei seiner Aufgabe ein recht zweifelhafter Helfer ist, verpflichtete er erneut Peter Lorre. Und wegen des Helden, Ashenden, sah er sich (wie schon so oft in seiner englischen Periode) im Londoner Theater um und kam auf John Gielgud. Gielgud hatte damals Riesenerfolge in Shakespeare-Stücken, namentlich mit seinem Hamlet und in einer berühmten Inszenierung von *Romeo und Julia* mit Peggy Ashcroft als Julia, worin er und Laurence Olivier abwechselnd den Romeo und den Mercutio spielten. Er hatte schon einen oder zwei Filme gemacht, darunter einen Stummfilm, *Daniel*, worin er dem grotesken Ansinnen nicht hatte widerstehen können, eine für Sarah Bernhardt geschriebene Rolle zu spielen, sowie Victor Savilles Fassung von *The Good Companions*, womit Jessie Matthews zum Star aufgestiegen, er selbst aber nicht sehr viel weiter gekommen war. Folglich war er nicht sonderlich an THE SECRET AGENT interessiert, doch Hitch lockte ihn mit der verführerischen Behauptung, es handle sich um eine Art moderne Hamlet-Geschichte von einem Mann, der sich nicht dazu entschließen kann, das zu tun, wozu er sich verpflichtet glaubt.

Wenn solche Möglichkeiten, wie Hitch sie ihm angedeutet hatte, überhaupt in der Handlung gesteckt haben, so mußte Gielgud enttäuscht feststellen, daß sie vom Drehbuch keineswegs ausgeschöpft wurden – es war wieder nur ein Thriller. Doch Thriller hin, Thriller her – wenn es ein Hitchcock-Thriller war, konnte er gar so schlecht nicht sein, und so sagte Gielgud entschlossen zu. Er beredete Hitch, für die kleineren Rollen Lady Tree, die Witwe von Sir Herbert Beerbohm Tree, und ein paar andere Schauspieler zu engagieren, mit denen zusammen er gerade auf der Bühne gestanden hatte, und traf im Atelier einige bekannte Gesichter wieder in Gestalt von Ivor Montagu und dem Schriftsteller Angus McPhail, mit denen zusammen er auf der Schule gewesen war. Im allgemeinen aber wurde er zunehmend unangenehm. Hitch war freundlich zu ihm, aber er wahrte Distanz, und Gielgud spürte, daß Hitch zu ihm als Hauptdarsteller nur wenig Vertrauen haben konnte, wenn er die anderen Rollen ebenfalls mit Stars wie Madeleine Carroll, Robert Young und Peter Lorre besetzte – Befürchtungen, die zu zerstreuen Hitch nichts oder nur wenig tat.

Gielgud befürchtete ferner, daß seine Rolle, deren Motivation ihm im Grunde am interessantesten und vielfältigsten schien, auf wenig mehr als eine bloße Ziffer reduziert worden war. Er hatte Angst vor Madeleine Carroll, die Hitch unverhohlen anbetete und deutlich bei den Aufnahmen bevorzugte. Es machte ihn nervös, wie Peter Lorre ihm heimlich die Schau stahl, gar nicht zu reden von seinem plötzlichen Verschwinden, wenn er sich irgendwo im Ateliergebälk versteckte, um sich Morphium zu spritzen. Kurz und gut, die Dreharbeiten waren ein Alptraum für Gielgud, und er war froh, als er wieder in die relativ ruhige und gesunde Theateratmosphäre entfliehen konnte. Dennoch zollte er Hitch am Ende wohl oder übel Respekt, ja sogar Zuneigung, denn er erkannte in ihm einen besessenen Künstler, der seine Filme auf seine ganz persönliche Weise nach ganz eigenen Vorstellungen machte, der dennoch stets ein offenes Ohr für Vorschläge anderer hatte und sich über Improvisationen freute – und der schließlich alles seinen Zwecken nutzbar machte, ohne anderen viel Raum zur Befriedigung ihrer eigenen Kreativität zu lassen. Was ohne Zweifel ihm und seinen Filmen gut bekam – sie waren von A bis Z Hitchcock-Filme, aber sie konnten denen, die darin mitwirkten, das Leben zur Hölle machen.

Hitch selbst war mit dem Film recht zufrieden. Zufrieden mit dem, was sie aus dem vorgegebenen Stoff gemacht hatten, und froh über die vielen Kleinigkeiten, die ihnen dazu eingefallen waren. Doch immer noch hatte er das Gefühl, daß irgend etwas an diesem Film nicht stimmte, wenn er auch nicht genau sagen konnte, was. Die erste Vorführung im Studio stieß auf Unverständnis und Animosität, vor allem, wie es schien, wegen eines Einfalls, den sich Hitch und Ivor Montagu zur dramatischeren Gestaltung der Bruchlandung des Zuges auf der Fähre am Schluß des Films ausgedacht hatten. Um den totalen Bruch zu verdeutlichen, den dieses Ereignis für das Leben der handelnden Personen bedeutete, hatten sie Len Lye, einen Meister des abstrakten Films, beauftragt, eine kurze Farbfilmpassage einzubauen, die den Eindruck erweckte, als würde der Film im Projektor Feuer fangen, zusammenschrumpfen und zerbröckeln. Bei der Vorführung glaubten die Anwesenden das auch tatsächlich, sogar noch, als der Film gleich danach ganz normal weiterlief, und die Chefetage fürchtete, in den Kinos könnte Panik ausbrechen. Die Stelle mußte also herausgeschnitten werden. Montagu meinte, sie sollten das nicht hinnehmen, doch Hitch schnitt die beanstandete Passage ohne Zögern heraus. Er hatte die Idee zwar für gut gehalten, fand aber nun, das Ganze wirke doch etwas gewollt und verwirrend, und gab bereitwillig nach.

Als der Film herauskam, fiel die Kritik etwas gemischter aus als bei den beiden vorausgegangenen, die Hitch zusammen mit THE SECRET AGENT bereits als »seine Spionage-Trilogie« bezeichnete. Auch beim Publikum fand der Film nicht den gleichen Anklang (immerhin aber soviel, daß er seine Kosten gut einspielte). Bei näherer Betrachtung kam Hitch zu dem Schluß, daß dies wohl am Thema lag: Die Zuschauer möchten sich mit einem Helden identifizieren, der etwas will und es am Ende auch erreicht (ob sie seine Handlungen nun billigen oder nicht). THE SECRET AGENT dagegen handelt von einem Helden, der etwas *nicht* will (einen Menschen aus politischen Gründen umbringen), der daher beim ersten Anlauf alles verpatzt und sich beim zweiten die Dinge vom Schicksal aus der Hand nehmen läßt. Solch ein Held mußte die Zuschauer völlig kalt lassen, jedenfalls in einer Thriller-Story, und die Chance, ihre Aufmerksamkeit statt dessen auf andere Weise zu fesseln, etwa indem man auf sein moralisches Dilemma eingegangen wäre (eben auf den Hamlet-Aspekt der Geschichte), hatte man sich als »nicht thrillergerecht« mit Fleiß selber verbaut. Insofern hatte Gielgud schon recht und auf seine Weise auch Ivor Montagu: In diesem Film war zuviel beziehungsweise zu wenig Hamlet drin, je nach dem Standort des Betrachters.

Wie dem auch sein mag, zumindest hatte sich Hitch in dem Film die Möglichkeit verschafft, ein paar provokante Ideen auszuprobieren, und zwar erfolgreich. Besonders eine Idee, mit der er schon lange gespielt hatte, nämlich daß Schurken nicht immer wie Schurken aussehen müssen. Im Gegenteil: je charmanter, gewandter und vertrauenerweckender sie sich in Aussehen und Auftreten gaben, um so erschreckender mußte, wenn sie entlarvt wurden, ihre Bosheit wirken. In THE SECRET AGENT ließ Hitch den Bösewicht, Robert Young, mit voller Absicht charmanter, amüsanter und attraktiver wirken als den vielfältigen Stimmungen unterworfenen, unentschlossenen Helden, und das Publikum war begeistert. Young wurde wie soviele spätere Hitchcock-Schurken der Mann, den man zwar nicht ausstehen kann, aber doch unwiderstehlich findet – ein Modell, das Hitch bis zu FRENZY immer wieder neu variiert hat. Für die französischen Filmkritiker weist dies auf eine moralische Zweideutigkeit und Komplexität hin, die sich zum Teil aus Hitchs katholischer Erziehung erklärt. Doch vielleicht ist es auch nur die Lust des geborenen Spaßvogels, das Publikum nach seiner Pfeife tanzen zu lassen, oder die lustvolle Entdeckung eines schüchternen Menschen, andere so sehr manipulieren zu können, daß sie fast alles fressen, was man ihnen zu fressen gibt.

In seinem nächsten Film, SABOTAGE, sollte Hitch sein Publikum noch mehr an der Nase herumführen und in einer Sequenz ein Bluff- und Gegen-Bluff-Spiel gar bis zu einer so abscheulichen Konsequenz treiben, daß ihm das heute noch anhängt. Er selbst gibt heute zu verstehen, daß das ein Fehler gewesen sei. Es handelt sich um die berüchtigte Szene, wo der Westentaschen-Anarchist den kleinen Bruder seiner Frau mit einer Zeitbombe fortschickt. Der Junge kommt unterwegs ins Bummeln, es wird später und später, der Zeitpunkt, wo die Bombe losgehen soll, kommt, geht vorüber, und als das Publikum aufatmet, weil das Schlimmste nun offenbar doch nicht eintritt (natürlich *wußten* wir das längst), geht die Bombe los und zerreißt das Kind. Bei der Pressevorführung regte sich eine ältere Journalistin dermaßen über diese Episode auf, daß man sie zurückhalten mußte, sonst hätte sie Hitch ob solcher Grausamkeit tätlich angegriffen. Nüchtern betrachtet war diese Reaktion eher ein Gradmesser für den Erfolg, mit welchem Hitchcock das Publikum für seine Heldin einzunehmen vermochte, die er so einsichtig motivierte, daß sie ihren Mann mit einem Tranchiermesser umbringen konnte, ohne die Sympathie des Publikums zu verlieren. Im übrigen ist diese Sequenz ein Schulbeispiel für Hitchcocks berühmte Suspense-contra-Schock-Definition. Wenn man eine Gruppe von Leuten zeigt, die an einem Tisch Karten spielen, und auf einmal gibt es eine Explosion, dann ist das nicht mehr als eine langweilige Szene, die mit einem Knall endet. Wenn man aber die gleiche Szene bringt und, noch bevor das Kartenspiel beginnt, eine unter dem Tisch angebrachte Zeitbombe zeigt, dann erzielt man Spannung – *suspense* –

und das Publikum geht mit. Heute meint Hitch zwar, daß nach einer solchen Szene die Bombe gerade nicht losgehen dürfe, weil das Publikum sich sonst getäuscht fühle und ärgerlich werde. Doch dem steht seine durch viele spektakuläre Beispiele belegte eigene Praxis entgegen (man denke nur an PSYCHO), und es fällt schwer, mit ihm der Meinung zu sein, daß seine Entscheidung in SABOTAGE so falsch gewesen sei. Freilich hätte er die Schraube nicht überdrehen dürfen, indem er neben dem Jungen im Bus auch noch einen niedlichen kleinen Hund sitzen und also wohl mit ihm in die Luft fliegen ließ. Das muß für die tierliebenden Engländer sozusagen der Funke gewesen sein, der das Pulverfaß zur Explosion brachte.

Die Sache hat ihm jedenfalls damals, wie es scheint, keine schlaflosen Nächte bereitet. Er hatte sich den Joseph-Conrad-Roman *The Secret Agent* (um Verwechslungen vorzubeugen, mußte der Film einen andern Titel bekommen) selber ausgesucht und das Drehbuch nach dem gewohnten Verfahren erstellt: Es begann wie üblich am Eßzimmertisch in der Cromwell Road, dann flog er mit Charles Bennett nach Basel, von dort ging es weiter im Auto zur Jungfrau, wo er, wie bereits erwähnt, sich für den billigen Schweizer Apfelwein begeisterte. Merkwürdigerweise, wenn man seine häufig geäußerten Vorbehalte gegen eine Verfilmung klassischer Literatur bedenkt, empfand Hitch in diesem Falle keinerlei Hemmung, einen nahezu klassischen Stoff zu bearbeiten und die Handlung auf die Erfordernisse eines Thrillers hin umzuschreiben. Das lag zum Teil wohl daran, daß Joseph Conrad von den Literaturwissenschaftlern noch nicht unter die großen Romanciers eingereiht war; Hitch hatte ein gutes Gespür für Conrads ungemein fesselndes Erzähltalent, das dem von John Buchan sehr nahe kam, und schließlich war sein Werk ja nicht sakrosankt.

Trotz alledem hatte Hitch durchaus das Gefühl, daß die ganze Handlung ein bißchen wirr und unscharf war und die klaren Linien seiner Lieblingsfilme vermissen ließ. Außerdem tauchten dann bei den Dreharbeiten unerwartete Probleme auf. Zum einen wollte er die wichtige Rolle des Polizisten in Zivil, der den Anarchisten Verloc (Oscar Homolka) überwachen soll, während er scheinbar in einem benachbarten Gemüseladen arbeitet, mit Robert Donat besetzen. Donat hatte den lockeren Charme und die

Hitch mit Mutter und Tochter
Shamley Green

Vater und Tochter, Sommer 1930

Familientreffen, 1928

Hitch, Alma und Madge Elliott mit Pat in Shamley Green

Familienbild vor bekannter Kulisse, Hitch als Kameramann

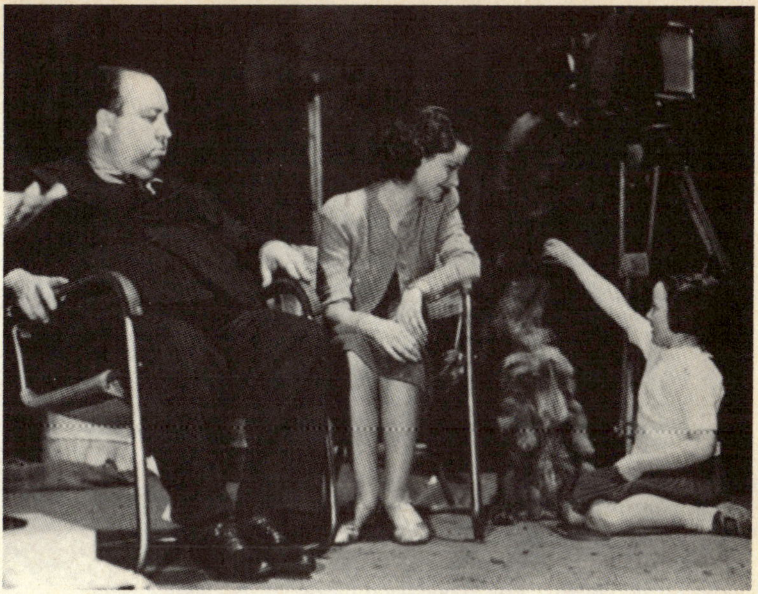

Mit Margaret Lockwood und Pat, Dreharbeiten zu *The Lady Vanishes*

Vater und Tochter, Winter 1934

Winterurlaub in der Schweiz, Familie Hitchcock mit Joan Harrison (rechts)

Hitch, Alma und Pat betreten amerikanischen Boden, 1939

Häuslichkeit in Scots Valley

Hitch mit Teenager Pat

Ingrid Bergman und Cary Grant: die Kußszene in *Notorious*

Menschlichkeit, die die ziemlich blasse Figur hätten mit Leben füllen und das Publikum für sie erwärmen können. Doch im letzten Moment wollte Korda, der Donat unter Vertrag hatte, ihn nicht freigeben, und Hitch mußte sich mit dem recht schwerfälligen John Loder behelfen. Das brachte einen Rattenschwanz von Änderungen während der Dreharbeiten mit sich, was dem ordnungsliebenden Hitch so gar nicht behagte, und half der Figur nicht aus ihrer Unattraktivität und negativen Ausstrahlung heraus. Dann gab es Ärger mit einem der beiden Hollywoodstars, Sylvia Sidney. Sie kam vom Theater, hatte nie in Stummfilmen gespielt und tat sich sehr schwer, ohne Dialogstütze zu agieren. Außerdem war sie die Hollywood-Technik gewohnt, bei der alle Szenen durchgespielt, nacheinander zuerst aus diesem, dann aus jenem Blickwinkel aufgenommen und später zusammengeschnitten wurden. Sie empfand Hitchs Aufnahmetechnik, den Film nach dem vorgegebenen Ablaufschema in ganz kleinen Abschnitten zu drehen, zermürbend, weil sie dadurch überhaupt keinen Überblick über ihr Spiel hätte. Am Ende wurde sie bei Oscar Homolkas Todesszene, in der sie ihn, halb zufällig, mit einem Tranchiermesser erstechen mußte und praktisch nichts dabei reden durfte, regelrecht hysterisch; sie war überzeugt, das sei ganz schrecklich geworden und sie sei ganz schrecklich. Hitch mußte sie beruhigen und bat sie, doch abzuwarten, bis das Ganze montiert sei. Als sie die Szene schließlich in der richtigen Abfolge sah, war sie hocherfreut und baß erstaunt und verließ den Vorführraum mit der majestätischen Bemerkung: »Das muß Hollywood erfahren!«

Unleugbar behält man von dem Film eher die eine oder andere Szene als die Handlung im ganzen. In der Erinnerung haften Kabinettstücke wie die Erstechungsszene, die Fahrt des Jungen mit der Bombe und der Geniestreich, den Schmerz der Frau bei der Nachricht vom Tod ihres Bruders kontrapunktisch gegen den jubelnden Beifall eines Kinopublikums für Disneys Silly Symphony *Who Killed Cock Robin?* zu stellen. SABOTAGE ist aber auch Hitchcocks detailreichster Film über das London, in dem er aufgewachsen ist und das er kannte wie seine Westentasche. Viele Details entsprangen eigenen Erlebnissen; so erinnert der Grünzeugladen, den der Kriminalbeamte als Tarnung benutzt, an Hitchs Elternhaus und das kleine East-End-Kino an die Flimmerkisten, wo er seine ersten Kintopp-Erlebnisse hatte. Wenn der Kriminalbeamte Mrs. Verloc und ihren Bruder zum Essen ausführt, geht er mit ihnen zu Simpson's am Strand, Hitchs Lieblingsrestaurant aus seiner City-Zeit. Die überdreht hektischen Szenen auf den Straßenmärkten, in den kleinen Läden der Seitengassen, die komische Nebenhandlung mit den Hausierern und das düstere Flair des Verbrechens hinter verschlossenen Türen in ärmlichen Straßen – all das beschwört Hitchs eigene Kindheit herauf und die Faszination, die er schon früh für die hausbackenen Details der großen Mordfälle empfand, über die er so gerne las. Ja sogar eine Szene wie die, wo das Kinopublikum unangenehm wird, als ein Stromausfall sein Vergnügen stört, hat viel von den Reaktionen jenes Theaterpublikums, das sich, wie Hitch es erlebt hatte, bei der Premiere von Pierre Fresnay und Yvonne Printemps nicht viel besser benahm oder bei einer anderen, sehr peinlichen Gelegenheit ähnlich feindselig reagierte, als ein Komiker im Empire wutschnaubend unbedingt darauf bestand, vor dem Vorhang die Direktion und seine Varieté-Kollegen zu beschimpfen.

Im großen ganzen hatte Hitch bei diesem Film mit einem sehr bescheidenen Etat auskommen müssen. Doch auf eine einzige große Schau wollte er nicht verzichten. Für 3000 Pfund, was damals viel Geld war, ließ er eine ganze Trambahnstrecke von den Lime Grove Studios zur nahegelegenen White City verlegen und darauf für einen einzigen Drehtag eine richtiggehende Straßenbahn verkehren. Ivor Montagu machte ihm als Ko-Produzent deswegen Vorwürfe – dies sei für ein paar Sekunden auf der Leinwand hinausgeworfenes Geld. Doch nein: Hitch wußte genau, was er tat. Dies war genau einer jener Hitchcock-Tupfer, die er wohlweislich hingesetzt hatte, um auf das amerikanische Publikum Eindruck zu machen, vor allem aber auf amerikanische Produzenten, die sich genau würden vorstellen können, welche Produktionskosten diese kurzen Momente wohl verschlungen haben mochten. Sie waren zwar teuer, aber sie sollten es auch sein, und der Eindruck von Extravaganz, den sie hervorriefen, machte sich durchaus bezahlt.

Wie sich später zeigen sollte, ging mit SABOTAGE so etwas wie eine Ära des britischen Films zu Ende. Damals war das allerdings noch niemandem bewußt. Hitch hatte sich mittlerweile mit seinen diesseits und jenseits des Atlantiks anerkannten und erfolgreichen Filmen eine unangefochtene und praktisch unanfechtbare Position erworben. Er war nun ohne Zweifel der größte Fisch in einem ziemlich kleinen Teich, und Michael Balcon fürchtete nicht zu Unrecht, er könnte ihm von Hollywood weggeschnappt werden. Doch einstweilen fühlte sich Hitch in England recht wohl. Er konnte sich nach Lust und Laune frei bewegen. Drehbuchautoren, die mit ihm damals zusammenarbeiteten, erinnern sich an Arbeitsbesprechungen im Zug an die Riviera, beim Stierkampf in Barcelona, oder, den ganzen Tag auf und ab, in der Drahtseilbahn von St. Moritz, oder schließlich, weniger exotisch, auf dem Dach des Flughafens von Croydon. Wenn er in London war, ging Hitch mehrmals pro Woche ins Theater, und als Pat neun Jahre alt war, meinte Alma, sie sei nun alt genug, um in den Ferien abends aufzubleiben und ins Theater zu gehen, wenn etwas auch nur halbwegs Passendes gegeben wurde. So nahmen die Eltern sie zu vielen Musicals und Komödien mit, namentlich zu *Careless Rapture* und allen weiteren großaufgezogenen Musical Shows von Ivor Novello. Novello war noch immer ein guter Freund. Pat erinnert sich heute noch, wie sie in einer dieser Shows mit Alma in der Loge saß und Hitch gleich im ersten Akt sanft entschlummerte. In der Pause brachte man ihnen einen Zettel von Ivor in die Loge, auf dem stand: »Von allen, die sich diese Show ansehen, bist du anscheinend der einzige, dem sie nicht gefällt.« Doch seine Erfahrung sagte ihm, daß er Hitchs Schlafgewohnheiten nicht persönlich nehmen durfte. Das war eben so Hitchs Art, sogar bei Aufführungen, an denen er persönlich beteiligt war. So erzählt man sich, er habe während der gesamten Uraufführung der THIRTY-NINE STEPS fest geschlafen, ja er habe sogar die Premiere von *The Old Ladies* verschlafen – ein Stück, in das er Geld gesteckt hatte.

Zum Geldausgeben fand Hitch freilich noch andere Möglichkeiten. Seine Vorliebe für Paul Klee rührte vom Besuch einer Londoner Ausstellung her. Dort hatte er ein Bild gesehen, das ihm keine Ruhe ließ, das er immer und immer wieder betrachtete und sich überlegte, ob er es sich wohl leisten könne, bis er es schließlich wagte – zum stolzen Preis von über 600 Pfund, stolz zumal wenn man bedenkt, daß Klee damals in England noch wenig bekannt war und daß ein Verkauf von Dali-Bildern im Gesamtwert von

250 Pfund am Eröffnungstag der Londoner Dali-Ausstellung von 1936 als so sensationell empfunden wurde, daß die Zeitungen darüber berichteten. Auch nutzte Hitch jede Gelegenheit, mit seiner Familie Ferien im Ausland zu machen, entweder in der geliebten Schweiz oder in dem fast ebenso geliebten Süden Italiens. 1937 fuhr er mit Alma, Pat und seiner Mutter nach Neapel, was allerdings den kleinen Nachteil hatte, daß Alma dort jedesmal mit Halsentzündung ins Bett mußte – ein Umstand, den Hitch diesmal respektlos darauf zurückführte, daß sie unterwegs bei einer Papstaudienz den Ring des Heiligen Vaters geküßt hatte, wo man doch schließlich nie wisse, wer ihn an diesem Tage sonst noch geküßt hätte. Wie dem auch sei, sie mußte in ihrem Hotel das Bett hüten, während Hitch mit seiner Mutter und Pat nach Capri fuhr, um ihnen die Blaue Grotte zu zeigen. Die Fahrt verlief ohne Zwischenfälle, bis sie kurz vor der Grotte von dem Motorboot, mit dem sie gekommen waren, in ein kleines Ruderboot umsteigen sollten. Hitchs Mutter weigerte sich entschieden, und der berühmte Filmregisseur, vor dem die großen Stars zitterten, konnte nur hilflos stammeln: »Du mußt aber – wo du doch die ganze lange Fahrt gemacht hast, um die Blaue Grotte zu sehen – also wirklich, das *mußt* du eben.« Mrs. Hitchcock aber blieb stur und starrsinnig wie eh und je, und erst nach hartem Kampfe ließ sie sich herbei, den Stolz von Capri zu besichtigen.

In Anbetracht der Faszination, die Amerika seit seiner Kindheit auf ihn ausgeübt hatte, seiner gründlichen, wenn auch nur theoretischen Kenntnis der Geographie von New York und seiner vielen beruflichen Kontakte mit Amerikanern seit den Tagen von Famous Players in Islington berührt es uns eigenartig, daß Hitchcock bisher nie ernstlich den Wunsch gehabt hatte, Amerika kennenzulernen. Doch nun war die Zeit reif dafür. Zuerst stellte Gaumont-British, bei denen er damals unter Vertrag stand, 1937 kurz nach Beendigung der Dreharbeiten zu SABOTAGE, den Betrieb total ein. Eines Tages kam Isidore Ostrer, der die Gesellschaft schließlich ganz unter seine Kontrolle gebracht hatte, in die Lime Grove Studios in Shepherd's Bush und berief Victor Peers, einen der Viezpräsidenten, zu sich ins Büro. Er gab ihm eine Namensliste, auf der als erster der Name Michael Balcons stand, und sagte: »Gehen Sie hin und schmeißen Sie die alle noch heute hinaus!« Der Mann stammelte: »Aber das kann ich nicht, das sind doch meine Bosse.« – »Schmeißen Sie sie raus«, sagte Ostrer, »oder Sie schmeißen sich selber raus!« Hitch war an diesem Tage im Studio und erinnert sich, es wäre gewesen »wie zu Weihnachten, bloß ohne Besäufnis«. Die Nachricht verbreitete sich wie ein Lauffeuer, in den Büros ging es zu wie in einem Taubenschlag, jeder rannte zu jedem und verglich die Namenslisten, und als der Tag zu Ende war, waren Balcon und Ivor Montagu gefeuert, die Produktionsfirma aufgelöst und die ganze Gaumont-British nurmehr der Titel einer Verleihfirma. Auf Hitch persönlich hatte das zunächst keine Auswirkungen, da man ihn nicht entlassen hatte und die Schwesterfirma Gainsborough, für die er am Beginn seiner Karriere gearbeitet hatte, seinen Vertrag übernahm. Doch bedeutete es das Ende eines erfolgreichen Teams. Balcon übernahm kurz darauf die Leitung eines gerade in England aufgezogenen MGM-Produktionsprogramms, und Ivor Montagu stieg völlig aus dem Spielfilm aus. Noch vorher hatte Charles Bennett ein Vertragsangebot von Universal bekommen, als Drehbuchautor nach Hollywood zu gehen, und sich entschlossen, es anzunehmen. Seine Mitarbeit an Hitchs neuem Projekt mit dem Titel YOUNG AND INNOCENT beschränkte sich auf die mittlerweile Tradition gewordene gemeinsame Reise in die Schweiz, wo er tagsüber Ski lief, während Hitch im Hotel blieb und las. Abends aßen und tranken sie dann zusammen und arbeiteten am Drehbuch. Danach nahm er traurig von Hitch Abschied und ging nach Hollywood, und Hitch mußte das Buch mit anderen Mitarbeitern fertig schreiben. Bennetts damaliges Fazit über Hitch: »Der schlimmste Tyrann der Welt; einer der nettesten Menschen, denen ich je begegnet bin.«

8. Kapitel

YOUNG AND INNOCENT ist eine reine Freude, eine perfekte Hitchcock-Demonstration der These, daß weniger mehr ist. Die federleichte Handlung, die sehr frei den ersten beiden Kapiteln von Josephine Teys Roman *A Shilling for Candles* nachgebildet ist, besteht schlicht aus einer Verfolgungsjagd. Hinter dem Helden ist die Polizei her, weil sie ohne hinlänglichen Grund glaubt, er habe eine Frau ermordet, und er wiederum ist hinter dem Mann her, der es wirklich getan hat, um sich von dem Verdacht reinzuwaschen. Im Laufe der Handlung bändelt er mit der Tochter des Polizeichefs an, sie hilft ihm, eine Liebesgeschichte spinnt sich an, und am Ende spüren sie den Verschwundenen bei einem Tanztee als Schlagzeuger in einer Negerkapelle auf, als der Mann sich schließlich, vermittelt durch eine von Hitchcocks sensationellsten Kamerafahrten, in größtmöglicher Großaufnahme durch das Zucken seiner Augen verrät. Das ist eigentlich schon alles. YOUNG AND INNOCENT hat keine politischen Untertöne und keinen Ehrgeiz, irgendwie bedeutend zu sein. Der Film ist knapp und klar und bleibt ohne Umschweife nah am Thema, eine fast abstrakte Lektion im Filmemachen, die sich durch ihre reine Lebensfreude vor jeder Trockenheit bewahrt. Er wirkt, als hätten alle Beteiligten einen Riesenspaß daran gehabt, und wenn solche Eindrücke oft auch trügen, in diesem Falle entsprechen sie mehr oder weniger der Wahrheit.

Abgesehen von dem lästigen Umzug von den Lime Grove- in die Pinewood-Studios mitten in den Dreharbeiten hatte Hitch mit diesem Film keinerlei Schwierigkeiten. Er mußte nicht mit großen Stars fertigwerden, lediglich mit zwei jungen Darstellern in den Hauptrollen – Derrick de Marney und Nova Pilbeam, die in den drei Jahren, seitdem sie das gekidnappte Kind in THE MAN WHO KNEW TOO MUCH gespielt hatten, merklich gereift war – sowie mit einer gediegenen Schar verläßlicher Charakterdarsteller. Die einfache Handlung verteilte sich auf verschiedene Schauplätze einer Dekoration, die ihm reichlich Gelegenheit zu seinen kleinen Scherzen bot. Auch konnte er darin einige der schamlosesten Trickaufnahmen unterbringen, die jemals ernsthaft auf der öffentlichen Leinwand gezeigt worden sind. (Die Autos in einigen

Teilen der Verfolgungsszene rasen so offensichtlich als Spielzeugautos über eine Tischplatte, daß man sich fragt, ob diese Aufnahmen nicht vielleicht mit augenzwinkernder Ironie gemacht worden sind.) Wirklich ärgerlich war während der ganzen Filmarbeit nur die Entscheidung, die ohnehin knapp bemessene Länge von 80 Minuten für den Vertrieb in Amerika nochmals um zehn Minuten zu beschneiden, womit eine Lieblingsszene von Hitch herausfiel, in der ein Kinderfest bedrohliche Formen für den Helden und die Heldin annimmt, weil die Polizei ihnen auf der Spur ist und sie sich nicht davonstehlen können. Diese Kürzung war freilich immer noch besser als das totale Verbot des Films in Brasilien, wo man ihn für geeignet befand, innere Unruhen zu schüren – ohne allerdings jemals zu präzisieren, wodurch und warum.

Ein Film einmal ohne Spione und Agenten – und schon konnte Hitchcock es kaum mehr erwarten, in seinem nächsten Film wieder auf sie zurückzukommen. In einer Hinsicht liegt THE LADY VANISHES allerdings ganz auf der Linie von YOUNG AND INNOCENT, nämlich insofern auch er reinste und leichteste Unterhaltung ist, ohne sich groß um Logik zu kümmern (»Das erste, was ich rauswerfe, ist die Logik«, erklärte Hitch damals) und ohne die geringste »tiefere Bedeutung«. Hitch engagierte zwei junge Autoren, Frank Launder und Sidney Gilliat, die ihm nach dem Roman *The Wheel Spins* von Ethel Lina White ein Drehbuch basteln sollten. Wie üblich war die Vorlage kaum mehr als ein Vorwand: Wirklich interessiert hat Hitch lediglich die Grundidee der alten, in Paris spielenden Geschichte von der Mutter und ihrer Tochter, die in einem Hotel wohnen: Die Mutter wird krank, die Tochter macht sich vergebens auf die Suche nach einer Medizin, und als sie zurückkommt, will keiner sie kennen, die Mutter ist verschwunden und mit ihr alle Spuren in dem Zimmer, das sie gemeinsam bewohnt hatten. Die Story ist mehrmals unverändert adaptiert worden, unter anderem für eine der Halbstunden-Sendungen in der TV-Serie ALFRED HITCHCOCK PRESENTS und für den britischen Film *So long at the Fair*, aber hier wurde sie leicht abgewandelt: In THE LADY VANISHES verschwindet die alte Dame in einem Interkontinentalexpress, und keiner der Mitreisenden außer der Heldin hat sie gesehen oder will sie gesehen haben – aus diversen verständlichen oder finsteren Gründen.

Launder und Gilliat, deren Humor mit Hitchcocks Humor sehr viel gemeinsam hat (später schufen sie mit *Green for Danger* eine der besten Krimi-Komödien im Hitchcock-Stil, die nicht vom Meister selber stammt), lieferten ihm ein Script, das er für eins der besten hielt, die er je bekommen hatte – obwohl er, wie es typisch für ihn ist, erst noch einiges hinzufügte oder wegstrich, bevor er vollends damit zufrieden war. Er fügte die Geschichte mit dem Zauberkünstler hinzu, der im Zug mitfährt und dessen Requisiten im Gepäckwagen ein paar komische und spannende Momente liefern, sowie den ganzen Schluß mit dem Feuergefecht in den Wäldern. Nach Abschluß der Dreharbeiten schnitt er einige Details heraus (darunter eine Liebesszene und die Überwältigung der Schutzwache, die einige Schauspieler gefangenhält), um der Handlung mehr Tempo zu geben. So machte er unvermeidlich einen Hitchcock-Film daraus, und als Launder und Gilliat dann feststellen mußten, daß er als solcher gewertet wurde, ohne daß ihre Mitarbeit auch nur erwähnt worden wäre, gab ihnen das, wie Hitch meint, den Anstoß zu ihrer eigenen – sehr erfolgreichen – Karriere als Produzenten und Regisseure wie auch als Drehbuchautoren.

Für die Rolle des undurchsichtigen, pfeiferauchenden, reichlich seltsamen Helden holte sich Hitch einen gutaussehenden jungen Bühnenschauspieler, Michael Redgrave. Redgrave hatte allerdings bei Hitch schon in THE SECRET AGENT eine kleine Rolle gespielt, hier aber spielte er seine erste Hauptrolle in einem Film. Die erste Szene gingen sie einmal durch, dann sagte Hitch, sie könnten jetzt drehen. Redgrave war entgeistert: »Auf dem Theater probieren wir sowas drei Wochen lang.« – »Tut mir leid«, sagte Hitch, »in diesem Medium haben wir dafür drei Minuten.« Die Heldin spielte Margaret Lockwood, die damals bereits auf dem bestem Wege war, die beliebteste englische Filmschauspielerin der Kriegszeit zu werden. In den Anfangsszenen ist sie als verwöhntes Töchterchen aus gutem Hause noch sichtlich unsicher, doch sobald das Drama dann seinen Lauf nimmt, wird sie gut. An der Dame, die verschwindet, der hochverehrten Charakterdarstellerin Dame May Whitty, probierte Hitch seine übelste Schocktherapie aus. Mitten in ihrer allerersten Szene schrie er plötzlich: »Halt! Das ist ja furchtbar! Schämen Sie sich eigentlich nicht?« Sie war für den Augenblick völlig vernichtet, und Hitch hatte damit genau das aus ihr herausgeholt, was er von ihr hatte haben wollen. Später riet er einmal seinem Produzenten, Edward Black: »Mach sie gleich am Anfang fertig, das ist das beste Mittel.« Eine geniale Idee war es auch, die beiden von Launder und Gilliat erfundenen albernen Engländer (die so völlig in ihre Sportzeitung *The Test Match* mit den Ausscheidungsergebnissen im Cricket vertieft sind, daß sie in dem ganzen Aufruhr im Zug keine andere Gefahr sehen als die, nicht rechtzeitig zum Endkampf in England zu sein) mit zwei sehr guten, vielseitig verwendbaren Darstellern zu besetzen, Naunton Wayne und Basil Radford, die nie zuvor etwas Ähnliches gespielt hatten. Diese typwidrige Besetzung führte dann zu einer Umwandlung ihres Typs, da die beiden Schauspieler mit diesen Rollen einen solchen Erfolg hatten, daß sie darauf eine Karriere aufbauten und von nun an als eine Art Duo auftraten.

Der Film mußte mit einem äußerst bescheidenen Etat auskommen und wieder in den sehr beengten Verhältnissen von Islington gedreht werden: in einem einzigen, knapp dreißig Meter langen Atelier. Zwar gab es damals auch im britischen Film zuweilen üppige Etats, doch hauptsächlich nur bei dem großzügigen Alexander Korda, der inzwischen durch seine London Films zum englischen Renommier-Produzenten geworden war, aber stets auf dem schmalen Grat zwischen Triumph und Reinfall balancierte. Hitch hatte seinen Entschluß, sich aus seinem Vertrag mit Korda herauszuwinden, nie bereut. Die bescheideneren Verhältnisse, unter denen er bei Gaumont-British und Gainsborough arbeitete, kamen seinen Absichten durchaus entgegen und engten ihn in seinen Unternehmungen nie ernstlich ein, wohingegen Kordas Wesensart, seine wackeligen Finanzen und sein immer wieder hervorbrechender Drang, in alles hineinzureden, seinen Regisseuren die Hölle bereitete. Hitch kannte ihn privat und amüsierte sich über sein exotisches Wesen, aber er wußte auch, daß eine berufliche Zusammenarbeit mit ihm ganz anders aussehen würde.

Allerdings beschlich ihn allmählich eine gewisse Unruhe. Er hatte nun seine Form gefunden, sie bis zur Perfektion verfeinert und hatte seit THE MAN WHO KNEW TOO MUCH eine ungebrochene Serie von Erfolgen hinter sich; selbst THE SECRET AGENT war nur relativ schlecht angekommen, und viele, auch Hitchcock selber, mochten ihn sehr. Mit THE MAN WHO KNEW TOO

Much, The Thirty-nine Steps, The Secret Agent, Sabotage, Young and Innocent und The Lady Vanishes, die er alle zusammen in nur vier Jahren gedreht hatte, stand er auf der Höhe seines Ruhms und befand sich scheinbar in einer idealen Position. Aber eben nur scheinbar. Allzu genau wußten Presse und Publikum nun, oder glaubten zu wissen, was ein Hitchcock-Film war und wie er sein mußte. Er mußte ein in bestimmten, sehr engen Grenzen ablaufender Thriller sein, er mußte komisch und zynisch sein, voller Action und entschieden ohne Gewicht, und er mußte tiefere Emotionen strikt aussparen. In England hatte Hitchcock mit diesem Genre fast alles erreicht, was er sich erhoffen konnte. Nun lief er Gefahr, der Gefangene seines eigenen Erfolgs zu werden, und er wußte das.

Amerika hatte zwar schon seine Fühler ausgestreckt, doch bisher hatte Hitch abgewinkt, entweder wegen bindender vertraglicher Verpflichtungen oder weil ihm die angebotenen Projekte weniger attraktiv erschienen als die, an denen er in England arbeitete. Nun aber hatte Hitch seinen Vertrag mit Gaumont-British (beziehungsweise mit Gainsborough) erfüllt, war unruhig und neuen Vorschlägen gegenüber aufgeschlossen. Bereits im Vorjahr hatte David O. Selznick einmal bei Hitch angefragt, ob er Zeit und Lust hätte, etwas für ihn zu machen, und was er dafür verlangen würde. Die Anfrage war durch Hitchcocks Londoner Agenten übermittelt worden, das heißt durch die Agentur Joyce & Selznick, wobei dieser Selznick zufällig Davids Bruder Myron war, ein Freund von Hitch aus den frühen zwanziger Jahren. Das minderte zwar nicht Hitchs – oder Selznicks – Chancen, doch Myron war nicht gewillt, seinem Bruder einen Freundschaftspreis zu machen, und zog die Verhandlungen hin, um währenddessen andere Möglichkeiten für Hitch in Amerika zu sondieren. Er hatte bei Paramount angeklopft, Hitch hatte mit RKO über das Projekt *The Saint in New York* gesprochen, einmal hatte er auch Verhandlungen mit Metro Goldwyn Mayer geführt, doch sie waren gescheitert, weil Hitch pro Film 35 000 Dollar verlangt hatte. Jetzt, im Mai 1938, als Hitch mitten in den Dreharbeiten zu The Lady Vanishes steckte, machte ihm David O. Selznick ein konkretes Angebot: Hitch sollte herüberkommen und sogleich mit einem Film über den Untergang der »Titanic« beginnen. Hitch war vorsichtig genug, sich nicht übereilt auf dieses Projekt einzulassen, aber er wollte sich nun doch persönlich von der Lage der Dinge überzeugen. So flog er im Juli 1938 nach New York, wo er bereits 1937 zu einem kurzen Besuch gewesen war, aber diesmal wollte er Amerika gründlich kennenlernen und mit dem Zug quer über den Kontinent nach Los Angeles fahren. Schon im Vorjahr hatte er zu seiner Überraschung und Freude feststellen können, daß er auch in den Staaten bereits eine Berühmtheit war – als er und Alma nach ihrer Ankunft in New York die Vorstellung von *Babes in Arms* besuchten, warteten vor dem Theater Autogrammjäger mit Fotos im Format 18x24 cm – und er hatte mit Vergnügen konstatiert, daß er aufgrund seiner theoretischen Kenntnisse der New Yorker Topographie so manchem Einheimischen ohne weiteres den Weg weisen konnte. Bei seinem zweiten New-York-Besuch wurde er noch stürmischer gefeiert, die Zeitschriften berichteten über ihn, und der Rundfunk interviewte ihn. In einem Interview mit Otis Ferguson über den Sender WNYC regte er an, man solle Filme der B-Kategorie zum Experimentierfeld für ausgefallenere Stoffe, etwa für die Geschichten von Autoren wie O'Henry oder Edgar Allan Poe machen – eine interessante Vorwegnahme dessen, was er Jahre später mit seiner Fernsehserie verwirklichen sollte.

In Hollywood lernte er David O. Selznick persönlich kennen und war von ihm immerhin so beeindruckt, daß er sich mit dem angebotenen Vertrag im Prinzip einverstanden erklärte, der ihm für die vier vorgesehenen Filme äußerst günstige Bedingungen einräumte, nämlich 40 000 Dollar pro Film, mehr als das, was MGM ihm kurz zuvor verweigert hatte, und der den Vorteil bot, daß er sein Geld bekommen sollte, gleichgültig, ob er tatsächlich drehte oder nicht. Ferner reizte ihn, daß Selznick damals gerade wegen der Rechte an einem Buch verhandelte, das Hitch selber in England hatte kaufen wollen, dessen Preis ihm aber zu hoch gewesen war. Es handelte sich um Daphne du Mauriers Roman *Rebecca*, der gerade herausgekommen war und sich rasch zu einem Bestseller auswuchs (Hitch war natürlich mit Daphne du Maurier, der Tochter seines alten Freundes Sir Gerald, persönlich bekannt). So suchte ihn Selznick auch mit der Aussicht zu ködern, REBECCA nach TITANIC als seinen zweiten Hollywood-Film zu drehen. Als Hitch nach England zurückkehrte, hatte er vieles im Gepäck, worüber er gründlich nachdenken mußte.

Allerdings zog sich das TITANIC-Projekt hin. Selznicks Versuche, für den Ozeandampfer im Film die »Leviathan« zu erwerben, waren gescheitert, nun fand er keinen geeigneten Ersatz. Hitch machte die Dinge nicht leichter, weil er mit seiner englischen Vorliebe für das Skurrile Ideen entwickelte, die Selznick, der seinen Pappenheimer noch nicht so gut kannte, einigermaßen verstörten. So malte ihm Hitch die alptraumhafte Situation aus, wie das Ganze drehfertig vor der Küste Kaliforniens aufgebaut ist, der Untergang mit der Präzision eines Uhrwerks abläuft, und wenn der Dampfer in Glanz und Gloria für alle Zeiten im Meer versunken ist, kommt ein Techniker und sagt: »Tut mir leid, wir hatten einen Kurzschluß und konnten nicht drehen. Können wir das Ganze nochmal haben?« Oder er stellte sich vor, wie ein Beauftragter von Selznick in ein New Yorker Reisebüro geht und fragt, was der »Leviathan« kostet, und wie das zu einem langen Palaver führt, bis sich herausstellt, daß er das ganze Schiff kaufen will und nicht bloß ein Ticket. Oder er versicherte dem entsetzten Selznick, er wüßte schon ganz genau, wie der Film beginnen würde: mit der riesigen Großaufnahme einer einzigen Niete, von der dann die Kamera immer weiter und weiter zurückfährt, bis schließlich das ganze Schiff zu sehen ist. Selznick war sich nicht ganz im klaren, ob Hitch tatsächlich verrückt war oder nur ein Engländer und deshalb ein wenig sonderbar.

Zum Glück – oder zum Unglück – spielte das im Moment keine so große Rolle. Die TITANIC, die Selznick im August 1938 hatte vom Stapel lassen wollen, wurde erneut verschoben und dann auf Eis gelegt, so daß man Hitch in Hollywood bis weit ins Jahr 1939 hinein nicht brauchte. Definitiv sollte er nun als erstes REBECCA drehen. Er setzte sich also zunächst an den Schnitt von THE LADY VANISHES, und als der Film herauskam, wurde er sein bisher größter Erfolg, der ihm unter anderem Lob den New Yorker Kritikerpreis für den besten Film des Jahres 1938 einbrachte – eine kleine Aufmerksamkeit, die seinem Ruf in Amerika nicht gerade schaden würde. Doch diese Verzögerung seines Umzugs nach Hollywood riß ein Loch in seine Terminpläne, und so schaute er sich, um die Wartezeit zu überbrücken, in England nach etwas anderem um. Durch einen merkwürdigen Zufall wurde ihm noch ein anderes Buch von Daphne du Maurier angeboten, *Jamaica Inn*, ein Roman aus ihrer romantischen Periode, der zu Anfang des 19. Jahrhunderts unter Schiffbrüchigen an der entlegenen Küste von Cornwall spielt. Die Rechte hatte eine neue Firma erworben, die Mayflower Pictures, die hauptsächlich aus dem deutschen Produzenten Erich Pommer bestand, mit dem Hitch im Jahre 1926 in Neubabelsberg an *The Blackguard* zusammengearbeitet hatte, sowie aus Charles Laughton, der sich als Ko-Produzent jetzt selbst vermarktete. Hitch hatte Pommer nie gemocht, und das beruhte auf Gegenseitigkeit. Doch mit Laughton hatte er seit den zwanziger Jahren immer wieder zu tun gehabt und war recht gut mit ihm ausgekommen. JAMAICA INN sollte ihre dritte Produktion werden, und als man Hitch die Idee unterbreitete, fand er, daß sich daraus etwas machen ließe, unterschrieb den Vertrag und nahm einen Vorschuß von ein paar tausend Pfund dankend an. Kaum aber hatte er einen Blick auf das erste Script von Clemence Dane geworfen, glaubte er, seinen Augen nicht zu trauen, und bat und bettelte, den Vorschuß zurückzahlen zu dürfen und aus seinen Verpflichtungen entlassen zu werden. Ja, er war so verzweifelt, daß er schon sein Haus verkaufen wollte, nur um das Geld zurückzahlen zu können. Aber das nutzte alles nichts, Pommer blieb eisern: Vertrag sei Vertrag. Und Laughton redete auf ihn ein und schmeichelte ihm und versuchte es auch ein bißchen mit moralischer Erpressung, indem er ihm andeutete, daß die Firma Konkurs machen würde, wenn Hitchcock aussteige, und man ihn dann persönlich dafür haftbar machen würde, daß ein armer deutscher Flüchtling (Pommer) hilflos auf der Straße stünde. Widerwillig schickte sich Hitch in das Unabwendbare und versuchte, das Beste aus dem Projekt zu machen. Er und Alma bearbeiteten den Stoff neu, Sidney Gilliat und Joan Harrison zeichneten für das endgültige Drehbuch verantwortlich. Doch sie wurden ständig in Atem gehalten, besonders von Laughton. Persönlich hatte Hitch keinen Grund zum Streit mit Laughton – sie waren fast gleichaltrig, hatten ihren Katholizismus, ihre Herkunft aus dem englischen Mittelstand und ihre Körperfülle miteinander gemein, nur war ihr Lebensstil völlig verschieden: Pflegte Laughton, barock und bisexuell, ein Bohème-Dasein, so blieb Hitch der fromme kleinbürgerliche Familienvater. In einem freilich trafen sie sich: in ihrer Leidenschaft für gute Musik; zu Hitchs lebhaftesten Erinnerungen an die Wohnung in der Cromwell Road gehört die, wie er einmal Laughton mitnahm, um ihm seine neue Hi-Fi-

Anlage vorzuführen, und sich nach einiger Zeit aus dem Zimmer schlich, während Laughton völlig entrückt in seinem Sessel lag und sich von der Musik überströmen ließ.

In der Arbeit hatte Hitch jedoch wenig Geduld mit Laughton, den er für kindisch, haltlos und undiszipliniert hielt. Zunächst einmal: Laughton sollte eine der sympathischen Figuren des Buches spielen, den Onkel der Heldin und Wirt der Kneipe in Pengallan, wo Furcht und Schrecken herrschen und nachts geheimnisvolle Dinge vor sich gehen – eine feine Sache, eine interessante Besetzung gegen den Typ der Rolle. Doch dann bestimmte Laughton – wozu er als Produzent und Star durchaus das Recht hatte –, daß diese Rolle mit Leslie Banks besetzt werden müsse und er selber den heuchlerischen Prediger spielen werde, der tagsüber gegen den Raub von Strandgut wettert und nachts Schiffe auf die Felsen lockt. Eine Besetzung, wie Hitch bemerkte, die etwa denselben Effekt erzielen würde, wie wenn man einen Wer-ist-der-Täter-Krimi mit Laughton als Butler drehen und dann erwarten würde, daß niemand den Mörder im Butler vermutet. Infolgedessen mußten tausend Änderungen am Script vorgenommen werden, um diese katastrophale Fehlbesetzung auszugleichen. Als nächstes kamen die Produzenten dann reichlich spät darauf, daß es beim Verleih des Films in Amerika sicher Ärger mit dem Hays-Büro und dessen Sittenkodex geben würde, da lüsterne Prediger in Amerika mehr oder weniger tabu waren. So mußte das Script erneut umgearbeitet und aus dem Prediger ein Friedensrichter werden. Und da Laughton die Rolle noch immer zu klein fand, beauftragte er J. B. Priestley, ihm zusätzliche Dialoge zu schreiben. Beides klappte nicht, und Hitch war nur um so unglücklicher.

Zu guter Letzt konnten sie endlich mit der Produktion beginnen. Die Besetzungsliste enthielt viele bekannte Namen aus früheren Hitchcock-Filmen, wie Leslie Banks, Basil Radford und auch Claire Greet, deren Verbindung mit Hitchcock zurückreichte bis zu seinem allerersten Film, dem unvollendeten *Number Thirteen* von 1922. Auch neue Talente wirkten mit, wie Robert Newton und eine junge, noch ganz unerfahrene Entdeckung von Laughton, die sehr bald ein Star werden sollte: Maureen O'Hara. Jetzt schien alles im Lot zu sein, doch da fing Laughton wieder an, Schwierigkeiten zu machen. Hatte er zuerst auf der Rolle bestanden, so erklärte er nun, er »fühle« sie nicht. Tagelang brütete er in theatralischer Verzweiflung vor sich hin, während Hitch grimmig rund um ihn herum filmte und die anderen in echter oder falscher Sympathie gluckten. Was, fragte Hitch verzweifelt, gibt es denn da zu »fühlen«? Das ist eine Nonsense-Rolle in einem schamlosen Melodram, und alles, was du dabei tun mußt, ist, es zu *tun*! Ach, jammerte Laughton, ich habe noch nicht die richtige physische Präsenz, den richtigen Gang. Und Hitch drehte weiterhin ausschließlich Nahaufnahmen von ihm, während Laughton weitergrübelte, bis er schließlich nach zehn Tagen triumphierend den Zugang zur Rolle gefunden hatte: einen kleinen deutschen Walzer, zu dessen Takt er, wie er es sich ausgedacht hatte, mit einer ängstlichen und bedrohlichen Koketterie herumwatscheln wollte. *C'est magnifique, mais ce n'est pas le cinéma,* dachte Hitch bitter und betete darum, den Film ohne Krach und Krise hinter sich zu bringen. Dieses bescheidene Ziel hat er denn auch mehr oder weniger erreicht. Allerdings gab es noch einmal einen recht heiklen Moment, als Laughton die Szene mit Maureen O'Hara spielen mußte, wo er als der lüsterne Friedensrichter sie zu fesseln hatte. Er entwickelte alle möglichen verrückten Ideen, wie er die Szene spielen wollte, aber Hitch konnte sich nicht damit befreunden. Sie drehten die Szene immer und immer wieder, bis schließlich Laughton aus der Dekoration stapfte und sich qualmend in eine Ecke setzte. Hitch redete ihm gut zu, aber es nützte alles nichts. Mit einemmal sprang Laughton auf: Wieder hatte er den »Zugang« gefunden. »Ich hab's!« rief er. »Ich werde mir vorstellen, ich bin ein kleiner Junge von zehn, der sich gerade in die Hose gemacht hat!«

Schließlich war der Film fertig und kam in die Kinos. Die Kritiker verrissen ihn zwar, aber er wurde ein Kassenschlager – ohne Zweifel aufgrund von Hitchs und Laughtons Namen und weil er, wenn auch albern, so doch unterhaltsam und ein Vorläufer jener Kostüm- und Liebesfilme aus der Zeit des englischen Biedermeier war, die in den vierziger Jahren in England groß in Mode kamen. Mit einem Seufzer der Erleichterung, so leicht davongekommen zu sein, packte Hitch nun seine Siebensachen, vermietete die Wohnung in der Cromwell Road und machte sich mit Alma, Pat, der treuen Joan Harrison, einem Dienstmädchen und einem Koch in die heiteren Gefilde Südkaliforniens auf.

Wollte er dort bleiben? Hat er je daran gedacht, dort zu bleiben? Schwer zu sagen nach so langer Zeit, und wahrscheinlich war es – aus den verschiedensten Gründen – auch damals schon schwer zu sagen. Bevor sie nach Los Angeles zogen, waren Hitch und Alma dort nur ein paar Tage gewesen. Vielleicht haben sie es gehaßt. Ihr Dienstmädchen jedenfalls fand es abscheulich, machte auf dem Absatz kehrt und fuhr zurück nach England, während ihr Koch, angesteckt von der Luft des südlichen Kalifornien, davonging und Chiropraktiker wurde. Hitchcocks erster Film in Hollywood hätte eine Katastrophe werden können, in welchem Falle David O. Selznick möglicherweise auf seine teuren Dienste verzichtet hätte. Wenn im September 1939 nicht der Krieg ausgebrochen wäre (und wer hätte ihn im Frühjahr, trotz der bedrohlichen Lage, mit Sicherheit voraussagen können?), wäre den Hitchcocks der Rückweg, sofern sie ihn überhaupt antreten wollten, sicherlich leichter gefallen. Sie hielten sich alle Möglichkeiten offen – die Wohnung in London, das Haus in Shamley Green. Jahrelang ließen sie sich in Los Angeles nicht endgültig nieder. Hitch liebte England, würde es immer lieben, und selbst als er amerikanischer Staatsbürger wurde, blieb er – nun gerade – der englisch-eigenwilligste Amerikaner der Welt. Dem englischen Kino freilich war er entwachsen. Und Kino war sein Leben: Er mußte ihm folgen, wohin immer es ihn auch führen mochte. An diesem Punkt führten alle Wege nach Hollywood.

Zweiter Teil
Amerika

9. Kapitel

Zumindest das Wetter sagte Alma zu. Hitch war sich darin nicht so sicher, aber es machte ihm auch wenig aus, da er sich sowieso nie gern im Freien aufhielt. Außerdem hatte er wirklich nicht die Zeit, den heißen Sommer im damals noch smogfreien Los Angeles zu genießen, da er praktisch seit seiner Ankunft voll mit dem neuen Projekt REBECCA beschäftigt war. Sie bezogen die erste einigermaßen gemütliche Wohnung, die sie fanden – in den Wilshire Palms auf dem Wilshire Boulevard, direkt über Franchot Tone und einem der Ritz Brothers. Im Garten standen Palmen, und ein Swimming-Pool war auch da. Das Haus lag sehr günstig, so daß Pat auf eigene Faust herumstreifen und mit dem Bus nach Hollywood ins Kino fahren oder einfach auf Entdeckungsreisen gehen konnte. In Los Angeles besuchte sie, sehr zu ihrer Erleichterung, eine Tagesschule, Marymount, eine adrette katholische Mädchenschule am Rande von Bel Air. Wenn Hitch behauptet, aus einer schon pathologischen Angst vor der Polizei seit seiner Ankunft in Amerika das Autofahren total aufgegeben zu haben, ist das nicht ganz richtig. Tatsächlich hat er in Los Angeles einen Wagen besessen, und wenngleich meistens die unerschrockene Alma am Steuer saß, fuhr er Pat jeden Sonntag regelmäßig zur Messe in die Kirche. Ja, die Kirche wurde bald zum ausschließlichen Ziel seiner Autofahrten, vielleicht weil er das unbestimmte Gefühl hatte, damit ein Gott wohlgefälliges Werk zu tun, so daß ER ihm schon nichts Schlimmes würde zustoßen lassen.

Derlei Spekulationen verbanden sich eng mit der vor ihm liegenden Aufgabe, seinen ersten Hollywood-Film auf die Beine zu stellen. Selznick hatte Hitch, wie das seine Art war, über den Atlantik hinweg mit Briefen, Telegrammen und Memoranden bombardiert, seitdem er ihn ernsthaft für das Projekt in Erwägung gezogen hatte. Im September 1938 hatte er sich dann entschieden, den Film für Hitch zu reservieren, und gegen Ende des Monats hatte er ihm als Autoren Ben Hecht, Clemence Dane und John Balderston vorgeschlagen. Mit Clemence Dane war Hitch nicht ganz einverstanden, weil ihr Film-Script zu JAMAICA INN komplett hatte umgeschrieben werden müssen, verschloß sich aber keineswegs anderen Vorschlägen, obwohl ihm ein englischer

Autor am liebsten gewesen wäre, weshalb er Sidney Gilliat vorschlug. Im Januar 1939 drängte Selznick Hitch, er möge sich nun entscheiden, wer die wichtige Rolle des Maxim de Winter spielen sollte, und meinte, wenn Ronald Colman weiterhin zögerte, sollten sie mit Leslie Howard abschließen. Im Juni 1939 konnte Hitch dann ein erstes Treatment, verfaßt von Joan Harrison und Philip MacDonald, liefern; in einem weitschweifigen Memo vom 12. Juni zerpflückte es Selznick höflich, aber bestimmt und rügte, mit einigem Recht, sie wären ohne Not vom Buch abgewichen und hätten seine Substanz verflacht.

Das war eine neue Erfahrung für Hitch. Bisher hatte er es zunächst mit spießigen, obstruktionswütigen Produzenten wie C. M. Woolf und John Maxwell zu tun gehabt, mit reinen Geschäftsleuten, die sich nur fürs Geld interessierten; dann hatte er mit Michael Balcon gearbeitet, mit dem er im großen ganzen gut auskam – ein Mann nicht ohne Verständnis fürs Filmemachen und mit einem echten Interesse am Kino, der aber in dieser Phase seiner Karriere das Handicap hatte, zwischen den Stühlen zu sitzen: zwischen den »Intellektuellen« auf der einen und den C. M. Woolfs auf der anderen Seite. Balcon war der Ansicht, man müsse Filmemachern soviel Freiheit wie möglich lassen, und redete ihnen nur selten drein. Allerdings konnte man nicht auf ihn zählen, wenn es darum ging, andere vom Dreinreden abzuhalten. Doch dies nun, diese eingehende, engagierte Kontrolle von seiten eines Produzenten war etwas ganz anderes. Daß sie auch ihr Gutes hatte, entging Hitch durchaus nicht, da Selznick zweifellos intelligent war und viele gute Anregungen gab. Aber es war auch sehr strapaziös, weil es für Hitch bedeutete, seine Position verteidigen und sich selbst immer wieder bewähren zu müssen. Doch das, so meinte er, war eben das Hollywood-System, und man müsse sich wohl damit abfinden.

Vor allem war es ein Appell an seine Erfindungsgabe. Wie weit konnte er nach außen hin das Spiel des Produzenten mitspielen und doch am Ende tun, was er für richtig hielt? In diesem Kampf der Temperamente hatten er und Selznik einen ungefähr gleichstarken Stand, und jeder faszinierte und verblüffte sozusagen den anderen. Als Selznick Hitch etwas besser kannte, schrieb er seiner Frau, er habe mit Hitch einmal nach einer internen Vorführung von *The Wizard of Oz* bei einer Abendgesellschaft zusammengesessen und gefunden, er sei »kein schlechter Kerl, ohne jede Verstellung, obwohl nicht gerade einer, mit dem man zusammen campen gehen würde . . .«. Beruflich behandelte er Hitch in hohem Grade als seinesgleichen, nahm das Recht auf Kritik an Hitchs Arbeit als das Recht eines Profis gegenüber einem anderen Profi in Anspruch, war aber gleichermaßen bereit, sich widersprechen und notfalls ins Unrecht setzen zu lassen. Hitch neigte dazu, ihm Widerstand in Form schierer Trägheit zu leisten. Wenn er zu einem Vorschlag »Ja« sagte oder »Vielleicht, werd' nochmal drüber nachdenken«, aber dann doch machte, was er wollte, konnte Selznick nicht viel mehr tun, als ihn hinauswerfen – und gerade das hatte er allem Anschein nach nicht vor.

Zum Glück hatte Selznick bei den Vorbereitungen und Dreharbeiten zu REBECCA keine Zeit, über das übliche Memoranden-Trommelfeuer hinaus viel in Hitchcocks Arbeit hineinzureden. All seine Gedanken und Aktivitäten konzentrierten sich auf die Fertigstellung seiner bis dahin größten und fortan berühmtesten Produktion, *Gone With the Wind* (»Vom Winde verweht«). Der Film wurde bis Ende Juni 1939 gedreht, und anschließend hatte Selznick noch tausend Dinge um die Ohren, sei es der Schnitt, seien es die Musikaufnahmen, die Vorführung und all die in letzter Minute nötigen Überprüfungen bis zur Premiere am 15. Dezember 1939 in Atlanta. Hätte er sich ausschließlich oder überwiegend auf REBECCA konzentrieren können, so hätte es Hitch wohl erheblich schwerer gehabt. Beflügelt von der gewaltigen Publicity, die ihm die Suche nach der Darstellerin der Scarlett O'Hara eingebracht hatte, war Selznick vor allem daran interessiert, nun einen ebenso großen Publicity-Rummel für die Suche nach der noch namenlosen Heldin von REBECCA aufzuziehen. Hitch war überzeugt, daß er sich von Anfang an für seine erste Wahl, Joan Fontaine, entschieden hatte, die – worüber sich so ziemlich alle einig waren – die ideale Besetzung für die Rolle war. Nun aber begann eine gewaltige Geheimnistuerei, man verhandelte mit anderen, prominenteren Schauspielerinnen ebenso wie mit unbekannten, und Hitch machte Probeaufnahmen von mindestens sechs Bewerberinnen: von Vivien Leigh, Joan Fontaine, Margaret Sullavan, Anita Louise, Loretta Young und der sechzehnjährigen Ann Baxter. Vivien Leigh war überhaupt nur deshalb in die Wahl gezogen worden, weil sie unbedingt zusammen mit ihrem künftigen Ehemann Laurence Olivier spielen wollte, der bereits für die Rolle des Max de Winter engagiert worden war, doch Hitch und Selznick hielten sie von Anfang an für völlig ungeeignet. Ernsthaft in Frage kamen nur Joan Fontaine, Margaret Sullavan und Ann Baxter, und als Joan Fontaine schließlich den Zuschlag erhielt, war das für niemanden in der Produktion eine Überraschung.

Sobald das Drehbuch mehr oder weniger nach Selznicks Anweisungen fertiggestellt war, die sich so eng, wie es die pingeligen Vorschriften des Production Code erlaubten, an das Buch anlehnten (Max durfte nicht der Mörder seiner Frau sein und ungestraft davonkommen, sondern der Schuß mußte sich versehentlich gelöst haben), fing Hitch nach seinen höchsteigenen Vorstellungen und in seiner persönlichen Gangart zu drehen an; ab und zu brachten ihn Ermahnungen Selznicks auf Trab, daß die Muster zu lange dauerten oder daß er durch die Länge der Dreharbeiten den Etat überziehe. Besonders stieß sich Selznick an Hitchs Methode, nur das zu drehen, was im Drehbuch stand, und nichts sonst – keine durchlaufende Szene, keine Variationen von Halbtotalen und Naheinstellungen, die man später so oder so zusammenschneiden konnte und die es dem Produzenten erlauben würden, den Film im Schneideraum nach eigenem Gusto umzugestalten. Hitchs Material war ein Puzzlespiel, das nur eine einzige Lösung erlaubte: seine. Für Selznick blieb danach nichts mehr zu tun – es sei denn, er holte sich die Stars noch einmal und ließ die Dekorationen noch einmal aufbauen und drehte den Film für teures Geld noch einmal von vorn.

Eine schwache Ahnung davon überkam Selznick während der Aufnahmen, und er versuchte, Hitch zu einer hollywoodgemäßeren Arbeitsweise zu überreden, denn die sei schneller und billiger. Hitch indessen blieb fest, und Selznick war mit *Gone With the Wind* dermaßen ausgelastet (am 2. Dezember klagte er, er habe soviel zu tun, daß er die ganze Woche nicht dazu gekommen sei, sich auch nur einen Meter von REBECCA anzusehen), daß er ihn in Ruhe machen ließ. Für Hitch war es ein Vabanque-Spiel, er setzte darauf, daß der Film sich als gut erweisen und den ganzen Ärger vergessen machen würde. So geschah es denn auch – die erste, noch ziemlich improvisierte Presse-Vorführung war eine Sensation, die Kritiker jubelten, der Film gewann den Oscar als

»Bester Film des Jahres« und bescherte Selznick einen neuen Star in Gestalt von Joan Fontaine. Hitch stand voll gerechtfertigt da, und Selznick erklärte noch nach Jahren, Hitchcock sei der einzige Regisseur, wirklich der einzige, dem er einen Film hundertprozentig anvertrauen würde.

Inzwischen gewöhnte sich Hitch allmählich an Hollywoods Studios und Bräuche. Er lebte mit Alma sehr zurückgezogen und ließ keinen Zweifel daran, daß sie nicht daran dächten, sich in das Partyleben von Beverly Hills zu stürzen. Merkwürdigerweise half ihm das bei seiner Akklimatisierung. Wenn Produzenten und Stars ihn auch nicht immer verstanden, wußten sie doch, woran sie mit ihm waren, und konnten ihn einordnen. Er war ein bißchen seltsam, unverkennbar ausländisch, aber seriös und engagiert – nicht gerade einer, mit dem man zum Campen geht, aber einer, der sich nicht herumtreibt, ein durch und durch ehrlicher und zuverlässiger Mensch. Er war, wie ein großer Produzent gesagt hat, »ein Kerl von der Art, einem den Glauben an dieses ganze lausige Geschäft wiederzugeben«. Wenn sich Hollywood auch nicht voll und ganz mit ihm befreunden konnte, so konnte es ihn doch wenigstens respektieren. Hitch jedenfalls fühlte sich dort bald zu Hause. Er verunsicherte Hollywood, und genau das behagte ihm.

Schon bald wurde sein Alltag zum Ritual. Rasch hatte er alle gastronomischen Köstlichkeiten von Los Angeles durchprobiert und festgestellt, daß ihm von allen Restaurants das Chasens' am meisten zusagte. Das Lokal, nahe der Wohngegend der Filmarchitekten in West-Hollywood gelegen, war äußerlich reizlos und innen nichtssagend mit seinem französischen Einheits-Interieur in Plüsch und Gold. Doch Dave Chasen und seine Frau Maude hatten sich mit Haut und Haar der Zubereitung gediegen schmackhafter Gerichte verschrieben und schlossen mit den Hitchcocks schon bald eine enge Freundschaft. Jeden Donnerstagabend speisten Hitch und Alma, ob's stürmte oder schneite, bei Chasens', und zwar immer in der gleichen Nische, die im Laufe der Jahre mit kleinen Erinnerungsstücken wie etwa einem Porträt von Pat ausgeschmückt wurde. Hitchs Leibgericht bestand aus einem doppelten Steak (zu $ 5.50) und einem Champagner-Punsch nach eigenem Rezept.

Diese Dinners bei Chasens' und die sonntäglichen Kirchgänge

mit Pat bildeten die Fixpunkte seines Lebens. Wenn er filmte, erschien er, verkleidet als englischer Geschäftsmann im ewig gleichen dunklen Anzug mit weißem Hemd und dezenter dunkler Krawatte, Tag für Tag pünktlich im Atelier. Daß jemand im Anzug mit Schlips und Kragen herumlief, zumal in der stickigen Sommerhitze von Los Angeles, erschien zwar in den dreißiger Jahren noch nicht so seltsam wie heute, doch war in einer Welt, in der sich viele Filmemacher gern ausgefallen kleideten (man denke nur an De Milles Reithosen oder an Sternbergs tropisches Teepflanzerkostüm), Hitchcocks Aufzug der allerausgefallenste, da er am wenigsten in diese Atmosphäre paßte und kein Mensch darauf gefaßt war. Er arbeitete stets bis Büroschluß, fuhr dann nach Hause, las Zeitung, entspannte sich mit seiner Tochter und den Hunden, schlief ein Stündchen auf dem Wohnzimmersofa, nahm anschließend ein geruhsames, meist von Alma zubereitetes Dinner ein und ging früh zu Bett. Von Anfang an hatte er sich rein englisch eingerichtet: mit Chintz und blankem Messing und dunklem Holz. Aus England ließ er sich Speck und Dover Sole schicken und lagerte seine Privat-Importe bei der Los Angeles Smoking and Curing Company, bis der Krieg diesen Genüssen ein Ende bereitete. Überhaupt bewahrte er sich in seinem ganzen Lebensstil das Grundmuster, das er in England entwickelt hatte: das Leben eines schlichten Mittelstands-Engländers, der zufällig zugleich ein genialer Künstler war.

Auch in seiner Arbeit entwickelte er bald eine eigene Routine. Obwohl seine Methode, einen Film vor Beginn der Dreharbeiten in allen Details auf dem Papier auszuarbeiten, für Hollywood-Verhältnisse recht ungewöhnlich war, ließ sie sich dem Hollywood-System doch ohne weiteres anpassen. Ihr Geheimnis bestand darin, daß sie offensichtlich funktionierte, und alle in Hollywood waren sich darin einig. Ihm seinerseits imponierte die Leistungsfähigkeit der Hollywooder Ateliermaschinerie enorm. Da gab es praktisch nichts, was nicht zu machen war, keine noch so ausgefallenen Gegenstände, die sich nicht beschaffen, keine Fertigkeiten, die sich nicht irgendwo in der Stadt mieten ließen. Und das Geld dafür war ebenfalls vorhanden. Der Etat für REBECCA hatte sich ursprünglich auf etwa 950 000 Dollar belaufen und war am Ende auf über eine Million gestiegen. Der Film war der bei weitem teuerste, den Hitch je gemacht hatte, und das war nach den engen Grenzen, die ihm die winzigen Etats in England gesetzt hatten, Balsam auf seine Seele. Freilich hätte das viele Geld sich auch lähmend auswirken können, da die Verantwortlichkeiten damit wuchsen und der Anreiz, sich etwas einfallen zu lassen, den eine angespannte Finanzlage wohl oder übel mit sich bringt, für Hitch nun wegfiel.

Ohne Zweifel ist ihm REBECCA trotz des enormen Kassenerfolgs weit weniger persönlich geraten als die Filme, die er kurz zuvor in England gedreht hatte. Er selbst meint heute, REBECCA sei »kein Hitchcock-Film, sondern eigentlich ein Schmachtfetzen«, und er hält nicht viel von Daphne du Mauriers Werk, obwohl er drei Filme nach Stoffen von ihr gedreht hat: JAMAICA INN, REBECCA und THE BIRDS. Alle ihre Romane seien, so behauptet er, zweiter Aufguß: *Rebecca* sei ein Derivat aus Pineros Stück *His House in Order* mit einem Tupfer aus Mrs. Archer Clives altem viktorianischen Schocker *Paul Ferroll*; *Jamaica Inn* sei, nur leicht verhüllt, *Dr. Syn*; *Frenchman's Creek* sei *Lady Chatterley's Lover*; und selbst *The Birds* sei schon von Arthur Machen in seiner Erzählung »The Terror« vorweggenommen worden. Hitch hätte gern gewußt, was aus REBECCA geworden wäre, wenn er den Film in England gemacht hätte, da schließlich der Stoff, der Regisseur und die meisten Schauspieler aus England stammten und nur der Produzent und der letzte Bearbeiter des Scripts, Robert E. Sherwood, Amerikaner waren. Wahrscheinlich wäre das Ganze dann realistischer geworden, weniger quälend, das Haus in Manderley hätte quasi nicht so in der Luft gehangen, die Einzelheiten hätten mehr Leben erhalten, die Grundstimmung wäre weniger traumhaft und schaurig gewesen – was, wie Hitch zugibt, nicht unbedingt ein Vorteil gewesen wäre.

Mit Selznick hatte er wegen seiner Behandlung des Stoffs keine größeren Probleme, abgesehen von ihrem Streit über den nötigen Schuß Humor (den Selznick zu Hitchs Bedauern gewann), und einem harten Ringen um die allerletzte Einstellung, wo Schloß Manderley schließlich in Brand gesteckt wird. Selznick hatte dafür eine, wie er meinte, großartige Idee: In einer ausgetüftelten Trick-Aufnahme sollte sich der aus dem Schloß aufsteigende Rauch am Himmel zu einem gigantischen *R* (für Rebecca) kringeln. Hitch hielt das schlicht für albern und banal, jedenfalls würde es das Gegenteil dessen bewirken, was ausgedrückt werden sollte, da es damit so aussähe, als würde die unheilvolle Gegenwart Rebeccas weiterhin auf allem lasten, anstatt am Ende ausgelöscht zu sein. Stattdessen ersann und drehte er die Sequenz, in der Rebeccas Zimmer in Flammen aufgeht und die damit endet, daß der Kopfkissenbezug mit dem eingestickten *R* zu Asche zerfällt. Selznick gab sich drein, nicht sehr begeistert, aber doch in dem tröstlichen Gefühl, daß diese Lösung wenigstens nicht so teuer war und sein kostspieliger ausländischer Regisseur sich ausnahmsweise einmal zum Sparen bereitgefunden hatte.

Selznick war der Meinung, er sei (wenn auch unfreiwillig) bei REBECCA ein Muster an Geduld und Nichteinmischung gewesen. Hitch war anderer Meinung. Er hatte vor Selznick großen Respekt, ja er mochte ihn auch persönlich, aber ihn störte und irritierte der Gedanke, daß ihm der Produzent dauernd im Nacken saß und ihn – wenn auch für Selznicks Begriffe relativ selten – plötzlich im Atelier besuchte, wie es Selznick zuweilen tat. Hitch wurde nervös und fragte sich, ob das in Hollywood wohl die Regel sei, denn wenn es so wäre, würde er sich kaum damit abfinden können. Schon bald sollte er Klarheit darüber erhalten.

Der ungeheure Erfolg von REBECCA überzeugte Selznick davon, daß sich sein aufwendiger Vertrag mit Hitchcock bezahlt machen würde. Doch ausgerechnet jetzt hatte er keinen neuen Stoff für ihn parat. Die Organisation der Selznick International war nämlich ins Schwimmen geraten, hauptsächlich durch ihre enormen Gewinne aus *Gone With the Wind* und REBECCA, weshalb sich Selznick gezwungen sah, in einer komplizierten Kapitalertrags-Transaktion zu liquidieren – mit dem Ergebnis, daß er sich auf drei Jahre aus der Filmproduktion zurückzog und erst Ende 1944 mit *Since You Went Away* wieder aktiv wurde. In der Zwischenzeit behielt er Hitch und mehrere Stars weiterhin unter Vertrag, erwarb zudem eine Menge literarische Stoffe, beschränkte sich aber ganz aufs Verleihgeschäft, so daß Hitch an die verschiedensten Produzenten abgetreten werden mußte, bevor er wieder einen Film für Selznick machen konnte. Im Juni 1940 war er bei gleich drei Firmen im Gespräch: bei Warners sollte er *The Constant Nymph* mit Laurence Olivier und Vivien Leigh machen, bei Universal *Back Street* mit Margaret Sullavan und bei Metro *A Woman's Face* mit Joan Crawford.

Lange zuvor jedoch waren Ereignisse eingetreten, die an Bedeutung die Vorgänge in den Selznick-Studios in Culver City wesentlich übertrafen. Am 3. September 1939 war Großbritanniens Ultimatum an Hitler wegen Polen erfolglos verstrichen, und so befand sich England notgedrungen mit Deutschland im Kriegszustand. Hitch hatte gerade mit den Dreharbeiten zu REBECCA begonnen und sah keine Möglichkeit, wieder nach England zu gehen, selbst wenn ihm das aus taktischen oder Vernunftgründen ratsam erschienen wäre. Als er von der Kriegserklärung erfuhr, versuchte er sofort, seine Mutter anzurufen, bekam aber den Bescheid, daß zur Zeit alle Verbindungen unterbrochen seien. Er war völlig niedergeschlagen und sehr in Unruhe, denn nach allem, was man hörte, stand zu vermuten, daß dem Kriegsausbruch sofort Luftangriffe auf London folgen würden. Schließlich kam er nach drei Tagen durch, sprach mit seiner Mutter und stellte teils verärgert, teils erleichtert fest, daß sie so stur und stoisch war wie eh und je. London sei bis jetzt nicht bombardiert worden und würde es wohl auch kaum werden, und im übrigen hätte sie ja auch die Zeppelin-Angriffe im Ersten Weltkrieg überstanden, und das sei doch im wesentlichen dasselbe gewesen. Hitchs Anregung, sie sollte sich vielleicht überlegen, ob sie nicht nach Amerika kommen wollte, bis die brenzlige Situation vorüber sei, schlug sie rundweg ab; sie hätte keine Lust zu reisen, und alte Bäume verpflanze man nicht. Allenfalls ließ sie sich zu dem Zugeständnis herbei, unter Umständen London zu verlassen und, falls die Verhältnisse schlimmer würden, nach Shamley Green zu gehen, aber versprechen wollte sie nichts.

Nun, das war immerhin tröstlich zu wissen. Und da die britische Regierung als erste Maßnahme nach Kriegsausbruch sämtliche Theater und Kinos sowie alle Filmstudios geschlossen hatte, die sie größtenteils für Kriegszwecke requirieren wollte, gab es für Hitch in England ohnehin nur wenig oder gar nichts zu tun. In ganz Großbritannien war nur noch ein einziger Film in Produktion, Gabriel Pascals teure Verfilmung von Shaws *Major Barbara*, und das auch nur, weil Michael Balcon, der jetzt die kleinen Ealing-Studios in West-London leitete, wo der Film gedreht werden sollte, alle Fäden gezogen, darum gebettelt, dafür plädiert und immer wieder argumentiert hatte, England brauche jetzt seine kulturellen Aushängeschilder mehr denn je, und es wäre doch verantwortungslos, etwas so Wichtiges aus schierer Panik einfach über Bord zu werfen. Da nun Hitch auf der anderen Seite des Globus gerade an einem Film arbeitete, der in jeder Hinsicht ein britisches Opus zu werden versprach, schien es ihm am vernünftigsten – und auch am sinnvollsten –, ihn nach besten Kräften zu vollenden. Also beschloß er zu bleiben.

Diese Entscheidung, die vielleicht gar kein bewußter, zu einem bestimmten Zeitpunkt getroffener Entschluß war, fand jedoch bei gewissen Leuten in England keine allzu günstige Aufnahme. Hitch selbst war zwar über das Alter hinaus, in dem man ihn hätte zum Militärdienst einziehen können, nicht aber ein anderer, mit dem sein ganzes Projekt stand oder fiel: Laurence Olivier mußte sofort nach Abschluß seiner Szenen zurück in die bedrohte Heimat. Auch andere Engländer, die damals in Amerika waren, beeilten sich, nach Hause zu kommen, wenn auch viele fürs erste blieben, teils weil sie noch vertragliche Verpflichtungen hatten, teils weil sie meinten, es sei, wenn man von der Erregung des Augenblicks absah, wenig sinnvoll, überstürzt nach England zurückzukehren, bevor abzusehen war, wie die Dinge sich weiter entwickeln würden. Bei RKO zum Beispiel drehte Herbert Wilcox, der in den frühen Jahren des britischen Films fast gleichzeitig mit Hitch angefangen hatte, gerade eine Filmserie mit seiner Frau Anna Neagle. Die beiden waren ziemlich in der gleichen Lage wie Hitch: Sie waren vertraglich gebunden, saßen also fürs erste fest und konnten nichts anderes tun, als die Sache Englands von jenseits des Atlantik aus zu unterstützen.

Doch bald schon kreuzten sich die Wege der Heimfahrenden mit denen der Neuankömmlinge. Gracie Fields zum Beispiel hatte das Pech, mit einem Italiener, Monty Banks, verheiratet zu sein, dem in England die Internierung als feindlicher Ausländer drohte. Infolgedessen ging sie natürlich sofort mit ihm nach Amerika, gefolgt von hysterischen Vorwürfen, sie sei eine feige Verräterin, ihr Land in der Stunde der Not im Stich zu lassen. Elisabeth Bergner, seit Hitlers Machtantritt in England ansässig, war gerade für Michael Powells *Forty-ninth Parallel* zu Außenaufnahmen in Kanada und verließ die Produktion, um sich über die Grenze in die neutralen Vereinigten Staaten abzusetzen. Auch sie bekam ihr Teil ab. Dann kam im Februar 1940 Alexander Korda, noch immer der mächtigste und extravaganteste Produzent in England, nach Hollywood zu seinem Bruder Zoltan, dem Regisseur, der mit seiner Gesundheit schon ziemlich am Ende war, und dessen Frau, Merle Oberon, die damals bei Warners unter Vertrag stand. Korda brachte einen großen Film mit, der durch den Ausbruch des Krieges unterbrochen worden war, *The Thief of Bagdad*, um ihn in Kalifornien zu Ende zu drehen. Für viele Filmleute in England war Hollywood die letzte Chance. Daß Korda, ein »Gast in unserem Lande« (wie man in England gern von Ausländern sprach, um damit anzudeuten, daß sie wohl niemals auf eigenen Beinen stehen würden), sich in Englands dunkelster Stunde leichten Herzens davonmachte, nur um des schnöden Mammons willen, sei Hochverrat von der übelsten Sorte, und gar schrecklich klangen die Verwünschungen in der englischen Presse.

Dabei war Korda, ein Englandnarr seit seiner Jugend, auf persönliche Bitten Churchills, wie manche sagen, jedenfalls aber mit Churchills ausdrücklicher Unterstützung herübergekommen, um in Hollywood weiterhin britische Filme zu machen, und zwar Filme, die einem amerikanischen Publikum britische Werte und britische Lebensart vermitteln sollten, solange diese Filme in England selbst nicht hergestellt werden konnten. Diesen Sachverhalt konnte man damals freilich nicht publik machen, weshalb Kordas Aktivitäten abenteuerlichen Mißdeutungen ausgesetzt waren – auch dann noch, als er in Hollywood weiterhin stramm patriotische Filme drehte, etwa *Lady Hamilton* (oder *That Hamilton Woman*, wie der Film in den Staaten hieß) mit Vivien Leigh und Laurence Olivier, den man um der guten Propaganda willen, die seine bezwingende Darstellung Nelsons verkörperte, eigens vom Kriegsdienst befreit hatte.

Natürlich kriegte von dem Hagel all dieser Anschuldigungen und Verdächtigungen auch Hitch seinen Teil ab. Die schmerzlichste stammte von seinem alten Freund und Mitarbeiter Michael Balcon, der gegenüber der Londoner Presse eine höchst unbedachte Erklärung abgab, indem er Hitch namentlich unter denen aufzählte, die England im Stich gelassen hätten, als sie am nötigsten dort gebraucht wurden. Hitch und Alma waren tief bestürzt, daß ausgerechnet Balcon, der es hätte besser wissen müssen, in diese Kerbe hieb. Er bedauerte das auch bald selber, als er inoffiziell erfuhr, daß Hitch wie Korda auf ausdrücklichen Wunsch der britischen Regierung in Amerika britische Filme machten. Aber da war es schon passiert. Besonders Alma fiel es schwer, all das zu vergeben und zu vergessen, was in den ersten Kriegstagen über Hitch verbreitet worden war, und es bekräftigte ihre Entschlossenheit, für immer in der neuen Heimat zu bleiben. Sobald sie konnte, fuhr sie nach England, um ihre Mutter und ihre Schwester zu holen, und als sie wieder in Amerika war, schloß sie Land und Leute voll in ihr Herz. Gleich nach Ablauf der gesetzlichen Wartezeit ließ sie sich naturalisieren, fünf Jahre bevor auch Hitch sich dazu entschloß.

Inzwischen schaute sich Hitch nach Möglichkeiten um, wie er in Amerika die britischen Kriegsanstrengungen am zweckmäßigsten unterstützen konnte. Das war gar nicht so einfach. Obwohl es in Hollywood kaum offene Nazi-Sympathisanten gab, aus guten Gründen aber viele Nazigegner, hieß die offizielle Politik: strikte Neutralität. Zwar kamen jetzt immer mehr Filme heraus, in denen die Schurken mit deutschem Akzent sprachen und das Publikum annehmen mußte, daß es sich um Nazis handelte, auch wenn sie nicht ausdrücklich als solche in Erscheinung traten. Aber wenn ein Produzent es unternahm, einen ausgesprochenen Antinazi-Film zu drehen, lief er noch immer Gefahr, sich das Mißfallen des State Departments zuzuziehen, und so blieben solche Filme spärlich. Da fügte es sich, daß gerade zu dieser Zeit ein mutiger Produzent mit just einem solchen Vorschlag zu Hitch kam. Es war Walter Wanger. Er hatte, wie verlautete, kurz zuvor für 10 000 Dollar die Filmrechte an Vincent Sheeans autobiographischem Roman *Personal History* erworben. Der Grundgedanke – die Erlebnisse eines politisch engagierten Korrespondenten im krisengeschüttelten Europa kurz vor dem Ausbruch eines großen Krieges – war reizvoll und dramatisch. Leider fehlte ihm aber eine klare Geschichte – eine zusammenhängende Handlung, sprechende Charaktere, herausragende Ereignisse, kurzum all das, was sich einer Verfilmung anbot. Was also könnte Hitch daraus machen, wollte Wanger wissen, wenn er freie Hand bekäme?

Hitch konnte das auf Anhieb nicht sagen, doch war er überzeugt, daß sich schon einiges daraus machen ließe – für Wanger und für England. Also rief er seinen alten Drehbuchmitarbeiter Charles Bennett, der sich seit 1937 in Hollywood niedergelassen hatte, und gemeinsam mit Joan Harrison gingen sie daran, in mühseliger Kleinarbeit eine brauchbare Handlung zu konstruieren. Nahezu das einzige, was sie aus Sheeans Buch übernahmen, war der Schauplatz am Anfang, Holland. Und getreu seinem alten Grundsatz fragte Hitch zuallererst: Was gibt es in Holland? Antwort: Windmühlen und Tulpen. Das ergab zwei Metaphern: einmal eine Windmühle, deren Flügel sich bedeutungsvoll verkehrt herum drehen, zum anderen einen Mord in einem Tulpenfeld mit der Großaufnahme einer blutbefleckten weißen Tulpe. Die zweite Metapher war nach Hitchs Meinung unausführbar, da sie zur vollen Wirkung der Farbe bedurfte, außerdem wußte er ohnehin nicht, wie er sie verarbeiten sollte. Die erste hingegen lieferte den Ausgangspunkt des Films, eine verwickelte Geschichte von einem unschuldigen Unbeteiligten, der wider Willen nach und nach in die Mühlen des Krieges gerät. Der Held, ein in Europa eingesetzter amerikanischer Korrespondent ohne parteipolitische Bindung, steht für den distanzierten Durchschnittsamerikaner. Seine erste Berührung mit der Kriegswirklichkeit ist persönlicher Natur, er begegnet einem netten alten Holländer und einem attraktiven englischen Mädchen, durch die er in eine verwickelte Spionageaffäre um einen gekidnappten holländischen Diplomaten und gestohlene Papiere gerät, bis er schließlich mitten im Kampf gegen den Nazismus steckt und in der Ausblende eine Rundfunkbotschaft an Amerika richtet:

JONES: Hallo, Amerika! Ich habe mit angesehen, wie ein Teil der Welt in Trümmer fiel. Ein Teil der Welt, so schön wie Vermont, Ohio, Virginia, Kalifornien und Illinois, liegt da, zerrissen und aus tausend Wunden blutend wie ein Stier im Schlachthaus. Und ich habe Dinge gesehen, mit denen verglichen die Geschichte der Wilden sich wie ein Ammenmärchen liest.

ANSAGER: Wir müssen diese Sendung leider verschieben. *(Sirenen beginnen zu heulen und Scheinwerfer aufzuleuchten, während draußen Bomben zerbersten.)*

JONES: Verschieben wir gar nichts, machen wir weiter, solange wir können!

ANSAGER *(zu Carol)*: Madam, unten ist ein Luftschutzkeller.

JONES: Also, wie ist es, Carol?

CAROL: Amerika hört uns, Johnny.

JONES: O.K. Wir werden es ihnen sagen. Ich kann den letzten

Teil dieser Ansprache nicht mehr ablesen, weil das Licht ausgegangen ist. Ich muß also aus dem Stegreif reden. Der Lärm, den Sie hier hören, das sind keine atmosphärischen Störungen, das ist der Tod, der London heimsucht. Ja, jetzt kommen sie. Sie können die Bomben auf Straßen und Häuser fallen hören. Drehen Sie nicht ab – bleiben Sie dran – das ist ein großer Moment – und Sie gehören dazu. Jetzt können wir nur noch im Dunkeln auf sie warten, jetzt, wo überall die Lichter ausgehen, außer in Amerika. *(Musik – »America« – setzt leise ein und spielt weiter bis zum Ende des Nachspanns.)* Sorgt dafür, daß diese Lichter nicht ausgehen, umkleidet sie mit Stahl, faßt sie in Kanonen, umgebt sie mit einem Schild aus Schlachtschiffen und Bombern und – hallo, Amerika! – bewahr dir deine Lichter, sie sind die einzigen in der Welt.

Das Drehbuch sollte Hitch soviel Kopfzerbrechen bereiten wie kaum ein anderes zuvor: Im Verlauf der Vorarbeiten verbrauchte er vierzehn Autoren, von denen nur vier im Film namentlich genannt werden: Joan Harrison und Charles Bennett, die der Vorspann als Verfasser des Original-Drehbuches ausweist, sowie James Hilton und Robert Benchley, die als Dialog-Autoren erscheinen. Benchleys Einbeziehung war eine Sache für sich. Hitch hatte verschiedentlich Kurzfilme des grämlichen, vom Leben enttäuschten Komikers gesehen, selbstverfaßte Illustrationen zu Themen wie *How to Sleep*, *A Night at the Movies* oder *The Sex Life of the Polyp*, und darin einen ihm verwandten trockenen, grotesken Humor gefunden. Jahre später sollte er sich an Tonart und Zuschnitt dieser Kurzfilme erinnern, als er für seine Fernsehserie ALFRED HITCHCOCK PRESENTS die berühmten einleitenden Monologe schrieb. Er kam nun auf den Gedanken, daß Benchley, der damals mehr Autor als Schauspieler war und den er eigentlich nur als Dialogschreiber engagiert hatte, ein guter Darsteller jenes alkoholseligen Reporters sein müßte, den abzulösen Jones zu Beginn des Films nach Europa geschickt wird. Da die betreffende Szene weitgehend Exposition ist, ließ Hitch sie, um ihr Farbe zu geben, von Benchley für Benchley schreiben und ihn die Rolle selber spielen. Während der Aufnahmen hielt er Benchley ständig dazu an, nur immer ganz er selbst zu sein, dann käme schon alles in Ordnung; die Kamera diene lediglich als stummer Zuhörer.

Das äußerste an Regieanweisung, was man von Hitch während des ganzen Films an Benchleys Adresse hörte, war, als er einmal zu dem Mann mit den schweren Augenlidern sagte: »Nun komm schon, Bob, mach diese ungezogenen kleinen Äuglein auf!«

Für die Hauptrolle schwebte Hitch ein großer Star wie Gary Cooper vor. Man wandte sich also an Cooper, doch der hatte den Eindruck, das Buch sei letztlich »bloß ein Thriller«, also unter seiner Würde, und lehnte ab (später gestand er Hitch, das sei ein schwerer Fehler gewesen). Statt Cooper bekam Hitch dann Joel McCrea, dazu Laraine Day für die weibliche Hauptrolle, unterstützt von einer ganzen Reihe hervorragender Charakterdarsteller, darunter Herbert Marshall, auch einer aus der englischen Kolonie in Hollywood, als eleganter britischer Geheimagent der Nazis, ferner George Sanders, mit dem Hitch gerade erst in REBECCA zu tun gehabt hatte, als des Helden geschniegelter englischer Kollege, ferner in der Rolle des holländischen Diplomaten der noble deutsche Schauspieler Albert Bassermann, der vor den Nazis nach Amerika geflohen war, und schließlich Edmund Gwenn, mit dem Hitch in England zur Zeit von THE SKIN GAME und WALTZES FROM VIENNA zusammengearbeitet hatte, als gemeiner, doch nicht sehr erfolgreicher Killer. Hitch hielt sogar ein kleines Plätzchen für den einstigen Star von *The Black-Guard*, Jane Novak, frei, die nun, nach fünfzehn Jahren, in Hollywood eine vielbeschäftigte Kleindarstellerin geworden war, ähnlich wie Betty Compson (*Woman to Woman*), die er gleichermaßen in seinem nächsten Film, MR. AND MRS. SMITH, unterbringen sollte. Hitch hatte in solchen Dingen ein sprichwörtliches Gedächtnis – und er zeigte sich sprichwörtlich generös. Er wußte freilich auch stets, wann es angezeigt war, sich besser nicht zu erinnern: Als er nach geeigneten Drehorten für NOTORIOUS suchte, bekam er einmal eine entsprechende Empfehlung mit aller Ehrerbietung von einem Assistenten eines Assistenten der Abteilung für Außenaufnahmen unterbreitet, in dem er jenen Mann von Famous Players wiedererkannte, der sich 1919 seine Skizzen angesehen und ihm seinen ersten Job verschafft hatte. In diesem Falle hielt er es für taktvoller, sich nichts anmerken zu lassen, doch wenn er alten Freunden (oder sogar alten Feinden wie Jack Cutts), denen es schlecht ging, unaufdringlich unter die Arme greifen konnte, dann tat er es ohne Zögern.

In seinem Hitchcock-Buch meint François Truffaut in bezug auf FOREIGN CORRESPONDENT, der Film sei für Hitch nach REBECCA ein Abstieg gewesen, »entschieden ein Film der B-Kategorie«. Hitch ist zu höflich, ihm zu widersprechen, aber hier liegt Truffaut ganz falsch. Obwohl FOREIGN CORRESPONDENT keine großen Starnamen aufwies, war er ein anspruchsvoller und mit seinem Kostenaufwand von anderthalb Millionen Dollar gegenüber der einen Million, die REBECCA gekostet hatte, teurer Film. Der Grund dafür liegt auf der Hand, wenn man sich den Film näher ansieht. Abgesehen von den kostspieligen Außenaufnahmen des zweiten Kamerateams in London und Amsterdam – die wiederholt werden mußten, weil beim erstenmal das Schiff, auf dem der Kameramann hinüberfuhr, torpediert worden und die ganze Ausrüstung untergegangen war –, mußten in Hollywood zahlreiche und in einigen Fällen höchst umfangreiche Dekorationen aufgebaut werden. Einen Monat allein dauerte die Anlage des Amsterdamer Platzes, wo der fingierte Mord stattfindet: Drei Trupps arbeiteten daran rund um die Uhr, das Paradestück war ein ausgeklügeltes Entwässerungssystem, weil die ganze Szene mit ihrem Wald von Regenschirmen in einem orkanartigen Regen spielt, und das auf einer Fläche von rund vier Hektar. Ferner hatte man im Atelier ein Stück holländische Landschaft mit Windmühlen und mehrere Gegenden von London nachgebaut sowie ein großes Flugzeug – Innen- und Außenansicht – und dazu einen riesigen Wasserbehälter für die sensationelle Sequenz aufgestellt, wo das Flugzeug ins Meer stürzt. Um ein Höchstmaß an Lebendigkeit, Lebensechtheit und künstlerischer Qualität zu erreichen, nahm Hitch mit Freuden die Mitarbeit von William Cameron Menzies an, der gerade für Selznick als Filmdekorateur den Mammut-Auftrag *Gone With the Wind* bewältigt hatte und auf dessen Konto in dem ganzen Hin und Her dieser wechselhaften Produktion die visuelle Ausgewogenheit und die glanzvolle Aufmachung gingen.

Nach dem in sich geschlossenen Seelendrama REBECCA war Hitch mit FOREIGN CORRESPONDENT wieder in seinem ureigensten Element, dem von Action strotzenden Thriller. Und dank dem größten Etat, der ihm jemals zur Verfügung gestellt worden war (obwohl er persönlich nicht viel davon abbekam: er wurde fast verrückt, als er entdeckte, daß Selznick, der ihm pro Woche

2500 Dollar zahlte, für Hitchs Dienste von Wanger das Dreifache einstrich), konnte er sich den teuren Spaß so virtuoser Passagen wie der Mordszene in Amsterdam oder des Mordversuchs in London leisten (durch Sturz vom Turm der katholischen Westminster Abbey, ein von Hitchcocks religiös gesinnten Kritikern vielbeschrienes Detail) wie auch den Absturz der Transatlantik-Passagiermaschine ins Meer. Für diese Szene dachte er sich einen seiner verblüffendsten Tricks aus. Der Absturz als solcher ist über die Schultern des Piloten und des Co-Piloten hinweg ohne jeden Schnitt so gefilmt, daß man sieht, wie das Wasser näher und näher kommt, bis es beim Eintauchen des Flugzeugs ins Meer die Kabinenscheibe durchbricht und sich über die Piloten und die Kamera ergießt. Das Verfahren war an sich ganz einfach. Hitch machte zunächst eine Aufnahme aus einem aufs Wasser zurasenden Flugzeug. Diesen Film ließ er dann vor dem Cockpit auf eine Projektionsfläche aus Seidenpapier projizieren. Hinter dieser Fläche hatte er einen großen Behälter mit Wasser aufstellen lassen, der in dem Moment, wo das Flugzeug scheinbar ins Meer eintaucht, schlagartig geöffnet wurde, so daß die Wassermassen das Seidenpapier durchbrachen und so plötzlich ins Cockpit strömten, daß man unter der Wucht dieses Einbruchs unmöglich das Aufreißen der Projektionsfläche wahrnehmen kann. In der anschließenden Szene, in der die Überlebenden mit den Wellen kämpfen, wollte er zeigen, wie ein Flügel vom Flugzeugrumpf abbricht und davontreibt. Zu diesem Zweck ließ er auf dem Boden des Wasserbehälters ein verzweigtes Schienennetz legen, so daß er die einzelnen Flugzeugteile auf diesem wasserbedeckten Gegenstück einer riesigen Spielzeugeisenbahn exakt in die jeweils gewünschte Richtung lenken konnte.

Mit FOREIGN CORRESPONDENT war Hitch weitaus zufriedener als mit REBECCA. Dies war nun endlich wieder ein unverwechselbarer »Hitchcock-Film« und wurde auch als solcher aufgenommen. Zudem erzielte der Film eine Wirkung, die Hitch bewußt angestrebt hatte: wie die *Herald Tribune* schrieb, »vermischt er reine Unterhaltung und packende Propaganda mit filmischen Mitteln«. Als FOREIGN CORRESPONDENT am 16. August 1940 herauskam, waren die Vereinigten Staaten noch achtzehn Monate von ihrer Neutralitätsaufgabe und ihrem Kriegseintritt entfernt, doch Hitchcocks Anti-Nazi- und Pro-England-Message war laut und deutlich zu hören. Wenn man ihn heute fragt, wie er dazu kam, distanziert er sich gern von der Sache und behauptet, das sei alles das Werk von Walter Wanger und Ben Hecht gewesen. Es erscheint freilich wenig glaubhaft, daß Hitch in jenen emotionsgeladenen Zeiten nicht selbst dahinter gestanden und in der Geschichte nicht auch seine eigenen Gefühle ausgedrückt haben sollte – selbst wenn er persönlich vielleicht gezögert hätte, seine Gefühle so offen zu zeigen.

Nach FOREIGN CORRESPONDENT sah sich Hitch, weniger spektakulär und eher zufällig, in zwei andere Filme hineingezogen, die damals in Arbeit waren. Zunächst drehte er Walter Wanger zuliebe, mit dem er gern zusammengearbeitet hatte (denn anders als Selznick ließ Wanger die Dinge meist laufen), ein paar zusätzliche Szenen zu dem Archie-Mayo-Film *The House Across the Bay* mit Walter Pidgeon, Lloyd Nolan und Joan Bennett in einem Flugzeug, einer Dekoration also, für die Hitch nach FOREIGN CORRESPONDENT als Fachmann galt. Dann ließ er sich für ein noch treuherzigeres Schaustück britischen Patriotismus als FOREIGN CORRESPONDENT breitschlagen, einen episodischen Tribut an den englischen Geist, betitelt *Forever and a Day*, dem sich die meisten Angehörigen der britischen Kolonie in Hollywood sowie viele englandfreundliche Amerikaner zur Verfügung gestellt hatten, unter anderem Herbert Wilcox und Anna Neagle, Jessie Matthews, Sir Cedric Hardwicke, Charles Laughton und Ida Lupino. Hitch hatte bereits eine Sequenz entworfen, in der Ida Lupino als kleine Cockney-Göre hinter einer Menschenmauer hin- und herläuft und versucht, darüber hinweg zu sehen. Schon wollte er sie inszenieren, als ihm sein Terminkalender dazwischenkam, weshalb der gerade aus Frankreich eingetroffene René Clair – auch ein Flüchtling vor den Deutschen – die Regie übernahm und die Szene nach Hitchcocks Entwürfen drehte.

Auch privat lebten sich die Hitchcocks rasch ein. Nachdem sie ein paar Monate lang die Wohnung in Wilshire Palms gehabt hatten, sahen sie sich nach einem Haus um und mieteten schließlich eins in der St. Cloud Road in Bel Air, ein Cottage im englischen Stil, das Carole Lombard früher bewohnt hatte und das ihnen sehr gefiel. Im gesellschaftlichen Umgang pflegte Hitch seinen Ruf als harmloser Exzentriker, ja er baute ihn sogar noch aus. Zum Beispiel mit der Gewohnheit, vor allen Leuten einzuschlafen. Bei einer Abendgesellschaft war er einmal in eine angeregte Unterhaltung mit Thomas Mann und Louis Bromfield vertieft, als er von einer Minute auf die andere sanft entschlummerte, während die beiden anderen über seinen Kopf hinweg lebhaft weiterdiskutierten. Ein andermal hatte er Loretta Young und Carole Lombard zu Chasens' ausgeführt und war mitten im Essen zwischen den beiden berückendsten Frauen Hollywoods tief und fest eingeschlafen. Einmal schlief er auch auf einer Dinner-Party ein und schlief noch immer, als die anderen Gäste bereits auf Zehenspitzen weggegangen waren. Als Alma ihn schließlich weckte und vorsichtig zu bedenken gab, ob sie nicht eventuell auch gehen sollten, fragte Hitch ganz verschlafen: »Ist es nicht unhöflich, jetzt schon zu gehen?«

Man wußte nie so recht, inwieweit diese Nickerchen echt waren oder eher eine List, um die Reaktionen der anderen zu testen. Natürlich trieb Hitch auch in Hollywood seine drastischen Späße. Der berühmteste fand eines Abends bei Chasens' statt. Er hatte für Alma eine Geburtstagsparty im hinteren Garten, auch Yard genannt, arrangiert. Dort standen zwei bis drei Tischtennis-Tische, eine kleine halbrunde Bar sowie ein Tisch für vielleicht vierzehn Personen. An den Kopf der Tafel plazierte Hitch nun eine würdevolle alte Dame, hochelegant gekleidet, grauhaarig und offensichtlich sehr vornehm (in Wirklichkeit handelte es sich um eine Modestatistin, die er für den Abend engagiert hatte). Als die Gäste nach und nach eintrafen und sich zwanglos um die Bar gruppierten, ging das Geflüster los: »Wer ist die alte Dame?« Woraufhin Hitch äußerst verlegen murmelte, er wisse es auch nicht, sie müsse sich wohl in der Party geirrt haben, aber er würde es ihr nur ungern sagen. Dave Chasen, der eingeweiht war, ließ sich nirgendwo blicken, bis das Dinner begann. Da ging er dann auf Hitchs Aufforderung hin an das Kopfende des Tisches, beugte sich zu der alten Dame hinab, flüsterte etwas mit ihr, kam zurück und berichtete: »Sie sagt, sie gehöre zu Mr. Hitchcocks Party.«

Nun, da war wohl kaum etwas zu machen, und so setzten sich alle zu der alten Dame an den Tisch und genossen ein gutes, wenn auch etwas surrealistischen Dinner; hie und da versuchte man sie ins Gespräch zu ziehen und dabei vorsichtig auf den Busch zu klopfen, scheiterte aber jedesmal an ihrer wohlerzogenen Unbestimmtheit und ihrer scheinbaren Blindheit für die Absurdität der

Situation. Unter den Gästen befanden sich auch der Produzent Collier Young, damals Dramaturg bei Myron Selznick, und seine äußerst attraktive Frau. In letzter Minute hatten sie telefonisch angefragt, ob sie einen lieben Gast mitbringen dürften, und obwohl Hitch es nicht mochte, wenn jemand einen Fremden zu einer Familienfeier mitbrachte, hatte er ja gesagt. Bei Tisch mußte er dann mit Befremden feststellen, daß der ungebetene Gast zu allem Überfluß auch noch ganz unverhohlen mit Youngs Frau schäkerte. Einer der geladenen Gäste, Harry Hand aus Myron Selznicks Londoner Filiale, hatte sich verspätet, weshalb zunächst alle dachten, daß die alte Dame wohl zu ihm gehörte. Doch als er dann kam und alle am Tisch, auch die Unbekannte, mit Handschlag begrüßt hatte, sah man, daß sie auch ihm nichts sagte. Das Dinner war fast vorüber, als auf einmal Charles Bennett, der Hitchs Streiche von früher her kannte, mit der Hand auf den Tisch schlug und rief: »Ich hab's – das ist ein Gag. Ich weiß es genau, das ist ein Gag.« Dann blickte er in die Runde, und als seine Augen bei dem Nichteingeladenen, dem Hausfreund der Youngs angekommen waren, leuchteten sie auf, und mit ausgestrecktem Zeigefinger fügte er hinzu: »Und Sie sind auch ein Gag!«

Nach Abschluß des FOREIGN CORRESPONDENT und allem sonstigen, was noch so angefallen war, konnte Hitch schließlich seine erste England-Reise seit seiner Übersiedelung nach Los Angeles antreten. Es war damals durchaus nicht einfach, von Amerika, das sich in einem brüchigen Frieden wußte, nach England zu kommen. Hitch mußte zuerst an die Ostküste und dort manche Verzögerung und Enttäuschung hinnehmen, ehe er schließlich an Bord eines im Konvoi nach England fahrenden Schiffes gehen konnte. Und auch das war kein Honiglecken: Die Passagiere mußten in großen Schlafsälen übernachten, dreißig Mann in einem Raum, und da die Badezimmer knapp waren, mußten sie ihre intimen Bedürfnisse praktisch in aller Öffentlichkeit verrichten. Hitch, der stets Zurückhaltende, der Puritaner in allem, was seinen eigenen Körper betraf, der Schüchterne mit dem Wasch- und Ordnungszwang, litt regelrecht Folterqualen. Aber es ließ sich nun einmal nicht ändern, und so machte er gute Miene zum bösen Spiel – so gut, daß niemand, der ihn nicht sehr genau kannte, auch nur ahnte, was er auf dieser und ähnlichen Reisen während des Krieges durchmachte. In England quartierte Hitch zunächst seine Mutter nach Shamley Green um, wo kurz darauf sein Bruder William zu ihr stieß, dessen Fischgeschäft in Süd-London während des »Blitzkriegs« ausgebombt worden war. Dann besuchte er Joan Harrisons Mutter, die ihm zur Begrüßung warmen Champagner spendierte, den er mit einigermaßen gemischten Gefühlen trank. Außerdem kaufte er für Pat ein ziemlich makabres Geschenk: die leere Hülse einer Brandbombe, die sie als Andenken jahrelang neben ihrem Bett aufbewahrte.

Als er nach Los Angeles zurückkam, hatte er vorläufig keine neuen Projekte, obwohl er mit RKO Gespräche über eine eventuelle Verfilmung des Romans *Before the Fact* von Francis Iles führte. Wie gut sich das trifft, dachte da Carole Lombard, mit der Hitch und Alma sich angefreundet hatten, und fragte ihn, ob er nicht Lust hätte, auch ihren neuen Film bei RKO zu inszenieren, einen altmodischen Schwank mit dem Titel MR. AND MRS. SMITH. Das war nun freilich etwas völlig anderes als alles, was Hitch je gemacht hatte und je machen würde, und wenn er schon REBECCA nicht gerade als einen »Hitchcock-Film« empfand, so diesen Stoff nun gewiß nicht. Doch Carole Lombard zuliebe sagte er zu, und in jedem Fall reizte ihn diese Herausforderung, die das Problem seines ersten ganz und gar amerikanischen Films von einer völlig unerwarteten Seite her anging. Mit RKO wurde bald Einigkeit darüber erzielt, daß die Firma sich Hitch von Selznick für die beiden unmittelbar nacheinander zu drehenden Filme ausleihen sollte, und zwar zu etwas über 100 000 Dollar pro Stück. Ursprünglich waren für jeden Film 16 Wochen Drehzeit vorgesehen, also alles in allem 32 Wochen hintereinander, doch dauerte es dann insgesamt länger als ein ganzes Jahr, nämlich bis Ende Juni 1941.

In MR. AND MRS. SMITH, dem ersten dieser beiden Filme, ergänzten Hitchcocks und Lombards Humor einander geradezu ideal. Das begann schon am ersten Drehtag. Hitch hatte bekanntlich einmal in einem Interview das berüchtigte Wort gesprochen, Schauspieler seien Rindviecher (das Komische an diesem berühmtesten Hitchcock-Zitat ist, daß niemand, nicht einmal er selber weiß, wann und wo er es zum erstenmal gesagt hat), und da hakte die Lombard ein. Am ersten Drehtag war im Atelier ein kleiner Pferch mit drei Boxen aufgebaut, und in jeder Box stand ein Kalb. Um den Hals trugen sie an Schmuckbändchen kleine

Schilder mit der Aufschrift »Carole Lombard«, »Robert Montgomery« und »Gene Raymond« – die Namen der drei Stars des Films.

Hitch zahlte es ihr natürlich mit gleicher Münze heim. Eines Tages ließ er – unter dem Vorwand, Carole Lombard, die erfahrene Filmschauspielerin, hätte mehrere Male ihren Text »geschmissen« – diesen Text trotz ihres heftigen Protests mit Kreide auf sogenannte »Neger« schreiben, also auf Tafeln, die unsichtbar für die Kamera vom Schauspieler während der Aufnahme abgelesen werden können. Prompt brachte er sie damit so durcheinander, daß sie ihren Text ganz vergaß. Sie revanchierte sich dafür, als Hitch mit seinem traditionellen Mini-Auftritt drankam, diesmal in einer kleinen Szene, in welcher er als armer Bettler vergebens versucht, Robert Montgomery um einen Drink anzuschnorren. Die Lombard wollte das unbedingt selber inszenieren, und das tat sie denn auch, indem sie nach jedem Take den Maskenbildner anwies: »Pudern Sie Alfies Nase«, bis sie endlich zufrieden war und sagen konnte: »Aus! Ab in die Kopieranstalt!«

Was den Film selbst betrifft, so sagt Hitch, er habe, da er weder das Milieu der Geschichte noch ihre Charaktere verstanden hätte, einfach das Drehbuch von Norman Krasna heruntergedreht, einem erfahrenen Verfertiger zahlreicher leichter Unterhaltungsstücke wie *Bachelor Mother*, *It Started with Eve* oder *Dear Ruth*. Dennoch weist der Film streckenweise durchaus Hitchcocks Handschrift auf und trägt den Stempel seiner Persönlichkeit. Vor allem fällt an der Geschichte (von einem Paar, das seine Ehe für gescheitert hält, woraufhin jeder mit allen Mitteln versucht, den anderen zu demütigen, bis sie sich schließlich wieder versöhnen) die kaltschnäuzige Tonart auf. Gewiß könnte man hier sagen, so stehe es eben im Drehbuch, aber man braucht nur an die vielen ähnlichen Hollywood-Komödien der dreißiger Jahre zu denken und sich zu vergegenwärtigen, wie sie beim Publikum ankamen. In einem Film wie etwa *The Awful Truth* führt sich die Heldin in einer ähnlichen Situation genauso monströs auf, doch Irene Dunnes Spiel und Leo McCareys Regieauffassung scheinen das ganz selbstverständlich zu finden und reden dem Publikum ein, sie sei doch eigentlich ganz charmant, so seien die Frauen nun mal, Gott sei's geklagt, und das sei ja gerade das Liebenswerte an ihnen. Hitch macht, gestützt auf das schonungslose, knallharte Spiel von

Carole Lombard (die sich in keinem ihrer Filme sentimental gab), kein Hehl daraus, daß die Frau ein Ungeheuer ist, und der Film hinterläßt denn auch einen bitteren Nachgeschmack.

Es gibt in dem Film eine Szene, wo die Heldin und ihr Ersatzfreund auf der New Yorker Weltausstellung plötzlich in einem stehengebliebenen Riesenrad festsitzen. Diese Szene läuft, ohne daß es im Drehbuch zwingend vorgeschrieben wäre, in einer Weise ab, daß man sich fragt, ob Hitch vielleicht selber manchmal unter Schwindelgefühlen zu leiden hat. Er will das zwar nicht recht wahrhaben, doch einen weiteren indirekten Hinweis darauf gibt sein Film VERTIGO, ganz zu schweigen von mancher im wahren oder fast wahren Wortsinn abgründigen Situation in NORTH BY NORTHWEST oder SABOTEUR. Warum sollte auch Hitch, der doch schon so viele Ängste eingesteht, sich nicht zu einer weiteren bekennen?

10. Kapitel

So bietet Alfred Hitchcock zu Beginn des Jahres 1941 das typische Bild eines Engländers im Ausland. Fern der Heimat niedergelassen wie ein Teepflanzer in den Subtropen, doch so ausgiebig wie möglich den Annehmlichkeiten englischer Lebensart frönend, ein Cottage im englischen Stil bewohnend (oder was man sich dort unter englischem Stil so vorstellt), englische Zeitungen lesend, auch wenn sie Wochen alt sind, umgeben von seiner Familie und natürlich – sehr wichtig – von seinen Hunden, die sich so schöner Namen erfreuen wie Philip of Magnesia und Edward IX, gleichbleibend englische, gleichbleibend förmliche Kleidung tragend, dem Klima und jener Mittagshitze zum Trotz, gegen die nur tollwütige Hunde und Engländer gefeit sind.

Und doch war das keine kolonialistische Niederlassung unter simplen Eingeborenen in einem abgelegenen Winkel jenes Weltreiches, in dem damals noch immer »die Sonne nie unterging«. Hitchcock war, was die Welt des Films betraf, aus der tiefsten Provinz gekommen, aus einer Gegend, die selbst kaum mehr als eine amerikanische Kolonie war, und hatte sich das höchstentwickelte Zentrum seines Handwerks erobert. Mit seinem ersten amerikanischen Film hatte er sich in dem einzigen Sinne, den dort ausnahmslos jeder verstand, als führender – weil Kasse machender – Hollywood-Regisseur etabliert. Von nun an mochte er seine Hochs und Tiefs haben, mal mehr, mal minder erfolgreiche und gelungene Filme machen – sein überragendes Format sollte nie wieder ernstlich in Zweifel gezogen werden. Er hätte gewiß in die Heimat zurückkehren können, wenn er wollte – vielleicht nicht gleich, aber sobald sich die Lage in England wieder ein wenig normalisiert haben würde, vielleicht wenn Amerika in den Krieg eingetreten war. Doch mittlerweile hatte Hitch am Leben in Südkalifornien Geschmack gefunden, und mochte er auch zunächst hie und da noch von seiner Rückkehr nach England gesprochen oder geträumt haben, so verflüchtigte sich dieser Wunsch nach und nach zu einer fernen Phantasie – wie bei so vielen Engländern in den Kolonien, die immer von einem Lebensabend in der alten Heimat träumten, aber sich ihr mit den Jahren zunehmend entfremdeten. Thomas Wolfe hat gesagt, man könne niemals zurück, doch eine ganze Anzahl der vielen Emigranten, die Hollywood in den Kriegsjahren bevölkerten, haben ihn entschieden widerlegt: Franzosen wie Jean Renoir und René Clair gingen nach dem Kriege zurück und feierten in Frankreich größere Triumphe als je zuvor; Herbert Wilcox ergriff die erste Gelegenheit zur Rückkehr nach England, und nur die Deutschen blieben zum großen Teil eisern in Hollywood. Hitchcock genoß seine Rolle als Engländer in der Fremde sichtlich. Desgleichen genoß er die Möglichkeit, mit den Mitteln der amerikanischen Filmindustrie zu arbeiten, und faßte schon bald eine dauerhafte Zuneigung zu Amerika, mochte er sie auch noch so sehr unter der Maske waschecht britischer Undurchdringlichkeit verbergen.

Dennoch fuhr er fort, sein Bestes nicht nur für das bedrängte England, sondern auch, wie er es sah, für seine Wahlheimat zu tun. Er plante erneut einen Anti-Nazi-Thriller und empfing von Zeit zu Zeit Besuche von alten Freunden aus London, die dort an prominenter Stelle Großbritanniens Kriegsanstrengungen unterstützten. Einer von ihnen war Sidney Bernstein, und Hitch sieht heute noch vor sich, als sei es gestern gewesen, wie Bernstein mit betrübter Miene Walter Wangers filmischen Enthusiasmus für den Kampf gegen den Faschismus dämpfte, indem er ihm auseinandersetzte, er – Wanger – könne leider nicht die Exklusivrechte an der Invasion Englands bekommen.

Bevor Hitchcock jedoch mit SABOTEUR beginnen konnte, mußte er noch einen völlig unpolitischen Film hinter sich bringen: *Before the Fact*, den man später in SUSPICION umbenannte und der Hitch zum erstenmal beruflich mit einem seiner späteren Lieblingsstars, Cary Grant, zusammenbrachte sowie erneut mit Joan Fontaine, die er in REBECCA zum Star gemacht hatte. Mit Grant war er schon ein- oder zweimal auf gesellschaftlicher Ebene zusammengetroffen, doch es war reine Geschäftsroutine, als Grants Agent eines Tages seinen Mandanten anrief und ihm mitteilte, Alfred Hitchcock würde gern mit ihm über eine Rolle in seinem nächsten Film sprechen. So trafen sie sich, Hitch erzählte dem Star die Filmhandlung, und die Sache war perfekt. Grant hat den damaligen Hitch als einen äußerst lebhaften jungen Mann in Erinnerung, der entschieden jünger wirkte als zweiundvierzig und dabei von einer ruhigen Bestimmtheit war – ein Mensch, der Wärme und Herzlichkeit ausstrahlte und rundum Vertrauen einflößte. Er habe bei der Arbeit unentwegt vor sich hin gepfiffen, und Grant fügte hinzu, sie hätten sich wohl auch deshalb auf Anhieb so gut verstanden, weil sie entdeckten, daß beide als Kinder sehr gern Lakritze gelutscht hatten.

Wie dem auch sei, die Arbeit an SUSPICION war nicht frei von Problemen. Zum einen gab es persönliche Konflikte zwischen den Stars. Joan Fontaine hatte schon bei REBECCA Schwierigkeiten mit Laurence Olivier gehabt, teils weil er für ihre Rolle lieber Vivian Leigh gehabt hätte, teils weil Hitch unverkennbar seine schützende Hand über seinen sichtlich nervösen und unsicheren weiblichen Star hielt. (Joan Fontaine sagt selber: »Er beschützte mich und duldete niemanden in meiner Nähe. Er hielt mich in einem Kokon.«) Durch den ernormen Erfolg von REBECCA war sie dann zwar ein großer Star geworden, aber das hatte ihre Nervosität offenbar nicht gemildert und die Zusammenarbeit mit ihr nicht leichter gemacht. In SUSPICION sollte sie nun eine Frau spielen, die den Verdacht hat, ihr Taugenichts von Ehemann wolle sie ermorden – wozu sich Cary Grant damals die private Bemerkung erlaubte, er könne das sehr gut verstehen, denn jeder, der ihn und Joan Fontaine kenne, müsse ihn durchaus für fähig halten, sie auf der Stelle zu erwürgen.

Freilich gab es nicht nur Ärger mit den Stars – im Gegenteil: für die Schauspieler wurde der Film ein großer Erfolg, und Joan Fontaine erhielt für ihre Leistung einen Oscar. Es gab auch Ärger mit der Chefetage von RKO, die den Film produzierte. Ein paar leitende Herren waren unzufrieden mit dem gemächlichen Tempo, das Hitch anschlug, und im April 1941 hieß es kurz und bündig in einer Aktennotiz: »Hitchcock verwendet anscheinend weniger Sorgfalt auf diesen Film, als nötig wäre. Übrigens hat die Fontaine darauf hingewiesen, daß Hitchcock sie nicht so stark fordere wie in REBECCA.« Unbeeindruckt von diesen Querschüssen fuhr Hitch mit den Aufnahmen fort, doch als er Anfang Juni den größten Teil im Kasten hatte, gab es immer noch beträchtliche Probleme.

Die meisten betrafen den Schluß des Films. In der Vorlage, dem Roman *Before the Fact* von Francis Iles, ist der Ehemann tatsächlich ein geübter Frauenmörder, und der Verdacht seiner Frau wird ihr allmählich zur Gewißheit; doch sie findet sich schließlich damit ab und läßt sich am Ende von ihrem Mann, den sie immer noch liebt, umbringen. In Hitchcocks erstem Treatment zu dem Drehbuch, das Alma zusammen mit Joan Harrison schreiben und zu dem später Samson Raphaelson die Dialoge liefern sollten, heißt es, Hitch wolle sich »in Handlung, Personen, Schauplatz und Dekorationen eng an den Roman halten, nur daß die Handlung allein in den Augen der Frau so abläuft und die Gemeinheit ihres Ehemannes lediglich ihrer Phantasie entspringt«. In den ersten zwei Drehbuchentwürfen ging Hitch sogar soweit, den Ehemann zu rehabilitieren und ihn zur Sühne in die Royal Air Force eintreten zu lassen. (»Erst gestern kämpfte er siegreich gegen zehn deutsche Jagdbomber – holte drei herunter, schoß einen kampfunfähig und jagte die übrigen zurück über den Ärmelkanal.«) Obwohl Hitch mehrfach davon sprach, wie reizvoll es sein müßte, weil entgegen den Erwartungen des Publikums, den von Cary Grant gespielten Mann schuldig werden zu lassen, etwa indem man ihn seine Frau umbringen und danach frisch und munter zum Briefkasten gehen ließe, wo er einen Brief einwirft, der – wie wir wissen – seine Schuld beweist, gelangte diese Idee nie bis zur Drehbuchreife. Doch auch der Schluß, der dann gedreht wurde, warf große Probleme auf: er war zu kompliziert (der Mann versucht, statt seine Frau sich selber zu töten). Die Studioleitung lehnte ihn bei der Preview entschieden ab, und den ganzen Juli hindurch wurde über mögliche Änderungen diskutiert. Schließlich drehte man den endgültigen Schluß – gekürzt und pointiert – an einem einzigen Tage nach, und der Film war fertig, obwohl sich Hitch noch im Oktober in einer Aktennotiz darüber beklagte, daß der Leichtsinn, mit dem man die Ratlosigkeit über den Schluß hatte durchsickern lassen, nun beim Publikum Unzufriedenheit mit dem tatsächlichen Schluß hervorrufen könnte. Trotz alledem wurde der Film sofort nach seiner Uraufführung zu einem der größten Erfolge unter Hitchcocks frühen amerikanischen Filmen.

Zugleich hatte er unerwartete Folgen für das Familienleben der Hitchcocks. In dem Film wirkte eine junge Schauspielerin namens Auriol Lee mit. Als sie nach New York zurückging, sprach sie mit John van Druten, einem alten Freund von Hitch aus seiner Zeit in England. Druten hatte gerade eine Menge Ärger mit der Besetzung seines neuen Stücks, *Solitaire*, im wesentlichen ein Zwei-Personen-Stück zwischen einem alten Mann und einem etwa zwölfjährigen Mädchen. Auriol Lee meinte nun, er solle doch überlegen, ob für die Rolle des Mädchens nicht vielleicht Hitchs Tochter Pat in Frage käme. So tauchte van Druten kurze Zeit später, scheinbar wie von ungefähr, in Los Angeles auf und besuchte die Hitchcocks. Er lenkte das Gespräch ganz locker auf das Thema, indem er vorgab, er hätte gern Pats Hilfe in Anspruch genommen: ob sie ihm wohl einmal den Text der Rolle vorlese, damit er besser beurteilen könne, was zu kürzen sei. Dieses informelle Vorsprechen war erfolgreich, van Druten bot Pat die Rolle an, und die Eltern gaben ihren Segen dazu.

Pat hatte zwar schon oft und begeistert Theater gespielt, in der Schule und auch sonst, aber noch nie im Ernst daran gedacht, die Schauspielerei zu ihrem Beruf zu machen. Hitch und Alma waren gewiß nicht unbedingt dagegen; trotz einiger Wechselfälle waren ihre eigenen Erfahrungen im Show-Geschäft ja ganz annehmbar gewesen, weshalb sie keinen Grund hatten, ihre Tochter um alles in der Welt davon fernzuhalten. Andererseits war sie noch sehr jung, und sie hatten keine Lust, ihr Kind in die Rolle eines frühreifen Kinderstars gedrängt zu wissen. So nahmen sie die Idee mit *Solitaire* ganz nüchtern auf, und auch Pat sah die Sache nicht anders. Die Proben begannen, das Stück kam am Broadway heraus, erntete anerkennende, wenn auch keine begeisterten Kritiken (obwohl Pat selber eine hervorragende Presse hatte) und wurde nach drei Wochen abgesetzt. Hitch kam gar nicht dazu, es sich anzusehen, weil er mit SABOTEUR beschäftigt war. Danach ging Pat wieder in Marymount zur Schule, ohne das Gefühl zu haben, nun sei alles anders als vorher. Da das Stück so schnell abgesetzt worden war, fiel eine bei *Life* geplante Bildgeschichte über sie und die Aufführung aus. Pat hatte zu wenig Sinn für Publicity, als daß ihr der Erfolg hätte zu Kopf steigen können, und außerdem gehörten Theater und Filmateliers seit jeher so selbstverständlich zu ihrem Leben, daß ihr der Glanz und Glamour ihrer neuen Erfahrung überhaupt nicht imponierten. Allerdings war sie nun überzeugt, daß sie eines Tages Schauspielerin werden würde und daß auch ihre Eltern davon ausgingen, mochte das auch vorläufig noch keine konkreten Folgen haben.

Hitch war ein strenger, aber liebevoller Vater. Er wurde nie laut, weder zu Hause noch im Atelier, sondern begann seine Vorhaltungen lieber mit einem bekümmerten »Weißt du auch, wie sehr du deiner Mutter und mir wehgetan hast...?« Als Pat zum

Teenager herangereift war, wurden regelmäßig Besprechungen über Geldfragen eingeführt – Hitchs Mittelstandsinstinkt sagte ihm, Pat müsse mit einer klaren Vorstellung vom Wert des Geldes aufwachsen, und bald wußte sie immer ganz genau, wieviel all die Dinge kosteten, die sie tat oder die sie sich wünschte. Ein weiterer Grundsatz, den Hitch als Vater (und später als Großvater) stets befolgte, war, daß man alles im Leben mit einer klaren Zielvorstellung anpacken müsse. Wenn Pat Schauspielerin werden wollte, war das in Ordnung, sofern sie es wirklich wollte und konsequent darauf hinarbeitete. Hitch hatte wenig Verständnis für junge Leute, die nicht schon frühzeitig wußten, was sie einmal werden wollten – auch wenn er zugab, daß bei ihm selbst seit seinem vierzehnten Lebensjahr an jedem Wendepunkt seiner Laufbahn eher der Zufall oder ein spontaner Impuls Pate gestanden hatte als ein wohldurchdachter Plan. Als Pat die Schule verließ, wäre sie gern aufs College gegangen, freilich nur, um ihre Allgemeinbildung zu vervollkommnen. Hitch konnte darin keinen rechten Sinn erblicken. Schauspielschule – das hätte er eingesehen. »Lerne dein Handwerk«, so lautete stets sein Motto. Man möchte fast meinen, seine eigene Unsicherheit trieb ihn dazu, von anderen mehr Selbstsicherheit und Zielstrebigkeit zu fordern, als man jemals von ihm verlangt hatte. Das gab ihm ein Gefühl der Sicherheit; Unentschlossenheit bei anderen dagegen lähmte ihn.

Als Pat in New York ihre ersten Bühnenerfahrungen machte, steckte Hitch bereits tief in seinem neuen Projekt SABOTEUR. Hatte er einerseits mit SUSPICION seinen Tribut an England gezollt, indem er erneut einen Film so »britisch«, wie es in Amerika möglich war, nach dem REBECCA-Modell gedreht hatte, so wurde nun SABOTEUR ein Gegenstück zu FOREIGN CORRESPONDENT: ein unzweideutig antinazistischer Film, gedreht zu einer Zeit, als sich die US-Sympathien noch nicht eindeutig festgelegt hatten – bis dann Pearl Harbor im Dezember 1941 die Weichen endgültig stellte. Mit SABOTEUR war Hitch zunächst wieder bei Selznick, doch wurde – wie üblich in dieser Phase von Selznicks Karriere – das ganze Projekt verkauft, bevor es in die Produktion gehen konnte. Die Grundidee ging diesmal ganz auf Hitchs Konto – eine Seltenheit bei ihm, der sonst im Vorspann seine Urheber- oder Miturheberschaft am Drehbuch lieber verschwieg. Hitch vergleicht die Story mit der Abenteuerroman-Struktur einiger seiner britischen Filme, zum Beispiel THE THIRTY-NINE STEPS und YOUNG AND INNOCENT – eine Reihe bizarrer Ereignisse, die dem Helden zustoßen, nachdem man ihn (fälschlich natürlich) der Sabotage in einer Rüstungsfabrik verdächtigt hat.

Hitch hatte an dem Original-Treatment zusammen mit Joan Harrison und Michael Hogan gearbeitet, einem Autor, dem er zum erstenmal bei REBECCA begegnet war. Doch die treue Joan wurde, was ihr berufliches Weiterkommen betraf, nun langsam unruhig. Sie hatte schon länger als sieben Jahre in der einen oder anderen Funktion bei Hitch gearbeitet und in dieser Zeit sehr viel über das Drehbuchschreiben und die Filmproduktion gelernt. Andererseits war sie bei ihm in einer sehr wohlbehüteten Position: Wie sollte sie je erfahren, ob sie wirklich gut war, wenn sie ewig im Schatten des Meisters stand? Hitch bedauerte ihren Weggang, hatte aber volles Verständnis dafür und gab ihr seinen Segen zu ihrem ersten Versuch als unabhängige Produzentin des Films *The Phantom Lady*. Es war ein nicht sehr teurer Thriller mit Franchot Tone unter der Regie von Robert Siodmak, der aber bei Kritik und Publikum später unerwartet stark einschlug, womit Joan Harrison bewies, was sie bei Hitchcock gelernt hatte – vor allem sein A und O, nämlich den Bösewicht atypisch zu besetzen, also entgegen der konventionellen Vorstellung. Joan und Hitch sind Freunde geblieben, und ihr Vertrauen zueinander sowie ihre beiderseitigen Vertrautheiten mit den Arbeitsmethoden des anderen waren unschätzbar, als sie ein paar Jahre später wieder zusammenkamen, um gemeinsam an der Fernsehserie ALFRED HITCHCOCK PRESENTS zu arbeiten.

Fürs erste jedoch saß Hitch nach Joan Harrisons Weggang zwar mit einem Treatment seiner neuen Story da, aber noch ohne Drehbuch. Selznick hatte anscheinend nicht die Absicht, den Film selbst zu produzieren, doch wollte er unbedingt ein komplettes Drehbuch als Teil des Pakets haben, wenn er dazu kommen würde, das Projekt zu verkaufen – denn dann konnte er mehr für die Ausleihe von Hitch verlangen. Zu dieser Zeit hatte er Peter Viertel unter Vertrag, einen noch ganz unerfahrenen jungen Autor von etwa einundzwanzig Jahren. Also wurde Viertel auf den Film angesetzt, woraufhin sich der junge Mann fiebernd vor Erregung zu Hitch begab. Zu seiner Freude war Hitch sehr charmant und väterlich. »Ich werde Ihnen beibringen, wie man ein

Drehbuch schreibt«, sagte er und fuhr fort, das sei gar nicht so schwer, man beginne einfach jede Szene mit einer einführenden Einstellung, und wenn man etwas besonders deutlich machen wolle, schreibe man »Großaufnahme« darüber – es hielte sich sowieso niemand an das Buch.

Mit diesem ermutigenden Rat im Kopf und dem Original-Treatment in der Hand ging Viertel hin und schrieb innerhalb von zwei Wochen ein Drehbuch. Es war zwar nicht sehr gut und noch ganz unfertig, aber es war wenigstens schon soviel drin, daß man zu drehen anfangen konnte. Natürlich war Hitch über diesen Stand der Dinge, der so weit von seiner gewohnten Ordentlichkeit abwich, nicht gerade sehr erbaut – zumal er wieder einmal Gary Cooper nicht bekommen hatte, mit dem er so gern die Rolle des Helden besetzt hätte, und statt dessen bei Robert Cummings gelandet war, einem recht netten Jungen, dessen komisches Gesicht sich aber nicht überspielen ließ und der, wie Hitch meinte, beim Publikum nicht die nötige Sympathie erwecken würde. Außerdem hatte ihm die Universal, die neuen Eigentümerin des Films, ohne Rückfrage Priscilla Lane aufgezwungen, obwohl sein Mitspracherecht bei der Besetzung ausdrücklich in den Vertrag aufgenommen worden war. Selbst die kleineren Rollen wurden nicht immer nach Hitchs Geschmack besetzt: Otto Krüger fand er als Nazi-Schurken zu konventionell – er wollte statt dessen Harry Carey, den Western-Star, der seiner Vorstellung eines hausbackenen Amerika-über-alles-Faschisten weit mehr entsprach, doch Mrs. Carey machte dem Plan ein Ende, weil sie die Idee beleidigend fand, daß ihr Mann, der (wie sie sagt) seit dem Tod von Will Rogers *das* Idol des American boy sei, eine derart unsympathische Rolle spielen sollte.

Es sah also nicht sehr rosig aus, als Hitch im Studio der Universal mit den Dreharbeiten begann. Zum Ausgleich zog er Dorothy Parker heran und gab ihr einiges am Script zu tun. Ihr Beitrag kommt hauptsächlich in einigen besonders monströsen und bizarren Details jenes Zirkus zum Ausdruck (die streitenden siamesischen Zwillinge, die bärtige Dame mit Lockenwicklern), in den der Held sich flüchtet. Außerdem lernte Hitch in Norman Lloyd, der einen kleinen Schurken spielt (den, der am Schluß von der Spitze der Freiheitsstatue stürzt), einen Mann kennen, der auf lange Zeit hin sein hochgeschätzter Mitarbeiter werden und, wie

Joan Harrison, in der Fernsehserie der späten fünfziger Jahre eine Schlüsselrolle spielen sollte. Ungefähr eine Woche nach Drehbeginn rief Hitch bei Viertel an und sagte: »Kommen Sie mal ganz schnell rüber und bringen Sie das Chaos in Ordnung, das Sie angerichtet haben!« Von da an war Viertel der Autor des Films und arbeitete Tag für Tag Seite an Seite mit Hitch im Studio.

Dabei lernte er Hitch als einen freundlichen und hilfsbereiten Menschen kennen, dazu als einen, der sich niemals aus der Ruhe bringen ließ. Eines Tages hatten sie die Idee, den von Robert Cummings gespielten Helden in einem Aktenkeller eingesperrt sein zu lassen. Doch wie sollten sie ihn da wieder herausbekommen? Viertel fiel absolut nichts dazu ein. Da sagte Hitch: »Lassen wir ihn doch ein Streichholz an die automatische Feuerlöschanlage halten und dann – Schnitt – sehen wir ihn draußen in der Menge, die der Feuerwehr zusieht.« Wie er denn dahin gekommen sei, wollte Viertel wissen. »Was weiß ich?« feixte Hitch. »Aber danach fragt sowieso niemand!« – Desgleichen fand Viertel bei Hitch ein völliges Desinteresse an den Feinheiten des Dialogs. Während er sich den Kopf über die großen Reden bei der Konfrontation zwischen Held und Schurke zerbrach, in denen die politische Botschaft deutlich werden sollte (»Alle lasen damals Clifford Odets«), interessierte sich Hitch einzig für die Ausführung einer Kamerafahrt, die er, wie er Viertel erzählte, aus einer Mischung von YOUNG AND INNOCENT mit THE THIRTY-NINE STEPS zusammengestohlen hatte und die quer durch einen Tanzsaal auf den Schurken zuging, um am Ende in einer Großaufnahme von dessen Hand erkennen zu lassen, daß dem Schurken ein Finger fehlte. Hitch war Schauspielern und Autoren gegenüber im allgemeinen dickfellig, doch Viertel meint, es sei stets Vorsicht geboten gewesen, wenn Hitch einen Satz mit »Wissen Sie, alter Junge...« begann – denn das war dann meist eine Zigarre und nie ein Bonbon.

Einen Satz, den Viertel ins Drehbuch von SABOTEUR geschrieben hatte und der damals Aufsehen erregte, hatte er von Hitch selber aufgeschnappt. Es handelt sich um die berühmte Bemerkung des Nazis über die »blöde Masse« – Hitchs Lieblingsbezeichnung für sein Publikum, das er, wie Viertel meint, im Grunde verachtete. Als sie gemeinsam die erste Preview des Films ansahen und die Zuschauer sich nicht sonderlich begeistert zeigten, nahm

Hitch ihn nach der Vorstellung beim Arm und brummte: »Die blöde Masse, alter Junge, die blöde Masse.« – Im großen und ganzen hält Viertel seine damalige Zusammenarbeit mit Hitch für eine unbezahlbare Schule im Drehbuchschreiben, und auch Hitch hat offenbar gern mit Viertel zusammengearbeitet, obwohl er später einen gewissen Mangel an Eindeutigkeiten des Drehbuchs für seine generelle Unzufriedenheit mit dem Film verantwortlich machte: es habe zu viele Ideen auf einmal enthalten, die vor Drehbeginn nicht ausreichend zurechtgeschliffen und gestrafft worden seien. Das aber lag schließlich an Hitch und an Selznicks Drängen, der das Paket möglichst rasch an den Mann bringen wollte, und nicht so sehr an dem unerfahrenen Viertel; außerdem wollte Hitch ja auch unbedingt weiter mit ihm zusammenarbeiten. Schon während der Dreharbeiten an SABOTEUR sprach er von seiner Absicht, ein Remake des MAN WHO KNEW TOO MUCH zu machen, der ihm unter seinen britischen Filmen noch immer der liebste war. Auch brachte er ein altes Projekt wieder aufs Tapet, eine Idee, mit der er seit Mitte der dreißiger Jahre gespielt hatte, nämlich die Verfilmung von Patrick Hamiltons Theaterstück ROPE, die er in einer einzigen langen Sequenz machen wollte und bei der Viertel mit seiner Hilfe möglicherweise die Regie führen könnte. So gern Viertel unter solchen Umständen als Filmregisseur debütiert hätte, konnte er sich für dieses spezifische Projekt doch nur wenig erwärmen, und so trennten sich ihre Wege nach SABOTEUR, wenn sie auch beide gern an die gelungene Zusammenarbeit zurückdachten.

Von SABOTEUR bleiben jedem, der ihn gesehen hat, ein paar eindrucksvolle Momente viel länger im Gedächtnis als der Film insgesamt. Er rangiert in Hitchs Werk gleich zwischen THE THIRTY-NINE STEPS und NORTH BY NORTHWEST; alle drei lassen sich als Variationen desselben Themas und desselben Aufbaus begreifen. In SABOTEUR und NORTH BY NORTHWEST ging Hitch ganz bewußt davon aus, ein Gefühl für die Weite Amerikas zu vermitteln, ähnlich wie er es für England in THE THIRTY-NINE STEPS getan hatte, wo er die Handlung an einer Fülle von Schauplätzen über das ganze Land hin hatte spielen lassen. Obwohl natürlich in SABOTEUR der dramatische Höhepunkt auf der Freiheitsstatue im Atelier nachgestellt wurde, aus denselben Gründen wie der Mount Rushmore in NORTH BY NORTHWEST, setzte

Hitch Schauspieler und Techniker an den Originalschauplätzen in New York ein und ließ für viel Geld die Villa in der Park Avenue und die Wüstenlandschaft nachbauen, weil die Originale nicht seinen Bedürfnissen entsprachen. Auch experimentierte er bei den Aufnahmen in New York mit extremen Weit-Einstellungen, zuweilen über fast zwei Kilometer, um die Straßenszenen mit dem Teleobjektiv so unverstellt einzufangen, wie es niemals möglich gewesen wäre, wenn das Kamerateam direkt vor Ort und die Straßen abgesperrt gewesen wären. Einer von Hitchs spontanen Einfällen sollte ihm übrigens einigen Ärger mit der Marine einbringen: Wenn der wirkliche Saboteur (Norman Lloyd) mit dem Taxi zur Freiheitsstatue fährt und aus dem Fenster schaut, folgt die Kamera seinem Blick, und man sieht den ausgebrannten Rumpf des gekentert im New Yorker Hafen liegenden französischen Ozeandampfers »Normandie«. Dann geht die Kamera zurück auf Lloyds Gesicht, und man sieht ihn befriedigt lächeln. Die Marine erblickte darin eine Anspielung auf sich, da die Szene den Brand der »Normandie« angeblich mit Nazi-Sabotage in Verbindung brachte, und setzte durch, daß die anstößige Passage aus einigen Kopien des Films entfernt wurde.

Abgesehen von der Faden um Faden sich lösenden Ärmelnaht des oben am Gitter der Freiheitsstatue hängenden Saboteurs (wozu Hitch trocken bemerkte, das Publikum wäre besorgter gewesen, wenn statt des Schurken der Held da oben gehangen hätte), bleibt einem am stärksten die Szene in Erinnerung, wo Held und Heldin in der öffentlichsten Öffentlichkeit – nämlich auf der Tanzfläche eines rauschenden Wohltätigkeitsballs, der eine Tarnveranstaltung der Nazis ist – in der Falle sitzen. Sie sind (wie Hannay bei der Wahlveranstaltung in THE THIRTY-NINE STEPS und wie der Held von NORTH BY NORTHWEST auf der Auktion) nur so lange sicher, wie sie von allen gesehen werden. Sobald sie die Tanzfläche verlassen, sind sie verloren, und natürlich wird ihnen niemand ihre brenzlige Situation glauben, weil sie so unwahrscheinlich ist. Solche Situationen kommen in Hitchcocks Filmen so oft vor, daß sich der Verdacht, sie bereiteten ihm einen ganz besonderen Schrecken, nicht von der Hand weisen läßt – die Vorstellung nämlich, daß der Terror nicht nur im Dunkeln und in der Einöde lauert, sondern daß wir mitunter am einsamsten, am gefährdetsten, am hilflosesten mitten unter ganz normalen und netten Menschen sind. Wieder geht es hier um die Angst, um den mathematisch genauen Einbruch der Gefahr, um das Gefühl totaler Hilflosigkeit. Bei der Uraufführung trug der Film in den Ankündigungen den Untertitel »Der Mann in Ihrem Rücken« – ein beängstigendes Bild für die Allgegenwärtigkeit der Bedrohung, das sowohl auf Hitchcocks zeitloses Trauma hinweist wie auch an den eher zeitbedingten Spionageängsten der Amerikaner anknüpft.

Während der Dreharbeiten zu SABOTEUR gab es schließlich noch einen kleinen, unliebsamen Zwischenfall. Eines Sonntags im Dezember, als niemand mehr im Atelier war, arbeitete Hitch mit seinem Filmarchitekten Robert Boyle noch an einem Story-Board für ein paar Sequenzen, die in der folgenden Woche gedreht werden sollten. Plötzlich platzte ein Atelier-Wächter herein und war höchst erstaunt, dort noch jemanden anzutreffen. Der Mann trug die Luftschutz-Ausrüstung, die bereits für alle Fälle ausgegeben worden war. »Haben Sie schon gehört, die Japse haben Pearl Harbor bombardiert!« platzte er heraus und verschwand so schnell, wie er gekommen war. Schweigen. »Hm«, sagte Hitch, »'n komischen Hut hatte der Junge auf. . .« und machte weiter.

Das hieß natürlich, daß Amerika, als SABOTEUR im April 1942 verleihfertig war, sich im Krieg befand. Die Hitchcocks hatten sich inzwischen zu einem weiteren Schritt in Richtung auf einen Daueraufenthalt in Amerika entschlossen: Sie waren auf der Suche nach einem Haus. Hitch hatte langsam das Gefühl, daß es unsinnig sei, weiterhin Miete zu zahlen, wenn sie genauso gut ein eigenes Haus haben könnten, in das sie, soweit nötig, investieren und das sie ausbauen konnten. Sie hatten sich in dem Lombard-Haus sehr wohl gefühlt, auch hatte ihnen die Nachbarschaft von Bel Air gefallen, nicht nur, weil Pat es bequem zur Schule hatte, und so wollten sie sich in der Nähe nach einem Haus umsehen. Meistens war Alma deswegen unterwegs, während Hitch letzte Hand an SABOTEUR legte, und im Juni fand sie genau das, was sie sich vorgestellt hatte: ein kleines, leicht erreichbares und doch abgelegenes Haus an der Bellagio Road, genau auf der anderen Seite des Golfplatzes hinter ihrer bisherigen Mietwohnung. Sie schleppte Hitch hin, um es ihm zu zeigen, und war sehr traurig, als er gleichgültig meinte: ganz hübsch, sicherlich, aber doch sehr teuer und auch ein bißchen klein... Mißmutig suchte Alma weiter, fand aber nichts, was ihr auch nur halb so gut gefallen hätte. Am 14. August hatte sie dann Geburtstag. Unter Hitchs Geschenken war ein sehr schönes Handtäschchen. Auf sein Drängen warf sie einen Blick hinein und fand ein kleines Portemonnaie. Und darin lag ein goldener Schlüssel – passend zu jenem Haus an der Bellagio Road. Ihre Reaktion war typisch: Freude gemischt mit Ärger. »Und was wäre gewesen«, fragte sie, »wenn mir inzwischen ein anderes Haus noch besser gefallen hätte? Was hättest du dann gemacht?«

Trotzdem bedeutete der Kauf dieses Hauses eine wichtige und erfolgreiche Etappe im Prozeß ihres Seßhaftwerdens. Das Haus wurde ihnen zum ständigen Heim, selbst nachdem sie ihr Wochenendhaus bei Santa Cruz in Nordkalifornien fertig eingerichtet hatten: Alma besorgte – nach Hollywood-Begriffen eine ausgefallene Idee – die Küche selbst und hielt, abgesehen von einer Putzfrau, die zweimal die Woche kam, das Haus ganz allein in Ordnung, und am Ende erwies es sich durchaus als groß genug für ihre Zwecke. Als sie es in den sechziger Jahren erweiterten, nahm den größten Teil des Ausbaus bezeichnenderweise die Küche in Anspruch, was Hitch, ebenso bezeichnenderweise, zu der Feststellung veranlaßte, daß diese neue Küche mehr gekostet habe als das ganze Haus. Hier konnten Hitch und Alma, obwohl sie nie zu Hollywoods großem Party-Klüngel gehörten, Gäste bewirten, konnten für einen ausgesuchten Freundeskreis kleine exquisite, aber ganz zwanglose Dinners geben, und wer ihre besondere Gunst genoß, durfte ganz mit der Familie in der Küche essen und Hitchs Kühlraum und Weinkeller besichtigen, den Stolz des Gastronomen in ihm.

In der Tat wuchsen die Hitchcocks nun mehr und mehr in das amerikanische Leben hinein, wovon Hitchs nächster Film, SHADOW OF A DOUBT, deutlich Zeugnis ablegt. Inzwischen hatte er es sich so eingerichtet, daß er pro Jahr nur noch einen Film machte. Gewitzt durch die Erfahrung mit SABOTEUR, den er überstürzt hatte beginnen müssen, bevor das Script fertig war, beschloß er, diesmal mit den Dreharbeiten erst zu beginnen, wenn er es vor seinem Gewissen verantworten konnte. Der Stoff war ihm regelrecht in den Schoß gefallen – eine günstige Gelegenheit, die zu ergreifen sich heutzutage, angesichts des Drucks prozeßfreudiger

Autoren, die dafür sorgen, daß kein unangeforderter Stoff angenommen wird, es sei denn durch Vermittlung eines anerkannten Agenten, kein Hollywood-Gewaltiger mehr leisten kann. Doch in jenen harmloseren Zeiten nahmen die Dinge mitunter noch einen anderen Verlauf. Eines Tages erwähnte Margaret MacDonell, die Leiterin von Selznicks Dramaturgie-Büro, daß ihr Mann, der Romancier Gordon MacDonell, eine Romanidee hätte, die er noch nicht zu Papier gebracht habe. Hitch gefiel die Idee, er arrangierte ein Mittagessen mit den MacDonells im Brown Derby, hörte sich die Story an und brachte sie im Gespräch mit den beiden gleich an Ort und Stelle in die endgültige Form. Dann ging Gordon MacDonell nach Hause und tippte das Ergebnis als neunseitiges Exposé. Hitch kaufte es, und der Film war geboren.

Zur Erstellung des Drehbuchs griff Hitch auf seine alte Idee zurück, erlesene literarische Geister zur Mitarbeit zu gewinnen und sich von ihnen inspirieren zu lassen. Er hatte gerade Thornton Wilders Stück *Our Town* (»Unsere kleine Stadt«) gesehen und war davon sehr beeindruckt gewesen, also fragte er als ersten den berühmten Dramatiker, der freilich noch nie ein Drehbuch geschrieben hatte. Zu Hitchs freudiger Überraschung gefiel Wilder die Idee. Er sah auch keineswegs – wie damals so viele amerikanische Intellektuelle – hochmütig auf das Kino herab, sondern kam sofort nach Hollywood, und damit begann für Hitch eine der harmonischsten Kooperationen seines Berufslebens. Vormittags besprachen sie sich, nachmittags zog sich Wilder zurück und schrieb Szenenentwürfe mit der Hand in ein Schulheft. Er hatte eine so klare Vorstellung von den Personen der Handlung und ihrem Milieu, daß er die Szenen nicht kontinuierlich nach ihrem Ablauf schrieb, sondern mal hier eine und mal da eine, wie sie ihm gerade einfielen, bis das Drehbuch in groben Zügen fertig war. Da er sich bereits zur Abteilung für Psychologische Kriegführung bei der US Army gemeldet hatte, schrieb er die letzten Drehbuchseiten auf der Fahrt zum Dienstantritt noch im Zug, begleitet von Hitch quer über den Kontinent bis nach Florida.

Hitch hätte es gern gesehen, wenn Thornton Wilder selbst letzte Hand an das Drehbuch gelegt hätte, aber das war nun leider nicht möglich; außerdem wünschte sich Hitch noch einige humoristische Tupfer als Gegengewicht zum düsteren Ton der Haupthandlung (über die Beziehung zwischen einem attraktiven Witwenmörder und seiner idealistischen jungen Nichte, die hinter sein Geheimnis kommt). Wilder schlug dafür den Dramatiker Robert Ardrey vor, den Autor eines effektvollen Geisterstücks namens *Thunder Rock*, der damals einen Vertrag mit MGM hatte, doch Hitch hielt ihn für ein bißchen sauertöpfisch und suchte sich Sally Benson aus, die Autorin von *Meet Me in St. Louis*, die eine besonders leichte Hand in der Gestaltung häuslicher Szenen hatte und solcher, in denen Kinder vorkamen. Den letzten Schliff erhielt das Buch bei den Dreharbeiten, und zwar von Patricia Collinge, die in dem Film die Mutter spielt und die Szene zwischen dem Mädchen Charlie und dem Kriminalbeamten schrieb, in der die beiden von ihrer Liebe und ihrem Wunsch zu heiraten sprechen.

Schon in der ursprünglichen Konzeption beruhteSHADOW OF A DOUBT auf einem Prinzip, das für Hitchcocks amerikanische Filme (und im Grunde für alle seine Tonfilme) neu war: auf dem des detailgetreuen Originalschauplatz-Realismus. Versuchsweise hatte sich Hitch zwar bereits in den New Yorker Szenen von SABOTEUR darum bemüht, aber das war bei soviel Atelier-Bauten und den mannigfaltigen Extravaganzen eines Thrillers kaum deutlich geworden. SHADOW OF A DOUBT hingegen handelte vom Leben in einer amerikanischen Kleinstadt, beschrieben vom Autor eines amerikanischen Klassikers, und so wünschte sich Hitch das Lokalkolorit so präzise und akkurat wie möglich. Besonders in seinen beiden neueren »britischen« Filmen REBECCA und SUSPICION war sich Hitch des Nachteils bewußt geworden, den – jedenfalls bei solchen Stoffen – die sterile Atelier-Atmosphäre mit ihrem Mangel an jenem lebendigen Drum und Dran des Lokalkolorits bedeutet, das er in England – und dort möglicherweise sogar im Atelier – hätte erzeugen können. So war er nun entschlossen, denselben Fehler in seinem ersten hundertprozentig »amerikanischen« Film nicht noch einmal zu machen, wenn es sich irgend vermeiden ließ.

Infolgedessen hatten er und Wilder, noch bevor sie an die Ausarbeitung des Drehbuchs gingen, sich als lebendige Kulisse eine bestimmte Stadt ausgesucht, nämlich Santa Rosa in Nordkalifornien. Sie waren zusammen hingefahren, hatten die Örtlichkeit erkundet, die Atmosphäre geschnuppert und die ganze Stadt besichtigt. Sogar das Haus, das von der Filmfamilie bewohnt werden sollte, hatten sie vorher ausgesucht. Zwar meinte Wilder zunächst, das von Hitch in Aussicht genommene Haus sei für einen Bankangestellten zu pompös, doch bei näherer Erkundigung stellte sich dann heraus, daß der Bewohner genau in der Einkommensgruppe von Bankangestellten lag. (Dummerweise war er so begeistert von der Idee, daß sein Haus in einem Film vorkommen sollte, daß er es von oben bis unten neu tünchen und herausputzen ließ, so daß sie es für die Aufnahmen erst ein bißchen auf baufällig herrichten lassen mußten, um es danach erneut auf Hochglanz zu bringen.) Zwar wurden die Innenaufnahmen im Studio gedreht, die Außenaufnahmen aber sämtlich in Santa Rosa; während dieser Zeit lebten Schauspieler und Techniker in engem Kontakt mit den Ortsansässigen. Einige Darsteller, wie Edna May Wonacott, die die jüngere Schwester spielt, wurden sogar an Ort und Stelle engagiert (Edna May war die Tochter eines Gemüsehändlers der Stadt), und wenn kleinere Rollen von Berufsschauspielern verkörpert wurden, standen ihnen die Einheimischen mit Rat und Tat zur Seite. Zum Beispiel spielte ein Profi den Verkehrspolizisten, der Teresa Wright (als Charlie) verwarnt, weil sie, ohne nach links oder rechts zu schauen, über den Fahrdamm läuft, aber ein echter Polizist hatte ihm gezeigt, wie man auf der Kreuzung den Verkehr regelt (»Lassen Sie jetzt die Fahrzeuge durch. Und jetzt lassen Sie die Fußgänger rüber«), bis der Schauspieler seine Rolle so überzeugend beherrschte, daß einmal eine Frau an ihn herantrat, um ihn nach dem Weg zu fragen, und die Welt nicht mehr verstand, als er ihr antwortete: »Tut mir leid, ich bin hier selber fremd.« Die Trauerfeier für Onkel Charlie am Schluß des Films wurde mit ein paar Berufskomparsen mitten auf dem Hauptplatz inszeniert, doch die meisten Menschen, die wir auf den Straßen sehen, während der Trauerzug an ihnen vorüberzieht, und die nach altem Brauch stehenbleiben und den Hut lüften, sogar vor einem leeren Sarg, waren ganz normale Bürger von Santa Rosa.

Für Hitch war dieses Verfahren geradezu ein Genuß, da es ihm endlich wieder erlaubte, der Gewalt und Bedrohung in seinen Filmen einen genauen Ort und Namen zu geben. Seine britischen Filme verdankten ja einen Großteil ihrer Wirkung dem Kontrast zwischen außergewöhnlichen Ereignissen und ihrer ganz gewöhnlich eintönigen Alltagsumwelt. Zudem war Hitch fasziniert von der Allgegenwart des Bösen und der Tatsache, daß es vor ihm kein Entrinnen gibt. Das hatte er schon als Kind gespürt, und mit siebzehn hatte er sich intensiv für Giftmorde interessiert, nachdem man ein paar Häuserblocks von seiner elterlichen Wohnung entfernt eine Blondine tot aufgefunden hatte, die mit einem hausgemachten Gebräu vergiftet worden war. Seine zufällige Bekanntschaft mit Edith Thompsons Vater etwa um die gleiche Zeit hatte ihn im nachhinein tief beeindruckt – Mord war offensichtlich eine Familienangelegenheit, oder konnte es sein, etwas, das Freunden und Verwandten zustoßen kann, gleich um die Ecke und hinter der Fassade der Ehrbarkeit. Und das hatte natürlich sehr viel mit dem zu tun, wovor ihn die frommen Patres immer gewarnt hatten, in der Schule wie in der Kirche: Der Teufel ruht nie, das Böse ist überall, und man muß unaufhörlich vor ihm auf der Hut sein. Jede kleine Stadt hat ihren Anteil daran, selbst ein so verschlafenes Provinznest wie das nordkalifornische Santa Rosa zu Anfang der vierziger Jahre bildet davon keine Ausnahme, mag es auch wie ein Paradies der Unschuld wirken. Am Ende gibt es nirgendwo mehr einen sicheren Hort, und eben diese schreckliche Erkenntnis durchzieht in höchst dramatischer Weise SHADOW OF A DOUBT, einen Film, der Hitch seither sehr ans Herz gewachsen ist.

Ein privates Ergebnis der Arbeit an SHADOW OF A DOUBT war, daß die Hitchcocks in jener Zeit ihr zweites Heim in Amerika bezogen. Auf Erkundungsreisen im nördlichen Kalifornien hatten sie 1940 ein damals noch ruhiges hügeliges Land zwischen Santa Cruz und dem Südrand der Halbinsel von San Francisco gefunden und sich gleich darein verliebt. Scots Valley schien ein abgelegenes Fleckchen Erde zu sein, war aber von Santa Cruz und San Francisco aus leicht erreichbar – ein ideales Gegenstück zu ihrer einstigen ländlichen Zufluchtsstätte Shamley Green in England. Bald schon fanden sie in dieser Gegend ein Haus mit einem prachtvollen Blick über die Hügellandschaft und kauften es kurzentschlossen. Aber dann waren sie in Hollywood so beschäftigt, daß sie jahrelang keine Zeit fanden, sich dort richtig einzurichten, bis sie 1942 durch die Arbeit an SHADOW OF A DOUBT noch weiter nach Norden verschlagen wurden. Seit Frühjahr 1943 ist es ihnen dann schließlich zur lieben Gewohnheit geworden, die Woche über in Bel Air bei Hollywood und die Wochenenden in ihrem

Haus bei Santa Cruz zu verbringen, wenn Hitch nicht gerade einen Film drehte – oder, versteht sich, wenn er nicht gerade außer Landes war, wie zum Beispiel ein paar Monate des folgenden Jahres wieder einmal in England.

Doch vor dieser Englandreise hat er noch einen weiteren Film gemacht: LIFEBOAT, seinen dritten Beitrag zum Krieg. Hitch stand natürlich noch immer unter Vertrag bei dem inzwischen recht friedlich gewordenen Selznick, der weiterhin über seine Karriere wachte. Das einzige, was Hitch damals direkt für Selznick inszenieren mußte, war einer jener kleinen Werbefilme zur Zeichnung von Kriegsanleihen mit Jennifer Jones, die damals bereits Selznicks Augapfel und Gegenstand seiner privaten und beruflichen Bemühungen war, obwohl sie erst 1949 heiraten konnten. Hitch erschien der ganze Aufwand reichlich übertrieben: er selber im Regiestuhl, ein erstklassiger Kameramann, ein erstklassiger Maskenbildner und ein ausgewachsenes Musikstudio (obwohl davon nur eine winzige Ecke benutzt wurde), und das Ganze einen Tag lang gemietet, nur um eine Aufnahme von Jennifer Jones zu drehen, wie sie einen stereotypen patriotischen Aufruf direkt in die Kamera spricht. Allerdings belustigte und rührte ihn Selznicks unverkennbare Empfindlichkeit und Besorgnis, nur ja alles Menschenmögliche zu tun, um Talent und Schönheit seiner neuen Liebe ins beste Licht zu rücken. Und so machte Hitch gute Miene zum bösen Spiel.

Unterdessen rotierte und agierte Selznick unaufhörlich hinter den Kulissen, kaufte und verkaufte Rechte und Menschen, und nahm sich Anfang 1943, als er offiziell noch gar nicht wieder im Filmgeschäft war, nebenbei noch die Zeit, Samuel Goldwyn wegen versuchter Abwerbung Hitchcocks kräftig auf die Finger zu klopfen:

Sie haben kürzlich einen meiner Leute, Alfred Hitchcock, persönlich zu sich bestellt und mit ihm gesprochen, ohne uns zu fragen, ja sogar ohne uns im nachhinein davon zu unterrichten. Ich frage mich, wie Sie wohl reagiert haben würden, wenn ich oder eine andere große Firma dasselbe mit Ihren Leuten getan hätten. Hitch ist noch mindestens zwei Jahre lang an mich gebunden, vielleicht auch noch länger, wenn er zur Fertigstellung von vier Filmen, von denen ich zwei an Twentieth Century Fox verkauft habe, mehr Zeit benötigt.

Aber nicht genug damit, daß Sie ihn mir haben abwerben wollen, Sie haben auch etwas versucht, was ich bis jetzt noch bei keiner Firma und keiner Einzelperson erlebt habe: Sie haben versucht, ihm mein Management zu verleiden. Was Sie nicht wußten, als Sie Hitch sagten, er solle sein Talent nicht an Stories wie SHADOW OF A DOUBT *verschwenden, und bei Ihnen hätte er das nicht nötig gehabt, war, daß Hitch sich den Stoff persönlich ausgesucht und auch selber das Drehbuch geschrieben hatte – mehr noch: daß er mit dem Film höchst zufrieden ist, wozu er meiner Meinung nach auch jedes Recht hat. Ferner, daß in den Jahren, seit ich Hitchcock aus England herübergeholt habe (zu einer Zeit, als in der ganzen Industrie keiner, auch Sie nicht, bereit war, ihm solch eine Chance zu geben) und ihn mit der Produktion und Auswertung von* REBECCA *zu einem der bedeutendsten Regisseure der Welt gemacht habe, er nicht ein einziges Mal einen Film zu machen brauchte, den er nicht hat machen wollen. Das war seit jeher meine Einstellung zu Regisseuren – und ich weiß zufällig, daß es keineswegs immer Ihre Einstellung zu Ihren Vertrags-Regisseuren gewesen ist.*

Gewiß konnte Selznick immer noch autoritär sein und eifersüchtig auf seine Hoheitsrechte pochen. Als Joseph Cotten – er hatte gerade mit Hitch SHADOW OF A DOUBT gemacht – hörte, daß Hitch von Selznick für zwei Filmprojekte, deren erstes LIFEBOAT sein sollte, an die Twentieth Century Fox verkauft worden war, bemerkte er: »Wie ich sehe, verkauft man jetzt *Regisseure* wie Rindvieh.« Bei all seiner leidenschaftlichen Anteilnahme am Filmemachen war Selznick doch immer auch ein knallharter Geschäftsmann, stets bereit, einen guten Schnitt zu machen, wenn sich die Möglichkeit dazu bot. So stand Hitch zwischen zwei Feuern. Einerseits mußte er sich, wenn er für Selznick arbeitete, täglich von ihm dreinreden lassen; andererseits wußte er nicht, ob er nicht plötzlich »wie Rindvieh« verkauft würde, als Bestandteil irgendeines Handels, den Selznick gerade auskochte. Doch immerhin setzte Selznick allmählich ein geradezu einzigartiges Vertrauen in Hitch, wie er später einmal schrieb:

Mit der Zeit bekam ich immer mehr Hochachtung vor Hitch. Während ich bei den Vorarbeiten eng mit ihm zusammenarbeitete und er mir den Schnitt überließ, ließ ich ihn im Atelier völlig in Ruhe.

Bei SPELLBOUND *war ich, glaube ich, nur zweimal während des ganzen Films im Atelier.*

Indessen konnte sich Hitch über seine neue Situation bei der 20th Century Fox (wo er am Ende dann doch nur einen Film machte) nicht beklagen. Man rollte ihm dort gewissermaßen den roten Teppich aus, indem man ihm Kenneth Macgowan, den Intellektuellen des Teams, als Produzenten zuwies und ihm völlig freie Hand in der Wahl von Stoff, Autoren und Darstellern ließ. Hitch überlegte. Einerseits quälte ihn immer noch das Gefühl, er müsse und könne eigentlich mit dem Medium, das er am besten kannte, noch etwas mehr zur Unterstützung der Kriegsanstrengungen tun und irgendwie eine bedeutsame Aussage machen. Andererseits bezweifelte er die Wirksamkeit einer solchen direkten Botschaft im Film grundsätzlich und war davon überzeugt, daß er jedenfalls so etwas nicht machen könnte. Thriller – davon verstand er etwas, siehe FOREIGN CORRESPONDENT und SABOTEUR. Aber vielleicht gab es ja noch andere Möglichkeiten, beide Elemente miteinander zu verbinden...

Da entsann er sich einer Idee, von der er jahrelang als einer rein technischen Herausforderung sehr angetan gewesen war: man müßte einmal – wie er es pointiert zusammenfaßte – einen ganzen Film in einer Telefonzelle drehen. Die Möglichkeit, sich die vom Film gegebene Dimension und Bewegungsfreiheit zu versagen und dennoch einen Film zu machen, der ganz und gar filmisch wäre, reizte ihn außerordentlich. Später sollte er diese Idee – oder doch eine ähnliche – in REAR WINDOW verwirklichen, einem seiner größten Triumphe. LIFEBOAT ist, obwohl die Meinungen darüber geteilt sind, kaum als solcher zu bezeichnen. Seine Grundidee ist freilich kühn genug: Der ganze Film spielt in einem Rettungsboot, dessen Insassen den Mikrokosmos einer vom Krieg zerrissenen Welt darstellen. Und die Handlung hat durchaus Thriller-Charakter: Einer der Insassen ist ein verkappter Nazi, der das Boot zu einem deutschen Versorgungsschiff hinzusteuern versucht, bis er am Ende entlarvt und sein Plan vereitelt wird.

So weit, so gut. Die Aufbereitung des Stoffes warf indessen viele Probleme auf, die sich niemals befriedigend lösen ließen. Zunächst engagierte man dafür erneut einen Schriftsteller von

Rang, John Steinbeck, doch das Ergebnis wochenlanger Arbeit am Drehbuch war sehr unvollkommen. Dann verpflichtete Hitch den Dichter und Romanschriftsteller MacKinley Kantor (später bekanntgeworden als Autor von *The Best Years of Our Lives*), konnte aber auch mit dessen Bearbeitung nichts anfangen und zahlte ihn nach zwei Wochen aus. Als dritter Autor machte sich dann Jo Swerling ans Werk, ein alter Hollywood-Hase, der die unterschiedlichen Materialien bald in eine Form brachte, die freilich Hitch immer noch zu lose erschien, so daß er das Ganze vor Drehbeginn noch einmal durcharbeitete, rigoros kürzte und straffte, um ihm mehr dramatische Dichte zu geben. Schließlich fand er das Drehbuch akzeptabel. Das Dumme war nur, daß es trotz aller seiner Bemühungen in Stil und Dialogen noch immer von einer naiven Lehrhaftigkeit war: die handelnden Personen – der brutale Nazi, der Kommunist, der farbige religiöse Pazifist, der Millionär und so weiter – kommen in der gedanklichen Struktur eigentlich nie über ihre Standardrollen hinaus. Die Botschaft – daß die freie Welt ihre Streitigkeiten begraben und sich angesichts des Faschismus zusammentun muß, damit das reine Zweckdenken der Nazis nicht den Sieg davonträgt angesichts der Gespaltenheit und Ohnmacht aller Rechtdenkenden – wird laut und deutlich ausgesprochen. Im Endeffekt aber eben zu laut und deutlich: In LIFEBOAT haben wir wie in keinem anderen Hitchcock-Film das unangenehme Gefühl des erhobenen Zeigefingers, das Bewußtsein, manipuliert zu werden, das jede wirkliche Manipulation unmöglich macht.

Auszunehmen von diesen Vorbehalten ist freilich Tallulah Bankhead in der Hauptrolle der schiffbrüchigen Modejournalistin. Diese Besetzung ist in ihrer eigenwilligen Extravaganz bester Hitchcock. Wen, so fragte er sich, würde man in seiner makellosen Aufmachung am allerwenigsten auf einem Rettungsboot mitten im Atlantik erwarten? Tallulah hatte bisher sehr wenige Filme gemacht, ihr Gesicht war dem Kinopublikum in aller Welt kaum ein Begriff, aber Hitch mochte sie. Während der Dreharbeiten verband die beiden eine handfeste Zusammenarbeit ohne alle Mätzchen und privat eine große Freundschaft. Hitch ging besonders gern mit ihr durch die Galerien von Beverly Hills, bewunderte ihren Geschmack und kaufte auf ihr Zureden eines seiner größten modernen Gemälde, einen Milton Avery. Ihn amüsierte ihre unbekümmerte Unlogik – so konnte sie Walter Slezak, den eindeutig antinazistischen deutschen Schauspieler, der im Film den Nazi spielte, nicht ausstehen und traktierte ihn unentwegt mit Ausdrücken wie »Sie gottverdammter Nazi« und anderen Beleidigungen. Spaß machte Hitch auch ihr deftiger Humor, in den er oft mit einstimmte. Einmal ergab sich im Atelier ein ziemlich delikates (oder undelikates) Problem. Tallulah hatte, wie allgemein bekannt war, etwas gegen Unterwäsche. Bei einer Szene, die in einem wellenbewegten Wasserbassin aufgenommen wurde, bemerkten die Umstehenden auf einmal, daß sie keinen Schlüpfer anhatte. Als sich das herumsprach, tauchten immer mehr Leute aus anderen Abteilungen im Atelier auf, und schließlich drang die Kunde davon an die Ohren des obersten Chefs, Darryl F. Zanuck. Nachdem dieser sich durch persönlichen Augenschein von der Sache überzeugt hatte, nahm er Hitch beiseite und erklärte ihm, er solle unverzüglich etwas dagegen tun, sonst werde bald die ganze Arbeit im Studio zum Erliegen kommen. »Gern«, erwiderte Hitch bereitwillig, »aber das muß natürlich den korrekten Instanzenweg durchlaufen – und ich weiß nicht recht, welche Instanz dafür zuständig ist – die Maske, die Garderobe oder die Friseuse?«

Dann ergab sich noch eine weitere kleine Schwierigkeit. Wie sollte Hitch in dem engen Rettungsboot mitten zwischen den Schiffbrüchigen seine inzwischen Tradition gewordene Gastrolle geben? Man konnte ihn ja schlecht als Delphin verkleidet neben dem Boot herschwimmen lassen. Ob er eventuell als Leiche im Wasser treiben sollte? Da hatte er eine Idee. Er machte zu dieser Zeit gerade wieder einmal eine Entfettungskur, und zwar die strengste und erfolgreichste seines Lebens, die ihn von über 250 Pfund auf das eher annehmbare Gewicht von 165 Pfund schrumpfen ließ. Also ließ er sich »vorher« und »nachher« photographieren und die Bilder in eine fiktive Anzeige für ein Produkt namens »Reduco« einmontieren. Diese Anzeige erscheint nun an sichtbarer Stelle in einer alten Zeitung, die im Boot herumliegt und die William Bendix an einer Stelle des Films liest. Das Publikum, erzählt Hitch, habe durchaus positiv darauf reagiert, er habe Hunderte von Anfragen bekommen, wie »Reduco« wirke und wo man es beziehen könne.

Der Film fand sehr gemischte Aufnahme bei den Kritikern. Die meisten, die ihn ablehnten, stießen sich daran, daß der Nazi überlegener und entschlossener dargestellt wird als die Verfechter der Demokratie. Das war reichlich naiv gedacht: Man interpretierte damit als einen Angriff auf die Sache der Alliierten, was als Warnung gemeint war. Hitch schien sich an solcher Kritik nicht zu stoßen. Er plante bereits seinen nächsten Film, den er wieder einmal direkt für Selznick machen sollte: die Bearbeitung eines Romans von Francis Beeding, *The House of Doctor Edwardes*, über einen Wahnsinnigen, der in einer Irrenanstalt die Macht an sich reißt. Reiner Eskapismus, ohne jeden Bezug auf den Krieg. Doch bevor Hitch damit begann, mußte er um des eigenen Seelenfriedens willen noch einen unmittelbaren Beitrag zu Englands Kriegsanstrengungen leisten. Für den Militärdienst war er zu alt und zu dick, doch hatte er das Gefühl, wenn er jetzt nicht unmittelbar in die Atmosphäre des Krieges eintauchte und irgendeinen selbstlosen Beitrag leistete, werde er das ewig bereuen und sich zeitlebens schuldig fühlen.

So nahm er sich, bevor er mit *The House of Doctor Edwardes* begann, ein paar Monate frei und flog nach England. Im Frühling 1944 traf er in London ein. Schon die Atmosphäre war wesentlich zuversichtlicher als bei seinen früheren Besuchen: Das Kriegsglück schien sich nun doch zu wenden, und der Gedanke an eine Invasion an der französischen Küste lag wieder in der Luft – tatsächlich kam der Tag X Anfang Juni, als Hitch noch in England war. Was aber sollte er nun dort tun? Filme machen vermutlich. Und richtig fragte ihn sein alter Freund Sidney Bernstein, der damals die Filmabteilung im Informationsministerium leitete, ob er ihm bei der Herstellung zweier Kurzfilme in französischer Sprache zur Unterstützung der französischen Résistance behilflich sein wolle. Hitch hatte ja bereits in deutscher Sprache gearbeitet, und sein Französisch war recht gut. Er traf sich also mit den Molière Players, einer in England lebenden Gruppe französischer Flüchtlinge, und erarbeitete mit seinem alten Freund Angus McPhail Drehbücher für die beiden Filme. Wie stets war er im Claridge's abgestiegen – und ein paar Wochen lang wimmelte es nun in seinem Hotelzimmer ständig von Offizieren des Freien Frankreich, Schauspielern und anderen, die alle ihre Meinungen über Inhalt und Aussage des anstehenden Films beisteuerten.

BON VOYAGE entstand nach einer Idee von Arthur Calder-

Marshall. Hitch schrieb das Buch mit Angus McPhail und I.O.C. Orton, während der Schauspieler Claude Dauphin den französischen Dialog besorgte. Der Film war zur Vorführung in den gerade befreiten Gebieten Frankreichs bestimmt und sollte den Franzosen die Rolle der Résistance vor Augen führen. Es geht darin um eine ebenso einfache wie geniale Verkehrung der Betrachtungsweise. Zunächst wird ein Flieger der Royal Air Force in London von einem Mitglied der Streitkräfte des Freien Frankreich über Einzelheiten seiner mit Hilfe der Résistance geglückten Flucht aus Frankreich befragt. Er erzählt, was er erlebt hat, aber dann erfahren er und wir, daß sein »polnischer« Begleitoffizier in Wahrheit ein deutscher Spion war. Daraufhin bekommen wir die ganze Geschichte noch einmal zu sehen, aber diesmal ergänzt um Einzelheiten, die der RAF-Mann nicht bemerkt hatte, und in neuer Beleuchtung dessen, was er in seiner Ahnungslosigkeit falsch interpretiert hatte.

Während der Arbeit am Drehbuch zu BON VOYAGE erkannte Hitch, wie weit die Meinungen unter den Freien Franzosen auseinanderklafften; immerzu gab es Zank und Streit, und mitunter sah es so aus, als haßten sie ihre Verbündeten mehr als ihre erklärten Feinde. Das war im Grunde die Situation von LIFEBOAT. Infolgedessen kam ihm der Gedanke, diese Differenzen und Meinungsverschiedenheiten zur Handlungsgrundlage seines zweiten französischsprachigen Films, AVENTURE MALGACHE, zu machen. Er spielt auf Madagaskar, wo sich Vichy-Franzosen und Freie Franzosen eine Zeitlang die Waage hielten, und basiert auf der wahren Geschichte eines Rechtsanwalts namens Clarousse, der jetzt bei den Molière Players mitspielte. Clarousse hatte sich bei allen seinen Bekannten auf Madagaskar dermaßen unbeliebt gemacht, daß er Gefahr lief, sowohl von den Freien Franzosen wie von den Vichy-Leuten eingesperrt zu werden. Der Film enthält ein paar typische Hitchcocksche Doppeldeutigkeiten und einige brillante Bildkompositionen, wie die Szene, wo jemand (befehlswidrig) der Verlobten des Helden von einem neuen Auftrag erzählt, während ein bedeutungsschwanger ins Bild hineinragendes Telefon darauf hinweist, daß sie ihm die Information unverzüglich durchtelefonieren wird. Doch diese Subtilitäten und Widersprüche gefielen den Streitkräften des Freien Frankreich gar nicht, die lieber etwas unkompliziert Heroisches und Optimistisches gehabt hätten, und so ist der Film wohl nie gezeigt worden.

Alles in allem verbrachte Hitch im Sommer und Herbst 1944 acht Monate in England, zu einem Gehalt in der bescheidenen Höhe von 10 Pfund pro Woche, die ihm die MOI-Films für seine Arbeit zahlten. Die beiden Filme drehte er in den Associated British Studios in Welwyn Garden City, wohin er Tag für Tag vom Claridge-Hotel her anreiste. Daneben nahm er sich die Zeit, seine Familie und alte Freunde aufzusuchen, mit Michael Balcon Frieden zu schließen, soweit er ihm wegen seiner voreiligen Kritik in den ersten Kriegstagen überhaupt noch böse war, und sich Gedanken über seine Haltung zu England zu machen. Hitch hatte sich in Amerika ein neues Leben aufgebaut, das ihn ganz ausfüllte. Und nun lösten sich seine Bindungen an England eine nach der anderen. Seine Mutter wurde langsam hinfällig und starb, bevor der Krieg endete. Seinen Bruder William, mit dem ihn nie sehr viel verbunden hatte, hatten die Kriegsereignisse arg mitgenommen; auch er überlebte den Krieg nicht. Ohne Mutter und Bruder würde Shamley Green leerstehen und bei der empfindlichen Wohnungsknappheit der ersten Nachkriegszeit unmöglich zu halten sein. Auch diese letzte Bindung sah Hitch also unausweichlich dahinschwinden.

Es ist immer unbequem und schwierig, einen klaren Bruch mit Stätten und Menschen zu vollziehen, an die einen glückliche Erinnerungen knüpften – dabei wollte Hitch bis ans Ende seiner Tage der englische Bürger bleiben, wie er im Buche steht. Doch obwohl unverkennbar ein Produkt seiner Zeit, seines Landes und seiner Klasse, war er in erstaunlichem Maße ein eigenständiger Mensch, ein eingefleischter Privatmann, der seine eigene Welt mit sich herumtrug und überall heimisch wurde, wo er mit Alma und Pat leben konnte. Bezeichnenderweise war der schlagendste Beweis seines Englisch-Seins gerade seine Fähigkeit, auf England zu verzichten, sich von ihm freizumachen. Denn wo immer er lebte, da war ein Stück England. Das England der anderen hat er eigentlich nie gebraucht.

Als die Arbeit an den beiden Kurzfilmen zu Ende ging, war vorübergehend davon die Rede, daß Hitch eventuell für einen weiteren Film, diesmal über Gefangenenlager, noch in England bleiben sollte. Aber es kam nichts Greifbares dabei heraus; stattdessen machte er sich im Blick auf seine baldige Rückkehr nach Hollywood zusammen mit Angus McPhail an einen Drehbuchentwurf zu *The House of Doctor Edwardes.* Das Thema war ziemlich makaber, und Hitch gab sich keineswegs damit zufrieden, daß es ihm und McPhail gelungen war, es einigermaßen in den Griff zu bekommen. Er sehnte sich nach Hollywooder Schliff, nach dem Hollywooder Know-how. Ja, er sehnte sich sogar, obwohl er es nicht zugeben wollte, nach dem Urteil von David O. Selznick. So packte er, als der Herbst kam, seine Koffer und fuhr zurück nach Amerika, ohne sich bewußt zu machen, daß er damit eine Entscheidung getroffen hatte. Das Leben hatte sie ihm, wie schon so oft, abgenommen.

11. Kapitel

SPELLBOUND, wie *The House of Doctor Edwardes* schließlich genannt wurde, sollte Hitchcocks erster Nachkriegsfilm werden und zugleich derjenige, der in einer schwer erklärbaren Weise sein endgültiges Aufgehen im amerikanischen Kino markierte. Der Unterschied ist nicht leicht zu zeigen, doch bis dahin hatte Hitch entweder englische Filme in Amerika gemacht oder solche, mit denen er bewußt Propaganda trieb, indem er dem amerikanischen Publikum etwas zu verkaufen suchte, was ihm vielleicht nicht selbstverständlich war. Sogar noch in SHADOW OF A DOUBT – ähnlich wie in anderen von Europäern gedrehten Filmen, etwa Renoirs *Swamp Water*, Schlesingers *Midnight Cowboy* oder Formans *Taking Off* – rühren viele ungewöhnliche Einblicke in das amerikanische Kleinstadtleben einfach daher, daß sie aus einer nicht-amerikanischen Sicht gedreht worden sind, so daß vieles, was einem Amerikaner selbstverständlich ist, plötzlich als aufregend und exotisch empfunden wird. Von SPELLBOUND an wird das anders – Hitchcock ist nun ganz einfach ein amerikanischer Filmemacher geworden.

Nicht daß SPELLBOUND, soweit ich wüßte, von irgend jemandem zu Hitchcocks besseren Filmen gezählt würde. Mit entwaffnender Ehrlichkeit nennt er selbst ihn »auch nur wieder eine in Pseudo-Psychoanalyse verpackte Verbrecherjagd«. Bei der Verarbeitung der ursprünglichen Idee zu einem Drehbuch, die Hitch mit Ben Hecht und dem unvermeidlichen Selznick vornahm, blieb von dem Roman fast nichts anderes übrig als die Idee, daß sich der Schurke als Direktor der Irrenanstalt entpuppt, der natürlich verrückt ist. Der neue Handlungsverlauf erwies sich als Erfolgsschiene für Selznicks damals größte Entdeckungen, Ingrid Bergman und Gregory Peck. Die Bergman in der Rolle einer jungen Psychiaterin, die sich in ihren neuen Chef verliebt, bevor sie entdeckt, daß er ein Mann ohne Gedächtnis ist, der sich als Doktor Edwardes ausgibt (den er möglicherweise ermordet hat), paßt ausgezeichnet in die Hitchcock-Welt. Gregory Peck, der den Gedächtnislosen spielt, paßt nicht hinein. Hitch und die Bergman verstanden sich von Anfang an; ganz ohne Frage entsprach sie bestens dem immer deutlicher sich herausschälenden Typ der kühlen Blonden mit dem inneren Feuer, wie sie in SPELLBOUND unter der Macht der Liebe die klassische Hitchcock-Wandlung von der forschen, geschäftsmäßigen Ärztin zu einer weichen, leidenschaftlich liebenden Frau durchmacht. Hitch und Peck konnten offenbar nicht viel miteinander anfangen; Peck spricht recht kühl von Hitchs enormem technischen Können, Hitch seinerseits erklärt frank und frei, Peck sei in einem seiner folgenden Filme, THE PARADINE CASE, gegen seinen Wunsch eingesetzt worden, nur weil er damals bei Selznick unter Vertrag stand.

Das Neue an SPELLBOUND lag darin, daß Hitch hier mit seinem gewohnten Gespür für das, was gerade in der Luft lag, ein Thema anschnitt, das in den folgenden Jahren den amerikanischen Film beherrschen sollte – die popularisierende, vereinfachte Auslegung der Psychoanalyse. Von nun an wurden faszinierende Psychiater (oder ruchlose Psychiater als Nachfolger von Generationen verrückter Wissenschaftler) zu Standardfiguren des amerikanischen Kinos, was Hitch einigermaßen belustigte. Er selbst nahm das alles nicht allzu ernst und sah darin eher die neue Aufmachung eines alten Themas. Bei SPELLBOUND profitierte er im Höchstmaß von den erheblich gewachsenen Mitteln, die Selznick nun in die Produktion stecken konnte (manche mögen einwenden: Er profitierte zuviel davon, da der Film letztlich recht schwerfällig daherkommt und dazu neigt, sich im eigenen Glanz zu verfangen), und blieb zu seinem Glück während der Dreharbeiten weithin von Selznicks Atelier-Kontrollen verschont.

Selznick hatte sich, obschon Hitch bei SPELLBOUND nicht merklich darunter zu leiden hatte, seit REBECCA sehr verändert. Viele in seiner Umgebung hatten den Eindruck, es läge am Erfolg von *Gone With the Wind*; denn seither sah er sich für den Rest seines Lebens als Produzent von *Gone With the Wind* abgestempelt und war von der Zwangsvorstellung besessen, diesen Erfolg zu wiederholen oder gar zu überbieten. Auch waren seine Geschäfte seither nicht so gut gegangen, was ihn dazu trieb, sich intensiver als je zuvor um jedes Detail seiner Produktionen zu kümmern, vor allen Dingen natürlich, wenn es darum ging, sich liebevoll der Interessen von Jennifer Jones anzunehmen. Sein Geschmack tendierte zum Hochliterarischen und Dialogischen, und so sah sich Hitch gezwungen, mit ihm bei ihren späteren Filmen um eine Begrenzung des Dialogs und einen flüssigen

Handlungsablauf zu kämpfen. Selznick jedoch hielt unzweifelhaft große Stücke auf ihn, auch wenn er nicht immer genau wußte, worauf Hitch hinauswollte.

Besonders bei SPELLBOUND konnte er nicht begreifen, weshalb Hitch für die Traumszenen Salvador Dali heranziehen wollte. Doch um der Publicity dieses Gags willen erklärte er sich einverstanden und bereit, die Sache zu arrangieren. Hitch kannte zwar den exzentrischen spanischen Maler nicht persönlich, bewunderte aber manches an seinen Werken – wie auch an denen eines anderen Surrealisten (und heutigen Ex-Surrealisten), de Chirico. Was er an den beiden Malern schätzte, war die Präzision und Übergenauigkeit, mit der sie Traumwelten darstellten. Genau dasselbe sah auch Hitchcock in Träumen: keine Verschwommenheiten, keine »Atmosphäre«, sondern ganz scharfe Konturen. Eben diese Art architektonischer Schärfe sollte Dali nach Hitchs Vorstellungen in die filmische Wiedergabe der Träume des Gedächtnislosen einbringen. Er wollte dieses Element sogar noch verstärken und zu diesem Zweck sämtliche Traumszenen im Freien, bei strahlendem Sonnenschein drehen, doch scheute Selznick die Kosten, und so wurde schließlich alles im Atelier gedreht. Aus Standfotos dieser Produktion geht hervor, daß erheblich viel mehr gebaut und gedreht worden war, als man nachher im Film zu sehen bekam. Hitch selber hat ein paar besonders wilde Ideen von Dali gestrichen, zum Beispiel die Sequenz einer auseinanderbrechenden Statue, in deren Innern Ingrid Bergman, über und über mit Ameisen bedeckt, sichtbar wird. Der Film sollte im Stil vollkommen sachlich sein, um ein Gleichgewicht gegen die phantastischen Handlungselemente zu bilden. Dafür leistete sich Hitch die Verwirklichung einer Idee, die er schon seit Jahren mit sich herumtrug: Auf dem Höhepunkt hält der verbrecherische Doktor Murchison einen Revolver auf Ingrid Bergman gerichtet, dann kehrt er ihn langsam um und zielt auf sich selber (auf die Kamera, das heißt auf das Publikum), und der Schuß löst sich in einer grellen Flamme, einem roten Blitz in diesem ansonsten durchweg schwarz-weißen Film.

Dali genoß sichtlich seinen Aufenthalt in Hollywood, der bestimmt produktiver war als sein mißglücktes Unterfangen, für Walt Disney einen ganzen Trickfilm zu zeichnen, der *Destiny* heißen sollte. Und er genoß Hitch, in dem er einen ihm selber sehr ähnlichen Show-Exzentriker spürte. Noch heute hat Hitch eine Dali-Zeichnung an der Wand hängen, versehen mit einer Widmung an ihn als den »Chevalier de la mort«. Und bis heute hat Hitch sich die herzliche Freundschaft Ingrid Bergmans bewahrt, die als einzige außer Grace Kelly die Ehre hatte, in nicht weniger als drei seiner amerikanischen Filme – darunter gleich im nächsten, NOTORIOUS – die weibliche Hauptrolle spielen zu dürfen.

So sehr sich Selznick bei SPELLBOUND jede Einmischung in die Dreharbeiten versagt hatte, so prompt kam seine Rache im Stadium des Schnitts: Er sah sich den Film in jeder Preview an, nahm mit Befriedigung zur Kenntnis, wie begeistert die Zuschauer auf Gregory Peck reagierten, und schnitt zwischen der ersten Preview und der Uraufführung insgesamt etwa zwei Rollen (ungefähr zwanzig Filmminuten) heraus. Hitch war dieses Verfahren bereits gewöhnt, dennoch ärgerte es ihn, und auch der große Kassenerfolg, den der Film haben sollte – er kostete rund anderthalb Millionen Dollar und spielte sieben Millionen ein –, konnte seinen Mißmut kaum wesentlich beschwichtigen. Auch nicht die Tatsache, daß Selznick ihm die besondere Ehre antat, seinen Namen ausdrücklich vor dem Titel zu nennen: der Film hieß nun »Alfred Hitchcock's SPELLBOUND«. Ein besserer Trost war da schon das kürzlich mit Selznick getroffene Abkommen, wonach Hitch künftig 150 000 Dollar pro Film erhalten sollte, für voraussichtlich zwei Filme pro Jahr und nicht-exklusiv. Dennoch war Hitch nicht sehr wohl zumute, als er nun geradewegs einen weiteren Film mit fast demselben Team anging – mit Selznick als Produzent, Ben Hecht als Drehbuchautor und Ingrid Bergman, nur diesmal anstelle von Gregory Peck mit Cary Grant.

Unterdessen nahm Pats Schauspielerkarriere unversehens ihren Fortgang. Sie war jetzt siebzehn, und gerade, als sie von der Schule abgehen wollte, kam eine neue Rolle auf sie zu. In *Red Book* war eine Serie von Whitfield Cook über ein unwiderstehliches Mädchen namens Viola erschienen, die den Mittelpunkt einer großen Familie mit Kindern aus verschiedenen Ehen bildet. Cook wollte aus diesen Geschichten ein Stück mit dem Titel *Violet* machen und bot Pat die Hauptrolle an. Pat nahm an, obwohl sie mit einiger Bestürzung erfuhr, daß Cook ohne jegliche Regieerfahrung das Stück selber inszenieren wollte. Es kam denn auch, wie es kommen mußte: Was leichtfüßig und bezaubernd über die Bühne hätte tanzen sollen, schleppte sich mühsam dahin und wurde von der Kritik gehörig verrissen. Da die MGM auf das Stück eine Option hatte, war ihnen eine dreiwöchige Spielzeit garantiert, die sie wohl oder übel vor leeren Häusern absolvierten. Nach dem Auslaufen ihres Drei-Wochen-Engagements am Broadway – auch diesmal hatte Hitch, blockiert durch SPELLBOUND, sich das Stück nicht ansehen können – kehrte Pat nach Los Angeles zurück und machte sich ernsthaft Gedanken über ihre zukünftige Karriere.

Sie hatte in der Schule respektable, wenn auch nicht gerade sensationelle Zeugnisse bekommen, weshalb ein College-Besuch nicht sehr sinnvoll schien, es sei denn, sie wollte ein bestimmtes Fach studieren. Das einzige, was sie lernen wollte, war aber die Schauspielerei, was auch ohne weiteres akzeptiert wurde. Wohin aber sollte sie dazu gehen? Es gab damals in den USA nicht sehr viele renommierte Schauspielschulen, doch eine war ganz in der Nähe, in der University of California, Los Angeles, wo der Schauspielunterricht zum akademischen Curriculum gehörte. Pat ging also hin, um sich einzuschreiben, stellte fest, daß die Einschreibgebühr zwölf Dollar betrug, sie aber nur neun Dollar bei sich hatte, und lief nach Hause, um den Rest zu holen. Woraufhin Hitch sie aus heiterem Himmel fragte: »Willst du nicht auf die RADA gehen?«

Und ob sie wollte! Hitch hatte ihr schon von der Royal Academy of Dramatic Art in London erzählt, und sie kannte seinen enormen Respekt vor dieser Hochburg englischer Theatertradition und Schauspielkunst. Er hätte seinen Glauben an ihre Lernfähigkeit kaum ernsthafter und handfester dartun können. Offenbar hatte er sich insgeheim schon seit längerem darüber Gedanken gemacht – hatte er doch, bevor er die Rede auf die RADA brachte, bereits Anstalten getroffen, seine Tochter wenigstens für den Anfang ihres Studiums bei seinen ältlichen Cousinen Mary und Teresa in Golders Green unterzubringen. Das war wohl das schönste Geschenk, das er ihr damals machen konnte, und er machte es ihr – wie im Falle von Almas Haus – irgendwie verschämt, mit einem Gran Schalkhaftigkeit und in der Art eines Spiels, bei dem das Geheimnis erst im letzten Augenblick und fast widerwillig offenbart wird. Pat staunte ebenso über seine Kompliziertheit, wie sie sich über seine Güte freute.

Während dieser familiären Ereignisse gingen die Vorbereitungen zu NOTORIOUS weiter, allerdings nicht ganz ohne Probleme. Selznick war während der Drehzeit von SPELLBOUND mit seiner zweiten großen Produktion jener Tage beschäftigt: mit *Duel in the Sun*, einem Film, der sein *Gone With the Wind* der Nachkriegszeit werden sollte und an ähnlichen Problemen (anschwellenden Etats, wechselnden Regisseuren und so weiter) krankte. Das – und nicht etwa eine edle Selbstverleugnung – waren denn wohl auch die Gründe gewesen, weshalb Selznick sich bei SPELLBOUND so selten im Atelier hatte blicken lassen. Während NOTORIOUS in Vorbereitung war, entfesselte er für *Duel in the Sun* einen ungeheuren Publicity-Sturm (Pat erinnert sich, wie sie in der Schule bearbeitet wurde, sich einem »Protest der Kinder Hollywoods« gegen die angebliche Unmoral des Films anzuschließen, und wie sie nicht recht wußte, ob sie sagen sollte, daß ihr Vater für denselben Kerl arbeitete), fand aber immer noch Zeit, ausgiebig ins Drehbuch von Hitchs neuem Film dreinzureden.

Selznick war es auch gewesen, der Hitch als erster auf NOTORIOUS gebracht hatte, als er ihm nämlich in der *Saturday Evening Post* eine Erzählung mit dem Titel »The Song of the Flame« über eine Schauspielerin zeigte, die im Zuge ihrer Tätigkeit für die Spionageabwehr mit einem Spion ins Bett gehen muß und später Angst hat, diese heimliche Schuld könnte ihre Heiratschancen zunichte machen. Die Geschichte als solche gab zwar nicht viel her, doch regte sie Hitch dazu an, sich Gedanken über die Situation einer Frau zu machen, die sich zur Erlangung geheimer Informationen mit einem Spion einlassen muß, und über die Wirkung, die das auf ihr Privatleben hat. Von diesem Ansatzpunkt aus (Hitch erscheint, was selten vorkommt, im Vorspann als Autor der Filmidee) entwickelten Hitch und Ben Hecht die Grundzüge der Handlung des Films, wie er dann auch gedreht wurde, mit Ingrid Bergman als Abwehragentin, die gegen ihren Willen zum Sex-Objekt wird, und Cary Grant als ihrem eifersüchtigen Führungsoffizier, der nur darauf wartet, daß ihre Liebe zu ihm sie dazu bringt, aus ihrer Rolle in dem Komplott auszusteigen.

Soweit alles schön und gut, bis auf die Frage, um was für ein Komplott es sich eigentlich handeln sollte. Für Hitch ging es um die Liebesgeschichte. Aber er brauchte dazu noch einen MacGuffin als treibende Kraft – das »Geheimnis«, das alle Beteiligten um jeden Preis entweder bewahren oder enthüllen wollen, obwohl es uns, den Zuschauern, nichts bedeutet. Zunächst hatten er und Hecht mit der Idee einer in Brasilien aufgestellten geheimen Nazi-Armee gespielt, dann aber sah er sich, wie bei der geheimen Luftmacht in THE THIRTY-NINE STEPS, vor die Frage gestellt, wozu diese Geheimarmee dienen und was man, nachdem man sie einmal in die Handlung eingeführt hatte, mit ihr anfangen sollte. Wäre es nicht besser, es ginge um einen lebenswichtigen und doch einfachen Gegenstand – einen industriellen Grundstoff vielleicht? Wie wäre es mit Uran, dem Stoff, aus dem man vielleicht eines Tages Atombomben machen würde? Warum nicht – es war Frühjahr 1945, also noch vor Hiroshima, und das Ganze wirkte wie die unrealistischste Science Fiction. Hitch und Hecht suchten sogar Dr. Millikan, einen der führenden Wissenschaftler Amerikas, im California Institute of Technology in Pasadena auf, um ihn über die Durchführbarkeit der Idee zu befragen, und dieser verbreitete sich mehrere Stunden lang über die (entfernte) Möglichkeit, daß es den Wissenschaftlern eventuell gelingen könnte, das Wasserstoffatom zu spalten, während ihm die Idee mit dem Uran nur ein mitleidiges Lächeln entlockte. (Immerhin entdeckte Hitch später, daß er aufgrund dieses Gesprächs drei Monate lang vom FBI beobachtet worden war.)

Nun, wenn es also auch ein bißchen phantastisch war, ein MacGuffin ist ein MacGuffin, und so kam das Uran ins Drehbuch. Ein wesentlich ernsterer Einwand kam indessen von Selznick. Was, wollte er wissen, sei das eigentlich für ein Zeugs, dieses Uran da in den falsch etikettierten Weinflaschen? Hitch erklärte ihm eingehend, daß es sich – obwohl das gar keine Rolle spiele – um einen Stoff handele, aus dem man Atombomben herstellen könne. Selznick gab sich damit nicht zufrieden: Wie konnten sie nur die ganze Handlung auf so etwas Abseitiges und Unrealistisches aufbauen? Geduldig entwickelte ihm Hitch noch einmal das Prinzip des MacGuffin: daß der Film »um« eine Liebesgeschichte gehe und das Uran nur eine Nebenrolle spiele. Ja, er bot Selznick an, statt des Urans Industriediamanten zu nehmen, wenn ihn das glücklicher mache. Aber Selznick ließ sich nicht überzeugen und verkaufte kurzentschlossen das ganze Paket, Drehbuch, Stars und Hitchcock, für 800 000 Dollar und 50 Prozent Gewinnanteil an die RKO. Was sehr dumm von ihm war, wie Hitch bemerkte, der daraufhin als Ko-Produzent mit einstieg, denn wenn Selznick Vertrauen zu diesem Film gehabt hätte und an der Sache drangeblieben wäre, hätte er den Gesamtgewinn von über acht Millionen Dollar einstreichen können.

Der Streit über diesen MacGuffin hat Hitch merkwürdigerweise über Jahre hin verfolgt und ihm als perfektes Beispiel dafür gedient, wie ein MacGuffin funktioniert und wie sogar ausgefuchste Filmleute ihn häufig mißverstehen. Als Hitch 1950 auf der »Queen Elizabeth« den Atlantik überquerte, traf er auf dem Schiff Joseph Hazan, einen Geschäftspartner von Hal Wallis. Hazan fragte ihn, wie er eigentlich so früh auf das Uran gekommen sei, und gab zu, daß er und Willis damals das Filmpaket, als Selznick es ihnen anbot, abgelehnt hätten, weil ihnen die Grundidee des Drehbuchs (d. h. das Uran) absurd erschienen sei. Ein paar Jahre später jedoch, als NOTORIOUS verspätet auch in Deutschland herauskam, erklärte der deutsche Verleiher Hitch voller Stolz, wie sie ihm durch die Synchronisation finanzielle Einbußen erspart hätten, indem sie das Uran durch Diamanten ersetzt hätten, weil nämlich Uran inzwischen derart abgedroschen sei, daß niemand mehr so etwas in einem Film sehen wolle. Erst kürzlich war die Rede von einem Remake von NOTORIOUS (schrecklicher Gedanke!), doch schreckten die Produzenten vor dem MacGuffin zurück. Wen interessiert schließlich heute noch Uran? Ja, wenn man das in irgendwelche Drogen umändern könnte, dann vielleicht . . .

Von Hitchcock selbst produziert und ohne jegliche Einmischung von außen, ging NOTORIOUS glatt über die Bühne und wurde zu einem seiner besten Filme. Er war hochzufrieden mit seinen Stars und sie mit ihm. Wie üblich erzielte er mit Geduld und sanfter Überzeugungskraft die besten Resultate. Eines Morgens begannen sie mit Cary Grants Erwiderung auf etwas, was Ingrid Bergman in der letzten Einstellung am Abend zuvor gesagt hatte. Sie war im Englischen noch immer nicht ganz sicher und konnte aus irgendeinem Grund den Text, auf den er zu antworten hatte, nicht richtig wiederholen. Um neun Uhr war Hitch noch geduldig. Nach mehreren Anläufen sagte er ganz ruhig: »Ingrid, wissen Sie eigentlich, worum es in dieser Szene geht?« – »O ja, Hitch.« – »Na also, dann versuchen wir's nochmal.« Um elf hatte sie es noch immer nicht, aber auf einmal leuchteten ihre Augen mitten im Text auf, und sie brachte ihn perfekt. Hitch sagte: »Aus!« und dann ganz ruhig und sachlich: »Guten Morgen, Ingrid.« Darauf sie im selben Tonfall: »Guten Morgen, Hitch«, und weiter ging's ohne jeden zusätzlichen Kommentar.

Hitch war gelassen und unerschütterlich wie eh und je. Eines Tages hatte Grant Schwierigkeiten, eine Tür zu öffnen, wie es im Drehbuch vorgeschrieben war, und beklagte sich bei Hitch, er könne die Tür nicht mit der rechten Hand aufmachen, weil er in der Rechten seinen Hut halte. Hitch überlegte einen Moment, dann sagte er liebenswürdig: »Haben Sie mal die Möglichkeit erwogen, den Hut in die andere Hand zu nehmen?« Ein andermal brach hinten im Atelier ein Feuer aus. Hitch erklärte gerade etwas dem Kameramann, sagte nur beiläufig: »Würde vielleicht mal jemand das Feuer da ausmachen?« und sprach seelenruhig weiter. Die berühmte Kuß-Szene, angeblich der längste Film-Kuß überhaupt, mußten Ingrid Bergman und Cary Grant immer und immer wieder drehen, bis sie es völlig richtig machten. Bei jeder Umarmung pflegten sie sich süße Nichtigkeiten ins Ohr zu flüstern, von Take zu Take immer wieder andere, die meist um so unromantische Dinge kreisten wie etwa, wer mit dem Abwaschen dran sei. Hitch hatte von diesem Kuß selbstverständlich seine eigenen Vorstellungen, die er damals niemandem anvertraute. Vor seinem geistigen Auge stand das Bild einer leidenschaftlichen Liebesszene, deren Zeuge er einmal in Frankreich geworden war, als sein Zug ein paar Sekunden lang in Etaples gleich hinter Boulogne halten mußte: Ein Paar stand in inniger Umarmung vor einer großen Ziegelmauer, wobei der Mann an die Mauer urinierte. Das Mädchen schaute dann und wann an ihm hinunter, um zu sehen, wie weit er war, schaute sich um und wieder hinunter, ließ ihn aber die ganze Zeit nicht los. Nichts konnte die Romanze unterbrechen, nicht einmal ein Drang in der Blase. Genau dieses Bild, von dem seine Stars und sein Publikum nichts ahnten, schwebte Hitch vor, und solch ein Bild wollte er unter diesen ganz anderen Umständen schaffen.

NOTORIOUS gehört zu Hitchcocks romantischsten, einfachsten und geheimnisvollsten Filmen. Er enthält technische Bravourstücke wie die berühmte Kran-Fahrt, die am oberen Absatz einer Treppenflucht beginnt, in eine große Abendgesellschaft mit vielen

Menschen eintaucht und sich quer durch die Menge bis zur übergroßen Nahaufnahme auf das einzig bedeutsame Detail der Szene zubewegt: den Schlüssel, den Ingrid Bergman, am Fuß der Treppe ganz am entgegengesetzten Ende des Raumes, fest in der Hand hält. Vor allem aber ist NOTORIOUS mustergültig in seinem Handlungsaufbau und schafft eine so intensiv alptraumhafte, unheilsschwangere Atmosphäre, daß man sich fragt, ob jene Kritiker, die immer so sehr auf Hitchcocks katholischer Erziehung insistieren, nicht vielleicht doch bis zu einem gewissen Grade recht haben. Jedenfalls spitzt sich die ganze Handlung so deutlich auf das verbale Eingeständnis der beiden Hauptpersonen, auf ihre unzweideutige Liebeserklärung zu, daß man darin schwerlich einen Zufall sehen kann. Zugleich ist der Film ganz bewußt ein Lehrstück in moralischer Doppeldeutigkeit: Am Ende erscheint der Schurke (Claude Rains) wesentlich liebenswerter und sympathischer als der Held (Cary Grant), und das Publikum sieht sich auf seltsame Weise dazu gebracht, ihm zu applaudieren, obwohl es weiß, daß er ein Nazi und kaltblütiger Killer ist, weil seine Liebe zu Alicia (Ingrid Bergman), so rücksichtslos er sie auch ausbeutet, in vieler Hinsicht tiefer und aufrichtiger ist als die Liebe des Helden.

Hitch hätte nun gern mehr solcher Filme gemacht, die diesen sehr persönlichen Vorstoß in die Schattenseiten des Menschen und seiner Leidenschaften verbinden würden mit der starken Publikumsresonanz, die NOTORIOUS fand. Stattdessen aber mußte er, was ihm gar nicht paßte, zurück zu Selznick, um für ihn den letzten vertraglich vorgesehenen Film, THE PARADINE CASE, zu machen. Darüber war er sehr unglücklich. Der Stoff sagte ihm nichts: ein Roman von Robert Hichens um einen Prozeß gegen eine des Gattenmordes angeklagte geheimnisvolle Femme fatale. Der Stoff war jahrelang in Hollywood herumgereicht worden, und kein Autor hatte es geschafft, ihn in eine dramaturgisch befriedigende Form zu bringen. (Selznick hatte Anfang der dreißiger Jahre bei MGM selber schon einmal vergeblich versucht, die Garbo dafür zu gewinnen.) Jetzt erinnerte sich Selznick, der Hitch wöchentlich 5000 Dollar fürs Nichtstun bezahlte, an diesen Stoff, kaufte ihn von MGM und verfügte, ihn umgehend zu verfilmen. Zu allem Übel bestand er auch noch darauf, das Drehbuch selber zu schreiben. Hitch und Alma hatten eine erste Bearbeitung gemacht, die Selznick zur Aufstellung des Etats brauchte, und hatten dann um die Mitarbeit von James Bridie am Script gebeten. Bridie war also aus England herbeizitiert worden, doch da ihn keiner am New Yorker Flughafen abgeholt hatte, war er mit der nächstmöglichen Maschine zurückgeflogen, um das Script in England zu schreiben – ein höchst unbefriedigendes Arrangement. Daraufhin war der treue alte Ben Hecht herangezogen worden, der aber bald einen anderen Auftrag übernahm, ohne viel am Drehbuch getan zu haben. In diesem Stadium nahm sich nun Selznick, nicht ohne sich zunächst noch gekonnt zu zieren (obwohl er die ganze Zeit nur darauf gelauert hatte), selber der Sache an. Und obwohl er einem seiner Assistenten ein paar Wochen, bevor der Film im Dezember 1946 in die Produktion ging, anvertraute, er habe wirklich keine Zeit und befürchte, der Film würde »nicht so werden, wie er eigentlich werden sollte, und sogar bei seinen gegenwärtigen Kosten möglicherweise eine Gefahr darstellen«, zwang doch die wirtschaftliche Notwendigkeit ihn und Hitch, so unvorbereitet sie alle darauf waren, weiter daran zu arbeiten.

Auch sah sich Selznick gezwungen – und zwang daher Hitch –, den Film soweit wie möglich mit eigenen Vertragsschauspielern zu besetzen. Hitch wollte für den gradlinigen, hoffnungslos in seine Mandantin verliebten englischen Rechtsanwalt Laurence Olivier oder auch Ronald Colman haben; stattdessen bekam er Gregory Peck, der damals zwar ein großer Kassenmagnet, nach Hitchs Meinung aber für die Rolle total falsch war. Für die Rolle der Frau, die geheimnisvolle Mrs. Paradine, wollte er Greta Garbo haben, doch die Garbo war immer noch ganz gegen die Rolle eingenommen, und so bekam er statt ihrer Alida Valli, eine europäische Neuentdeckung von Selznick, aus der er eine neue Bergman zu machen hoffte – nun, da der Vertrag mit dem Original auslief. Diese Wahl war gar nicht so schlecht: Alida Valli war die richtige Mischung von Leidenschaftlichkeit und Kühle, auch mochte Hitch sie persönlich sehr gern – so gern, daß er Jahre später, als er wieder einmal Italien besuchte, sie als einzigen Menschen ausdrücklich zu sehen wünschte. Wirklich verhängnisvoll allerdings war die dritte ihm aufgezwungene Besetzung. Wie sich am Ende der Handlung herausstellt, hat Mrs. Paradine ihren Gatten tatsächlich ermordet, weil sie dem Diener ihres Mannes, einem brutalen Kerl mit Stallgeruch, der sie erniedrigt und dadurch ihre überzüchteten Sinne aufpeitscht, völlig hörig ist. Um das verständlich zu machen, stellte sich Hitch für die Rolle des Dieners jemanden wie Robert Newton vor – so würde das Verhältnis wenigstens richtig pervers, was ihn dramaturgisch interessiert hätte. Stattdessen aber sah er sich gezwungen, einen anderen Vertrags-Künstler von Selznick einzusetzen, nämlich den glatten französischen Charmeur Louis Jourdan, der kaum ungeeigneter für die Rolle hätte sein können.

So ging Hitch mit sehr gemischten Gefühlen an den Film heran. Er hatte, wie ganz selten in seinem Berufsleben, von Anfang an überhaupt keine Hoffnung, etwas aus dem ihm aufgezwungenen Projekt machen zu können. Kauzig, fast wie ein Totenvogel, nahm sich in diesem Team, in der Nebenrolle des lüsternen Richters, Charles Laughton aus, der zuletzt in JAMAICA INN auf einer ähnlichen Linie gelegen hatte. Doch diesmal kamen Hitch und Laughton sehr gut miteinander aus. Sie bereicherten die Rolle des hängefreudigen Richters, der seine Frau (Ethel Barrymore) erbarmungslos tyrannisiert und mit der jungen schönen Frau des Anwalts (Ann Todd) herumschäkert, um einen Großteil jener Schrulligkeit und Perversität, die der Haupthandlung so spürbar abgingen. Gleich von Anfgang an lagen sich Hitch und Selznick unentwegt in den Haaren. Selznick schrieb endlos am Drehbuch, immer gegen die Uhr, schrieb meist im letzten Augenblick alles um und schickte dann noch am Morgen des betreffenden Drehtages die umgeschriebenen Szenen ins Studio. Hitch litt und klagte sein Leid einem alten Freund: »Was soll ich machen? Ich halte das nicht mehr aus: Jeden Morgen kommt er an, schreibt die Szene um, ich kann nicht drehen – es ist furchtbar.« Zugleich hielt er Selznick den Widersinn vor, einen solchen Film mit einer technischen Ausrüstung anzugehen, die, wie Hitch behauptete, zwanzig Jahre hinter der Zeit herhinkte. Selznick wiederum warf Hitch vor, aus irgendeinem dunklen Rachegefühl heraus absichtlich langsam zu arbeiten und sich nicht um die sprunghaft ansteigenden Kosten zu kümmern. »Das kann ich Ihnen sagen«, versicherte er seinen Assistenten, »Sie werden sehen, wenn er seinen eigenen Film macht, kommt etwas völlig anderes dabei heraus. Und sicher wird er das dann seiner eigenen Tüchtigkeit zuschreiben gegenüber der groben Unfähigkeit, die er uns vorwirft.«

Wahrscheinlich hatten bis zu einem gewissen Grade beide recht, wenn sie jeweils beim anderen böse Absichten witterten. Fest scheint zu stehen, daß Hitch in seiner Karriere einen Punkt erreicht hatte, wo er das dauernde Dreinreden eines kreativen Produzenten, so gut der es auch meinen mochte, nicht mehr mit Heiterkeit und stoischem Gleichmut ertrug, und er hatte sicher nicht Unrecht mit seinem Gefühl, daß Selznicks tief eingewurzelter Drang, seine Produktionen völlig zu beherrschen, langsam neurotisch-autoritäre Züge annahm. Andererseits ist es durchaus möglich, daß Selznick, der ja kein Narr war, auch nicht ganz falsch lag, wenn er Hitchs Langsamtreten als »unberechenbar« empfand. Die späten vierziger Jahre waren für Hitchcock zwar äußerlich eine Aufstiegsphase, in welcher er allmählich sein eigener Herr, sein eigener Produzent und nahezu der alleinige Schöpfer seiner Filme werden sollte, aber sie waren zugleich auch eine Zeit eigenartiger Unzufriedenheit und Richtungslosigkeit für ihn. Er wäre freilich nicht der erste gewesen, der mit Ende Vierzig einen gewissen Umbruch in seinem Leben durchzumachen hatte, und tatsächlich scheint er in diesem Lebensabschnitt, obgleich im großen und ganzen erstaunlich gesund wie eh und je, an allen möglichen kleinen Beschwerden, wahrscheinlich nervösen oder psychosomatischen Ursprungs, gelitten zu haben, und es scheint auch, daß die Hypochondrie, die er selbst einmal das Erbübel seiner Familie nannte, ihn zu dieser Zeit besonders gepackt hatte.

Dies erklärt möglicherweise auch die eigentümliche Trockenheit seiner Filme aus dieser Phase – THE PARADINE CASE, ROPE, UNDER CAPRICORN und STAGE FRIGHT. Bei allen scheint ihn am lebhaftesten die Möglichkeit interessiert zu haben, mit sich selber zu spielen, sich rein technische Aufgaben zu stellen, um sie dann mit großem Einfallsreichtum zu lösen. In THE PARADINE CASE lenkte er sich von seinem Kummer mit Selznick durch eine für ihn ganz neue Methode ab, mit der er die Szenen im Gerichtssaal drehte: Statt sie Einstellung für Einstellung nacheinander zu drehen, postierte er an vier verschiedenen Stellen seiner teuren Atelier-Nachbildung des berühmten Gerichtssaals von Old Bailey vier Kameras mit jeweils eigenem Team, jede auf verschiedene Darsteller oder Gruppen von Darstellern gerichtet, und ließ sie aus allen vier Blickwinkeln heraus ganze Szenen durchlaufend aufnehmen, um dann die lebendigsten Filmteile im Schneideraum zusammenzumontieren. In seinen beiden folgenden Filmen ging er das Problem der durchlaufenden Szene von der entgegengesetzten Richtung her an, indem er nämlich den Schneidevorgang auf ein Minimum reduzierte und dafür den umstrittenen »Zehn-Minuten-Take« einführte.

Als im Dezember 1947 THE PARADINE CASE schließlich in die Kinos kam, atmete Hitch befreit auf. Für ihn, für Selznick und für Hollywood war es das Ende einer Ära. Für Selznick bedeutete THE PARADINE CASE das drastische Ende seiner unabhängigen Verleih-Organisation, seiner letzten Kampfansage an die großen Hollywood-Studios. Der Film hatte die astronomische Summe von vier Millionen Dollar gekostet und spielte diese Investition nicht im entferntesten wieder ein. Außerdem erwies sich Selznicks Organisation als unwirtschaftlich, insofern er keine fortlaufende Produktion aufrechterhalten konnte, um seine Angestellten das ganze Jahr hindurch zu beschäftigen. Also mußte er sich geschlagen geben und zog sich von nun an mehr und mehr auf die abhängige Position eines Produzenten oder Ko-Produzenten zurück, der seine Filme durch die großen Verleihorganisationen vertreiben ließ. Auch drohte bereits – obwohl das damals noch niemand so recht begriff – das Ende des alten Hollywood-Studio-Systems der Fließband-Produktion, der Vertragsschauspieler und -techniker und der Allmacht der großen Produktionsbosse. Obgleich Hitch, auf der Hut wie immer, sich ein bißchen unwohl fühlte bei der Aussicht, nun völlig auf eigenen Füßen zu stehen, ohne sich an einen Vertrag klammern oder, wenn etwas schiefging, einem Produzenten die Schuld zuschieben zu können, hatte er für diesen Wechsel doch den psychologisch richtigen Moment gewählt.

Doch nun, da er seine Freiheit hatte – wohin würde sie ihn führen, und was würde er mit ihr anfangen? Die Ironie wollte es, daß das attraktivste Angebot aus England kam. Während seines London-Besuchs im Kriegsjahr 1944 hatten Hitch und sein Produzent Sidney Bernstein über ein langfristiges Projekt des letzteren gesprochen, nämlich ein simples, nüchternes Abfilmen von Bühnenaufführungen. Bernstein hatte darin einen interessanten Beitrag zu Englands Kriegsanstrengungen gesehen, eine Möglichkeit, ein wichtiges Element britischer Kultur aufzuzeichnen und anderen Völkern nahezubringen. Hitch hatte damals kein allzu starkes Interesse gezeigt – diese Art Theaterkonserve, die dem, was später das American Film Theatre produzierte, ziemlich ähnlich war, hatte herzlich wenig mit seinen eigenen Vorstellungen vom Kino zu tun. Jetzt aber, da Hitch frei und unternehmungslustig war, bot ihm Bernstein eine Produktion ganz nach seinem Geschmack an, eine Unternehmung, die Transatlantic Pictures heißen und es ihm ermöglichen sollte, Filme in England oder Amerika zu machen, sie in Ko-Produktion mit Bernstein zu drehen und die alleinige Entscheidung über Stoffe, Besetzung und Etat zu haben. Hitch war hocherfreut. Er sagte: »Das einzige, worauf es mir ankommt, ist: mit wem ich tagtäglich zu tun habe.« Er war damals mit der amerikanischen Art des Filmemachens schon recht gut vertraut, sah sich in den Staaten respektiert und ermutigt, wußte indessen noch nicht, wie seine Kinobegeisterung in der frivolen und merkwürdigerweise zynischeren Atmosphäre Englands ankommen würde. Aber natürlich würde er mit seiner eigenen Methode überall arbeiten können.

An diesem Punkt nun kam Hitch, zu Bernsteins Überraschung, auf den Plan der Theaterverfilmungen zurück. Wie wäre es, wenn sie als erstes sein altes ROPE-Projekt verwirklichen würden, das ihm nun schon mindestens zehn Jahre lang im Kopf herumspukte? Er würde gern ein Stück verfilmen, meinte Hitch, »aber keinen Shakespeare«, sondern eher Patrick Hamiltons Thriller nach jenem authentischen Leopold-Loeb-Fall, bei dem zwei Jungen aus Chicago einen dritten rein zum Vergnügen und zum Beweis ihrer überlegenen Intelligenz ermordet hatten. Er sah darin ein sehr kostengünstiges Filmprojekt mit einer sehr kurzen Drehzeit und wollte damit seine alte Idee verwirklichen, einmal einen ganzen Film möglichst in einem Stück zu drehen – genauer: in Takes von zehn Minuten (gleich einer Spule), die auf der Leinwand unmerklich ineinander übergehen würden.

Bernstein war diese Idee zwar nicht ganz geheuer, doch wenn Hitch unbedingt so etwas machen wollte, dann sollte er es eben machen; schon seine Begeisterung für das ganze Projekt war ein gutes Zeichen. Hitch wollte den Film in Amerika drehen, um den Schauplatz der Handlung wieder nach Chicago zu verlegen, und wünschte sich den gerade aus dem Krieg heimgekehrten James Stewart für die Hauptrolle, einen Professor, bei dem die beiden Mörder Philosophie studiert haben und der nun ihr Verbrechen enthüllt. Da Stewart während seines Kriegsdienstes nicht mehr auf der Leinwand zu sehen gewesen war, hatte ihn sein Publikum ein wenig aus den Augen verloren, und so erschien sein Name den Finanziers nicht mehr zugkräftig genug. Gleichwohl bot man ihm versuchsweise 100 000 Dollar für die Rolle. Er reagierte darauf mit dem Anerbieten, bei einer prozentualen Gewinnbeteiligung umsonst zu spielen, doch schließlich einigte man sich auf 300 000 Dollar – eine ganz schöne Portion von den anderthalb Millionen, die der Film schließlich kosten sollte. Hitch erarbeitete die Filmfassung des Stückes zusammen mit seinem Freund, dem Schauspieler Hume Cronyn, der in LIFEBOAT mitgespielt hatte. Das endgültige Drehbuch schrieb dann der amerikanische Dramatiker Arthur Laurents. Im Mai 1948 versammelte Hitch seine Mannschaft in einem Atelier der Warner Brothers Studios in Burbank und stürzte sich mit ihnen in sein neues Abenteuer.

Sie probten zehn Tage lang so intensiv wie für eine Bühnenaufführung. Alle beherrschten ihren Text wie im Theater von Anfang bis Ende, und Hitch befaßte sich hauptsächlich mit dem Austüfteln der komplizierten Kamerafahrten, die erforderlich waren, um das Ganze kontinuierlich in der real gegebenen Zeit zu filmen. Nicht von ungefähr hatten die Schauspieler allesamt Bühnenerfahrung, so daß Hitch sie mehr oder weniger sich selbst überlassen konnte im Vertrauen darauf, daß sie unter seinem wachsamen Auge selbständig proben würden. Trotzdem hatte, als dann wirklich gedreht wurde, ausgerechnet die Schauspielerin mit der größten Berufserfahrung, Constance Collier, entsetzliche Angst vor dem Atelier, denn die langen Einstellungen erforderten nicht allein bühnenmäßige Gedächtnisleistungen, sondern belasteten die Akteure zusätzlich mit der Sorge, daß jeder Versprecher eine sündhaft teure Neuaufnahme zur Folge haben würde, sowie allgemein mit dem Bewußtsein, daß ihr Spiel im Augenblick der Aktion ein für allemal im Film festgehalten würde, ohne die Möglichkeit zu nachträglichen Manipulationen und Korrekturen im Schneideraum. James Stewart nahm das Ganze mit seiner üblichen Gelassenheit, wollte allerdings einmal von Hitch wissen, warum er sich überhaupt die Mühe machte, das zu filmen. Er solle doch lieber im Atelier Sitzreihen für Zuschauer aufstellen und Karten verkaufen lassen.

Doch auch für Hitch ergaben sich mehr Probleme, als er erwartet hatte. Zunächst einmal war das sein erster Farbfilm, und so bestand er darauf, die Muster in Farbe zu sehen, was damals bei Technicolor noch nie gemacht worden war; für gewöhnlich waren die Muster schwarz-weiß, und der Filmemacher sah erst Wochen später, wie seine Arbeit in Farbe aussah. Zum Glück aber hatte Hitch Farbvorführungen zur Bedingung gemacht, denn als er die Muster sah, stellte er zu seinem Schrecken fest, daß die Licht- und Schatteneffekte von Dämmerung und Sonnenuntergang, die er auf dem Horizont vor dem Fenster der im Atelier aufgebauten Wohnung sorgfältig abgestuft hatte, zu einem grünstichigen Orange entartet waren, weshalb er fünf von den acht Filmspulen noch einmal drehen mußte, um eine ruhigere, realistischere Wirkung zu erzielen. Dadurch verdoppelte sich die Drehzeit im Studio, obwohl die Arbeit nach insgesamt achtzehn Tagen vollendet war, trotz einer Erkrankung des Kameramannes nach den ersten vier oder fünf Tagen, so daß die Aufnahmen von dem Technicolor-Berater mit der Assistenz des Chefbeleuchters zu Ende geführt werden mußten.

Vielleicht lag es an Hitchs eigenwilligem Verzicht auf den Schnitt, der ihm sonst immer so viel bedeutet hatte. Vielleicht lag es an den lähmenden Ton-Beschränkungen, die diese Drehmethode mit sich brachte (sie erforderte peinlichste Disziplin, alle Bauten, alle Requisiten und die Kamera mußten sorgfältig abgedämpft werden, damit man den Ton direkt mitschneiden konnte, ohne die Dialoge nachträglich auf Band zu nehmen). Vielleicht aber hatte Hitch auch nur an dem so lange geplanten Projekt die Lust verloren (der beste Rat an einen Filmemacher, der endlich die Chance erhält, seinen Lebenstraum zu verwirklichen, scheint zu sein: Laß es bleiben!). Jedenfalls erscheint uns ROPE trotz seiner technischen Originalität und trotz einiger wirkungsvoller Momente, dank derer er sein Geld samt einem bescheidenen Gewinn einspielte, eigentümlich flach und schwerfällig mit seinem gleichbleibenden Tempo, das die in den Handlungsverlauf eingebaute Spannung und *Suspense* großenteils abwürgt. Immerhin hatte Hitch den Film nach seiner eigenen Methode gedreht, was gut und richtig war, aber es bedrückte ihn doch, daß seine erste selbständige Produktion so enttäuschend ausfiel, daß Kritiker und Publikum nach Entschuldigungen suchten und sich auf bessere Zeiten vertrösteten.

Dreharbeiten zu *North by Northwest*, im Hintergrund Cary Grant, James Mason

Strangers on a Train (Leo Carroll, Laura Elliott, Farley Granger, Pat Hitchcock)

Psycho – Selbstinszenierung mit Anthony Perkins

Psycho – Drehpause mit Janet Leigh und Anthony Perkins

Großvater mit drei schlafenden Enkeln

Großvater mit wachem Enkel

Am häuslichen Herd

Selbstinszenierung im Treppenhaus

The Birds – noch sind die Vögel im Käfig

Topaz – Regiearbeit mit Claude Jade

Torn Curtain – Besuch in Berlin mit Günter Strack und Wolfgang Kieling

Family Plot – Dreharbeiten, im Vordergrund Bruce Dern

Leider spendete ihnen auch sein nächster Film, UNDER CAPRICORN, nicht allzuviel Trost. Er wurde als zweite (und letzte) Transatlantic-Pictures-Produktion in England gedreht und war ein Kostümfilm (ein Genre, für das sich Hitch nicht kompetent fühlt, da er nicht wisse, wieviel die handelnden Personen verdienen, wie sie auf die Toilette gehen usw.), und er kostete zweieinhalb Millionen Dollar, weit mehr, als Hitch und alle anderen für notwendig gehalten hatten. Außerdem war der Film finanziell ein kompletter Mißerfolg, der zur Liquidation der Firma führte, woraufhin er in den Besitz der Bank überging, die ihn finanziert hatte, so daß er mehrere Jahre lang nicht zu sehen war. In dieser Zeit gewann er in Frankreich den Ruf eines Geheimtips, und viele hielten ihn für ein Meisterwerk Hitchcocks – eine Ansicht, die er selber keineswegs teilt. Er denkt an den Film nur mit Unbehagen zurück und spricht von ihm als einer totalen Pleite.

Woran lag das? Hitch meint: an der Besetzung und an seiner Eitelkeit, beides eng miteinander verknüpft. Erstens an der Besetzung, weil er dem Gedanken, Ingrid Bergman sämtlichen anderen Hollywood-Produzenten wegzuschnappen, alles übrige untergeordnet habe, ohne zu bedenken, daß ihr hoher Preis das ganze Projekt unwirtschaftlich machen mußte und daß die Bergman außerdem zu dieser Zeit hochgradig nervös war wegen ihrer neuen Liaison mit dem italienischen Regisseur Roberto Rossellini. Zweitens an seiner Eitelkeit, weil Hitch in seiner Begeisterung über den Coup seines Produzenten, Ingrid Bergman mit einem englischen Roman geködert zu haben, auf den er an sich gar nicht so scharf war, und über seine triumphale Heimkehr nach England, wo er den Film machen wollte, nun plötzlich selber den großen Star zu spielen begonnen und dafür den Film selbst sträflich vernachlässigt habe. Denn vernachlässigt habe er die Arbeit am Drehbuch, indem er zunächst wiederum seinen Freund Hume Cronyn mit der Adaption des Romans betraute, obwohl der als Autor nicht erfahren genug gewesen sei, und indem er sich schließlich seinen Wunsch erfüllte, ein Drehbuch von James Bridie verfaßt zu bekommen, ohne dabei zu bedenken, daß Bridie zwar berühmt für seine brillanten, mit Paradoxen durchsetzten Dialoge war, aber auch berüchtigt wegen seiner leichtfertigen Konstruktionen und den Schwächen seiner letzten Akte, was sich dann beides auch prompt im Drehbuch niedergeschlagen habe.

Vernachlässigt habe er schließlich auch die Besetzung der kleineren Rollen, namentlich der des Stallknechts, für den die Heldin alles opfert (eine Variation des Themas von THE PARADINE CASE), indem er die Rolle einem seiner Lieblingsschauspieler übertrug, nämlich Joseph Cotten, obwohl der dafür viel zu intelligent und gepflegt sei und die ideale Besetzung eher ein Mann wie Burt Lancaster gewesen wäre.

Hitchcock nennt sein Verhalten in diesem Stadium seiner Karriere selber »dumm und kindisch«, bekennt aber gleichwohl, viel Enthusiasmus in den Film investiert zu haben, und scheint heute seinen – wenn auch mißlungenen – Versuch, einmal etwas anderes zu machen, etwas, das in diesem Stadium seiner Karriere die Thriller-Masche durchbrechen würde, ein wenig zu unterschätzen. Denn das Thema war keineswegs ein Thriller, es enthält kaum mehr als ein oder zwei Schockmomente wie etwa den mit dem Schrumpfkopf, den die undurchsichtige Haushälterin (eine nahe Verwandte von Mrs. Danvers in REBECCA) der Heldin ins Bett legt, um sie an ihrem Verstand zweifeln zu lassen. Es ist ein langsam in Gang kommendes, in einem fremden Land und in einer vergangenen Zeit (im Australien des 19. Jahrhunderts) angesiedeltes Psychodrama, und Hitch machte nicht einmal den Versuch, es als Thriller anzulegen. Sein Stil ist gemächlich und sanft dahinfließend wie die Handlung selbst, unter reichlicher Verwendung langer Takes (von sieben bis zehn Minuten Dauer), wie er sie in *Rope* vervollkommnet hatte. Seinerzeit hat man diese Lang-Einstellungen heftig kritisiert, weil sie angeblich das Spannungspotential der Handlung beschnitten, doch heute nimmt man sie überhaupt nicht mehr wahr, so sehr haben sie seit 1949 Eingang in die Filmsprache gefunden.

Andererseits stimmt es aber auch, daß der Film nicht sehr gut ist. Er wirkt schwerfällig und unbehaglich, als habe keiner mit keinem so recht gekonnt – und fest steht, daß Hitch einigen Streit mit Ingrid Bergman gehabt hat, mit der er bis dahin stets gut ausgekommen war. Einmal hatte sie sich so heftig über die Arbeitsmethoden beklagt, über die langen Einstellungen und die verschwindende Szenerie, daß Hitch, jeder Auseinandersetzung abhold, einfach hinter ihrem Rücken den Raum verließ und nach Hause ging, während sie, wie er später erfuhr, derart in Fahrt geriet, daß sie noch zwanzig Minuten lang weiterredete, ohne seine Abwesenheit zu bemerken. Ein andermal drehten sie eine Betrunkenen-Szene auf einer Treppe, und die Bergman konnte oder wollte sich nicht an die Markierungen halten. Warum auch, begehrte sie auf, sie sollte ja schließlich betrunken sein! Warum ließ man sie nicht einfach nach eigenem Gutdünken spielen und folgte ihr mit der Kamera? Diesmal wollte Hitch ein Exempel statuieren, und so erklärte er sich bereit, die Szene nach ihren Vorstellungen zu drehen, wenn sie sie hernach auch nach seinen spielen würde; sie solle dann selbst entscheiden, welche Version die bessere sei. Als Ingrid Bergman später die Muster der beiden Versionen sah, erkannte sie, daß Hitchs die bessere war, und gab das auch unumwunden zu. Doch aufs Ganze gesehen riecht UNDER CAPRICORN, ungereimt und irgendwie gezwungen, wie er wirkt (besonders im Fernsehen), nach Kompromiß und Unbehagen. Hitch streicht ihn gern aus seiner Erinnerung, wenn man es ihm gestattet. Der einzige bleibende Gewinn, der bei dem ganzen Abenteuer für ihn heraussprang, war seine erste Begegnung mit Peggy Robertson, einer jungen Engländerin, die er als Scriptgirl einstellte und die ihm derart imponierte, daß er ihr bei der nächsten sich bietenden Gelegenheit scherzhaft mitteilte, diesmal brauche er kein Scriptgirl, allerdings könne er – angemessene Spannungspause –, falls sie unter Umständen daran interessiert sei, eine persönliche Assistentin gebrauchen. So gewann die »Hitchcock-Familie« ein weiteres Dauermitglied.

Nachdem er das Debakel mit UNDER CAPRICORN hinter sich hatte, entschloß sich Hitch, seinem alten Grundsatz des »run for cover« zu folgen: Wenn du keine Ideen mehr hast und dir das Angst macht, nimm Zuflucht zum Erprobten und Altbewährten und mach, was du kannst, bis die Ermüdungsphase vorüber ist. Nicht daß sein nächster Film STAGE FRIGHT (»Die rote Lola«) diesen Grundsatz befolgt hätte, doch war er ein Schritt in diese Richtung. Denn nach den gewichtigeren Hervorbringungen seiner Hollywood-Zeit entschied sich Hitch nun für einen leichtfüßigen Schwarzweiß-Thriller in einer englischen Umgebung und in stilistischer Anlehnung an seine britischen Vorkriegsfilme. Ein geeignetes Thema bot sich ihm in Gestalt einer Story in der Welt des Theaters nach einem gerade erschienenen Reißer des englischen Journalisten Selwyn Jepson, den die Kritik sogleich zum idealen Hitchcock-Stoff erklärte – eine Anregung, die er, wie er selber meint, vielleicht ein wenig zu unkritisch aufgegriffen hat. Jedenfalls verschob er erneut sein Projekt I CONFESS auf später (den zweiten Plan neben ROPE, den er schon seit Mitte der dreißiger Jahre hatte verwirklichen wollen), desgleichen auch die Projekte *Jack Shepherd* und *Dark Duty* (die Geschichte eines britischen Gefängnisdirektors), die er alle drei schon im Vorjahr als in Arbeit angekündigt hatte, und machte sich stattdessen sogleich mit Alma an ein Treatment nach zwei von Jepsons Episoden, das dann von James Bridie zu einem Drehbuch ausgearbeitet wurde unter Mitarbeit von Whitfield Cook, dem Autor von Pats zweitem Broadway-Stück.

Pat besuchte natürlich während dieser ganzen Zeit in London die Royal Academy of Dramatic Arts, war allerdings aus dem Haus der beiden Cousinen in Golders Green ausgezogen und hatte sich zusammen mit ein paar Mitschülern eine Etagenwohnung genommen. Infolgedessen konnten Alma und Hitch sie häufig sehen, und Hitch gab ihr in seinem Film eine kleine Rolle und setzte sie außerdem in einigen Szenen als Double für Jane Wyman ein. Der Film ist nach der penetranten Humorlosigkeit seiner letzten Werke vor allem amüsant. Die Hauptfiguren, gespielt von Jane Wyman und Richard Todd, sind zwar zu langweilig, als daß uns ihre Probleme sonderlich interessieren würden, oder wer was mit wem macht, doch am Rande des Geschehens gibt es eine Menge zu lachen dank einem hervorragenden Aufgebot englischer Charakterdarsteller wie Alastair Sim (den Bridie vorgeschlagen hatte, dessen größter Interpret er war), Sybil Thorndike, Kay Walsh, Miles Malleson und Joyce Grenfell, gar nicht zu reden von Marlene Dietrich, die voller Hochmut Cole Porters Song vom »Laziest Girl in Town« singt und dazu ihre berühmten Beine zeigt.

Hitch hatte große Mühe, Jane Wyman, die ein ganz einfaches Mädchen spielen sollte, davon abzuhalten, heimlich mit dem Glamour der Dietrich konkurrieren zu wollen. Wirklich Spaß aber hatte er an der extravaganten Wohltätigkeitsveranstaltung, einer Garden-Party zugunsten notleidender Schauspieler, und in einigen Partien des Films wirkt dieser Spaß geradezu ansteckend. Den Schauspielern gegenüber verhielt sich Hitch wie immer dickfellig. Marlene Dietrich erinnert sich: »Er nahm mir regelrecht die Puste. Er wußte genau, was er wollte; das liebe ich zwar, aber ich war mir nie ganz sicher, ob ich es richtig machte. Nach der Arbeit führte er uns dann ins Caprice Restaurant und fütterte uns mit Steaks, die er aus New York hatte einfliegen lassen, weil er das Fleisch für besser hielt als das englische, und ich habe immer gedacht, er tut das, um uns zu zeigen, daß er über unsere Leistungen eigentlich gar nicht so entsetzt war.« Zwischen Hitch und der Dietrich entwickelte sich aus einem aufrichtigen Respekt vor dem beiderseitigen Können mit der Zeit eine herzliche Zuneigung.

Die Probleme der Handlung wurden in STAGE FRIGHT nie ganz gelöst; das Publikum bleibt hinsichtlich des wahren Schurken zu lange im dunkeln, niemand befindet sich im ganzen Film je wirklich in Gefahr, und alle, sogar die unverkennbaren Bösewichter, haben Angst. Diese Bedenken wiegen am Ende doch wohl schwerer als die merkwürdigen Einwände, die man damals gegen die »Unehrlichkeit« des Films erhob, weil er mit einer Rückblende dessen beginnt, was Richard Todd zu Anfang erzählt und was sich dann als Lügengeschichte entpuppt. Man sagt zwar immer, die Kamera dürfe nicht lügen, mag eine Figur im Film auch verbal lügen. Doch wer sagt das? Nach den Doppeldeutigkeiten in Alain Resnais' *Letztes Jahr in Marienbad* kann man kaum mehr auf scheinbar eherne Filmregeln setzen.

Hitchs Heimkehr nach England war nicht ganz zu dem uneingeschränkten Triumph geworden, den er sich erhofft und erträumt hatte. Aber sie war auch keine totale Katastrophe, und so konnte er mit einem nur leicht angekratzten Ruf nach Hollywood zurückkehren. Dort, wohin er im Frühjahr 1950 mit Pat und Alma heimkehrte, fühlte er sich jetzt wohler, und abgesehen von ein paar kurzen Außenaufnahmen für die zweite Version von THE MAN WHO KNEW TOO MUCH sollte es nun rund zweiundzwanzig Jahre dauern, bis er – 1972 mit FRENZY – wieder einen Film in England machte. Alfred Hitchcock war durchaus nicht am Ende. Als Produzent und Regisseur seiner letzten beiden Filme hatte er gutes Geld verdient, hatte noch immer eine gute Presse und einen großen Namen. Allerdings bestand auch kein Zweifel daran, daß er an diesem Punkt seiner Karriere dringend wieder einmal einen wirklichen Erfolg brauchte. Zum Glück wartete einer seiner größten schon an der nächsten Ecke darauf, die glanzvollste Periode seiner Hollywood-Zeit einzuleiten.

12. Kapitel

Als Patricia Highsmith im Jahre 1950 STRANGERS ON A TRAIN veröffentlichte, war sie noch eine unbekannte Krimi-Autorin, weit entfernt von dem literarischen Ruhm, den sie später erlangen sollte, und dies war ihr erster Roman. So war es schmeichelhaft für sie, als Alfred Hitchcocks Büro sich an ihren Agenten wandte mit dem Angebot, die Filmrechte des Buches zu erwerben. Leider war das Angebot nicht sehr hoch (nur 2000 Dollar), doch wie Hitch zu ihr sagte, als sie sich trafen, hätte eigentlich sie ihn für die Verfilmung ihres Romans bezahlen müssen, denn das werde viel zu ihrem künftigen Ruhm und Reichtum beitragen. Heute gibt Patricia Highsmith zu, daß er damit nicht ganz unrecht hatte, wenn es auch damals ihre Eitelkeit und ihren Geldbeutel hart traf. Doch ihr Agent riet ihr: Nehmen Sie an, Sie werden kein besseres Angebot erhalten! Und sie befolgte den Rat.

So begann Hitchcocks allmähliches Hollywood-Comeback. Zusammen mit Whitfield Cook entwarf er ein erstes Treatment, fand aber anfangs keinen Autor, der in dem Stoff dasselbe erblickte wie er. Fast ein Dutzend Angesprochene lehnten sein Treatment ab, weil sie sich die Handlung nicht filmisch vorstellen konnten oder keinen Sinn darin sahen, obwohl sie für Hitch sonnenklar war. Sie dreht sich um einen Austausch von Verbrechen und folglich um einen Austausch von Schuld zwischen zwei Männern, von denen der eine ein Wahnsinniger ist, der versucht, den anderen dazu zu bringen, jemanden für ihn zu töten, sobald er seinerseits jemanden für ihn getötet hat. Als Hitch schließlich kaum noch Hoffnung hatte, bei einem Hollywood-Profi Verständnis zu finden, beschloß er, sich stattdessen an jemanden zu wenden, der gewiß einiges über Schuld und Wahnsinn wissen mußte: an den berühmten Kriminalschriftsteller Raymond Chandler. Chandler hatte zwar bereits an ein paar Drehbüchern gearbeitet, war aber erfrischend unbeeindruckt von den üblichen Hollywood-Konventionen über das, was geht und was nicht geht, was man tun kann und was man nicht tun darf. Andererseits hatte er selber ein paar fixe Ideen, die Hitch manche Kopfschmerzen bereiten sollten. Unerwartet bei jemandem, der in seinen eigenen Büchern so sorglos mit manchen Details umging (man sagt ihm nach, er habe auf die Frage des Produktionsteams von *The Big Sleep*, wer einen der Morde in seinem Roman eigentlich begangen hat, keine befriedigende Antwort geben können), machte sich Chandler nun plötzlich ein Gewissen aus der glaubhaften Personencharakterisierung und bereitete Hitch damit alle möglichen Schwierigkeiten. Wenn Hitch zum Beispiel sagte: Hier haben wir bestimmte Personen auf Punkt A, und nach fünf Filmminuten müssen sie auf Punkt B sein; es ist nun an Ihnen, sie dorthin zu bringen – dann antwortete Chandler voller Skrupel: Aber woher wissen wir denn, angenommen sie sind an Punkt A, daß sie jemals Punkt B erreichen? Für Hitch war das ganz klar: Die Personen waren erfunden in Hinblick auf die Handlung, die sie zu durchlaufen hatten, also brauchte man nur eventuelle Ungereimtheiten auszubügeln oder nachträglich zu korrigieren. Für Chandler dagegen führten sie ein gewisses Eigenleben, in welches einzugreifen er sich nicht berechtigt fühlte.

Kein Wunder, daß die beiden einander nicht allzu gut verstanden. Anders als die anderen literarischen Größen, mit denen Hitch zusammengearbeitet hatte, war Chandler seit langem in Südkalifornien zu Hause, in La Jolla bei Los Angeles, wo er mit seiner wesentlich älteren und inzwischen halbgelähmten Frau wohnte. Sein Leben verlief in festen Bahnen (wozu auch ein ansehnlicher Alkoholkonsum gehörte), und darin ließ er sich ungern stören; er arbeitete lieber zu Hause als im Studio, empfand Hitchs Besuche als lästig (als Hitch eines Tages bei ihm vorfuhr und aus seiner Limousine stieg, bemerkte Chandler laut zu seiner Sekretärin: »Nun sehen Sie sich diesen Fettwanst an, wie er sich aus seinem Wagen zwängt« – und als sie ihm zu bedenken gab, daß man ihn vielleicht hören könnte, sagte er: »Das ist mir doch egal!«), doch er monierte zugleich pikiert, daß Hitch ihm nicht genügend Zeit widme, kam aber regelmäßig bei ihm hereingeschneit, lud einen Haufen unzusammenhängender Ideen ab – gute, schlechte und mittelmäßige – und verschwand wieder, während Hitch dasaß und zusehen mußte, wie er mit all diesen widersprüchlichen oder mitunter auch ganz unmöglichen Instruktionen fertig wurde. Hitch für sein Teil hatte jedenfalls das Gefühl, daß Chandler sich allzu primadonnenhaft aufführte und damit seine Geduld arg strapazierte. Chandler erklärte zwar laut und deutlich, daß er all seine Drehbuchaufträge hauptsächlich des

Geldes wegen und zur Wahrung seines Lebensstandards in Hollywood angenommen hätte, konnte dann aber doch nicht verhindern, daß seine schriftstellerischen Skrupel (oder seine privaten Neurosen, wie man es nimmt) bei der Arbeit zum Vorschein kamen.

Hitch fand ihn faszinierend als psychologischen Fall, als Mitarbeiter aber äußerst ärgerlich. Chandlers Äußerungen über Hitch zu seinen Freunden oder Agenten wurden immer widersprüchlicher, dunkler und verzweifelter. Zu Beginn seiner Arbeit hatte er noch notiert, er habe sie übernommen, weil er geglaubt habe, er möge Hitch (»Was auch stimmt«). Ein paar Wochen später schrieb er an Ray Stark:

Hitchcock ist sicherlich ein sehr rücksichtsvoller und höflicher Mensch, doch er steckt voller kleiner Anregungen und Ideen, die sich lähmend auf die schriftstellerische Initiative auswirken. Man kommt sich vor wie ein Boxer, der keinen Schlag landen kann, weil er dauernd von linken Geraden aus dem Gleichgewicht gebracht wird. Ich beklage mich darüber keineswegs. Hitchcock ist eben ein ganz eigenwilliger Regisseur. Er ist stets bereit, die dramaturgische Logik (sofern eine solche existiert) einem Kamera- oder Stimmungseffekt zuliebe aufzugeben. Er weiß das auch und nimmt das Handicap in Kauf. Er weiß, daß fast jeder seiner Filme einen Punkt erreicht, wo die Handlung keinen Sinn mehr ergibt und in eine Verfolgungsjagd übergeht, aber das macht ihm nichts aus. Für einen Schriftsteller ist das sehr hart, namentlich für einen mit eigenen Ideen, weil er als Drehbuchautor nicht nur aus einer albernen Vorlage eine möglichst sinnvolle Handlung machen muß, sondern gleichzeitig darauf zu achten hat, daß sich jede Kamera-Einstellung oder jede Hintergrund-Aufnahme, die Hitchcock gerade einfällt, darin unterbringen läßt.

Als Chandler die letzten Seiten des endgültigen Drehbuchs abgeliefert hatte (und mit Warners über eine Tagesgage in Streit geraten war), schrieb er entrüstet an Finlay McDermid, den Chef von Warners Dramaturgie:

Sind Sie sich darüber im klaren, daß dieses Drehbuch von Anfang an ohne eine einzige Besprechung mit Mr. Hitchcock entstanden ist? Nicht einmal ein Telefonanruf. Nicht ein einziges Wort der Kritik oder der Anerkennung. Schweigen. Absolutes Schweigen damals wie heute. Sie sind viel zu erfahren, als daß Sie annehmen könnten, irgendein Autor könnte unter solchen Umständen sein Bestes geben. Irgendwas gibt es immer zu besprechen. Irgendwo verrennt sich jeder Autor, da er kein Meister der Kamera ist. Immer gibt es knifflige Fragen, über die man sich aussprechen muß, um zu einer Übereinstimmung zu gelangen. Mir wurde nichts davon zuteil. Ich finde das recht eigenartig. Ich finde es sogar ziemlich übel. Ja, ich finde es geradezu unverfroren.

Als Hitch sich klarmachte, daß er mit den Dreharbeiten in Washington Anfang Oktober beginnen mußte, bevor die Blätter welkten, blieb ihm nichts anderes mehr übrig, als sich von Chandler zu trennen. Was er nun hatte, war ein Rohdrehbuch voller Atmosphäre, aber mit unzureichendem Handlungsaufbau und schwachen Dialogen (auch in Chandlers Romanen wird das meiste durch atmosphärische Schilderungen vermittelt und nur sehr selten durch Dialoge). Folglich brauchte Hitch in diesem Stadium einen Profi, der das Script zügig straffte und ihm Konturen gab. Er hätte dafür gern Ben Hecht gehabt, aber der war anderweitig beschäftigt. Immerhin bekam er dann eine Mitarbeiterin von Hecht, Czenzi Ormonde, mit der er das Drehbuch in die endgültige Fassung brachte. Trotz seiner enttäuschenden Erfahrungen war die Zeit mit Chandler am Ende wohl doch nicht völlig verschwendet. In dem fertigen Film finden sich einige sehr chandlerische Elemente, namentlich in der Szene zwischen dem Mörder und seiner Mutter, die sich als ebenso verrückt entpuppt wie ihr Sohn – eine typische Chandler-Situation. Größtenteils war es indessen Hitch, der das Psychodrama der Buchvorlage, von seinem Standpunkt aus ganz folgerichtig, zu einer Reihe von spannungsgeladenen Action-Szenen verdichtete – die Jagd auf Guys lüsterne Frau und ihre Ermordung in einem Lunapark (kulminierend in dem berühmt gewordenen barocken Kameraschuß auf die zu Boden gefallene Brille der Frau, in der sich die Tat spiegelt); die Party, in die Bruno unheilvoll hereinplatzt und auf der er beinahe noch einen Mord begeht; das Tennis-Match, das Guy im Wettlauf mit der Zeit gewinnen muß, um von dort wegzukommen und Bruno daran zu hindern, ihn zu belasten; schließlich der Kampf auf dem rasenden Karussell, der mit Brunos Tod endet. Zwar sind die dazwischenliegenden Passagen bei weitem nicht so brillant, erfüllen aber ihre Funktion, wie etwa der Toast in einem Club-Sandwich, und genau das war es, was der stets auf sparsame Wirkungen bedachte Hitchcock brauchte.

Wie üblich war er mit der Besetzung nicht restlos einverstanden, denn er mußte eine Reihe von Stars hinnehmen, die bei Warners unter Vertrag standen, Ruth Roman und Farley Granger, um andere Rollen nach eigenem Geschmack besetzen zu können, namentlich den geisteskranken Killer Bruno, den er blendend mit dem bis heute so sensibel gebliebenen typischen Amerikaner Robert Walker besetzte. Überraschend gut bewährte sich Farley Granger, mit dem Hitch bereits in ROPE gearbeitet hatte, als Tennisspieler Guy, obgleich Hitch die Rolle eher für einen stärkeren Typ, etwa William Holden, konzipiert hatte. Die Dreharbeiten verliefen trotz ihrer technischen Schwierigkeiten ohne größere Komplikationen, wenn Hitch auch heute noch gelegentlich Alpträume hat, wegen des alten Mannes, der in der Schlußszene unter das rasende Karussell kriechen mußte, da das wirklich so gefährlich gewesen sei, wie es aussieht – denn hätte der Mann seinen Kopf nur um fünf Zentimenter höher gehoben, so wäre er unweigerlich umgekommen. Nebenbei brachte der Film auch zwei kleine persönliche Befriedigungen für Hitch. Erstens war er der Anfang seiner Zusammenarbeit mit dem Kameramann Robert Burks, mit dem er eine enge Freundschaft schloß und der bis zu seinem tragischen Tod bei einem häuslichen Brand kurz nach der Fertigstellung von MARNIE alle weiteren Hitchcock-Filme bis auf einen photographierte. Und zweitens konnte er wieder einmal mit seiner Tochter Pat arbeiten, die in dem Film Ruth Romans Schwester spielt.

Gleich nach Beendigung von STRANGERS ON A TRAIN fuhr Pat wieder an die Ostküste, um in ihrem dritten Broadway-Stück aufzutreten, *The High Ground* mit Marguerite Webster und Leueen McGrath. Doch wieder fand die Inszenierung nur gemischte Aufnahme und wurde nach drei Wochen abgesetzt. Pat kam sich allmählich wie die Königin der Drei-Wochen-Laufzeit vor, denn keins ihrer Stücke war bisher länger gelaufen. Begreiflicherweise enttäuscht über den Mißerfolg beschloß sie, die Gelegenheit zu nutzen, sich einen billigen Kleinwagen zu kaufen und ein paar Wochen Ferien zu machen, in denen sie die Ostküste der Vereinigten Staaten kennenlernen wollte. Doch Hitch, der sie zum drittenmal am Broadway verpaßt hatte, schlug vor, da er und Alma bald in New York sein würden, sollten sie lieber alle zusammen einen italienischen Dampfer nehmen und nach Europa reisen, um dort, kreuz und quer durch den Kontinent, einmal richtig Ferien zu machen. Pat war begeistert, ohne zu ahnen, daß diese Umdisposition einen entscheidenden Einschnitt in ihrem Leben bedeuten sollte. Denn am zweiten Abend ihrer Überfahrt lernte sie einen jungen Mann namens Joseph E. O'Connell jr. kennen, einen Geschäftsmann aus Watertown in Massachusetts, der einer gut katholischen Familie entstammte (sein Großonkel war Kardinal O'Connell von Boston). Es war Liebe auf den ersten Blick, und irgendwie fügte es sich, daß der junge Mann in den folgenden Wochen immer an den Hauptaufenthaltsorten der Hitchcocks in Europa auftauchte, so daß Hitch und Alma begriffen, daß dahinter wohl ernste Absichten stecken mußten. Und tatsächlich hätten sie sich keine bessere Verbindung wünschen können, außer daß der Erwählte absolut nichts mit der Schauspielerei zu tun hatte und sich auch herzlich wenig dafür interessierte. Für Pat war das gerade anregend, für Hitch bei seinem totalen Aufgehen im Kino eher verwirrend. Doch gefiel ihm und Alma der junge Mann wirklich sehr, Pat liebte ihn offensichtlich und er sie auch, also gaben sie ohne viel Hin und Her ihren Segen dazu, und am 13. September 1951 wurde die Verlobung bekanntgegeben.

Pat hatte sich eigentlich eine stille Hochzeit vorgestellt. Doch keine Rede davon. Sobald sich Hitch mit dem Gedanken befreundet hatte, daß sein kleines Mädchen nun heiraten würde, stürzte er sich mit seinem ganzen Sinn für Dramatik in die Organisation einer auf den 17. Januar 1952 angesetzten großen Hochzeitsfeier. Die Uraufführung von STRANGERS ON A TRAIN im Juni 1951 hatte ihn bei Kritik und Publikum wieder ganz nach oben gebracht, und die Welt wartete gespannt auf seinen nächsten Film. Er aber wollte sich Zeit nehmen und die Welt warten lassen, um zuerst seine Tochter unter die Haube zu bringen und ihr ein Heim zu schaffen. In einem vagen Versuch, seinen künftigen Schwiegersohn irgendwie im Filmgeschäft unterzubringen, machte er ihm den Vorschlag, er solle doch einen Job im Posteingang des Studios annehmen (wo er Seite an Seite mit einem anderen Sohn eines berühmten Vaters, nämlich mit Danny Selznick arbeiten würde), um das Geschäft von der Pike auf zu erlernen. Doch Joe wollte, so bereit er zu einem solchen Versuch war, ihn lieber auf eigene Faust wagen, stieg dann aber nach ein paar Monaten wieder aus und ging ins Transportwesen, wo er bis heute tätig ist. Hitch konnte darüber nur immer wieder den Kopf schütteln, sagte sich aber: Solange Pat glücklich ist ... Und das war sie denn auch voll und ganz. Fürs erste gab sie die Schauspielerei auf, denn bald wurde sie schwanger mit der ersten von drei Enkelinnen, die sie Hitch in rascher Folge schenken sollte. Dies zumindest machte ihm ungetrübte Freude, und bald erwies sich Hitch als Großvater ebenso besorgt und kapriziös, wie er es als Vater gewesen war – dabei allerdings, wie Pat meinte, viel nachsichtiger mit ihren Töchtern als früher mit ihr.

In STRANGERS ON AN TRAIN war Hitch, eher instinktiv als aufgrund bewußter Überlegung, auf ein tief beunruhigendes Thema gestoßen – die Frage der Schuldvertauschung –, das sich hervorragend in die Form eines Thrillers gießen ließ. Der Film erfüllte sämtliche Erwartungen, die der Name Hitchcock beim Kinopublikum auslöste – die oberflächlichen Schocks und bildwirksamen Spannungsmomente in Schnitt und Gegenschnitt trafen fast hundertprozentig das, was die Leute für einen »typischen Hitchcock« hielten –, und zugleich löste er eine tiefergreifende Resonanz aus, die Hitch als denkenden und fühlenden Menschen interessierte und die dem Thema eine Tiefe und Subtilität gab, die Hitch in seinen mittleren Jahre als immer notwendiger empfand, um sich künstlerisch auszudrücken. In ROPE und UNDER CAPRICORN hatte er versucht, mit der herkömmlichen Thriller-Formel zu brechen, und war gescheitert. Hier nun hatte er, statt den Erwartungen der Kinogänger frontal zuwiderzuhandeln, einen Weg gefunden, sich seinem Publikum unbemerkt zu nähern, die bittere Pille – also das, was ihn an einem Thema wirklich interessierte – durch die Thriller-Aufmachung zu verzuckern und es den Leuten selber zu überlassen, was und wieviel sie in dem Film sehen wollten. Diesen Weg sollte er künftig bei all seinen großen Filmen der fünfziger Jahre beschreiten.

So fühlte er sich, gestärkt durch einen ungewöhnlich langen Urlaub nach STRANGERS ON A TRAIN, nun stark genug, ein Thema in Angriff zu nehmen, das ihn seit seiner ersten Bekanntschaft mit Paul Anthelmes Stück *Nos deux consciences* (»Unsere beiden Gewissen«) in den frühen dreißiger Jahren beschäftigt hatte. Das Stück selbst war bereits 1902 entstanden und behandelt ein Thema, das für katholisch erzogene Menschen wie Hitch sehr ernst ist, mag es auch anderen, wie er selber zugibt, etwas begrenzt erscheinen: die Unverletzlichkeit des Beichtgeheimnisses und die Situation eines Priesters, der in einen Mordverdacht gerät, von dem er sich nur durch Bruch seiner Schweigepflicht reinwaschen kann. Dafür schien Hitch die Zeit nun reif, und er glaubte auch schon zu sehen, wie man den Film so anlegen könnte, daß er auch für Nichtkatholiken verständlich und spannend sein würde: Er verlegte die Handlung an einen ungewöhnlichen Schauplatz, nämlich nach Quebec, und besetzte die Rolle des gepeinigten Priesters mit Montgomery Clift, der (obwohl Hitch wegen Clifts Herkunft aus der Stanislawski-Schule und wegen der neurotischen Ticks seines neuen Stars keinen rechten Zugang zu ihm fand) eindrucksvoll die Qual der Figur darzustellen und ihr Dilemma menschlich und nicht bloß theologisch begreiflich zu machen vermochte.

Ansonsten ging freilich nicht alles so glatt mit I CONFESS, wie der Film schließlich genannt wurde. Für die Rolle der Frau – eine Dame der Quebequer Gesellschaft, die einst mit dem Priester, bevor er geweiht worden war, ein Verhältnis gehabt hatte (daher ihre etwas konstruiert wirkende Möglichkeit, ihn zu erpressen), wollte Hitch eine dem amerikanischen Publikum unbekannte Schauspielerin mit einem leichten europäischen Akzent haben, und so engagierte er die schwedische Schauspielerin Anita Björk, der Kino-Avantgarde damals ein Begriff als Fräulein Julie aus Alf Sjöbergs Film nach dem Stück von Strindberg. Dummerweise hatte sie bei ihrer Ankunft in Amerika zwei Wochen vor Beginn der Dreharbeiten einen Liebhaber im Schlepptau sowie ein uneheliches Kind. Im Jahre 1953 stand Hollywood noch unter der Fuchtel von Verbänden wie der Katholischen Liga für Sittlichkeit, die Klatschkolumnisten schlugen hochmoralistische Töne an, und Filmstars taten so etwas einfach nicht – oder zumindest nicht öffentlich. Die Warner Brothers bekamen Krämpfe, als sie davon erfuhren, und bestanden auf der sofortigen Rückreise der Björk. Also mußte rasch jemand anderes gefunden werden, und Hitch entschied sich, nicht ganz glücklich mit seiner Wahl, für Ann Baxter, die weder unbekannt noch mit einem europäischen

Akzent behaftet war. Auch trug das ziemlich unbeholfen gebastelte Drehbuch von George Tabori und William Archibald nicht viel bei zur Lösung des Problems, wie man das Thema, falls überhaupt, für ein nichtkatholisches Publikum attraktiv machen konnte. Als der Film schließlich kommerziell durchfiel, mußte Hitch sich eingestehen, daß seine langjährige Beschäftigung mit dem Thema und sein spezielles Interesse als Katholik offenbar sein Urteil als Filmemacher getrübt hatte.

Infolgedessen geht er heute mit dem Film vielleicht ein wenig zu streng ins Gericht. Es sind herrliche Dinge darin, und die Schwierigkeiten, die das Publikum damals mit ihm hatte, erscheinen heute weniger durch die spezielle Thematik verursacht als durch den Umstand, daß sich der Film in den Augen von Kritik und Publikum damals zu weit von der stereotypen Hitchcock-Thriller-Formel entfernt hatte. Die schwelende Dichte des Films, seine unheilschwangere Atmosphäre sind heute leichter verständlich als damals und bezeugen damit erneut, wie weit Hitchcock seiner Zeit voraus war. Zweifellos hat er große Sorgfalt auf diesen Film verwandt und jede noch so kleine Szene mit sprechenden Details ausgestattet – wobei er soweit ging, selbst noch einer Statistin in der feindseligen Menge vor dem Gerichtssaal, wo man den Priester soeben widerstrebend von der Mordanklage freigesprochen hat, genaue Regieanweisungen zu geben, wie sie einen Apfel so essen sollte, daß dabei stumpfes Desinteresse und zugleich wilde Gier zum Ausdruck kamen.

Der Fehlschlag eines so langgehegten Projekts mußte Hitch zwangsläufig verunsichern. Verlor er etwa, so fragte er sich, den Kontakt zum Publikum und zu dessen Geschmack? Oder lag es an der Unwissenheit der Leute? Kurze Zeit vor I CONFESS hatte er eine kuriose Erfahrung in San Francisco gemacht. Alma und er hatten damals als Hausgehilfen ein italienisches Ehepaar mit einer Tochter, die kaum ein Wort englisch sprachen. Eines Tages fuhren sie von Scots Valley mit der Frau und der Tochter nach San Francisco, wo Alma für das Mädchen ein paar Einkäufe machen wollte. Im örtlichen Kino gab es gerade De Sicas *Fahrraddiebe*, und da Hitch nicht wußte, was er mit Signora Chiesa in der Zwischenzeit anfangen sollte, nahm er sie kurzerhand mit hinein, da der Film in ihrer Muttersprache war. Sie schaute die ganze Zeit regungslos auf die Leinwand und stöhnte nur einmal auf, als der

Vater das Kind schlug. Als sie aus dem Kino kamen, fragte Hitch sie, wie ihr der Film gefallen habe. Ach, sagte sie, ganz gut, aber warum habe sich der Vater nicht einfach ein Fahrrad geborgt? Gegen solcherlei praktisches Denken ließ sich kaum etwas einwenden, und so fragte Hitch sie, was für Filme sie sich denn am liebsten ansähe. Daraufhin verzog sich ihr Gesicht zu einem breiten Lächeln, und sie antwortete: »Musicals mit Betty Grable!« – Gewiß, die Welt bestand nicht nur aus Mrs. Chiesas, doch waren sie ein wichtiger Bestandteil des amerikanischen Kinopublikums, dessen Geschmack und Vorlieben sich nicht leicht berechnen ließen. Filmemachen besteht ja zu einem beträchtlichen Teil darin, das Publikum zu lenken und herauszufinden, wie es auf diesen oder jenen Reiz reagiert. Im Falle des Beichtgeheimnis-Problems hatte Hitch sich eben verrechnet, es war ihm nicht gelungen, das Thema allgemeinverständlich zu machen. Aber er hatte in dieser Hinsicht ja schon seit Jahren nicht allzuviel Glück gehabt, und vielleicht war STRANGERS ON A TRAIN überhaupt nur ein Zufallstreffer gewesen.

Doch wie dem auch sein mochte, Hitch hatte kaum Gelegenheit, lange darüber zu brüten. Er stand schließlich bei Warners unter Vertrag und mußte weitere Filme machen. Die Frage war nur: was für welche? Einer seiner Lieblingsstoffe war eine Geschichte von Francis Iles (dem Autor des Romans, der die Vorlage zu SUSPICION geliefert hatte) über einen schüchternen Landarzt, der seine Frau ermordet – eine Bombenrolle für Alec Guinness, wie Hitch meinte. Doch bevor er daranging, wollte er noch *The Bramble Bush* machen, eine Geschichte von David Duncan, an der Warners die Rechte hatten, über einen Mann, der einem anderen in Mexiko die Identität stiehlt, aber dann entdecken muß, daß der Mann, der er jetzt ist, wegen Mordes gesucht wird – eine Idee, die in vieler Hinsicht der von Antonionis viel späterem Film *The Passenger* ähnelt. Hitch fand sie reizvoll, verwandte auch viel Mühe auf ihre Ausarbeitung, brachte aber nie ein befriedigendes Script zustande und gab den Plan schließlich auf. Doch nun stand er ohne ein neues Projekt da. So beschloß er wieder einmal, auf Nummer Sicher zu gehen – »to run for cover«.

Zu diesem Zweck wählte er Frederick Knotts außerordentlich erfolgreichen Bühnen-Krimi *Dial M for Murder*, straffte und pointierte ihn zusammen mit dem Autor, wobei er sich eng an den

Szenenablauf des Stückes hielt und lediglich dessen Handlungslinien und Überraschungseffekte noch mehr herausarbeitete. Für die Dreharbeiten beschränkte er sich, soweit das irgend möglich war, auf eine einzige Dekoration, eine Wohnung, in der das gesamte Geschehen bis auf sehr wenige Außenszenen abläuft, und drehte das Ganze in sechsunddreißig Tagen ab. Es war für Hitch in gewissem Sinne eine technische Fingerübung, eine Perfektionierung seiner früheren Versuche – in JUNO AND THE PAYCOCK und in ROPE – mit Verfilmungen von Theaterstücken. Zugleich war DIAL M FOR MURDER sein erster (und letzter) Versuch mit dem damals ganz neuen 3-D-Verfahren, das er erwartungsgemäß subtiler als jeder andere benutzte – nämlich unter Vermeidung von billigen Schock-Effekten wie etwa Aufnahmen, bei denen der Eindruck entsteht, das irgend etwas über das Publikum ausgeleert oder mit Gegenständen nach ihm geworfen wird. Hitch begnügte sich mit einer Betonung der Dramatik durch zahlreiche Aufnahmen aus der Untersicht und einige wenige von oben, durch analytische Einstellungen, die das Hin und Her der Personen in der Wohnung zeigen, sowie durch einen sehr effektvollen Einsatz der Gummilinsen-Technik, etwa wenn die Heldin – eine Frau, deren Mann sie um ihres Geldes willen umbringen lassen will – voller Angst nach einer groß im Vordergrund liegenden Schere greift, um sich ihres Angreifers zu erwehren.

Für eine ganz anspruchslose Fingerübung ist der Film dann aber doch recht beachtlich geworden. Mag sein, daß Hitch, wie er selber meint, sich der Gemeinsamkeiten zwischen DIAL M FOR MURDER und STRANGERS ON A TRAIN nicht recht bewußt war, doch fällt immerhin auf, daß der Mörder ein ehemaliger Tennisprofi ist, der reich geheiratet hat (gleichsam der Guy aus STRANGERS ON A TRAIN ein paar Jahre später), und daß er den Mord planmäßig durch Erpressung eines völlig Unbeteiligten inszeniert (als hätte er schließlich doch das eine oder andere von Bruno gelernt). Wie dem auch sein mag, in jedem Fall überbietet der Film das Stück an Intensität und Dichte und gibt der Geschichte einen neurotischen Zug, der sich rational nicht ganz erklären läßt. Für Hitch persönlich brachte er außerdem einen Gewinn in Gestalt der Bekanntschaft mit Grace Kelly. Er hatte bisher noch nie mit ihr gearbeitet und war freudig überrascht, in ihr eine Schauspielerin gefunden zu haben, die so völlig dem entsprach, wonach er immer wieder gesucht hatte: äußerlich eine kühle Blonde und innerlich eine glühend Liebende, dazu ein Mensch, dessen katholische Herkunft und unerwartet handfester Humor fast nahtlos mit seinem eigenen Wesen übereinstimmten. Sehr bald gehörte Grace Kelly nicht nur zu seinen Lieblingsschauspielerinnen, sondern auch zur Hitchcock-Familie, und noch heute zählen sie und ihr Mann, Fürst Rainier von Monaco, zu den wenigen Auserwählten, die die Ehre genießen, ganz en famille bei den Hitchcocks in der Küche speisen zu dürfen, wann immer sie nach Hollywood kommen.

Hitch war derart von Grace Kelly angetan, daß er sie gleich auch für seine nächsten beiden Filme engagierte – ein Sonderfall in seinen Beziehungen zu Schauspielerinnen. Mit DIAL M FOR MURDER hatte er seinen Vertrag mit Warner Brothers dem Buchstaben nach erfüllt (wenngleich er später, 1957, zu ihnen zurückkehren und einen weiteren Film, THE WRONG MAN, für sie machen sollte, übrigens ohne jegliches Honorar, weil er ihnen etwas schuldig zu sein glaubte), und so konnte er jetzt einen weitaus günstigeren Vertrag mit Paramount schließen, der ihm völlig freie Hand ließ und ihm darüber hinaus garantierte, daß die weiteren Filme, die er für sie machen würde, nach einer Frist von acht Jahren uneingeschränkt in seinen Besitz übergehen sollten. Letzteres führte dann dazu, daß THE TROUBLE WITH HARRY, die zweite Version des MAN WHO KNEW TOO MUCH und VERTIGO (sowie ROPE, an dem Hitch jetzt ebenfalls die Rechte hat) bis zu ihrer gemeinsamen Wiederaufführung jahrelang nicht zu sehen waren.

Die Gründe dafür, warum man seinen ersten Paramount-Film, REAR WINDOW (»Das Fenster zum Hof«), am seltensten von allen Hitchcock-Filmen zu sehen bekommt, liegen etwas anders. Die Handlung war entfernt einer Kurzgeschichte von Cornell Woolrich nachempfunden, der auch die Bücher schrieb, die Truffaut als Vorlage seiner Filme *Die Braut trug schwarz* und *Das Geheimnis der falschen Braut* dienten. Die Rechte daran waren durch verschiedene Hände gegangen, unter anderem durch die des Song-Schreibers und Produzenten Buddy de Sylva, und dann von Paramount ganz normal erworben worden. Doch nach Woolrichs Tod klagte ein Anwaltsbüro, das die Nachlaßrechte an seinen Werken aufgekauft hatte, gegen Paramount und Hitchcock, um ihnen aufgrund einer obskuren Rechtskonstruktion die Aufführung des Films verbieten zu lassen bis zur endgültigen Klärung der Nachlaßrechte des verstorbenen Autors.

Zunächst freilich war REAR WINDOW einfach ein neues Filmprojekt neben anderen – nur daß daraus dann ein Hitchcock-Klassiker werden sollte oder, wie manche sagen würden: *der* Hitchcock-Klassiker schlechthin. In Weiterverfolgung seiner Idee vom Eingeschlossensein, mit der er so erfolgreich in DIAL M FOR MURDER gespielt hatte, nahm Hitch als Protagonisten diesmal einen Fotografen, der wegen eines Beinbruchs an seine Wohnung im New Yorker Greenwich Village gefesselt ist. Naturgemäß verbringt dieser Mann seine Zeit damit, aus dem Fenster auf den Hof hinter seiner Wohnung zu schauen, und natürlich beobachtet er insbesondere die Leute in den anderen Wohnungen (einmal sagt jemand im Film: »Wir sind ein Volk von Voyeuren geworden« – und wie Hitch betont, ist Voyeurismus bis zu einem gewissen Grade nur natürlich: die ganze Kunst der Filmemacher und Fotografen beruht darauf). Was der Fotograf dabei sieht, weckt in ihm den Verdacht (schließlich handelt es sich um einen Thriller), daß der Mann von gegenüber seine Frau ermordet hat. In der zweiten Hälfte des Films kommen einige seltsam verwirrende Untertöne ins Spiel: Es entwickelt sich eine Art Komplizenschaft (ähnlich der, die ein Kinopublikum empfindet, wenn es darum bangt, daß der Schurke mit heiler Haut davonkommt), da nun der Fotograf und seine Freundin allmählich geradezu *wollen*, daß da ein Mord geschehen ist, nur um sich zu beweisen, daß sie recht gehabt hatten. Und so endet, was als ein harmloses Gesellschaftsspiel begann, als ein Kampf auf Leben und Tod.

Filmisch gesehen bot das Thema genau jene Art logistischer Probleme, die Hitchcock liebt. Menschliche wie filmische Logik gebot, daß alles, was die Hauptperson sieht, aus ihrer Sicht aufgenommen wurde und nichts ins Bild kommen durfte, was dieser Anforderung widersprach. So verfuhr Hitch denn auch durchweg, mit Ausnahme von zwei Einstellungen, die er zur Steigerung der Dramatik in jene Sequenz einfügte, bei der man entdeckt, daß der kleine Hund der kinderlosen Frau von dem Mörder umgebracht worden ist (ein besonders traumatischer Augenblick für den Hundenarren Hitch). Der Film ist ein Meisterstück an Erfindungsreichtum und Sparsamkeit der Mittel, sein extrem nüchterner Stil wirkt wie ein Druckkessel, in dem die Handlung sich immer mehr verdichtet, da nichts an virtuose Bravourstückchen verschwendet wird (ähnlich wie schon bis zu einem gewissen Grade in STRANGERS ON A TRAIN). Hintergründiges wird angedeutet, aber es bleibt bei der Andeutung; so impliziert das stumme Spiel des Fotografen mit seinem Teleobjektiv sicherlich etwas Phallisches (und tatsächlich läßt er sich ja durch das, was er sieht, irgendwie erregen), doch gleichzeitig hat es ganz eindeutig eine dramaturgische Funktion. Und was immer Hitchcock in diesem Film über das Wesen des Menschen aussagt, er sagt es ohne jede Emphase – die Aussage artikuliert sich ganz und gar durch die Handlung.

Persönlich war Hitch bei der Arbeit an einem Film kaum je so glücklich gewesen. Erstens hatte er zwei Hauptdarsteller, mit denen er schon einmal sehr harmonisch zusammengearbeitet hatte, die er kannte und denen er vertraute: James Stewart als den Fotografen und Grace Kelly als dessen Freundin aus besseren Kreisen. Zweitens hatte er einen Stoff, der ihn wirklich reizte, und einen Drehbuchautor, der ihn bei diesem Film ebenso wie bei den drei folgenden perfekt ergänzte: Der junge John Michael Hayes, der bisher für den Rundfunk gearbeitet hatte, war vielleicht nicht sehr stark im Aufbau der Handlung (was Hitch übernehmen konnte), doch groß im Erfinden lebendiger, witzig-spritziger Dialoge und glaubhafter Charaktere. So fühlte sich Hitch, nach einer langen Phase der Unsicherheit, nun wieder wohl und ausgeglichen. Vor ihm lag seine produktivste Phase seit Mitte der dreißiger Jahre – zwischen 1954 und 1960 sollte er nicht weniger als neun Bühnenstücke verfilmen sowie zwei einstündige und siebzehn halbstündige Fernsehfilme machen. Trotz seines übervollen Terminkalenders erweckte er stets den Eindruck, als hätte er unbegrenzt Zeit, machte seine Späßchen im Atelier und hielt Schauspieler und Techniker damit bei guter Laune. In REAR WINDOW nahm er sich beispielsweise die Zeit, James Stewart in aller Freundschaft zu demonstrieren, daß Schauspieler vielleicht nicht gerade Rindviecher, wohl aber Schachfiguren in der Hand des Filmemachers sind, indem er ein und dieselbe Aufnahme des Stars an zwei ganz verschiedenen Stellen des Films einmontierte, einmal so, daß Stewart anscheinend ein Mädchen beim Ausziehen beobachtet (wobei er natürlich wie ein Lüstling aussieht), und das andere Mal so, daß er anscheinend einer Mutter mit ihrem Baby zuschaut (wobei sein Blick zärtliche Rührung ausdrückt). Alles hängt eben, wie die frühen russischen Experimentalfilmer betonten, von der Montage ab, also davon, welche Einstellung man mit welcher anderen konfrontiert – und das reduziert natürlich den Schauspieler zu einem mehr oder minder wichtigen Requisit.

Hitch zählt heute REAR WINDOW zusammen mit SHADOW OF A DOUBT zu seinen Lieblingsfilmen aus eigener Produktion. Als nächstes nahm er geradewegs etwas völlig anderes in Angriff, freilich wieder mit Grace Kelly als Hauptdarstellerin und John Michael Hayes als Drehbuchautor. Er hatte das neue Projekt schon während der Dreharbeiten an REAR WINDOW konzipiert (so wie er REAR WINDOW während der Arbeit an DIAL M FOR MURDER konzipiert hatte), ganz gegen seine sonstige Gewohnheit, zuerst den einen Film abzuschließen, ehe er den nächsten begann. Doch Hitch war jetzt voller Tatendrang, er hatte gerade kurz hintereinander zwei sehr dichte Filme gemacht und suchte nun etwas Leichteres. Südfrankreich mit seinen Restaurants, die er so sehr mochte, das reizte ihn, und ebenso reizvoll erschien ihm eine Kriminalkomödie mit der Betonung auf Komödie. Nicht daß Komödien im allgemeinen leichter zu machen wären als Dramen, aber in diesem Falle schon – TO CATCH A THIEF (»Über den Dächern von Nizza«) atmet durch und durch Entspanntheit und gute Laune. Der Film ist ein leichtfüßiger Wer-ist-der-Täter-Krimi, bei dem es weniger auf den überraschenden Ausgang ankommt, der fast wie eine Entschuldigung wirkt, als auf die vielen hübschen und unvorhergesehenen Dinge, die unterwegs passieren. Die Story ließ Hitch zudem freie Hand für seine Lieblingsthemen – die kühle Blonde, die ihrem höflichen Verehrer (Cary Grant) im entscheidenden Augenblick die Initiative aus der Hand nimmt und selber vorprescht, sowie ihre fetischistische Faszination für ihn, die fast wie eine komische Version von MARNIE anmutet (in MARNIE zieht die Frau den Mann an, weil sie eine Diebin ist, in TO CATCH AN THIEF fühlt sie sich von ihm angezogen, weil sie glaubt, er sei ein Dieb).

Für Hitch waren die Dreharbeiten eine fröhliche Familienangelegenheit mit Alma, die für ihn die Verfolgungsjagd im Auto entworfen hatte, mit Grace Kelly, die fast ununterbrochen vor der Kamera stand (obwohl sie während der Dreharbeiten nebenbei einen gewissen Rainier von Monaco kennenlernte), und mit Cary Grant, der, schon halb im Ruhestand, von einer Kreuzfahrt am anderen Ende der Welt nach Nizza geholt worden war mit einem Telegramm, in dem nichts weiter stand als die lakonische Frage, ob er gern mit Grace Kelly und Hitch einen Film machen wolle. Und weil Hitch so ganz unter Freunden war, lockerte er auch seine strengen Grundsätze und ließ eine Menge Improvisationen zu. In einer Szene hoch über der Riviera (die übrigens fast genau an der Stelle gedreht wurde, wo Grace Kelly sich später ein Haus baute) alberten Cary Grant und Grace Kelly fröhlich herum, mit Hühnerfedern auf den Lippen und im Haar, und fingen auf einmal einen eigenen Dialog an, freilich unter Berücksichtigung der im Drchbuch vorgeschriebenen Inhalte. Hitch drehte die Szene dreimal, jedesmal völlig anders, und hatte seinen Spaß daran. Natürlich wurden sie ständig, weltberühmt wie sie waren, auf Schritt und Tritt belagert und umdrängt, doch während Hitch das zwar einerseits haßte, hatte er dessen ungeachtet auch eine andere Seite, mit der er das sehr genoß, und so konnte auch das seine Stimmung nicht ernsthaft trüben. Zu guter Letzt fand Hitch sogar eine Möglichkeit, seine unendliche Abneigung gegen weichgekochte Eier zu demonstrieren, indem er eine Einstellung in den Film schmuggelte, in welcher Grace Kellys Film-Mutter Jessie Royce Landis kaltlächelnd ihre Zigarette in einem klebrig und goldgelb vor ihr liegenden Frühstücksei ausdrückt.

Anschließend an diesen Ferien-Film machte Hitch ein bißchen Publicity für sein neues Studio, die Paramount, in Form einer zweimonatigen Rundreise durch alle Paramount-Ateliers auf der Welt. Schlagzeilen gab es, als er einmal im Orient als vermißt gemeldet wurde, doch dann stellte sich heraus, daß aufgrund von Flugverspätungen in letzter Minute ein geplanter Besuch in Singapur hatte gestrichen werden müssen, woraufhin Hitch gesund und munter im nächsten Hafen vor Anker gegangen war. Er nahm die Gelegenheit wahr und kündigte an, er werde nach seiner Rückkehr das Buch *Flamingo Feather* von Laurens van der Post verfilmen sowie den Roman *D'entre les morts* (»Aus dem Reich der Toten«) von Boileau und Narcejac; aus dem zweiten Projekt wurde drei Jahre später VERTIGO, während *Flamingo Feather* nie über das Planungsstadium hinauskam. Was Hitch daran interessierte, war eine Idee, die er bei NOTORIOUS zwar verworfen, seither aber ständig im Kopf behalten hatte: die Aufstellung und Ausbildung einer Geheimarmee, diesmal von Schwarzen in Südafrika durch die Russen. Er fuhr auch tatsächlich nach Südafrika, um Recherchen anzustellen und Drehorte ausfindig zu machen, fand dort aber, was ihn nicht überraschte, bei den Behörden wenig Kooperationsbereitschaft. Man könne ihm unmöglich die benötigten schwarzen Komparsen zur Verfügung stellen, denn – so die ziemlich fadenscheinige Begründung – sie seien alle ganztags beschäftigt und könnten ihre Arbeit nicht ausgerechnet wegen eines Filmes unterbrechen. Zugleich stellte er fest, daß der Schauplatz der Originalhandlung sich praktisch nicht von der Gegend hundert Meilen im Umkreis von Los Angeles unterschied. Dies alles bestärkte ihn in seiner Skepsis gegenüber politischen Stoffen, weshalb er beschloß, seine Option auf dieses Buch fallenzulassen. Ohnehin erwarteten ihn bei seiner Rückkehr nach Hollywood zwei neue Unternehmungen, nämlich ein neuer Kinofilm namens THE TROUBLE WITH HARRY sowie, in der Wirkung noch viel weiterreichend, eine Fernsehserie unter dem Titel ALFRED HITCHCOCK PRESENTS.

Die Arbeit an THE TROUBLE WITH HARRY genoß Hitch – das gibt er offen zu – in vollen Zügen. Er nennt ihn den englischsten seiner amerikanischen Filme. Das klingt wie Ironie, denn kurz vor Drehbeginn hatte er das letzte Stadium seines Amerikanisierungsprozesses erreicht: die Annahme der amerikanischen Staatsbürgerschaft. Alma besaß sie schon seit 1950. Hitch hatte, weniger impulsiv als sie, zunächst noch eine Weile gezögert, war aber allmählich zu dem Schluß gekommen, daß es wohl doch das Beste wäre, und hatte sich die Einbürgerungsurkunde fünf Jahre später aushändigen lassen. Kurz darauf war er bei einem Besuch in London von Sidney Bernstein zu einem gemeinsamen Dinner mit Charles Chaplin eingeladen worden. Wie Bernstein sich erinnert, waren sie sehr freundlich zu ihm; Hitchcock und Chaplin kannten einander natürlich, aber nur flüchtig und aus der Distanz – sie hatten ja auch kaum mehr miteinander gemein als ihr durch und durch englisches Wesen. Unvermeidlich kam die Rede auf die vielumstrittene Frage der Nationalität. Chaplin sah trotz seines langen Lebens in Amerika keinen Grund, seine Staatsbürgerschaft zu wechseln: Er sei ein Weltbürger und wolle allein aufgrund seiner Kunst in jedem Lande frei und ohne chauvinistische

Beschränkungen leben und arbeiten können. Hitch war da anderer Meinung. Wenn man sich in einem anderen Land niederlasse, dort arbeite und seine Steuern zahle, solle man auch die volle Verantwortung übernehmen und sich einbürgern lassen. Beide Meinungen waren in sich schlüssig, aber keiner konnte die des anderen verstehen oder sich mit seinem Standpunkt befreunden. Wie in so vielen Fragen einigten sie sich darauf, sich nicht einigen zu können.

Trotz Hitchcocks Nationalitätenwechsel kam freilich niemand auf die Idee, ihn für einen Amerikaner zu halten; in Haltung und Aussehen blieb er durch und durch Engländer. Und wie um das zu unterstreichen, wurde THE TROUBLE WITH HARRY tatsächlich in Stil und Tonfall von Anfgang bis Ende durch und durch englisch, geprägt von jenem sonderbar trockenen englischen Humor, der sich über Dinge amüsiert, die andere völlig ernst zu nehmen pflegen, wie etwa den Tod. Der Film basiert auf einem englischen Roman von Jack Trevor Story – eine Geschichte über eine unter mysteriösen Umständen in ländlicher Umgebung auftauchende Leiche und die Reaktionen der verschiedensten Leute in der Gegend. Hitch verlegte den Schauplatz nach Vermont in die magische Jahreszeit, wenn die Blätter sich färben, was bedeutete, daß er sich mit den Dreharbeiten beeilen und fast eine Art Fernsehtechnik anwenden mußte (obwohl der Film wie TO CATCH A THIEF in VistaVision gedreht wurde, dem neuen Breitwandverfahren von Paramount). Als Schauspieler nahm er zuverlässige Charakterdarsteller und ein paar Unbekannte. Zu den Unbekannten – oder so gut wie Unbekannten – gehörten Shirley MacLaine und John Forsythe, während unter den altgedienten Hasen Edmund Gwenn zu finden war, dessen Karriere bei Hitch zurückreichte bis 1931 mit THE SKIN GAME. Hitch drehte den Film weithin zu seinem Vergnügen und daher so kostensparend wie möglich, da er an seiner Zugkraft beim amerikanischen Publikum zweifelte – zu Recht, wie sich herausstellte. Zweifellos hätte man für diesen Film etwas Besonderes tun müssen, was Paramount aber nicht konnte, weshalb er in Amerika ziemlich sang- und klanglos unterging – wohingegen er in England und Frankreich, wo die Leute komisch genug sind, so etwas komisch zu finden, ganz gut ankam. Hitch selber mag ihn jedenfalls sehr, er sieht in ihm seine letzte Understatement-Komödie. Im übrigen hat The Trouble with Harry, wie es bei Hitchcock-Filmen nicht selten vorkommt, mit den Jahren mehr und mehr gewonnen.

Seinerzeit freilich wurde er überstrahlt vom Debüt der neuen Fernsehserie Alfred Hitchcock Presents am 2. Oktober 1955. Heute kann man sich kaum noch vorstellen, wie revolutionär es in jenen relativ frühen Zeiten des Fernsehens für einen erstrangigen Starregisseur war, sich überhaupt mit diesem minderwertigen, nicht ganz ernstzunehmenden Medium einzulassen. Hollywood steckte damals noch meistens den Kopf in den Sand und versuchte, die Konkurrenz des Fernsehens herunterzuspielen oder so zu tun, als gäbe es sie gar nicht. Dabei blieben die Leute mehr und mehr zu Hause und hockten vor ihren Mattscheiben, was beträchtliche Löcher in die Zuschauerreihen der Kinos riß. *Eine* Reaktion darauf waren die zahlreichen neuen Verfahren der frühen fünfziger Jahre wie Cinerama, Cinemascope, VistaVision, 3-D usw. Das Kino konnte dem Publikum etwas geben, was man im Fernsehen nicht bekam: Schaueffekte, Farbenrausch, großes Bildformat. Eine andere, weniger unmittelbare Reaktion war die allmähliche Aushöhlung des berüchtigten »Production Code« mit seinen absurden puritanischen Sittlichkeitsvorschriften, seinen unsinnigen Bestimmungen über das, was im Kino gezeigt werden dürfe und was nicht. Brachte das Fernsehen zwangsläufig biedere Familienunterhaltung, so konnte das Kino etwas bieten, was dem Fernsehen verwehrt war, konnte offener, erotischer, gewalttätiger sein und manchmal sogar intelligenter.

Aber noch hatten die großen Hollywood-Firmen kaum begriffen, daß man, wenn man das Fernsehen schon nicht schlagen konnte, bei ihm einsteigen mußte. Nicht so MCA, der Riesenkonzern, ein Zusammenschluß aus Verlagen, Produktionsgesellschaften und Agenturen wie denen von Joyce & Selznick und Leland Hayward (die Abkürzung steht für »Music Corporation of America«), der unter anderem zur Muttergesellschaft der Universal Pictures werden sollte. Die MCA-Bosse hatten schon früh die Möglichkeiten des Fernsehens erkannt und sich als Produzenten mehr und mehr daran beteiligt. Zur selben Zeit war Hitch eng mit MCA liiert, da die Agentur, die ihn vertrat, in dem Konzern aufgegangen war, und so wurde er in allen geschäftlichen Dingen von MCA vertreten, namentlich vom Konzernchef Lew Wasserman, der einer seiner besten Freunde geworden war. Wenn Lew

Wasserman über etwas sprach, hörte Hitch zu. Und im Jahre 1955 sprach Lew Wasserman über etwas sehr Folgenreiches.

Auf einer Direktionskonferenz kam die Frage auf, was für neue Fernseh-Shows die Firma produzieren sollte. Es wurde lange herumdiskutiert, und plötzlich sagte Wasserman: »Wir sollten Hitch auf den Kanal bringen.« Wie das im einzelnen aussehen sollte, wisse er auch nicht, doch Hitchcocks Name, sein Renommee und seine exzentrische Persönlichkeit erschienen ihm dafür wie geschaffen. Die meisten waren skeptisch. Ob Hitch das denn könnte? Und ob er es überhaupt machen würde? Worauf Wasserman trocken erwiderte, es könne ja nichts schaden, ihn einmal zu fragen und zunächst wie üblich den Markt zu testen. Wasserman trug Hitch also die Idee vor. Hitch verhielt sich abwartend, doch durchaus aufgeschlossen. Er hatte nichts gegen das Fernsehen, außerdem würde sich die Serie, sofern sie ankäme, hochgradig auszahlen. Andererseits: Hatte er so etwas überhaupt nötig, wo er doch nun so ungemein erfolgreiche und gelungene Kinofilme drehte und noch so viele Projekte im Kopf hatte, daß er gar nicht wußte, woher er die Zeit nehmen sollte? Schließlich fragte er Wasserman als seinen Freund und Agenten, wie er darüber denke: Sollte er sich darauf einlassen? Wasserman war ganz entschieden dafür, er sah nichts, was dagegen sprach, es würde im Gegenteil sogar Hitchs Position im Kino noch stärken. Er ahnte nicht, wie sehr er recht haben sollte.

Kaum hatte sich Hitch entschieden, ergriff er unverzüglich die Initiative. Er gründete eine eigene Firma, die er nostalgischerweise Shamley Productions nannte, und berief seine alte Mitarbeiterin Joan Harrison als Produzentin der Serie. Sie trommelten einen kleinen Stab zusammen, zu dem bald als Joans Assistent und späterer Nachfolger auch Norman Lloyd gehörte, der bei Hitch in SABOTEUR und SPELLBOUND als Schauspieler gearbeitet hatte, ferner Autoren wie Francis Cockrell, der die meisten der früheren Drehbücher schrieb, darunter sieben der von Hitch selber inszenierten Episoden, dazu der Kameramann John L. Russell und eine Kernmannschaft von Lektoren und Redakteuren sowie schließlich James Allardyce, dessen Aufgabe darin bestand, für jede Episode die kurze Rahmenszene zu schreiben, die der Meister dann höchstpersönlich spielte. Die Firma war straff und leistungsfähig organisiert, und als das Modell einmal feststand, konnte Hitch das meiste den anderen überlassen. Dennoch kümmerte er sich sehr stark um die neue Serie, jedenfalls in den ersten zwei Jahren, nach deren Ablauf die MCA mit der NBC einen Vertrag über eine weitere Serie von zweiundvierzig Ein-Stunden-Shows mit dem Titel *Suspicion* abschloß. Davon sollten zweiundzwanzig live in New York gemacht werden und zwanzig auf Film in Los Angeles – von denen die Shamley Productions zehn machen sollte sowie auch die wöchentlichen Halbstunden-Sendungen. Just dafür hatte man Norman Lloyd als zusätzliche Kraft aus New York geholt, der dann, als Hitch sich allmählich immer weniger darum kümmerte, weitere sieben Jahre lang in der erweiterten Organisation tätig blieb.

Von Anfang an wußte Hitch indessen genau, was er wollte. Da das Fernsehen nach seiner Ansicht von Standardtypen lebt, schien es ihm der richtige Ort, um aus der Standardvorstellung von ihm und dem, was er tat – über die er ansonsten gar nicht so glücklich war –, etwas Sinnvolles zu machen. Er wollte die Shows (zunächst regelmäßige Halbstundensendungen für sechs Spielzeiten, danach Einstundensendungen für eine weitere) so haben, daß sie genau den Erwartungen der Zuschauer entsprachen: als Thriller mit einem bestimmten Dreh, als unverschämt zynische schwarze Komödien. So verwies er seine Leute auf einige ältere Short-Story-Autoren, die er besonders mochte, zum Beispiel John Collier, sowie auf jüngere wie Roald Dahl, die in denselben Kategorien dachten wie er. Nachdem er die Grundlinien angegeben hatte, überließ er die Ausarbeitung zum größten Teil den anderen. Natürlich konnte er sich ganz darauf verlassen, daß sie nichts taten, was seinem Image schaden würde – anders wäre es auch nicht gegangen, denn er hatte nicht die Zeit, alle Geschichten und Drehbücher selbst zu lesen, von einer gründlichen Überwachung der Produktion selbst gar nicht zu reden. Er bekam jedoch kurze Zusammenfassungen der geplanten Bücher, die er Woche für Woche durchsah, um dann ja oder nein zu sagen. Meistens sagte er ja, aber wenn er es einmal für nötig hielt, nein zu sagen, begründete er seine Ablehnung deutlich, kurz und bündig.

Selbstverständlich war ihm die Wahl der Stoffe, die er selber verfilmen wollte, vorbehalten. Von Anfang an war ja ausgemacht, daß er einige Episoden selber inszenieren sollte – die Pilotfilme, die Shows am Anfang und Ende einer Spielzeit und was ihm sonst noch so vorschwebte oder wozu er gerade Zeit hatte. Hitch hat mehrfach jedes spezielle Interesse an diesen selbstinszenierten Shows – 20 von schätzungsweise 365 Shamley-Produktionen – bestritten und behauptet, er habe einfach genommen, was gerade anstand, wenn sein Terminkalender es ihm zufällig erlaubte. Doch in Wirklichkeit muß er sich seine eigenen Shows mit großer Umsicht ausgesucht haben, denn er setzte viele seiner Lieblingsschauspieler darin ein und nahm sich Stoffe vor, die ihm besonders lagen. Auch hielt er sich immer strikt an die allgemeinen Grenzen, die der Serie gesteckt waren. Normalerweise durften Halb-Stunden-Shows zwei Probentage und zwei Drehtage nicht überschreiten; Hitch selber wurde mit seinen Shows stets in dieser Frist fertig. Er hielt das für eine gute Übung in Disziplin. Bei jeder Show konzentrierte er sich auf die zwei bis drei wichtigsten Einstellungen. Wenn diese stimmten, brauchte man sich um die übrigen keine Sorgen zu machen.

Nicht von ungefähr sind es gerade einige dieser von Hitch selbst inszenierten Episoden, die einem von der ganzen Serie am lebhaftesten im Gedächtnis bleiben. Zum Beispiel REVENGE, worin Vera Miles von einem Mann überfallen wird, den sie später auf der Straße wiederzuerkennen glaubt, und nachdem ihr Ehemann den so Beschuldigten fast totgeschlagen hat, erkennt sie prompt einen anderen als den Täter. Oder BANQUO'S CHAIR, worin John Williams als Privatdetektiv eine Schauspielerin engagiert, die den Geist einer Ermordeten spielen soll, damit der Mörder so erschrickt, daß er sich verrät, und als der Plan funktioniert hat, entdeckt der Detektiv, daß die Schauspielerin gar nicht zu dem vereinbarten Treffen gegangen war . . . Oder, vielleicht das berühmteste Beispiel, LAMB TO THE SLAUGHTER, nach einer Erzählung von Roald Dahl, worin Barbara Bel Geddes ihren Mann mit einer tiefgefrorenen Hammelkeule erschlägt und diese dann kocht und den mit der Aufklärung des Verbrechens betrauten Polizisten damit bewirtet, wobei sie mit ihm über das mysteriöse Verschwinden der Mordwaffe plaudert. Diese Filme dürften kaum zufällig entstanden sein.

Auch die kurzen Einführungsszenen nicht, die der Serie ihre besondere Würze gaben und nebenbei Hitch zu einem der bekanntesten Männer der Welt machten. Gleich als die Serie zum erstenmal diskutiert wurde, hatte er dafür die richtige Idee: die vertraute Profil-Karikatur, die er schon seit den zwanziger Jahren von sich zu zeichnen pflegte (nur daß er inzwischen die drei Haarsträhnen von damals wegließ) als Schattenbild des heutigen Hitchcock, dazu ein Plausch mit dem Zuschauer, gespickt mit zynischen Kommentaren zu der anschließenden Geschichte und, was damals im Fernsehen noch absolut tabu war, mit ein paar abschätzigen Bemerkungen über den Sponsor der Sendung. Das Problem bestand nur darin, einen Autor zu finden, der den richtigen Ton anschlug und ihn konsequent durchhalten konnte, der fähig war, Woche für Woche Hitchcocks Persönlichkeit in diese kurzen Szenen zu fassen. Daß sie James Allardyce fanden, war ein echter Glücksfall. Er traf ein paarmal mit Hitch zusammen, und Hitch zeigte ihm die Rohfassung von THE TROUBLE WITH HARRY als bestes Beispiel für das, was er sich vorstellte. (Auch Bernard Herrmann, der Komponist, der für Hitch zum erstenmal in THE TROUBLE WITH HARRY gearbeitet hatte, scheint in diesem Film eine Art Selbstporträt von Hitchcock gesehen zu haben, hat er doch seine dafür komponierte Musik später zu einem konzertanten Hitchcock-Porträt arrangiert.) Allardyce schuf sofort das Richtige und schrieb die Einführungen dann für die ganze Serie.

Der Stab von Shamley Productions konnte nur immer wieder staunen, wozu sich Hitch für diese Auftritte überreden ließ. Daß ein großer Regisseur, zudem einer, der stets so auf seine Würde bedacht war, als kleiner Junge in Knickerbockern oder mit einem Beil im Schädel auftreten würde oder in immer wieder neuen grotesken Verkleidungen, mit Schnurrbart und Vollbart oder manchmal sogar als sein eigener Bruder – das hätte sich niemand träumen lassen, zumal er es schaffte, daß auch die absurdesten Mätzchen seiner Würde keinen Abbruch taten. Ein weiterer Aspekt des Rätsels Hitchcock. Dabei waren es gerade diese Auftritte, die Hitch viel mehr als seine ernsthaften Filme einem breiten Publikum bekannt und zum Begriff machten – jedenfalls in Amerika. Gedreht hat er sie ganz nebenbei und rasch hintereinander, acht bis neun Stück pro Tag, wenn er gelegentlich im Studio vorbeikam – der Rest ist Geschichte.

Doch diese TV-Shows waren nur der Auftakt dessen, was sich bald zu einer regelrechten Industrie auswachsen sollte. In ihrem Gefolge erschien eine lange Reihe von Taschenbüchern mit Titeln wie *Stories They Wouldn't Let Me Do on TV* oder *Tales My Mother Never Told Me,* Sammlungen von makaber-komischen Kurzgeschichten, wie sie durch die Fernsehserie populär geworden waren und seither von aller Welt mit dem Namen Hitchcock verknüpft werden. Ferner gab es ein *Alfred-Hitchcock-Mystery-Magazine,* das sich gut verkaufte, solange die Serie lief (und das immer noch existiert, obwohl die Serie längst eingestellt worden ist). Auch Hitchs Tochter arbeitete daran mit und leitete nebenher einen Alfred-Hitchcock-Mystery-Magazine-Fan-Club, für den sie pro Jahr vier Rundschreiben verfassen mußte, um dem ungeheuren Interesse am Privatleben ihres Vaters Nahrung zu geben – eine Aufgabe, die ihr sehr schwerfiel, da er so viele Filme zu drehen hatte, daß ihm kaum Zeit zu persönlichen Extravaganzen blieb, über die sich berichten ließ. Neben alldem gab es schließlich noch Schallplatten, Spiele und allerlei Krimskrams, wie er bei erfolgreichen Fernsehserien eben so abfällt.

Hitch hatte nicht nur eine Berühmtheit erlangt, die seine kühnsten Träume überstieg, – er war nun auch reich und wurde immer noch reicher. Allein die TV-Shows warfen schon reichliche Gewinne ab, dazu kamen noch die Tantiemen aus den verschiedenen Nebenrechten. Ein paar Jahre später entdeckte Hitch einmal auf einer Werbetournee durch Europa im Schaufenster einer Zürcher Buchhandlung alle deutschsprachigen Ausgaben seiner Bücher. Er ging hinein, als habe er sie nie zuvor gesehen, fand sich umringt und mußte über eine Stunde lang mit Kunden reden, Bücher signieren und so weiter. Als danach sein Begleiter meinte, er habe sich zuviel Zeit genommen, wo er doch soviel zu tun hätte, erwiderte Hitch: »Na ja, ich dachte, das wäre doch wohl das Mindeste, wenn ich bedenke, daß allein die fremdsprachigen Ausgaben meiner Bücher mir an die 100 000 Dollar pro Jahr einbringen!«

Als die TV-Serie 1962 auslief, sah sich die MCA aufgrund der neuen Anti-Trust-Gesetze gezwungen, entweder künftig nur als Künstler-Agentur oder nur als Produktionsfirma weiterzumachen. So stieß sie ihre Agentur-Anteile ab, und Herman Citron machte sich als Agent selbständig, namentlich als Alfred Hitchcocks Agent. Dennoch blieb Hitch mit MCA verbunden, denn 1964 verkaufte er der Gesellschaft seine Anteile an der TV-Serie gegen MCA-Aktien – ein Geschäft, das ihn zum fünftgrößten (manche sagen sogar: zum drittgrößten) Aktionär der MCA und damit der Universal werden ließ und das beiden Partnern zum Vorteil gereichte: Hitchs Aktien vervierfachten bald ihren Wert, und die Shows sind inzwischen über fast alle Bildschirme der Welt gelaufen.

So wurde Hitch durch seine Fernsehabenteuer unabhängig und wohlhabend wie kaum ein zweiter Regisseur im heutigen Hollywood. Finanzielle Sorgen brauchte er sich nun nicht mehr zu machen, und das große Geld kam überdies, als er fünfundsechzig wurde – ein Alter, in dem sich die meisten zur Ruhe setzen. Aber natürlich hielten es alle, die Hitch kannten, im Zweifelsfall eher für möglich, daß er plötzlich über die Dächer der Universal-Studios durch die Lüfte flog, als daß er sich zur Ruhe setzte. Und im Jahre 1955, als das alles begann, stand er im Zenit seiner Kreativität und Schaffenskraft. Die Filme quollen in einem schier unaufhörlichen Strom nur so aus ihm heraus, er hatte sein Selbstvertrauen wiedergewonnen, und auch ein geringfügiger Rückschlag wie der kommerzielle Durchfall von THE TROUBLE WITH HARRY konnte ihm nichts mehr anhaben. Obwohl Alfred Hitchcock niemals ein Spieler war, wußte er stets, wann er ein gutes Blatt hatte, und war entschlossen, es voll zu nutzen.

13. Kapitel

Warum Hitchcock, der doch stets so großen Wert darauf gelegt hatte, sich nicht zu wiederholen, unbedingt ein Remake von THE MAN WHO KNEW TOO MUCH machen wollte, bleibt ein Rätsel. Zuweilen schiebt er die Frage mit der Begründung beiseite, er habe einen neuen Stoff für James Stewart gebraucht, die Geschichte sei gerade verfügbar gewesen, also habe er sie genommen. Auch hat er damals behauptet, die Originalfassung sei so gut wie nie in Amerika gelaufen, was keineswegs den Tatsachen entspricht. Wir wissen, daß Hitch bereits einige Jahre zuvor ein Remake in Erwägung gezogen hatte, also kann es sich nicht um einen spontanen Einfall gehandelt haben. Außerdem hat er das Original so oft zu seinen Lieblingsfilmen gezählt, daß er eigentlich gute Gründe dafür hätte haben müssen, nicht noch einmal mit demselben Stoff herumzuexperimentieren. Verstanden hätte man es allenfalls, wenn er mit der ersten Version irgendwie unzufrieden gewesen wäre. Truffaut gegenüber erklärte er denn auch schlicht: »Sagen wir, die erste Fassung hat ein talentierter Dilettant gemacht und die zweite ein Professioneller.«

Jedenfalls war es kein Fall von »running for cover«, denn der Film mit seinen ausgedehnten Außenaufnahmen in Marokko und London sowie aufwendigen Dreharbeiten in Hollywood erforderte reichliche Mittel und sorgfältige Vorbereitung. Vielleicht war es ein sekundärer, wenn nicht primärer Grund, daß er Hitch Gelegenheit bot, sich seinem alten Freund und Kollegen Angus McPhail gefällig zu erweisen, der seit ihrer Zusammenarbeit an den Propagandafilmen während des Krieges schwere Zeiten durchgemacht hatte und dem es nun außerordentlich zugutekam, daß Hitch ihm in Hollywood zu zwei Drehbuchaufträgen verhalf, für THE MAN WHO KNEW TOO MUCH und für seinen nächsten Film, THE WRONG MAN. Bei dem ersten Script, das Angus McPhail zusammen mit John Michael Hayes verfaßte, hielt er sich im großen und ganzen an das Original, schrieb allerdings eine ganz neue Anfangsszene, verlegte den Schauplatz von der Schweiz nach Marokko, änderte den Schluß zu einer Szene ab, in der Doris Day in einem Botschaftsgebäude singen muß, um ihren gekidnappten Jungen aufzuspüren (während in der ersten Fassung Edna Best ihre Schießkünste hatte ausüben müssen, um ihre gekidnappte Tochter wiederzubekommen) und ersetzte ungefähr in der Mitte des Films ein schwaches Ablenkungsmanöver in der Werkstatt eines Präparators durch die ursprünglich vorgesehene schreckliche Begegnung des Helden mit einem teuflischen Zahnarzt. Alles in allem war das Drehbuch wesentlich umfangreicher, so daß die zweite Fassung mit 106 Minuten nun 22 Minuten länger dauert als die erste.

Das stand vielleicht im Zusammenhang mit einer neuen Abgeklärtheit in Hitchs Filmen, einer seit STRANGERS ON A TRAIN konsequent verfolgten Tendenz, von den unverblümten Reißern wegzukommen, die das Publikum von ihm erwarten zu müssen glaubte. Nun, da die Leute im Fernsehen jede Woche sein Standardbild zu sehen bekamen, hatte Hitch in seinen Kinofilmen freie Hand für anderes – eben für »Geschichten, die man im Fernsehen nicht hätte bringen können«. Seine Filme der fünfziger Jahre spiegeln deutlich sein Wohlbefinden, sein wiedergewonnenes Selbstvertrauen, sein Glücksgefühl, tun zu können, was er wollte, Aspekte zu entwickeln, die ihn interessierten, und mehr anzustreben als die mechanischen Gruselschocks seiner frühen englischen Meisterwerke. Jene waren zwar seinerzeit aus einem ähnlichen Glücksgefühl und Selbstvertrauen entstanden (Hitch unterschätzt sein damaliges Können, wenn er es heute als das eines »Dilettanten« bezeichnet), doch geht der gereifte Hitchcock nun freier mit seinen Gefühlen um, ist mehr auf Atmosphäre und Psychologie bedacht sowie zuweilen auf die dunkleren Seiten eines neurotischen und wahnhaften Verhaltens, über die er damals hinwegsah. Gleichwohl sind seine Filme nach wie vor Fallstricke, Maschinen zur Lenkung der Publikumsreaktionen – nicht von ungefähr hat er bei den Dreharbeiten zu NORTH BY NORTHWEST einmal in Schnapslaune von einer Zeit phantasiert, da man vielleicht gar keine Filme mehr zu machen bräuchte, sondern das Publikum einfach an Elektroden anschließen könnte, um die gewünschten Reaktionen hervorzurufen und auf ihnen zu spielen wie auf einer gigantischen Orgel.

Diese neue Haltung macht sich in einigen seiner besten Filme bemerkbar, in REAR WINDOW, VERTIGO, PSYCHO, THE BIRDS und MARNIE – allerdings nur, wenn der Stoff das Gewicht rechtfertigt, das die Behandlung ihm verleiht. Bei THE MAN WHO

KNEW TOO MUCH ist das trotz der ingeniösen Neubearbeitung, die der Geschichte zuteil wurde, nicht der Fall. Hier wurde ein leichtfüßiges Unterhaltungsstück mit der Schwere einer psychologischen Studie belastet, die es im Grunde nicht verträgt. Das einzige Mal, daß Hitch während der Dreharbeiten verbal in das Spiel seiner Hauptdarstellerin Doris Day eingriff, die den Part der verzweifelten Mutter spielte, ist dafür ein typisches Beispiel. In einer ihrer großen Szenen brach sie plötzlich in ein krampfhaftes Schluchzen aus, das im Drehbuch nicht vorgesehen war. Hitch unterbrach sie und fragte nach dem Grund. »Na ja«, meinte sie, »man hat mir schließlich mein Kind entführt, ich weiß nicht, ob ich es je wiedersehen werde, und muß bis dahin dieses Versteckspiel treiben. Natürlich weine ich da.« Hitch mußte ihr recht geben und ließ ihr freie Hand. Doch damit kam ein psychologischer Realismus ins Spiel, der seiner früheren Methode und dem vorliegenden Stoff fremd war. Und sobald sich Hitch darauf einließ, war es aus mit der straffen Handlungsführung als kontinuierlicher Lenkung der Gefühle des Publikums: Der Zuschauer *beobachtet* nun Emotionen, anstatt sie am eigenen Leibe zu erfahren.

Dennoch erwies sich die Besetzung der Mutter-Rolle mit Doris Day im großen und ganzen als glücklicher (wenn auch bei Hitch überraschender) Einfall. Hitch hatte die Schauspielerin eines Abends im Jahre 1949 kennengelernt, als beide vor dem Gedränge einer großen und turbulenten Hollywood-Party in einem stillen Eckchen Zuflucht suchten. Impulsiv hatte er sich ihr vorgestellt, hatte ihr gesagt, wie gut er sie in *Storm Warning* gefunden hatte, ihrer bis dahin einzigen dramatischen Rolle, und ihr versprochen, sie eines Tages in einem Film einzusetzen. Nun löste er sein Versprechen ein und gab ihr die weibliche Hauptrolle neben James Stewart. Die damit verbundene Reise machte ihr, die nie zuvor die Vereinigten Staaten verlassen hatte, sichtlich Angst, doch als sie dann Zwischenaufenthalten in London und Paris (wegen des Kostümproben) in Marrakesch eintraf, hatte sie ihr Selbstvertrauen wiedergewonnen, und zwar in einem solchen Maße, daß sie energisch gegen die Behandlung der in dem Film auftretenden Tiere protestierte und auf einer besonderen Fütterung bestand. Hitch konnte die Hitze in Marrakesch nur schwer ertragen, änderte aber kaum etwas an seinem wie üblich sehr formellen Aufzug. James Stewart kann sich noch lebhaft an das Bild erinnern, das Hitch bei den Aufnahmen der Massenszenen auf dem Hauptplatz von Marrakesch bot. Man hatte haufenweise Komparsen angeheuert, und irgendwie war das Gerücht aufgekommen, sie würden keine Gage erhalten, wenn sie nicht in die Kamera sahen. So starrten Hunderte von Statisten, während Doris Day vorn agierte, im Hintergrund wie angewurzelt in die Kamera. Das Ganze wurde langsam ungemütlich, die Polizei mußte gerufen werden, und fast wäre es zu einem Aufstand gekommen. Doch mitten in diesem Tohuwabohu saß Hitch bei einer Temperatur von fast 40° unter einem großen Sonnenschirm in seinem gewohnten dunklen Anzug mit weißem Hemd und Krawatte und wartete seelenruhig, bis sich alles wieder eingerenkt hatte, als sei das die normalste, friedlichste Situation der Welt.

Für Doris Day war er allzu seelenruhig. Sie war nervös wegen des ungewohnten Essens und der mangelnden Hygiene, aber noch mehr enervierte sie, daß Hitch ihr nie etwas sagte. Gewiß, er war höflich und nett und bei den Dinners, die er oft aus Paris oder London einfliegen ließ, so charmant, wie man es sich nur wünschen konnte. Aber nie ließ er auch nur ein einziges Wort über ihr Spiel fallen. Auch nicht, als sie zu weiteren Außenaufnahmen nach London zurückflogen. Sie hatte allmählich das sichere Gefühl, daß er restlos unzufrieden mit ihr sei, und bat ihn, kaum daß sie wieder in Hollywood waren, um ein ernstes Gespräch. Hitch fiel aus allen Wolken und erklärte ihr sanft, er habe ihr nur deswegen nichts gesagt, weil sie ihre Sache tadellos gemacht habe; hätte er irgend etwas anders haben wollen, so hätte er es ihr bestimmt gesagt. Auch vertraute er ihr an, daß er mindestens so nervös wie sie gewesen sei – er sei immer nervös, wenn er eine Außenstelle der Paramount betrete. Das brachte sie wieder völlig ins Lot, und sie konnten die anstrengenden Studioszenen ohne Probleme herunterdrehen.

James Stewart war natürlich längst an Hitchs Arbeitsweise gewöhnt und vertraute sich ihm vollkommen an. Doch selbst er wunderte sich ein bißchen, als sie die dramatische Szene probten, in der Doris Day während eines Konzerts in der Londoner Albert Hall einen Mordanschlag vereitelt. Laut Drehbuch sollten sich die beiden Eheleute in einem Gang vor dem Konzertsaal treffen und, da sie eine Zeitlang getrennt agiert hatten, rasch einige wichtige Informationen austauschen. Die Einstellung war minutiös arrangiert worden mit viel Hin und Her der Kamera über den Gang und mit ebensoviel erklärendem Dialog, hauptsächlich für James Stewart. Nachdem sie die Szene mehrfach geprobt hatten, sagte Hitch auf einmal: »Ich höre ja gar nicht die Londoner Symphoniker.« Darauf Stewart überrascht: »Was?« Und Hitch noch einmal: »Ich höre die Londoner Symphoniker gar nicht. Sie reden viel zuviel. Lassen Sie doch den Dialog weg, so daß wir die Musik hören!« Alle glaubten, er sei verrückt geworden, aber schließlich war er ja der Regisseur. Tatsächlich hat die Szene dadurch beträchtlich an Wirkung gewonnen, denn nun müssen die Zuschauer den Dialog erraten, während sie lediglich die Musik hören.

Obwohl Hitch diesmal nicht lange in London weilte (seine Zeit war durch die britischen Steuergesetze streng begrenzt), machte er einige aufschlußreiche Erfahrungen mit dem dortigen Besetzungsbüro. Da er die britische Filmindustrie von Jugend auf kannte, überraschte ihn die Nachlässigkeit und Konventionalität bei der Besetzung kleinerer Rollen kaum. Als er nun Darsteller für die kleine, aber einprägsame Rolle des Botschafters anforderte, schickte man ihm Dutzende kleiner Herren mit Bart, die allesamt davon lebten, Politiker und Diplomaten zu spielen. Aus reiner Neugier ließ Hitch daraufhin von einer Zeitung Photos aller damals in London akkreditierten Botschafter kommen und stellte fest, daß kein einziger klein war und einen Bart trug. Also besetzte er die Rolle mit einem stattlichen, milden, kahlköpfigen Mann, einem prominenten Bühnenschauspieler aus Kopenhagen. Soviel über den Einfallsreichtum jenes Besetzungsbüros.

Zurück in Hollywood mußte sich Hitch zunächst um seine Fernsehserie kümmern und stürzte sich gleichzeitig Hals über Kopf in ein ziemlich aussichtsloses Filmprojekt – das aussichtsloseste, daß er seit Jahren in Angriff genommen hatte. Bevor er zur Paramount gegangen war, um dort REAR WINDOW zu machen, hatte er seinen Vertrag mit den Warners zwar erfüllt, aber es hatte ihm nicht genügt, sie reell bedient zu haben. Außerdem steckten die Warners im Jahre 1957, wie auch andere Hollywood-Firmen, in einer Art Krise, und so entschloß sich Hitch, einen Film ohne Honorar für sie zu machen. Wie es sich ergab, hatten sie zu dieser Zeit gerade einen Stoff, der ihn interessierte: die wahre Geschichte eines Justizirrtums, die er etwa fünf Jahre zuvor in *Life* gelesen hatte. Ein Musiker names Manny Balestrero war verhaftet und des bewaffneten Raubüberfalls angeklagt worden. Alle Umstände zeugten gegen ihn, man sperrte ihn ein und machte ihm den Prozeß (der dann für ungültig erklärt wurde, da einer der Geschworenen sich bereits vor Ende der Verhandlung allzu überzeugt von der Schuld des Angeklagten gezeigt hatte), während seine arme Frau wahnsinnig wurde, ehe man den wahrhaft Schuldigen, einen Mann, der ihm fast bis aufs Haar glich, durch einen Zufall entdeckte. Hitch entschloß sich, diese Geschichte als THE WRONG MAN zu verfilmen.

Was ihn daran reizte, liegt klar auf der Hand. Der Fall illustrierte seine alte neurotische Angst vor der Polizei, und Balestreros Schicksal entsprach einem kafkaesken Alptraum, den er selber gut kannte. Weniger klar auf der Hand lag, *wie* Hitch diesen Stoff verfilmte. Denn er entschloß sich – er, der Meister der freien Erfindung und des reinen Fiktionskinos – die Geschichte als Dokumentarfilm zu drehen und sich genau an die wirklichen Begebenheiten zu halten. Das Drehbuch von Angus McPhail und dem ausgezeichneten Dramatiker Maxwell Anderson beschränkte sich auf ein Minimum an dramatischer Freiheit, ja Hitch verzichtete diesmal im Interesse vollkommener Glaubwürdigkeit sogar auf seinen üblichen Kurzauftritt (obwohl er schon einen gedreht hatte), um stattdessen eine kurze Vorrede vor der Kamera zu halten, in der er uns versichert, daß alles, was wir in diesem Film zu sehen bekommen, sich tatsächlich so zugetragen habe. Später hat Hitch dann eingesehen, daß dies nicht genügt, um dramaturgische Schwächen zu entschuldigen. Das Leben, so sagt man gewöhnlich, sei phantastischer als jede Fiktion – aber wie will man ein Publikum mit Hilfe einer dramatisierten Geschichte davon überzeugen? Dialoge im wirklichen Leben neigen zu Bananlität, Weitschweifigkeit und Phrasen, sie sind oft nur ein schwacher Abklatsch dessen, was die Leute im Kino gehört haben. Ist das aber eine Entschuldigung dafür, sie nun unbearbeitet wieder ins Kino zurückzubringen? Im wirklichen Leben mag jemand unter dem Druck der Ereignisse zusammenbrechen und wahnsinnig werden wie Balestreros Frau. Aber ist das noch glaubwürdig in einer Dramatisierung derselben Ereignisse?

Hitch kannte natürlich die deprimierenden Antworten auf

diese Fragen, doch ihn faszinierte die Herausforderung. Die Rolle des unschuldig verhafteten Balestrero besetzte er mit einem Schauspieler, den er schon immer bewundert, mit dem er aber noch nie gearbeitet hatte: Henry Fonda, dessen Gesicht und Spielweise ihn für die Rolle des Opfers geradezu prädestinierten. Die undankbare (ja eigentlich unmögliche) Rolle der Ehefrau besetzte Hitch mit seinem neuesten Schützling: Vera Miles, die er nach einer ersten Zusammenarbeit in seiner TV-Serie persönlich unter Vertrag genommen hatte. Äußerlich war sie ganz der von ihm bevorzugte Typ der kühlen Blonden, weshalb er glaubte, sie dafür heranzüchten zu können. So begann er, ihre Karriere in die Hand zu nehmen, ihr bestimmte Rollen auszusuchen und ihr ein Image zu schaffen, indem er ihr vorschrieb, wie sie sich anzuziehen und wie sie ihr Haar zu tragen habe. Doch schon bald stieß er auf ein unerwartetes Problem: Vera Miles war eine hervorragende Schauspielerin, besser wahrscheinlich als viele andere, denen er dieselbe Behandlung hatte zuteil werden lassen, und sie sah auch recht gut aus – aber sie hatte ein ganz anders gelagertes Temperament. Auf der Leinwand wirkte sie stark, praktisch und urwüchsig – überhaupt nicht ätherisch, weder kühl noch geheimnisvoll. Auch war sie wohl nicht gerade aus dem Holz, aus dem die ganz großen Stars gemacht werden. So setzte sie Hitch am Ende nur in zwei Kinofilmen ein – eben in der problematischen Rolle der Mrs. Balestrero und dann in der Nebenrolle als Janet Leighs Schwester in PSYCHO – sowie ferner in seinem anspruchsvollsten Fernsehfilm INCIDENT ON A CORNER. Die entscheidende Probe auf seine Verwandlungskünste – ihr geplanter Einsatz in VERTIGO – kam jedoch nicht zustande, da Vera Miles schwanger wurde und durch Kim Novak ersetzt werden mußte. Man kann sich die Miles kaum in der Rolle der Novak vorstellen, doch sollte man Hitch auch nicht unterschätzen. Gewiß erkannte er bald, daß er sich in Vera Miles wahrscheinlich getäuscht hatte, doch ohne den schlagenden Beweis, den VERTIGO geliefert hätte, läßt sich das nicht mit Sicherheit sagen.

Jedenfalls war ihre Rolle in THE WRONG MAN nur die einer Randfigur, und Hitch, der sich mit seinem Streben nach Authentizität selbst ein Bein gestellt hatte, ärgerte sich darüber, daß er soviel Zeit von der Haupthandlung mit Balestreros Haft abziehen mußte, um zu zeigen, was derweilen mit dessen Frau geschah.

Denn was Hitch am meisten interessierte und worauf er sich mit ganzem Herzen warf, war der bis ins einzelne vorgeführte und aus einer sehr persönlichen Sicht gezeigte Vorgang der Verhaftung, Registrierung und Inhaftierung Balestreros. All diese Passagen des Films sehen wir nur mit den Augen des Opfers: Wenn ihm Handschellen angelegt werden und er in seiner Scham nicht aufzublicken wagt, sehen wir nicht, an wen er gefesselt ist, sondern nur die Beine des betreffenden Polizisten. Um das Gefängnisleben möglichst genau zu zeigen, untersuchte Hitch bis in die letzte Einzelheit, wie die Gefangenen ihre Betten zu bauen hatten, wie ihr Tagesablauf in der Zelle gegliedert war, und ließ Henry Fonda das alles genauso nachmachen. Soweit irgend möglich drehte er an den Originalschauplätzen – die Szenen mit der geistesgestörten Frau drehte er tatsächlich in derselben Heil- und Pflegeanstalt, in der die wirkliche Mrs. Balestrero untergebracht worden war, sogar mit den echten Ärzten und Pflegern, die sich seinerzeit um sie gekümmert hatten und nun ihre Rollen im Film wiederholen mußten. Nur an zwei bis drei Stellen erlaubte sich Hitch eine freiere Inszenierung, nämlich bezeichnenderweise dort, wo die Kamera von dem verzweifelten, um Hilfe und göttliche Fügung betenden Balestrero auf das Gesicht des wahren Schuldigen überblendet, der auf dem Weg zu einem Raubüberfall ist, bei dem er dann schließlich gefaßt wird. Auch der echte Balestrero war religiös gewesen und hat wirklich gebetet – dennoch hat diese Überblendung eher etwas von Hitchcockscher Logik und Eleganz (und spiegelt vielleicht sogar seine eigenen religiösen Überzeugungen wider) als von der Realität des Lebens.

Trotz alledem war THE WRONG MAN kaum mehr als ein rasch in Schwarzweiß heruntergedrehtes Intermezzo vor dem Film, den Hitch eigentlich machen wollte, für sich wie für Vera Miles. Als er drei Jahre zuvor seine Absicht kundgetan hatte, einen Roman des französischen Krimi-Autoren-Teams Pierre Boileau und Thomas Narcejac namens *D'entre les morts* (»Aus dem Reich der Toten«) zu verfilmen, den die Paramount für ihn erworben hatte, erfüllte er damit, ohne es zu ahnen, einen raffiniert ausgetüftelten Plan der beiden Autoren: Sie hatten erfahren, daß Hitch sich für die Rechte an ihrem Roman *Les Diaboliques* (»Die Teuflischen«) interessierte, den später Clouzot mit großem Erfolg verfilmte, und daraufhin einen Roman geschrieben, den sie von vornherein so anlegten, daß er Hitchs Aufmerksamkeit erregen mußte. Er selber hatte keine Ahnung davon und erfuhr es erst von Truffaut, lange nachdem er den Film gemacht hatte, doch offensichtlich hatten Boileau und Narcejac mit ihrer Spekulation auf das, was Hitch stimulieren würde, voll ins Schwarze getroffen.

Die Vorbereitungen zu diesem Film dauerten dann erheblich länger und waren komplizierter, als Hitch es sich zunächst vorgestellt hatte; daher die Verzögerung und die eingeschobenen Filme. Zum einen gab es Ärger mit der Erstellung einer befriedigenden filmischen Adaption des Buches, das wie *Les Diaboliques* überwiegend von Tricks lebt, die ihre Berechtigung nur daraus ziehen, daß der Leser bis zum Schluß über verschiedene kritische Sachverhalte völlig im dunkeln tappt und daher nicht in der Lage ist, unbequeme Fragen zu stellen. Doch wie Hitch zu sagen pflegt: *»It's fine to be mysterious, but you cannot mystify the audience.«* (»Geheimnisvoll ist immer gut, aber man darf das Publikum nicht hinters Licht führen.«) Er wollte daher den Schock in Spannung (*suspense*) umwandeln und den Film nicht als gewöhnlichen Thriller, sondern eher als eine Meditation über Illusion und Wirklichkeit, als eine Studie über Besessenheit drehen. Das Grundthema der Geschichte ist eine scheinbare Auferstehung von den Toten sowie eine obsessive Liebe. Bereits in einem frühen Stadium der Vorarbeiten entschloß sich Hitch, die Handlung in der Umgebung von San Francisco anzusiedeln; viele Sequenzen hatte er schon deutlich vor Augen, nur mit dem Aufbau haperte es noch irgendwie. Eine Zeitlang hatte er mit Alec Coppel an einem Drehbuch gearbeitet, gab aber bald die Hoffnung auf, jemals die Strukturierung in den Griff zu bekommen. 1957 hatte er James Stewart für die Hauptrolle des liebesbesessenen Detektivs verpflichtet (eine für ihn ungewöhnliche Rolle – doch behauptet Stewart, er habe nie gezögert, wenn Hitchcock ihm eine Rolle anbot, sondern stets ohne zu fragen zugesagt) sowie Vera Miles als das schwer faßbare Objekt von dessen Verlangen, und so war alles da, was er brauchte – nur noch kein Drehbuch.

In seiner Verzweiflung rief Hitch nun Sam Taylor zu Hilfe. Taylor hatte weder den Roman, den er adaptieren sollte, noch das vorliegende Treatment je gelesen und tat es auch jetzt nicht. Stattdessen hörte er Hitch aufmerksam zu, ließ sich die Geschichte wieder und wieder aus dessen Sicht erzählen und nahm sie in sich auf. Hitch sah sie wie üblich als eine Folge von filmisch einprägsamen Bildern. Der Held – ein Detektiv, der soeben gemerkt hat, daß er an krankhafter Höhenangst (lateinisch *Vertigo*) leidet – soll die Frau eines Auftraggebers beobachten, die angeblich Selbstmordabsichten hat und vom Wahn besessen ist, einer ihrer Vorfahren habe einen Fluch auf sich geladen. Zuerst folgt er ihr, ohne mit ihr in Verbindung zu treten, dann rettet er sie ein erstes Mal vor dem Selbstmord und verliebt sich in sie, kann sie aber infolge seiner Anlage zu Schwindelanfällen ein zweites Mal nicht retten: Er sieht sie von einem Kirchturm stürzen. Kurze Zeit später begegnet er einer Frau, die der Toten bis aufs Haar gleicht, obwohl sie im Wesen völlig anders ist, und versucht nach und nach, sie seiner verlorenen Liebe anzugleichen: Er kleidet sie auf dieselbe Art und Weise, färbt ihr das Haar und dergleichen mehr. Schließlich entdeckt er, daß er das Opfer einer Mordintrige geworden ist, daß die zweite Frau identisch mit der ersten ist – und verliert sie aufs neue, diesmal für immer. All das hatte Hitch klar und deutlich im Kopf – die stumme Verfolgungsjagd in der Umgebung von San Francisco, Tod und Wiederauferstehung –, doch wie sollte er die Geschichte hinreichend geheimnisvoll konstruieren, ohne das Publikum hinters Licht zu führen?

Taylor schlug vor, eine weitere Person einzuführen, eine verständnisvolle Freundin für James Stewart, die gewissermaßen als Mittelsperson fungieren könnte. Doch nun entwickelte Hitch seine Idee, dem Publikum die wahre Identität der Heldin zu enthüllen, sobald sie nach ihrem angeblichen Selbstmord wieder aufgetaucht ist. Taylor war erstaunt: Hieße das nicht die Pointe viel zu früh verraten? (Dasselbe meinten später nicht wenige Kritiker.) Daraufhin erklärte ihm Hitch ausführlich sein Konzept *Suspense contra Schock*: Wenn das Publikum die Wahrheit *vor* dem Helden erführe, dann würde es den Kopf frei haben, seine Sympathien auf die beiden Hauptpersonen zu verteilen, könnte ihre jeweiligen Reaktionen voraussehen und begreifen, was in den beiden vorgeht – denn hier und nirgendwo anders spiele sich das eigentliche Drama ab. Auf dieser Linie arbeiteten Hitch und Taylor nun reibungslos zusammen, gaben den Figuren Fleisch und Blut, besonders der Rolle von James Stewart, und gingen ausgiebig auf Motivsuche in der Bucht von San Francisco. Taylor trug ein paar Einzelheiten bei, zum Beispiel die Fahrt unter Fort

Point hindurch, aber das meiste hatte Hitch bereits vollständig im Kopf.

Im Juli 1957 mußte Hitch dann mitten in der Regiearbeit an einigen Folgen seiner Fernsehserie mit einem Nabelbruch und Gallensteinen ins Krankenhaus. Nach der Operation bekam er noch eine Dickdarmentzündung. Doch das hinderte ihn nicht, sich gleich wieder in die Fernseharbeit und in die Vorarbeiten zu VERTIGO zu stürzen. Als sich dann im letzten Moment herausstellte, daß Vera Miles schwanger war und für die Rolle nicht mehr in Frage kam, konnte sich Hitch wegen anderweitiger Verpflichtungen keinen Aufschub mehr leisten und mußte sie wohl oder übel durch Kim Novak ersetzen. Die Situation war nicht gerade angenehm, da Kim Novak nur zu gut wußte, daß sie lediglich zweite Wahl und keineswegs eine der sichersten Schauspielerinnen war. Wie bei Hitch üblich, legte das Drehbuch Stil und Farben der Kleidung, die die Darsteller in jeder Szene zu tragen hatten, genau fest. Kim Novak erklärte jedoch bei ihrer ersten Zusammenkunft mit der Kostümbildnerin Edith Head (einer von Hitchs regelmäßigsten Mitarbeiterinnen, die insgesamt elf Filme für ihn ausgestattet hat), daß sie auf drei Dingen unbedingt bestehen müsse: Sie trüge erstens nie Schneiderkostüme, zweitens nie grau und drittens nie schwarze Schuhe. Da aber der ganze Film von der Szene abhing, wo wir (und der Held) sie zum erstenmal im grauen Schneiderkostüm mit schwarzen Schuhen in einem Museum sehen, gab es hier offensichtlich ein Problem. Edith Head bat Hitch, mit Kim Novak darüber zu reden. Daraufhin lud er sie zu sich nach Hause ein und sagte schlicht: »Meine liebe Miss Novak, Sie können alles tragen, was Sie wollen, alles – vorausgesetzt, es steht so im Drehbuch.« Wie immer er das gesagt haben mag, es tat die beabsichtigte Wirkung, denn in der fraglichen Szene trägt Kim Novak tatsächlich ein graues Schneiderkostüm und schwarze Schuhe – ohne sich je innerlich damit abzufinden.

Hitchs Verhältnis zu ihr während der Dreharbeiten blieb herzlich, wenn auch distanziert. Zumindest sah er ein, daß ihr die Rolle wirklich Schwierigkeiten bereitete, und half ihr auf seine Weise. Einmal in einem frühen Stadium warf sie die Frage auf, ob es nicht besser wäre, die innere Motivation der Figur durch eine Änderung hier und eine Erweiterung da etwas deutlicher zu machen. Hitch erwiderte schließlich: »Kim, das ist doch nur ein Film. Wir wollen nicht zu tief in diese Sachen einsteigen. Es ist doch nur ein Film.« Das wirkte wie ein Zauberspruch – sie wollte sich offenbar nur sicher fühlen, mehr war gar nicht nötig, Hitch sollte ihr nur die Last der Verantwortung abnehmen, und genau das tat er. Von nun an gab es keinerlei Schwierigkeiten mehr, Kim Novak machte ihre Sache ausgezeichnet und spielte so eindrucksvoll, daß man sich Vera Miles oder eine andere schwerlich in ihrer Rolle vorstellen kann. Nach Abschluß der Dreharbeiten geschah zudem etwas, das Hitch einen amüsierten Respekt vor ihr einflößte: Er und Alma hatten sie eines Abends zum Dinner nach Scots Valley eingeladen. Die Zeit, zu der sie erwartet wurde, war längst gekommen, nur Kim Novak nicht. Eine halbe Stunde später läutete das Telefon: Sie und ihr Begleiter hätten sich verfahren, ob Hitch ihnen nicht sagen könnte, wie man zu seinem Haus käme. Nach einer weiteren halben Stunde trafen sie schließlich ein: Kim Novak für den Anlaß in perfekter Aufmachung – sie erzählte etwas von einer Autopanne und einem Fußmarsch durch den Wald – mit einer kunstvoll verrutschten Haarlocke sowie einem kleinen symbolischen Schmutzfleck auf der Wange, ganz wie in einem Film aus den vierziger Jahren. Bei ihrem Anblick sagte Hitch, er müsse zugeben, daß sie, was immer er bisher von ihr gehalten haben mochte, zweifellos aus dem Holz sei, aus dem echte Stars gemacht werden.

Die Atmosphäre bei den Dreharbeiten zu VERTIGO war so eigenartig und dicht, daß jeder davon angesteckt schien. Die Überbleibsel aus der Zeit der spanischen Herrschaft in Kalifornien, wie die Mission Dolores, wo die Friedhofsszene gedreht wurde, und der Ort San Juan Batista, wo die entscheidenden Szenen spielen, strahlen etwas Geheimnisvolles, fast Traumartiges aus. Sämtliche Außenaufnahmen waren gründlich vorausgeplant, die Schauplätze bis in alle Einzelheiten erkundet worden: Die richtige Ausleuchtung des California Palace of the Legion of Honour, die korrekt arrangierte Auslage in dem Blumenladen, wo James Stewart zum erstenmal der zweiten Kim Novak begegnet, die genauen Abmessungen der Konfektionsabteilung in Ransohoffs Warenhaus, die dann im Atelier in allen Einzelheiten nachgebaut wurde, das diffuse Licht in der Friedhofsszene, wenn die geisterhafte Madeleine das Grab ihrer angeblich fluchbeladenen Ahnfrau Carlotta Valdes aufsucht – all das hatte Hitch mit einer Sorgfalt und Aufmerksamkeit wie nie zuvor bedacht. Kein Zweifel, daß ihm dieser Film ganz besonders am Herzen lag.

Warum aber? Schnell sind da glatte Erklärungen zur Hand wie die, daß Hitchcock sich seit seiner Arbeit an The Lodger, als er den Spuren von Jack the Ripper nachging, vom Phänomen der Nekrophilie habe faszinieren lassen. Das mag schon sein, doch da Vertigo im Grunde gar nichts mit Nekrophilie zu tun hat (der Held will seine Geliebte nicht als Tote besitzen, sondern eine tote Liebe wieder zum Leben erwecken), kommt man mit dieser Erklärung nicht viel weiter. Man muß schon tiefer graben und bis zu jenem Strom von düsterer, quälerischer Romantik vordringen, der unverkennbar fast alle Filme Hitchcocks seit seiner Übersiedelung nach Amerika durchzieht und sich auch vorher schon bemerkbar gemacht hat. So ruhig und gleichförmig Hitchs Privatleben sein mag, so unberührt von stürmischen Emotionen (behauptet er doch, mehr als vierzig Jahre lang völlig enthaltsam gelebt zu haben), so musterhaft gutbürgerlich, stets mit derselben Frau und im trauten Familienkreise – so hat er doch ganz ohne Zweifel ein durchaus reges Interesse für Sex, für geraden und krummen. Es gibt nur wenige dunklere Winkel der menschlichen Seele, die er nicht früher oder später erkundet hätte, wobei er einen besonders scharfen Blick für jene sado-masochistischen Bereiche hat, in denen sexuelles Verlangen und Unterdrückung sich unentwirrbar miteinander verknoten. Es scheint fast, als wolle Hitchcock die gegenseitige Manipulation zwischen Liebenden mit der Manipulation des Publikums durch den Filmemacher gleichstellen – als seien beide für ihn nur verschiedene Facetten ein und desselben Machtspiels, verschiedene Weisen, Gefühle zu beherrschen und zu lenken.

In Rear Window wird diese Gleichstellung besonders deutlich: Das enge Verhältnis des behinderten Fotografen zu seiner Freundin und sein Verhältnis zu dem, was er durch sein Teleobjektiv sieht, gehören zusammen, und ihre Komplizenschaft erweckt in beiden den Wunsch, ihr Mordverdacht möge sich als richtig erweisen. In Notorious, einem anderen Film, bei dem Hitch sehr stark an der Ausarbeitung des Themas beteiligt war, bricht die Entwicklung der erotischen Beziehung zwischen Cary Grant und Ingrid Bergman zunächst deshalb ab, weil jeder von beiden zu stolz ist, das entscheidende Wort als erster auszusprechen. Und in allen Hitchcock-Filmen ist die Emotion (einschließlich der sexuellen Erregung) stets um so heftiger, je aufgestauter und verklemmter sie ist, je stärker sie an ihrem natürlichen Ausdruck gehindert wird. So lastet in VERTIGO über der gesamten Gefühlslage ein alptraumhafter Druck, weil ihre wahre Natur verdrängt und ihr natürlicher Lauf abgelenkt wird. Die Leidenschaft des Helden für das Mädchen in der zweiten Filmhälfte ist nicht deshalb pervers, weil er immer noch hoffnungslos jemanden liebt, den er tot glaubt – ein schmerzlicher Verlust ist ja keine so ungewöhnliche Situation –, sondern weil er unfähig ist, auf eine reale, lebendige Frau zu reagieren, solange er sie nicht total unterworfen und, ganz gegen ihren Willen, in ein Abbild seiner verlorenen Geliebten verwandelt hat. Mit anderen Worten: Er setzt die Phantasie über die Wirklichkeit und versucht, kraft seiner Obsession Wirklichkeit in Phantasie umzuwandeln.

Schwer zu übersehen ist ferner eine seltsame und kaum zufällige Ähnlichkeit zwischen dem, was James Stewart mit der zweiten Kim Novak tut, und dem, was Hitch immer wieder mit seinen Hauptdarstellerinnen getan hat. Stets auf der Suche nach jenem »Kopf«, von dem er seit jeher so fasziniert war – das blonde Haar, das in einer ganz bestimmten Weise auf die Schultern fällt, der kühle, damenhafte Gesichtsausdruck voller Selbstbeherrschung und mit wer weiß was für Gluten unter der Oberfläche –, fand Hitchcock zuweilen Stars, die von Natur aus in dieses Bild paßten (am überzeugendsten Grace Kelly), und versuchte mehrfach, namentlich in seiner späteren Zeit, nicht ganz so passende Figuren mit Gewalt in diese Form zu zwingen. Bei Vera Miles ist ihm das nicht gelungen. Bei Tippi Hedren gelang es ihm schließlich recht gut. Und Kim Novak, die eigentlich überhaupt nicht sein Typ war (trotz einer zuweilen frappanten Ähnlichkeit mit Joan Fontaine in SUSPICION), kommt diesem Idealbild in der ersten Hälfte von VERTIGO sehr nahe – dank Hitchs diktatorischer Vorschriften hinsichtlich ihrer Kleidung und Haltung. Es kann schließlich kaum bedeutungslos sein, daß Madeleine (Kim Novak Nr. 1), die in der Romanvorlage eine dunkle Brünette ist, für den Film in eine ätherisch-eisige Blondine verwandelt werden mußte (genau in den Typ, den Hitch – alias Svengali/Pygmalion – so oft für seine Filme zu produzieren trachtete), ebenso wie es James Stewart in der zweiten Hälfte des Films tut. So gesehen kommt VERTIGO einer allegorischen Autobiographie beängstigend nahe: Der Film ist gleichermaßen ein Sinnbild für Hitchcocks besessene Jagd nach seinem Ideal wie die Geschichte einer verlorenen und wiedergefundenen Liebe.

Ist sich Hitch dieses Elements von unterschwelliger Selbstdarstellung in seinem Werk bewußt, das da in den sadistischen Manipulationen Kim Novaks durch James Stewart in VERTIGO oder Tippi Hedrens durch Sean Connery in MARNIE immer unverhüllter hervorbricht? Wahrscheinlich nicht. Wieder und wieder hat er behauptet, es sei nichts anderes als ein selbstverständliches dramaturgisches Interesse an Überraschung und Diskrepanz, was ihn dazu bewege, das gepflegte Äußere seiner Heldinnen aufzubrechen, um das leidenschaftliche oder winselnde Tier in ihnen sichtbar zu machen. Und dennoch ist man versucht – selbst im Gedenken an Wordsworths begeistertes Urteil über Shakespeares Sonette: »Mit diesem Schlüssel erschloß uns Shakespeare sein Herz«, sowie an Brownings unfeierliche Replik: »Wenn er es tat, dann war er um so weniger Shakespeare!« – dennoch ist man versucht, die in Hitchcocks Œuvre verkörperte Haltung mit der des Menschen Hitchcock zu identifizieren. Wenn Buñuel mit seinen blonden Heldinnen, die alle zunächst verklemmt, fragil und jungfräulich sind, um sich dann in Monster brutaler Dominanz zu verwandeln, in der Welt des Kinos der führende Exponent des männlichen Masochismus ist, so erscheint Hitchcock demgegenüber als der führende Exponent des männlichen Sadismus. Privat kommt er mit Frauen offenbar besser zurecht als mit Männern, doch als Filmemacher offenbart er einen deutlichen Hang zum Frauenhaß. Vielleicht spürt er, daß er es sich leisten kann, die verborgenen Motivationen in seinen Filmen nicht allzu genau zu untersuchen, denn er weiß sehr wohl, daß er im Leben ein vorbildlicher katholischer Familienvater ist – ein weniger korrekter und moralischer Mensch hätte wahrscheinlich viel größere Hemmungen, seine privaten Komplexe so deutlich in seinen Werken sichtbar werden zu lassen. Doch dann wäre es gerade die Verbindung von äußerster Raffinesse auf einigen Gebieten mit einer scheinbar extremen Naivität auf anderen, was die faszinierende Doppeldeutigkeit der Geschichten ausmacht, die Hitchcock auf der Leinwand erzählt. Es spielt keine Rolle, ob er immer genau weiß, was er in seine Filme hineintut – es kommt nur darauf an, daß es drin ist.

Hatte sich Hitch mit VERTIGO in einer Weise identifiziert, die ihm selbst vielleicht nicht ganz erklärlich war, so wurde sein nächster Film, NORTH BY NORTHWEST, eher ein geistreiches Spiel, das sich zu VERTIGO ungefähr so verhält wie Graham Greenes »Entertainments« zu seinen Romanen. Es gibt Leute (vornehmlich jene, die in Hitchcock entsprechend seiner Sicht von sich selbst den großen Meister der Form ohne Inhalt sehen), die diesen Film für den Höhepunkt seines Schaffens halten. Andere finden ihn zwar höchst bezaubernd und unterhaltsam, doch vermissen sie letztlich die Resonanz der besten Werke des Meisters. Wie dem auch sein mag, unbestritten bleibt seine einzigartige Brillanz und der allgemeine Eindruck eines Werkes, das allen Beteiligten leicht und mühelos von der Hand ging. Natürlich war das ganz und gar nicht der Fall. In Wirklichkeit ist an dem Stoff, bevor er drehfertig war, mindestens anderthalb Jahre lang mühsam und bisweilen nervenaufreibend gearbeitet worden. 1958 war zudem auch in anderer Hinsicht ein schweres Jahr für Hitch, wenn auch nur wenige Außenstehende wissen, *wie* schwer es war. Er und Alma waren dank ihrer gesunden Lebensweise eigentlich immer robuste Naturen gewesen; ihre Gesundheit war seit jeher ihr größtes Kapital. Doch 1958 traten bei Alma ein paar beunruhigende Symptome auf. Sie ging ins Krankenhaus, und die Diagnose lautete Krebs. Die Ärzte entschieden sich für umgehende Operation. Hitch sollte ausgerechnet in dieser Woche eine seiner Fernseh-Shows inszenieren, noch dazu eine sehr leichte und komische. Da er Alma nicht unnötig beunruhigen wollte und selber etwas brauchte, was ihn nicht lange zum Grübeln kommen ließ, ging er unverzüglich ans Werk. Jeden Morgen fuhr er pünktlich ins Studio (nie ist Hitch der Formulierung einer Lebensphilosophie näher gekommen als mit dem Kernspruch: »Der Tag beginnt um neun Uhr früh«), probte und drehte dort den ganzen Tag lang mit seiner gewohnten humorigen Dickfelligkeit, damit niemand etwas merkte, und fuhr dann um fünf unter Weinkrämpfen und nervösen Zuckungen direkt ins Krankenhaus. Dort angekommen setzte er seine heiterste Miene auf und blieb den ganzen Abend bei Alma – munter plaudernd, als sei das die selbstverständlichste Sache der Welt. Die Operation erwies sich als voller Erfolg, das

Leben wurde wieder normal und die Gefahr war überstanden, freilich nicht ohne Hitchs Nervensystem empfindlich angeschlagen zu haben – zum erstenmal hatte er das Undenkbare denken müssen: ein Leben ohne Alma.

Unterdessen hatte er, einige Monate bevor er mit den Aufnahmen zu VERTIGO begann, sein nächste Projekt angefangen, einen Roman von Hammond Innes mit dem Titel *The Wreck of the Mary Deare*. Die Rechte gehörten MGM, einer Firma, für die er noch nie gearbeitet hatte, die ihn aber irgendwie für den Stoff hatte interessieren können. Eines Tages erhielt Ernest Lehman, der damals bei MGM unter Vertrag stand, einen mysteriösen Anruf, worin ihm unter dem Siegel der Verschwiegenheit mitgeteilt wurde, Hitchcock habe den ausdrücklichen Wunsch geäußert, er, Lehman, solle das Drehbuch schreiben. Also nahm er sich den Roman mit nach Hause, las ihn und lehnte rundweg ab: Er könne sich einfach nicht vorstellen, wie daraus ein Film werden solle. Das einzig Wirkungsvolle daran sei möglicherweise der Anfang: ein Schiff treibt verlassen auf dem Ärmelkanal. Der Rest sei ein langweiliges Gerichtssaal-Drama mit vielen Rückblenden, in denen die Vorgeschichte mühsam rekonstruiert werden müsse. MGM und sein Agent baten Lehman, sich die Sache noch einmal zu überlegen, er traf sich mit Hitch zum Essen im Beverly-Hills-Hotel, war vollkommen bezaubert von ihm und nahm schließlich den Auftrag an in der Meinung, daß Hitch ja wohl eine Lösung vorschweben müsse, die er selber nicht sah. Damit begann eine Zeit täglicher Besuche bei Hitch zu Hause, wo sie jeden Vormittag über Gott und die Welt redeten, nur nicht über das anstehende Projekt. Ja, Hitch wurde es offenbar zunehmend lästig, überhaupt darüber zu sprechen, bis sie schließlich drei Tage lang kein Wort mehr über die *Mary Deare* verloren. Nach drei Wochen faßte sich Lehman ein Herz und sagte zu Hitch, er sähe immer noch nicht, wie er das Thema in den Griff bekommen könne, Hitch solle sich doch lieber einen anderen Autor suchen. Hitch ließ sich nicht aus der Ruhe bringen: »Seien Sie nicht albern. Wir verstehen uns doch so gut. Dann machen wir eben etwas anderes zusammen.« Und was ist mit MGM? »Ach, denen brauchen wir das ja nicht zu sagen.«

Sie trafen sich also weiterhin, spielten mit dieser und jener Idee, wendeten sie hin und her, dachten auch an die Geschichte von

Jack Shepherd, einem englischen Ausbruchskünstler im 18. Jahrhundert, die Hitch bereits 1948 einmal vorgeschlagen hatte. Aber Lehman hatte keine Lust zu einem Kostümfilm; wenn er schon ein Hitchcock-Drehbuch schrieb, dann sollte daraus »*der* Hitchcock-Film aller Zeiten« werden. Dennoch kam bei alledem nichts Greifbareres heraus als ein Haufen von Notizen und verstreuten Ideen. Hitch schien zwar sehr zufrieden zu sein, aber Lehman wurde immer nervöser, zumal die MGM ihn nun ständig fragte, wie weit die *Mary Deare* inzwischen gediehen sei. Als Hitch in die Vorproduktion von VERTIGO ging, verlegten sie ihre vormittäglichen Konferenzen in die Paramount-Studios. Dort ließ Hitch dann irgendwann die Bemerkung fallen, er habe schon immer gern einmal eine Verfolgungsjagd über die Vorderseite des Mount Rushmore filmen wollen. Kurz danach sprach er von einer Szene, in der ein Delegierter bei einer Rede vor den Vereinten Nationen ganz böse wird und erklärt, er werde erst weitersprechen, wenn der peruanische Delegierte aufwache; als man versucht, den Eingeschlafenen aufzuwecken, stellt man natürlich fest, daß er ermordet worden ist; als einzigen Hinweis findet man auf seinem Notizblock die Kritzelzeichnung eines Rentierkopfes. Aus diesen beiden Ideen ergab sich allmählich der Plan, eine Art Verfolgungsfilm zu machen, der am Sitz der Vereinten Nationen in New York beginnen, dann irgendwie zum Mount Rushmore führen und (auf den Spuren des Rentiers) in Alaska enden sollte. Da dieser Weg ungefähr in nordwestlicher Richtung verläuft, nannten sie das Projekt zunächst *In a North-westerly Direction*.

Nach und nach kristallisierten sich dann verschiedene Szenen und Ideen um dieses schwache Gerüst herum. An einer Stelle wollten sie eine Szene in Detroit einbauen, die – entsprechend einer alten Idee von Hitch – die Fließband-Montage eines Autos zeigen sollte, von der ersten Schraube bis zu dem Moment, wo es fertig vom Band rollt – und man im Kofferraum eine Leiche findet. Reizvoll wäre auch eine Tagung der Moralischen Aufrüstung am Lake Louise. Blieb nur die Frage, wem das alles passiert und warum. Jemandem, der so ein Abenteuer nicht gewohnt ist, vielleicht James Stewart, und der sich darin dann ähnlich wie Hannay in THE THIRTY-NINE STEPS irgendwie verfängt? An diesem Punkt fiel Hitch eine Unterhaltung ein, die er einmal mit einem New Yorker Journalisten gehabt hatte. Der hatte ihm damals folgende Idee angeboten: Der CIA erfindet jemanden, den es gar nicht gibt, als Lockvogel in einer Spionageaffäre. Das schien die Lösung zu sein. James Stewart (oder wer auch immer) müßte von der Gegenseite irrtümlich für diesen Spion, der überhaupt nicht existierte, gehalten werden. Als es sich herausschälte, daß sie diese Idee verwerten würden, klärten sie die Rechtsfrage mit dem Journalisten, der sich riesig darüber freute, ein Thema für den großen Alfred Hitchcock gefunden zu haben, und fingen an, die Sache in die richtige Form zu bringen.

In diesem Stadium bemerkte Hitch eines Tages zu Lehman: »Sie sollten MGM vielleicht doch lieber sagen, was wir hier machen.« Lehman traf fast der Schlag: Auf keinen Fall! Daraufhin meinte Hitch düster: »Also wenn Sie meinen, *ich* solle Ihre schmutzige Arbeit machen, dann muß ich wohl«, und verabredete eine Zusammenkunft mit den MGM-Gewaltigen. Dabei schlug er sich dann glänzend. Er sagte ihnen, die Verarbeitung der *Mary Deare* zu einem Drehbuch nehme wegen der sich daraus ergebenden Probleme soviel Zeit in Anspruch, daß er sich entschlossen habe, zunächst einen anderen Film für sie zu machen – worüber sie sich hocherfreut zeigten, weil sie meinten, er würde ihnen nunmehr zwei Filme statt einem liefern. Es handele sich um einen Original-Thriller, erklärte er ihnen und erzählte dann unter Aufbietung all seines Charmes und seines Geschicks die Geschichte bis zu dem Punkt, an den er und Lehman gekommen waren, um dann auf einmal zu behaupten, ihm falle gerade ein, er habe ja noch eine Verabredung, sprach's, stand auf, ging davon und ließ die Herren brennend vor Neugier zurück. Es klappte alles bestens, und als Hitch mit den Aufnahmen zu VERTIGO begann, saß Lehman wieder pflichtschuldigst in seinem Büro bei MGM und schrieb. Noch immer hieß das Projekt *In a North-westerly Direction*, doch im Atelier nannte man es bereits wegen der Mount-Rushmore-Sequenz *The Man on Lincoln's Nose*.

Eines Tages meinte Kenneth McKenna, der Chef der MGM-Dramaturgie, *North by Northwest* klinge doch besser als *In a North-westerly Direction*, und obwohl sie weiterhin einen neuen Titel suchten, blieb dieser schließlich hängen. (Jede Anspielung auf Hamlets Wahnsinn ist also rein zufällig.)

Bevor sich Lehman nun ernstlich ans Drehbuch setzte, machte er eine ausgedehnte Erkundungsreise über fast die gesamte

Strecke, die der Protagonist im Film zurücklegen sollte. Er saß beinahe eine Woche lang im UN-Gebäude herum, gewann einen Richter auf Long Island dazu, ihn durch alle Arrest-Stadien zu schleifen, die ein Fahrer wegen Trunkenheit am Steuer zu durchlaufen hat, und engagierte einen Förster, der ihn auf den Mount Rushmore führen mußte, bis er eine solche Angst bekam, daß er dem guten Mann eine Polaroid-Kamera in die Hand drückte und den Auftrag gab, allein weiterzuklettern und den Gipfel für ihn zu fotografieren (mit dem Resultat, daß sie den echten Gipfel später als völlig ungeeignet befanden, was Hitch freilich nicht im geringsten störte). Nach Hollywood zurückgekehrt begann Lehman mit dem definitiven Script, und als Hitch die Dreharbeiten zu VERTIGO abgeschlossen hatte, waren bereits zwei Drittel fertig. Hitch war mit dem Ergebnis sehr zufrieden. Doch Lehman hatte noch keinen »dritten Akt« – und er wußte nun einfach nicht weiter. Nach ein paar Wochen völliger Stagnation ging er schließlich zu Hitch und eröffnete ihm, er wolle aus dem ganzen Projekt aussteigen. Hitch war voller Verständnis und tröstete ihn: Er werde zu MGM gehen und die ganze Schuld auf sich nehmen, und dann würden sie einen Dritten zu Rate ziehen, vielleicht einen von diesen Bestseller-Autoren, die so clevere Frauen-Reißer schrieben. Da hatte Lehman plötzlich den rettenden Einfall: Die Heldin schießt auf den Protagonisten, um die Gegenseite über ihr Doppelspiel zu täuschen. Damit ergab sich der Rest der Geschichte von selbst.

Nun konzentrierte sich Hitch, nachdem er VERTIGO hinter sich hatte, voll und ganz auf NORTH BY NORTHWEST. Als erstes erweiterte er das Script um eine Idee, die ihm jahrelang im Kopf herumgespukt hatte, wenn er von Los Angeles nach Norden zu seinem Haus in Scots Valley fuhr und durch die eintönigen, konturenlosen Felder um Bakersfield kam, über denen unheimliche DDT-Flugzeuge ihre Desinfektionsmittel zerstäubten. Wie wäre es, wenn der Held von einem unsichtbaren Feind in so einem Flugzeug am hellichten Tag auf freiem Feld angegriffen würde? Wogegen wäre er ohnmächtiger? Gemeinsam arbeiteten Hitch und Lehman die Einzelheiten aus, Einstellung für Einstellung – obwohl sich Hitch zuweilen über Lehmans Versuche ärgerte, ihm zu erklären, wo die Kamera stehen mußte, und sogar einmal, als Lehman ihm ein paar Änderungen in der Szene am Mount Rushmore vorschlug, ganz gegen seine Gewohnheit losschrie: »Hören Sie doch endlich auf, mir zu erzählen, wie man einen Film dreht!« Im großen und ganzen arbeiteten sie jedoch sehr harmonisch zusammen, und als das Drehbuch fertig war und der Drehbeginn feststand, bat Hitch Lehman, gleich mit dem Drehbuch zu seinem nächsten Film nach Henry Cecils *No Bail for the Judge* anzufangen, der in England mit Audrey Hepburn und Laurence Harvey gemacht werden sollte.

Die Dreharbeiten zu NORTH BY NORTHWEST waren eine komplizierte Mischung von Außen- und Atelieraufnahmen, manchmal sogar in ein und derselben Szene. Damals galt noch eine Vorschrift, wonach im Gebäude der Vereinten Nationen kein Spielfilm gedreht werden durfte, und obwohl sie sich darüber ein wenig hinwegsetzten und dort mit verdeckter Kamera eine kleine Szene mit Cary Grant drehten (der für die Hauptrolle verpflichtet worden war, nachdem sich gezeigt hatte, daß sie eher auf ihn als auf James Stewart paßte), mußten die meisten UNO-Schauplätze im Atelier nachgebaut werden. Viele Außenaufnahmen wurden jedoch an anderen Schauplätzen in New York gedreht, vor allem in der Halle des Plaza Hotels, wo Cary Grant ein Appartement hatte. Da es in dem Teil der Halle, wo sie drehten, nicht sehr geräumig war und Grant nirgendwo in Ruhe sitzen konnte, rief man ihn immer erst herunter, wenn alles drehfertig war. Eines Morgens kam er in die Halle, ging durch die Menschenmenge, nahm einen Telefonhörer ab und legte ihn wieder auf (die Einstellung sollte mit einer Großaufnahme im Studio gekoppelt werden), ging dann hinüber zur Kamera und schaute durch den Sucher, um zu sehen, wie weit er gehen konnte, ohne aus dem Bild zu kommen. Joe Hyams, der dabei war, wunderte sich und sagte zu Hitch: »Sie haben ja nicht mal Guten Morgen zu Cary gesagt. Wie soll er da wissen, was er zu tun hat?« Darauf Hitch ganz beiläufig: »Ach, der geht doch schon seit Jahren durch diese Halle. Da brauche ich ihm doch nicht zu sagen, wie.«

Tatsächlich hatten Hitch und Grant schon solange zusammengearbeitet, daß ein hohes Maß an Vertrauen und Respekt zwischen ihnen entstanden war. Von Grant ließ sich Hitch sogar manchmal etwas sagen. Zum Beispiel als Grant bei den Aufnahmen im Hotel einmal meinte: »Wenn Sie Bob dazu bewegen könnten, die Kamera ein paar Zentimeter weiterzurücken, dann könnten Sie mich, wenn ich den Korridor entlanggehe, durch die Türangel erwischen« – eine Anregung, die Hitch sofort aufgriff. Oder als Grant bei den Studioaufnahmen einmal entdeckte, daß die Dekoration für den nächsten Tag – der Schlafwagen – hastig und nachlässig zusammengehauen worden war, und zu Hitch sagte: »Das wird nicht gehen – so wie die Dekoration da drüben steht, werden Sie in dem Wagen nicht drehen können.« Woraufhin Hitch ohne weiter zu fragen und ohne sich selbst davon zu überzeugen die Dekoration neu anfertigen ließ – so sehr vertraute er auf Grants fachmännisches Urteil.

Natürlich ging nicht immer alles so glatt zwischen ihnen. Grant mißfiel zum Beispiel die Art, wie Hitch die Szene mit der Mutter des Helden (Jessie Royce Landis) und den beiden Schurken im Aufzug gedreht hatte, weshalb er einmal die Bemerkung fallen ließ, er zweifle an Hitchs Talent zur leichten Komödie. Als Hitch davon erfuhr, war er tief gekränkt. Zur gleichen Zeit ärgerte er sich auch über Ernest Lehman, der inzwischen Bedenken gegen *No Bail for the Judge* bekommen hatte und das Drehbuch nicht mehr machen wollte. Das alles geschah, während sie die Sequenz mit dem Desinfektions-Flugzeug in der Gegend von Bakersfield drehten. Doch da Hitch Konfrontationen aus dem Wege zu gehen pflegt und es nach Möglichkeit gar nicht erst dazu kommen läßt, gerieten nun Grant und Lehman aneinander: Dieses Drehbuch sei ihm zu blöd, schimpfte Grant, es sei eher etwas für David Niven, und es sei überhaupt ganz miserabel, er begreife nicht, was da eigentlich vorgehe, und wahrscheinlich werde es auch sonst keiner begreifen . . . Natürlich wußten beide, daß sie ihren Ärger nur deshalb aneinander ausließen, weil sie sich nicht mit Hitch streiten konnten, um den es ja eigentlich ging. Doch wie meistens in solchen Fällen verflog der ganze Ärger bald wieder, und am Ende der Dreharbeiten schieden sie als die besten Freunde.

Bei der Besetzung von NORTH BY NORTHWEST war das größte Problem die Rolle der weiblichen Hauptperson, nachdem Cary Grant für die Rolle des Helden engagiert worden war. Andere Rollen wurden mit bewährten Akteuren wie Leo G. Carroll und Jessie Royce Landis besetzt, mit denen Hitch schon früher bestens zusammengearbeitet hatte (tatsächlich hat sich Leo G. Carroll mit insgesamt sechs Rollen in Hitchcock-Filmen sozusagen numerisch als sein Lieblingsschauspieler qualifiziert). Das alte Problem, den Schurken von jeder Melodramatik frei zu halten, löste Hitch durch Aufspaltung des ursprünglich einen Schurken in drei: in den finsteren Sekretär, den groben Klotz und den eleganten Oberschurken, der so sanft und charmant sein sollte, wie es damals nur James Mason konnte. Doch woher sollte Hitch die elegante, kühle und unvermeidlich blonde junge Dame nehmen, die mysteriöse Lady, die ein doppeltes Spiel treibt ähnlich wie Ingrid Bergman in NOTORIOUS? Die MGM wollte Cyd Charisse für die Rolle, doch Hitch hatte nicht den Eindruck, daß sie die richtige wäre. Überraschenderweise entschied er sich dann für Eva Marie Saint, die gerade für ihre Rolle als Partnerin von Marlon Brando in *On the Waterfront* einen Oscar bekommen hatte, aber in keiner Weise mit Glamour, Raffinesse und Sex assoziiert wurde. Unverzüglich machte sich Hitch daran, ihr Image umzumodeln. Da sie zunächst noch eine Filmkomödie mit Bop Hope drehen mußte, nahm er in den Vertrag mit ihr die Klausel herein, daß sie dort nichts Farbiges tragen dürfe, lediglich schwarz, weiß und grau. Für NORTH BY NORTHWEST ließ er ihr die Garderobe eigens bei MGM entwerfen, fand das Ergebnis dann aber nicht gut und ging schließlich mit ihr zu Bergdorf Goodman in New York, um ihr die Kleider persönlich von der Stange auszusuchen. In Anbetracht ihrer Herkunft aus der Stanislawski-Schule erwartete Hitch mit Eva Marie Saint eine Neuauflage seiner Probleme mit Montgomery Clift in I CONFESS, fand aber am Ende einen warmherzigen, humorvollen und realistischen Menschen in ihr. Das einzige, was nach seiner Meinung noch fehlte, um ihre Verwandlung in eine Hitchcock-Blondine perfekt zu machen, war eine leichte Senkung ihrer Stimmlage, wofür sie sich durchaus empfänglich zeigte. Um sie aber nicht dauernd öffentlich vor allen Technikern und den anderen Schauspielern darauf hinweisen zu müssen (was er stets als entwürdigend für den Schauspieler wie für den Regisseur empfand), entwickelte Hitch ein ganzes Repertoire von Zeichen und Codewörtern, die ihr jeweils sofort zu erkennen gaben, wann sie ihre Stimme senken oder heben oder sonst irgendwie verändern sollte, und von da an ging alles so glatt, wie man es sich nur wünschen konnte.

Als der Film fertig war, dauerte er volle 136 Minuten und war damit Hitchcocks weitaus längster Film geworden. Die MGM reagierte nervös und bat ihn um Kürzungen. Insbesondere sollte er die Szene kürzen oder ganz herausnehmen, in der Cary Grant endgültig die Rolle seiner Partnerin durchschaut. Die MGM fand, dadurch werde der Fluß der Handlung nur aufgehalten; für Hitch war die Szene unverzichtbar, um die innere Entwicklung der Handelnden zu verdeutlichen. Als die MGM nicht nachgeben wollten, sah Hitch in seinem Vertrag nach, den seine damalige Agentur MCA noch für ihn gemacht hatte, und stellte fest, daß ihm die letzte Entscheidung über den Schnitt zugesichert worden war. Mithin waren die MGM-Gewaltigen ausnahmsweise einmal machtlos, was Hitch ohne zu zögern ausnutzte, um ihnen ihr Ansinnen höflich, aber entschieden abzuschlagen. Auf lange Sicht hat sich diese Entscheidung durchaus als richtig erwiesen, denn der Film erzielte Einspielergebnisse wie kaum ein anderer und fand begeisterte Aufnahme bei den Kritikern. Besonders bei denen, für die VERTIGO etwas zu weit von dem abgewichen war, was sie von Hitchcock noch immer erwarten zu müssen glaubten. Gottlob hatte er aber nun zu seiner klassischen Thriller-Formel zurückgefunden, und die Welt war wieder im Lot.

Wenn diese Kritiker allerdings meinten, Hitchcock sei nun wieder brav geworden und habe keine Überraschungen mehr in petto, dann hatten sie sich schwer getäuscht. Tatsächlich brütete er nämlich bereits über seiner bislang größten Überraschung – über PSYCHO, einem Film, der die Gemüter so sehr erregen sollte, daß die Nachwehen bis heute noch nicht ganz verklungen sind.

Es begann im Grunde mit einer professionellen Herausforderung. Hitch pflegte die Entwicklungen in der Filmindustrie genau zu verfolgen und sorgfältig darauf zu achten, was Geld brachte und was nicht. Dabei hatte er festgestellt, daß neuerdings zahlreiche banale Horrorfilme von Firmen wie der American-International für einen Pappenstiel produziert wurden und Riesengewinne einbrachten. Die meisten Filmleute, die sich für Vertreter des seriösen und verantwortungsbewußten Hollywood-Kinos hielten, schüttelten nur pikiert den Kopf über den schlechten Geschmack des Publikums, zuckten die Achseln und ließen es dabei bewenden. Hitch indessen war der Ansicht, daß man die Wünsche und Bedürfnisse des Publikums sehr ernst nehmen müsse. Und so entstand in ihm der Gedanke, auch einmal so einen billigen Horrorfilm zu machen, nur freilich einen von höchster Qualität. Warum sollte er damit nicht genauso gut beim Publikum ankommen oder gar, eben mit einem Spitzenprodukt, noch besser? Zufällig schwebte ihm auch schon ein Stoff vor, der Reißer eines Vielschreibers namens Robert Bloch. Zwar gab die Story von einem älteren mutterfixierten Mörder in einem einsamen Motel nicht viel her, doch meinte Hitch, er könne daraus vielleicht etwas machen.

Es fehlte ihm nur noch der richtige Drehbuchautor. Der Film schwebte ihm als eine zynische schwarze Gruselkomödie vor, also brauchte er jemanden, der ungefähr auf der Linie seines eigenen recht sadistischen Humors lag. Doch woher sollte er ihn nehmen? Wie es der Zufall wollte, drängte ihn damals gerade seine Agentur, die MCA, sich doch einmal unverbindlich mit einem New Yorker Autor zu treffen, einem ehemaligen Song-Texter namens Joseph Stefano. Der hatte bereits einen Film geschrieben (*The Black Orchid*, ein Familiendrama unter Italo-Amerikanern, das Hitch überhaupt nicht gefallen hatte) sowie ein prämiiertes Fernsehspiel. Doch Hitch hatte gar keine Lust, ihn zu sehen, denn er befürchtete, ihn nicht brauchen zu können, und es war ihm seit jeher immer sehr unangenehm, jemandem eine Absage erteilen zu müssen (aus dem gleichen Grund sieht sich Hitch nur höchst ungern Filme von Leuten an, die ihn hinterher nach seiner Meinung darüber befragen, und einmal nahm er eine Schauspielerin nur deshalb persönlich unter Vertrag, weil er es nicht ertragen konnte, sie nach all den Probeaufnahmen zu enttäuschen). Als die MCA-Leute dann aber weiter drängten, ließ er sich schließlich breitschlagen und empfing Stefano zu einem kurzen Gespräch von knapp zwanzig Minuten.

Wunderbarerweise lief dabei alles bestens. Stefano hatte seit neun Monaten nichts mehr geschrieben, weil er spürte, daß er zu schnell zu viel erreicht hatte und nun erst einmal einen Regisseur brauchte, bei dem er das Handwerk von der Pike auf lernen konnte. Hitchcock wäre genau der richtige, hatte er sich gedacht, und als er von dessen Plänen mit PSYCHO erfuhr, hatte er sich das Buch sofort besorgt. Um so größer war seine Enttäuschung gewesen, als er dann sah, worum es sich dabei handelte. Warum zum Teufel wollte Hitch ausgerechnet so etwas verfilmen? Das fragte er ihn denn auch gleich zu Beginn des Gesprächs. Hitch war amüsiert und fing an, es ihm zu erklären. Er sagte zwei Dinge, die Stefano sofort einleuchteten und seine Phantasie beflügelten: Der Mörder solle ein attraktiver ordentlicher junger Mann sein, etwa Anthony Perkins, und der Film solle mit dem Mädchen beginnen. Das weitere Gespräch war kurz, aber harmonisch, und als Stefano wieder draußen war, sagte ihm sein Agent, Hitch habe Gefallen an ihm gefunden und wolle es mit ihm versuchen. Allerdings wolle Hitch ihm keinen pauschalen Drehbuchauftrag erteilen, sondern ihn wöchentlich bezahlen, solange er an dem Script arbeitete. Stefanos Agent war nicht sehr erbaut davon, doch Stefano ergriff die Chance und machte sich unverzüglich ans Werk.

Wie Hitch es stets mit seinen Autoren gehalten hatte, entwickelte sich die Drehbucharbeit aus täglichen Gesprächen. Stefano kam jeden Vormittag um elf ins Studio (Hitch wäre ein zeitigerer Anfang lieber gewesen, doch befand sich Stefano damals in psychoanalytischer Behandlung und konnte nicht früher), Hitch und er unterhielten sich, gingen mittags zusammen essen und plauderten dann den ganzen Nachmittag lang weiter – scheinbar über Gott und die Welt, nur nicht über den Film. Normalerweise sprachen sie höchstens eine Viertelstunde pro Tag direkt über PSYCHO, aber dann entwickelten sie ihre besten Ideen, machten sich Notizen und kamen allmählich voran. Stefanos erste Idee war, das Mädchen Marion damit einzuführen, daß sie gerade eine Verabredung zum Mittagessen trifft (während das Buch mit ihrer Ankunft im Motel beginnt). Er hatte auch die Idee, den Film mit einer aus einem Hubschrauber aufgenommenen Totale der Stadt zu beginnen, die sich dann auf ein Fenster der billigen Absteige verengt. Nach einigen Wochen mußte Hitch geschäftlich verreisen und schlug Stefano beiläufig vor, er möge doch während seiner Abwesenheit weiter an der ersten Szene schreiben. Das hatte unverkennbar etwas von einer Prüfung an sich, da es Hitchs sonstiger Praxis strikt zuwiderlief. Mancher Autor hätte sich wohl beleidigt gefühlt, doch Stefano sah dazu keinen Grund und schrieb weiter. Er bemühte sich, das Mädchen lebendig, sympathisch und rührend zu machen, damit das Publikum ihr seine Sympathie schenkt und sich um sie sorgt. Als Hitch zurückkam und die Szene las, war er sehr davon angetan, sagte aber zu Stefano nur: »Alma findet die Szene sehr gut.«

Von da an schrieb Stefano kein Wort mehr, bis sie das gesamte

Drehbuch Szene für Szene mündlich festgelegt hatten. Dazu brauchten sie ungefähr sechs Wochen, wonach sich Stefano vier bis fünf Wochen zum Schreiben zurückzog. Was Hitch dann drehte, war Stefanos erste Fassung, die nur an einer einzigen Stelle ein wenig geändert worden war: Der Verkehrspolizist auf der Straße *spricht* nun einfach mit Marion, während er in der ersten Fassung mit ihr *geflirtet* hatte. Hitch wollte die Situation ganz neutral haben, sie sollte dem Mädchen nur aufgrund seines Schuldgefühls als bedrohlich erscheinen. Hitch hatte noch eine zweite Änderung gewünscht: Er hatte Stefano gebeten, als Adjektiv für Liebesbriefe vielleicht ein anderes Wort als »glühende« zu verwenden. Als Stefano sich nach dem Grund erkundigte, sagte Hitch, er möge das Wort eben nicht. Ob er dafür persönliche Gründe habe, wollte Stefano wissen, was Hitch bejahte. »Aber ich bitte Sie«, protestierte daraufhin Stefano, »ich kann doch als Drehbuchautor ein Wort nicht nur deshalb ändern, weil Sie persönlich es nicht mögen!« Und so blieb das Wort stehen. Eines Morgens kam Stefano dann mit dem fertigen Script zu Hitch nach Bel Air, und sie begossen es mit Champagner *»on the rocks«* – wobei Hitch seinen Autor bat, nur ja niemandem etwas von diesem schlimmen Fauxpas in seinem Hause zu sagen, der ihm nur deshalb unterlaufen sei, weil sie gerade keinen gekühlten Champagner dagehabt hätten.

Noch nie hatte Hitch eine schnellere und reibungslosere Drehbucharbeit erlebt. Er und Stefano waren praktisch über alles und jedes einer Meinung. Zum Beispiel hatten sie darüber diskutiert, ob man, wenn Marion das Büro mit dem gestohlenen Geld verlassen hat, die Reaktionen der Zurückgebliebenen zeigen sollte, waren dann aber bald zu dem Schluß gekommen, daß so etwas die Zuschauer nur verunsichern würde. Stattdessen schrieb Stefano einen entsprechenden Dialog, den sie dem Bild der davonfahrenden Marion unterlegten, so daß wir ihn als ihre Einbildung hören und dadurch mehr über sie erfahren. Im Roman wurde Normans seltsames Verhalten und seine Identifizierung mit seiner Mutter am Ende nur durch Spekulationen erklärt, die Marions Freund und ihre Schwester anstellen. Stefano schlug stattdessen vor, sie sollten lieber wie in den Filmen seiner Kindheit eine altmodische Schlußszene anhängen, in der ein Experte den Fall mit wohlgesetzten Worten psychologisch erklärt. Hitch fand die Idee nicht schlecht, obwohl er fürchtete, eine solche Schlußszene werde die Zuschauer aus dem Kino treiben, und so kam sie ins Drehbuch.

Zum Glück! Denn als sie das fertige Drehbuch dann dem Production Code vorlegten, der damaligen amerikanischen Filmselbstkontrolle, war das erste, wogegen die Zensoren Einspruch erhoben und was sie herausgenommen haben wollten, das Wort »Transvestit« – aber Stefano konnte dem nun entgegenhalten, daß es sich schließlich um einen Fachausdruck aus dem Munde eines im Film gezeigten Psychiaters handele, der im übrigen deutlich zum Ausdruck bringe, daß Norman genaugenommen gar kein Transvestit sei. Ferner störte die Zensoren, daß die Zuschauer das mumifizierte Gesicht der toten Mutter zu sehen bekommen sollten, doch gaben sie sich dann mit der Versicherung zufrieden, die Puppe sei von Medizinern der University of California als korrekt befunden worden. Schließlich erhoben sie Einwände gegen die Szene, in welcher Marion ihre Notizen zerreißt, in die Toilette wirft und hinunterspült. Sie meinten, allein schon der Anblick einer Toilette sei anstößig. Auch hier schlug sich Stefano grandios und gewann – schließlich *wollten* Hitch und er ja mit dieser Szene Anstoß erregen. Sie hatten sich ausgerechnet, daß – so harmlos die Idee als solche auch sein mochte – die Großaufnahme einer Klosettschüssel, in der etwas hinuntergespült wird, bei der herrschenden Toiletten-Neurose mindestens neunzig Prozent der amerikanischen Zuschauer völlig aus dem Gleichgewicht bringen würde – womit sie das Publikum dann genau da hätten, wo sie es haben wollten.

Bei den Dreharbeiten hielt sich Hitch aufs genaueste an seinen Plan, den Film so rasch und so billig wie möglich zu machen. Obwohl er ihn für die Paramount produzierte, finanzierte er ihn ganz allein und drehte ihn, fast unter den gleichen Bedingungen wie seine Fernseh-Shows, im Universal-Studio mit seinem Fernsehteam und seinem Kameramann John L. Russell. Das berühmte »Psycho-Haus«, heute der Stolz aller Touristenführer auf dem Universal-Gelände, stand als Dauer-Dekoration bereits fix und fertig da, nur der einstöckige Flügel mit den Motel-Zimmern mußte davorgebaut werden (Hitch prügelte sich fast mit Stefano wegen einer Einstellung vom Haus auf das Motel, in der man Marions Schwester näherkommen sieht, weil eigens dafür eine Rückwand am Motel gebaut werden mußte, gab dann aber nach, weil er einsah, daß es hier auf die exakte Geographie ankam). Was die Darsteller anging, so konnten sie Anthony Perkins für eine sehr niedrige Gage bekommen, weil er der Paramount aufgrund eines alten Vertrages noch einen Film schuldete – andernfalls wäre er ihnen viel zu teuer gewesen. Vera Miles stand sowieso bei Hitch unter Vertrag, und die meisten anderen Rollen verlangten nur wenige Drehtage. Für die Rolle der Marion suchte Hitch einen möglichst großen Star, damit ihr Tod in der Mitte des Films einen möglichst großen Schock auslöst, und nahm schließlich Janet Leigh als bestmöglichen Kompromiß zwischen dem Wünschenswerten und dem Erschwinglichen. Nach dem Prinzip »Es bleibt in der Familie« ließ er außerdem Pat eine kleine Rolle in der Eröffnungsszene spielen.

Während der Dreharbeiten nutzte er zudem alle Möglichkeiten der Fernsehtechnik, um die Schnittkosten zu reduzieren. Alles wurde im rückwärtigen Teil der Universal-Studios gedreht, bis auf wenige Außenaufnahmen, die ein zweites Kamerateam machte. Wie bei seinen Fernseh-Shows kümmerte sich Hitch vor allem um die entscheidenden Szenen und Einstellungen, aus denen sich das übrige dann von selbst ergab. Zum Beispiel verlangte die Szene, in welcher der Versicherungsmann auf dem oberen Treppenabsatz ermordet wird, eine teure Spezialkonstruktion, die der Kamera eine möglichst hohe Position gestattete, damit wir im Zweifel über die wahre Identität der »Mutter« bleiben, doch hier lohnte sich der Aufwand – das Ergebnis ist eine unvergeßliche Szene. Die unmittelbar vorausgehende Szene, in welcher der Versicherungsdetektiv die Treppe hinaufsteigt, mußte übrigens zweimal gedreht werden. Saul Brass, der glänzende Graphiker, der die Vorspanne für PSYCHO, NORTH BY NORTHWEST, VERTIGO und andere Hitchcock-Filme dieser Zeit gestaltet hat, hatte die Szene in einem Story-Board skizziert, und als Hitch einmal einen Tag lang krank war, hatte er seinen Assistenten angewiesen, die Szene nach diesem Story-Board zu drehen. Bei der Montage stellte sich dann heraus, daß die ganze Szene noch einmal gedreht werden mußte: Sie war zwar bildlich durchaus in Ordnung, erweckte aber im Zusammenhang mit der nachfolgenden den Eindruck, als sei der Versicherungsmann der Bedrohende und nicht der Bedrohte.

Joseph Stefano war so gut wie an jedem Drehtag im Atelier und bekam zuweilen die seltsamsten Aufträge. Eines Tages sagte

Hitch zu ihm: »Mr. Gavin wünscht in seiner Szene ein paar Änderungen am Drehbuch. Würden Sie bitte einmal mit ihm darüber sprechen?« Stefano dachte zuerst, Hitch mache einen seiner üblichen Späße, aber als er dann merkte, daß es durchaus ernst gemeint war, ging er hin, um nachzusehen, woran es haperte. Nach einigem Hin und Her stellte sich heraus, daß John Gavin, der Marions Liebhaber spielte, sich genierte, die Anfangsszene mit nacktem Oberkörper zu spielen. Stefano hielt ihm vor, er habe doch einen herrlichen Körper und sei schließlich auch in *Spartacus* mit nackter Brust aufgetreten. Ja schon, meinte Gavin, aber hier sei das etwas anderes: hier gehe es um eine intime Szene in der Gegenwart, und das sei das Peinliche daran. Schließlich konnte Stefano ihn durch viel gutes Zureden dazu bringen, gerade diese Peinlichkeit bewußt in sein Spiel mit einzubeziehen und die Figur, die er verkörpern sollte, so anzulegen, daß sie sich ebenfalls genierte und verletzlich fühlte, besonders da sie im halbangekleideten Zustand eine Auseinandersetzung führen mußte ... Dergleichen gehörte zu jener Sorte ausgetüftelter psychologischer Schauspielerführung, die Hitch nie gemocht hat: Schauspieler sollen gefälligst spielen, was er und das Drehbuch ihnen vorschreiben, er jedenfalls habe keine Zeit, sich mit psychologischen Spitzfindigkeiten abzugeben – schon gar nicht bei Männern, die er beim Drehen kaum wahrzunehmen schien, im Gegensatz zu der großen Mühe, die er sich manchmal mit seinen Damen machte.

Beträchtliche Mühe hatte er mit Janet Leigh in der berühmten Mordszene unter der Brause. Hitch brauchte sie selbstverständlich für die Großaufnahmen, wollte sie aber nicht nackt vor der Kamera spielen lassen, auch wenn davon später kaum etwas im Film zu sehen sein würde – das paßte nicht zu seinen Vorstellungen von dem, was sich für einen Star gehört. Infolgedessen holte er sich ein Fotomodell, ein Mädchen, das sich von Berufs wegen nackt zeigte. Stefano erinnert sich noch genau an die Aufnahmen dieser Szene: unter der Dusche das nackte schöne Mädchen, hoch darüber auf einer Plattform Hitch im dunklen Anzug mit weißem Hemd und Krawatte, ein Inbegriff von Korrektheit und Gelassenheit. Jeder spürte: ein Alfred Hitchcock stellt sich nicht vor eine nackte Frau, für ihn war sie überhaupt nicht nackt, und damit basta.

Ebenso sorgfältig achtete Hitch darauf, keine gewalttätigen

Einzelheiten zu zeigen; nie sehen wir das Messer des Mörders den Körper des Mädchens berühren, und daß PSYCHO in Schwarzweiß gedreht wurde, hatte seinen Hauptgrund darin, daß Hitch keinen Strom von technicolor-rotem Blut zeigen wollte. Trotzdem ist diese Szene für viele zum Trauma geworden. Es gibt Leute, die jeden Eid darauf schwören würden, daß der Film an dieser Stelle in Farbe übergeht oder daß man sieht, wie das Messer in das Fleisch schneidet, was reine Phantasie ist. Einmal erhielt Hitch einen Brief von einem bekümmerten Vater, der ihm klagte, seine Tochter habe nach dem Besuch des Films *Die Teuflischen* kein Bad mehr nehmen wollen, und jetzt, nachdem sie PSYCHO gesehen habe, wolle sie auch nicht mehr unter die Dusche. Was er nur machen solle? »*Have her dry-cleaned*«, antwortete Hitch vergnügt: »Geben Sie sie in die Reinigung.« – Die einzige, der die Duschmordszene kein Trauma verursachte, war Alma. Wie üblich zeigte ihr Hitch den Film ganz zuletzt, bevor er ihn auslieferte. Sie sah ihn sich an und sagte: »Hitch, so kannst du ihn nicht hinauslassen. Janet Leigh schluckt ja noch, wenn sie angeblich schon tot unter der Brause liegt.« Und in der Tat, sie schluckte wirklich ein bißchen – so geringfügig, daß es unter dem Schock der Szene niemand sonst bemerkt hatte.

Bevor der Film aufgeführt werden konnte, mußten freilich noch einige andere Stadien durchlaufen werden. Und dabei war Hitch für seine Verhältnisse erstaunlich unentschlossen und unsicher. Vielleicht weil eine größere Eigeninvestition auf dem Spiel stand (obwohl er den ganzen Film für nur 800 000 Dollar zustandegebracht hatte), jedenfalls war er nur schwer zufriedenzustellen. Als er den Rohschnitt beisammen hatte, meinte er plötzlich, das sei gar nicht gut, das werde nie ankommen, und erklärte sogar, er wolle das Ganze auf eine Stunde zusammenschneiden und nur im Fernsehen zeigen. Zu denen, die ihn für übergeschnappt hielten, gehörte Bernard Herrmann, der die Musik für den Film komponierte. Hitch hatte die ganze Duschmordszene ursprünglich stumm haben wollen, nur mit den Geräuschen des Wassers, des Vorhangs und so weiter, aber Herrmann bekniete Hitch immer wieder, es doch einmal mit der Musik zu versuchen, die er dafür komponiert hatte. Schließlich mußte Hitch zugeben, daß Herrmann gut daran getan hatte: Die Szene wirkte damit ganz anders, sie wurde durch die schrille Musik zu einer unglaublichen Intensität gesteigert – und seine Ängste begannen zu schwinden.

Allerdings hätte sich weder Hitch noch sonst jemand den phantastischen Kassenerfolg träumen lassen, der PSYCHO beschieden war. Hitch und Alma waren bei der Uraufführung nicht anwesend, da sie in Europa Urlaub machten. Die Kritiker waren geteilter Meinung. Viele von ihnen fanden es befremdlich, daß sie den Film in einem gewöhnlichen Kino zwischen gewöhnlichen Leuten sehen mußten und nicht hineingelassen wurden, wenn sie zu spät kamen (Hitch bestand darauf, daß man den Film von Anfang bis Ende sah). Andere fühlten sich von den Schockeffekten des Film abgestoßen und meinten, so etwas sei seines Autors nicht würdig. Sein alter Freund Charles Bennett sah eine Preview in Hollywood und sagte danach zu Hitch, er sei ein »sadistischer Wüstling«. Hitch erwiderte milde, er fände den Film ganz lustig, und tat überrascht, als Bennett daraufhin meinte, das mache alles nur noch schlimmer . . . Das Publikum aber mochte PSYCHO auf Anhieb. Im ersten Durchlauf spielte der Film allein in den USA mehr als 15 Millionen Dollar ein, und schon kurz nachdem Hitch aus dem Urlaub zurückgekehrt war, überreichte ihm die Paramount als seinen Anteil an den Einnahmen des ersten Vierteljahres einen Scheck über zweieinhalb Millionen Dollar – bei weitem der höchste Betrag, den sie je einem unabhängigen Produzenten ausgezahlt hatten. Es war ein Höhepunkt seiner Karriere. Nun, mit Anfang Sechzig, war Hitchcock berühmter als je zuvor, und er war reich. Er hatte eine Kette von Meisterwerken geschaffen, eins immer gleich nach dem anderen. Blieb nur die Frage: Wie sollte es jetzt weitergehen?

14. Kapitel

Kurz nach Abschluß seiner Arbeit an PSYCHO lud Joseph Stefano die beiden Hitchcocks zu einer Party ein. Nichts weiter Bemerkenswertes, sollte man meinen. Nur daß Stefano wie so viele andere zeitweilige Mitarbeiter Hitchs gehörig verschreckt worden war durch dessen Geschichten über die Ungehobeltheiten und das Banausentum seiner gelegentlichen Gastgeber; etwa über jenen aufstrebenden Geschäftsmann, der Weißwein von einem Butler in weißer Serviette servieren ließ – aber ungekühlt. Andere Kollegen, wie etwa Ernest Lehman, hatte Hitch bereits derart verprellt, daß sie überhaupt nicht mehr wagten, ihn zu sich zu bitten. Und da wunderte er sich, daß er so selten eingeladen wurde ... Wie dem auch sein mochte, Stefano jedenfalls war aus härterem Holz, und obwohl es eine sehr große und sehr gemischte Party werden sollte, eine von der Sorte, wie sie Hitch bestimmt nicht mochte, lud er ihn kurzerhand ein. Zu seiner Überraschung nahm Hitch die Einladung an, und noch größer war sein Erstaunen, als Hitch und Alma schon recht früh eintrafen und, statt sich bald wieder zu empfehlen, den ganzen Abend lang blieben. Alma stürzte sich wie üblich voll ins Getümmel und amüsierte sich köstlich. Hitch fand eine ähnlich charakteristische Lösung. In dem L-förmigen Hauptraum des Hauses stand in der Mitte, vom Eingang her sofort zu sehen, ein Flügel. Im Bogen dieses Flügels nun hatte sich Hitch aufgebaut und hielt Hof – genauer gesagt, er stand einfach den ganzen Abend lang da, für jeden Eintretenden unübersehbar, so daß sich irgendwann jeder einmal mit ihm unterhielt.

Für seine Verhältnisse war er damit schon ungewöhnlich kommunikativ an diesem Abend. Denn im allgemeinen geriet Hitch, der in Hollywood stets für sich zu bleiben pflegte, ganz seiner Familie und seiner Arbeit gewidmet, in eine immer größere Isolation. Bei der Arbeit umgab er sich gern mit Leuten, die er schon kannte und mit denen er schon gearbeitet hatte – neue Gesichter brachten Risiken und Unsicherheiten mit sich, und es gab ja auch Leute, die seine Konfliktscheu nicht verstanden ... Mit der Zeit hatte er eine kleine Schar von Getreuen um sich versammelt, darunter seinen Chef-Kameramann Robert Burks, seinen Kameramann Leonard J. South, seinen Fernseh-Kameramann John L.

Russell, seinen Redakteur George Tomasini, seinen Komponisten Bernard Herrmann, seine persönliche Assistentin Peggy Robertson, seine Kostümbildnerin Edith Head sowie eine Anzahl Schauspieler, bei denen er sich wohlfühlte. Naturgemäß wechselten die Schauspieler je nach der Art des Projekts und infolge verschiedener äußerer Faktoren; Grace Kelly hatte geheiratet und war ausgestiegen; Hitch sollte künftig weder mit Cary Grant noch mit James Stewart arbeiten und schien einen großen Autorenverschleiß zu haben, doch im allgemeinen sah er sich umgeben von einem Kreis erprobter und getreuer Freunde. Innerhalb dieses Kreises konnte er auf ein hohes Maß an persönlicher Loyalität und Verständnisbereitschaft rechnen; über die Welt außerhalb dieses magischen Zirkels brauchte er sich nicht allzu viele Sorgen zu machen.

Was ihm sehr zupaß kam. Denn Hitch ist nach eigenem Eingeständnis und nach den Beobachtungen anderer ein furchtsamer Mensch und ist es immer gewesen: Er hatte seit jeher Angst vor der Polizei und vor der Macht, Angst vor anderen Menschen, Angst um seine berufliche und finanzielle Position, Angst vor seinen eigenen Emotionen. Den Elfenbeinturm, den er sich errichtet hat, braucht er zu seinem eigenen Schutz. Und doch ist ihm in dieser belagerten Festung das Gefühl des Schreckens geblieben. Übt man von außen her Druck auf ihn aus, etwa indem man ihm eine bestimmte Besetzung aufzwingen will, so fällt es ihm überaus schwer, nein zu sagen, und er schlägt die gewundensten Pfade ein, um eine Absage auszudrücken – sofern er sie überhaupt ausdrückt. Oft haben ihn Mitarbeiter gefragt, wovor er sich eigentlich fürchte, was denn wohl »sie« einem Manne in seiner Position anhaben könnten. Seine Antwort lautet in immer anderen Variationen: »Man kann nie wissen. Sie können einem schlimme Dinge zufügen.« Wobei das Schlimmste vermutlich wäre, wenn sie ihm seine Arbeit nähmen.

Und doch ist das hervorstechendste Merkmal Hitchs, wie ein langjähriger Freund ganz ohne Ironie bemerkt, seine fast uneingeschränkte Selbstzufriedenheit. Dieser hochkomplizierte Mensch scheint auf das Rätsel, das er selber darstellt, nie eine Antwort gesucht zu haben. Nie ist er auf den Gedanken verfallen, etwa zu einem Psychoanalytiker zu gehen; ganz zu Recht nimmt er an, daß er keinen braucht. Und sogar die kleinen Anekdoten aus seiner

Kindheit, mit denen er seine Entwicklung zu erklären pflegt, etwa die Geschichte von seiner Haft in der Arrestzelle als sechsjähriges Kind, wirken oft so, als hätten andere sie ihm als typisch für ihn suggeriert: Er hat die Kommentare darüber gelesen und präsentiert sie nun wie Visitenkarten, ohne von ihrem Erklärungswert innerlich überzeugt zu sein. Er hat sich entschieden zu glauben, daß er keine Wut empfinden könne, und das stimmt auch, soweit es ihn betrifft – doch er zerbricht sich nicht weiter den Kopf über sich selbst und schert sich nicht darum, was aus den weitgehend unterdrückten Wutanfällen dann wird. Sein ganzes Leben lang ist er ein Muster an sexueller Lauterkeit gewesen, und es interessiert ihn überhaupt nicht, wie sich eventuell seine weniger lauteren Tricbc auf sein Verhalten auswirken – seine Neigung, um es einmal so zu sagen, in gewissen Fällen extrem besitzergreifend und tyrannisch zu sein. Tatsächlich scheint die ganze Traumseite seines Lebens voll und ganz in seinen Filmen aufzugehen, so daß er kaum noch andere Ventile braucht.

Das bedeutet natürlich, daß er sich persönlich und beruflich mehr als andere abschirmen und absichern muß, und nie verläßt ihn die Furcht, daß durch äußere Einflüsse in seiner Arbeit etwas schiefgeht. Nach dem überwältigenden, ganz unerwarteten Erfolg von PSYCHO war er in einer stärkeren Position als je zuvor – was ihn nur dazu veranlaßte, sie noch weiter zu festigen, indem er sein Operationszentrum erneut – und diesmal endgültig – zur Universal verlagerte, die zur MCA gehörte (von der Hitch bis 1962, als sie ihre Agentur-Beteiligungen aufgeben mußte, geschäftlich vertreten wurde) und deren Chef sein alter Freund Lew Wasserman war. Vorher jedoch ventilierte er einige andere Möglichkeiten. Denn auf einmal fiel ihm die Entscheidung, welches Projekt er nach PSYCHO angehen sollte, sehr schwer. Trotz der Absage von Ernest Lehman hatte er immer noch *No Bail for the Judge* auf seiner Liste, doch wurde dieser Plan, der schon für PSYCHO zurückgestellt worden war, nun erneut zugunsten zweier weiterer Projekte verschoben, um schließlich sang- und klanglos in der Versenkung zu verschwinden, da sich daraus kein brauchbares Drehbuch machen ließ. Auch aus den beiden neuen Projekten wurde nichts: Das eine, *Village of Stars*, das Hitch für Paramount machen sollte, handelte von einem Piloten, der in seinem Flugzeug eine Bombe findet, die so eingestellt worden ist, daß sie unterhalb einer bestimmten Flughöhe losgeht, und deren Entschärfungsmechanismus nun nicht funktioniert; das andere, *Trap for a Solitary Man*, das für die Twentieth Century Fox bestimmt war, basierte auf einem erfolgreichen Bühnen-Thriller von Robert Thomas über einen Mann, dessen Frau verschwindet und nach einiger Zeit zur allgemeinen Freude wieder auftaucht, nur daß er als einziger steif und fest behauptet, die betreffende Person sei gar nicht seine Frau. Beides handfeste Thriller, die sich aber nicht zu Hitchs voller Zufriedenheit adaptieren ließen, wahrscheinlich gerade weil sie so handfest und derb waren. Nach VERTIGO, NORTH BY NORTHWEST und PSYCHO brauchte er jetzt etwas anderes, etwas, das mehr hergab.

Interessanter erschien ihm da schon eine Idee, die Ernest Lehman bei einem Besuch in Disneyland eingefallen war. Beim Anblick des Banküberfalls, der damals gerade dort aufgebaut wurde, kam ihm seine alte Idee von einem Blinden, der durch eine Netzhauttransplantation sehend geworden ist, um jedoch zu entdecken, daß der angeblich bei einem Verkehrsunfall ums Leben gekommene Spender in Wahrheit ermordet worden ist und ihm durch seine Netzhaut ein Bild des Mörders vermacht hat. Vielleicht könnte der Held (sagen wir James Stewart) bei einem Besuch in Disneyland jemanden plötzlich »wiedererkennen«, den er noch nie gesehen haben kann, und sich dann beim Anblick der gestellten Schießerei an seine Ermordung »erinnern«. Vielleicht könnte überhaupt der ganze Film in Disneyland gedreht werden. Hitchcock in Disneyland! Da Hitch damals gerade auf Urlaub in Kopenhagen war, erzählte Lehman die Idee Peggy Robertson, die sie so aufregend fand, daß sie Hitch gleich anrief und ihm alles erzählte, was wiederum Hitch so aufregte, daß er seinerseits gleich bei Lehman zurückrief. Sofort nach seiner Rückkehr aus Europa fingen Hitch und Lehman an, die Idee auszuspinnen, wie sie es seinerzeit bei NORTH BY NORTHWEST getan hatten, und kamen eine Zeitlang auch gut voran. Doch dann stand etwas über das Projekt in der Fachpresse, Walt Disney las es und erklärte prompt, daß Hitchcock, der so einen widerlichen Film wie PSYCHO verbrochen habe, unter keinen Umständen auch nur einen Meter Film in Disneyland drehen dürfe. Hitch und Lehman bosselten noch eine Zeitlang an dem Projekt herum, verlegten die Handlung auf eine Kreuzfahrt um die Welt (Hitch hatte plötzlich aus heiterem Himmel die Vision einer Verfolgungsjagd in Carcassonne), merkten dann aber, daß sie die Geschichte nicht in den Griff bekamen, und gaben das Projekt auf.

Hitchs nächstes Projekt sollte ihn noch mehr Zeit kosten, ohne daß etwas Befriedigendes dabei herauskam. Fast ein Jahr lang arbeitete er mit verschiedenen Autoren an einer Geschichte namens *Frenzy* (die jedoch in keiner Beziehung zu dem gleichnamigen Film stand, den er zehn Jahre später machte, außer daß es in beiden um einen psychopathischen Frauenmörder ging). Zum Auftakt gab es ein kurioses Wiedersehen. Hitch hatte den britischen Dramatiker Benn Levy seit 1932, als sie sich über sein Stück *Lord Camber's Ladies* zerstritten hatten, kaum mehr gesehen – und nun, genau dreißig Jahre später, lud er ihn ein, sein neues Drehbuch zu schreiben. Hitch flog selbst nach New York und suchte drei Monate lang geeignete Drehorte. Die Geschichte enthielt einen Mord im Central Park, eine Actionszene im Shay Stadion (wo Hitch, kaum zu glauben, Peggy Robertson den Ablauf eines Baseballspiels zu erklären versuchte) und eine Verfolgungsjagd über winterlich eingemottete Segelschiffe im Yachthafen. Irgendwie kam die Handlung immer wieder auf Wasser zurück. »Meinen Sie nicht«, fragte Hitch Levy einmal, »daß in dieser Geschichte ziemlich viel Wasser vorkommt?« Levy antwortete, er solle sich eben an seinen alten Grundsatz halten und aus der Not eine Tugend machen: »Betonen Sie es ausdrücklich und nennen Sie den Film *Wasser der Vergeßlichkeit* oder so ähnlich.« – Nach ein paar Monaten brach er die Arbeit ab und kehrte nach England zurück, woraufhin Hitch eine bunte Reihe anderer Drehbuchautoren durchprobierte, darunter Howard Fast und Hugh Wheeler. Doch ungeachtet einiger glänzender Szenen bekamen sie alle nicht das Problem des »dritten Aktes« in den Griff. Unweigerlich landeten sie nur immer wieder bei dem Klischee von der Polizistin in Zivil, die den Frauenmörder anlocken und festnehmen soll. »Nein, nein«, protestierte Hitch, »so geht es nur im Kino zu!« Mehr ließ sich dazu offensichtlich nicht sagen, und so wurde auch dieses Projekt auf Eis gelegt.

Auch auf einer eher persönlichen Ebene wurde Hitch in diesen Jahren nach PSYCHO sehr aktiv, wenngleich mit wenig Erfolg. Seine Fernsehserie lief immer noch und wurde für die Spielzeit 1961-1962 von einer halben auf eine ganze Stunde erweitert und deshalb in *The Alfred Hitchcock Hour* umbenannt. Seine Bindungen an die Serie standen jedoch großenteils nur noch auf dem Papier. Nach PSYCHO inszenierte er drei halbstündige Shows und eine ganzstündige, in der er unter Ferner liefen eine Neuentdeckung, Claire Griswold, einsetzte. Seine ernüchternde Erfahrung mit dem Versuch, Vera Miles zu einer Hitchcock-Lady zu machen, hatten ihn nicht entmutigt. In den frühen sechziger Jahren nahm er nacheinander drei Schauspielerinnen persönlich unter Vertrag. Die eine hieß Joanna Moore, ein hübsches Mädchen, doch keine sehr überzeugende Wahl. Zweifellos hätte niemand weniger kooperativ in dem erforderlichen Umwandlungsprozeß sein können: Sie mochte die Kleider nicht, sie mochte die Frisuren nicht, sie mochte offenbar überhaupt nichts und niemanden, mit dem sie im Studio zu tun bekam. Schließlich gab Hitch es auf und engagierte statt dessen Claire Griswold – vor allem, wie es scheint, weil er sie nach dem ganzen Drill und den ausgiebigen Probeaufnahmen mit Szenen von TO CATCH A THIEF und anderen Filmen nicht enttäuschen wollte. Unwahrscheinlich, daß sie sehr enttäuscht gewesen wäre, denn sie hatte dann offensichtlich keinen besonderen Ehrgeiz und war ganz zufrieden mit dem, was sie war: Mrs. Sidney Pollack.

Die dritte Schauspielerin, die Hitch unter Vertrag nahm, erwies sich als erheblich besser. Anfang 1962 fiel ihm und Alma in einer Fernsehsendung die kühle Eleganz und stilvolle Haltung einer Vorführdame in einer Werbesendung auf. Was ihn an der Darbietung besonders faszinierte, war eine bestimmte Reaktion: Die Werbung galt einem Diätgetränk namens Sego, und das Mädchen mußte sich auf der Straße auf den Pfiff eines Achtjährigen hin umdrehen und reagieren. Nachfragen ergaben, daß es sich um eine aufstrebende New Yorker Schauspielerin namens Tippi Hedren handelte (oder ›Tippi‹ in einfachen Anführungszeichen, wie Hitch sie später unbedingt plakatiert sehen wollte). Hitchs Agentur trat mit ihr in Verbindung (wie sich herausstellte, war sie kurz zuvor nach Los Angeles übersiedelt), und bat sie, mit allem Foto- und Filmmaterial, das sie von sich hatte, vorbeizukommen. Die erste Zusammenkunft fiel auf einen Freitag, den dreizehnten. Niemand sagte ihr, wer genau sich für sie interessierte, obwohl in dem Büro lauter Hitchcock-Fotos hingen. Am folgenden Montag kam sie wieder und wurde von Pontius zu Pilatus geschickt, noch immer ohne zu wissen, warum. Am Dienstag traf sie sich mit einem anderen Agenten, Herman Citron, und der sagte ihr endlich, daß der fragliche Produzent Alfred Hitchcock sei und sie persönlich unter Vertrag nehmen wolle. Wenn sie und ihr Agent mit den Vertragsbedingungen einverstanden seien, könnten sie gleich mitkommen. Der Vertrag war mehr als fair und wurde ohne weiteres akzeptiert. Wie klug, dachte Tippi Hedren, die Sache auf diese Weise einzufädeln: Hätte sie nämlich vorher gewußt, daß es sich um Hitchcock handelte, wäre sie schrecklich aufgeregt und ängstlich darauf bedacht gewesen, nur ja das Richtige zu sagen und nichts falsch zu machen, während sie so, ohne die geringste Ahnung, was von diesen offenbar bloßen Routine-Fragen alles abhing, ganz sie selbst sein konnte, ganz ohne übertriebene Hoffnungen oder übertriebene Ängste.

Als Hitch und Tippi dann endlich zusammentrafen, sprachen sie über Reisen, Essen, Kleidung und Gott weiß was, nur nicht über Filme. Sie fand ihn sehr charmant und umgänglich. Er ließ sofort Edith Head kommen, um eine Garderobe für sie entwerfen zu lassen, und dann machte er drei Tage lang Probeaufnahmen mit ihr – Szenen aus TO CATCH A THIEF, NOTORIOUS, REBECCA, von denen einige gleich nach der Vorführung vernichtet werden mußten, da Hitch nicht über die Rechte an den Stoffen verfügte. Martin Balsam wurde als ihr Partner eigens aus New York eingeflogen, und keine Kosten wurden gescheut, damit nur ja alles klappte. Von einem besonderen Filmprojekt war noch keine Rede, bis Hitch und Alma sie ein paar Wochen später zum Essen bei Chasens' einluden. Da aber war die Überraschung perfekt. Auf Tippi Hedrens Platz lag ein kleines Paket, wunderschön verpackt, das eine Brosche mit drei fliegenden Möwen aus Gold und Zuchtperlen enthielt, und Hitch sagte: »Wir möchten, daß Sie die Melanie in THE BIRDS spielen.«

THE BIRDS (»Die Vögel«) war einer der beiden Filme, die Hitch damals definitiv in Arbeit hatte. Der andere sollte nach Winston Grahams Roman MARNIE gedreht werden, den er erworben und für dessen Titelrolle, eine Kleptomanin, ihm Grace Kelly vorschwebte. Mit der Erstellung des Treatments hatte er Joseph Stefano betraut. Zu jener Zeit war Grace Kelly bereits sechs Jahre mit Fürst Rainier von Monaco verheiratet, hatte zwei Kinder und ließ ihre Bereitschaft erkennen, eine eventuelle Rückkehr zum

Film in Erwägung zu ziehen. Nachdem Hitch ganz informell bei ihr angefragt hatte, bot er ihr MARNIE an, und sie konnte der Aussicht auf eine neuerliche Filmarbeit unter ihm nicht widerstehen. Aber dann verfiel irgendein Wichtigtuer auf die Idee, das Buch zu lesen, und auf einmal braute sich in Monaco eine riesige Kontroverse über die Frage zusammen, ob es einer Fürstin anstehe, in einem Film eine Kriminelle zu spielen, sei es auch unter der Regie des großen Alfred Hitchcock. Das Ganze mündete schließlich in eine regelrechte Volksabstimmung, bei der dann eine beträchtliche Mehrheit der Monegassen gegen die Rückkehr ihrer Fürstin auf die Kinoleinwand stimmte. Bedauerlicherweise beugte sie sich dieser Demonstration öffentlicher Mißbilligung. Hitch war verärgert, verlor die Lust an der Sache und verschob MARNIE auf unbestimmte Zeiten, um sich nun ganz auf THE BIRDS zu konzentrieren.

Die dem Film zugrundeliegende Kurzgeschichte von Daphne du Maurier (enthalten in einer 1952 erschienenen Sammlung, auf die man Hitch im Hinblick auf eine mögliche Adaption für seine TV-Serie und eine eventuelle Übernahme in eine seiner Anthologien aufmerksam gemacht hatte) lieferte Hitch, wie es so oft bei ihm der Fall war, nur einen Grundgedanken, die Idee eines plötzlichen, unerklärlichen, unmotivierten Angriffs der Vögel auf die Menschenwelt. Sie paßte nicht schlecht zu Hitchs Generalthema von der Bedrohung, die am hellichten Tag aus heiterem Himmel in die Welt des Normalen einbricht. Wir mögen gefaßt sein auf den Angriff eines Riesenkraken oder einer Armee gigantischer Ameisen – aber wer käme darauf, daß die lieben kleinen gefiederten Wesen, die uns ständig umgeben, eine ernste Gefahr für unsere Zivilisation darstellen könnten? Auf diesem Grundgedanken hatte dann Evan Hunter (der Autor von *The Blackboard Jungle*) sein Drehbuch aufgebaut, wobei sich als Ort des Geschehens das Fischerdorf Bodega Bay nördlich von San Francisco ergeben hatte und als Handlung bis etwa zur Mitte des Films eine scheinbar harmlose, eher boulevard-theatralische Liebesgeschichte zwischen einem verwöhnten Mädchen aus der feinen Gesellschaft von San Francisco und einem etwas verschlossenen jungen Rechtsanwalt.

Hierfür setzte Hitch nun Tippi Hedren ein. Eigentlich hätte er sich zwar größere Stars als Tippi und Rod Taylor gewünscht –

etwa Audrey Hepburn und Cary Grant –, um eine raschere Identifikation des Publikums mit den Hauptpersonen zu erreichen, aber die ungewöhnlich lange Drehzeit, die wegen der vielen Spezialeffekte und Trickaufnahmen des Films erforderlich war, machte sie unerschwinglich. Außerdem hatte er das Gefühl, daß seine Neuentdeckung der Rolle gewachsen war – oder jedenfalls bis zum Beginn der Dreharbeiten in sie hineinwachsen würde. Mit dieser Erwartung begann er daher, sie intensiv und gründlich, wie nie eine Schauspielerin zuvor, auf ihre Rolle vorzubereiten. Seltsam genug für ihn, der in dem Ruf stand, seinen Schauspielern nie viel zu sagen und sich nie auf psychologische Erklärungen einzulassen, nahm er die Mühe auf sich, Tippi Hedren in jedem Stadium der Vorarbeiten hinzuzuziehen. Sie saß bei Drehbuchkonferenzen dabei, bei Besprechungen mit den Ausstattern, mit dem Chefkameramann, mit dem musikalischen Leiter, sie bekam die Farbplanung erklärt, die Motivation der handelnden Personen und die Struktur sowie Zweck und Ziel des ganzen Films samt seinen Phasen von Spannung und Lockerung, alles so eingehend wie möglich und bevor die eigentlichen Dreharbeiten begannen. Hitch vermittelte ihr eine Ausbildung im Filmemachen, für die sie anderswo – falls so etwas überhaupt anderswo zu bekommen ist – mindestens fünfzehn Jahre gebraucht hätte.

Auch bei den Dreharbeiten zögerte Hitch nie, ihr weiterzuhelfen und alle Aspekte ihrer Rolle mit ihr durchzusprechen. Nur einmal stieß er sie vor den Kopf. Sie hatte verständlicherweise wissen wollen, warum zum Teufel die von ihr zu verkörpernde Melanie sich auf den Dachboden wagt, wo sie doch sicher sein kann, daß dort oben Schreckliches auf sie wartet. Natürlich gab es darauf keine vernünftige Antwort außer: »Weil ich es so will!« Und da sie spürte, daß es zumindest dies eine Mal soweit hatte kommen müssen, fügte sie sich. Obwohl sie dem, was dort oben am Ende der Treppe auf sie wartete, lieber aus dem Wege gegangen wäre – nämlich einem Angriff von echten Vögeln, nicht von mechanischen, wie es ursprünglich vorgesehen war.

Das Dumme an den mechanischen Vögeln war nämlich, daß sie trotz aller Bemühungen der Modellbildner partout nicht wie lebendige Vögel aussahen. So mußte sich die arme Tippi Hedren eine ganze Woche lang jeden Tag aus nächster Nähe mit aufgeregten Seemöwen bewerfen lassen und danach am Boden liegen, umflattert von panisch kreischenden Vögeln, die man mit Gummibändern und Nylonfäden an ihren Armen und Beinen festgebunden hatte. Es war, wie sie sagt, die schlimmste Woche ihres Lebens, aber sie stand alles klaglos durch und wurde nur einmal hysterisch, als ein Vogel ihr beinahe ein Auge aushackte.

Für einen technisch so hochkomplizierten Film gingen die Dreharbeiten von THE BIRDS erstaunlich glatt vonstatten. Der Film hat mehr als 1400 Einstellungen, rund das Doppelte eines durchschnittlichen Hitchcock-Films, davon 371 Trickaufnahmen verschiedener Art, hauptsächlich in der zweiten Hälfte, wenn die Vögel zum Angriff übergehen. Viele Einstellungen mußten immer wieder durch Mehrfachbelichtungen und optische Kombinationen überarbeitet werden, bis der gewünschte Effekt eintrat; die allerletzte Einstellung des Films, in welcher die Menschen sich offenbar geschlagen geben und die Welt den Vögeln überlassen, besteht aus nicht weniger als zweiunddreißig verschiedenen Filmstücken. Die Lösung des Rätsels lag wie üblich in Hitchs detaillierter Vorausplanung. Vom frühesten Stadium der Vorarbeiten an war nicht nur sein ständiger Chefkameramann Robert Burks mit von der Partie, sondern auch Ub Iwerks, der jahrelang Walt Disneys rechte Hand gewesen war, als Berater für Trickaufnahmen, Lawrence A. Hampton für Spezialeffekte, Ray Berwick als Dresseur der Vögel und sein alter Freund und Mitarbeiter Al Whitlock, der anerkannte Meister des Kasch-Verfahrens, als Verantwortlicher für die »Bildgestaltung« (Whitlock taucht im Vorspann verschiedener Hitchcock-Filme in vielerlei Eigenschaften auf, und als Hitch einige Jahre später erfuhr, daß die Universal, die ihn unter Vertrag hatte, den Kasch-Experten für eine ungeheure Summe an andere Firmen auslieh, erbot er sich, ihm ein eigenes Studio zu finanzieren, wohl wissend, daß diese Drohung die Universal dazu bewegen würde, eine etwas vernünftigere Vergütung für die verhältnismäßig unkommerziellen Dienste Whitlocks anzusetzen). Die Vorbereitungen zu THE BIRDS gingen zwangsläufig weit über Hitchs gewohnte Grobskizzierung der einzelnen Kameraeinstellungen hinaus: Diesmal wurde der ganze Film, Einstellung für Einstellung, im voraus als durchgehendes Story-Board aufgezeichnet. Und nie fragte Hitch: »Läßt sich das machen?«, sondern erklärte lediglich, was er jeweils haben wollte, und überließ das Wie seinen technischen Experten.

Seltsamerweise und ihm selber unerklärlich befand sich Hitch während der Dreharbeiten zu THE BIRDS in einem ungewöhnlich erregten Gemütszustand. Sonst war er immer stolz darauf gewesen, nach der Arbeit im Atelier völlig abschalten zu können, wenn er nach Hause kam; jedenfalls hat er immer behauptet, bei ihm sei alle Nervosität und schöpferische Erregung in dem Augenblick vorüber, in dem er mit den definitiven Aufnahmen beginnt. Bei THE BIRDS indessen fühlte er sich während der ganzen Arbeit nervös und bedrückt – vielleicht wegen des Themas, das er sich vorgenommen hatte, eine Vision des Jüngsten Gerichts über die Menschheit, vielleicht aber auch aus tieferen Gründen. Wie dem auch sein mochte, jedenfalls warf ihn die seltsame Stimmung, die auf ihm lastete, aus seiner alten Gewohnheit, während der Dreharbeiten keinen Blick mehr ins Script zu werfen, da er den Film dann immer schon fertig im Kopf hatte. Diesmal nahm er sich das Drehbuch wieder und wieder vor, und da er sich mit einigen Stellen partout nicht befreunden konnte, begann er schließlich – was er sonst nie getan hatte – beim Drehen zu improvisieren. Es fing damit an, daß er bei der Belagerungsszene – wo die Hauptpersonen sich im Haus verschanzen, während die Vögel draußen angreifen – die ursprüngliche Konzeption völlig über den Haufen warf und die Reaktionen ganz neu inszenierte. Und nachdem er einmal mit Improvisieren begonnen hatte, änderte er allmählich immer mehr Details aufgrund spontaner Einfälle, drang tiefer in die Psyche der handelnden Personen ein und inszenierte die ganze Geschichte zunehmend aus einem subjektiven Blickwinkel. Vor allem wollte er, daß die Zuschauer sich mit der von Tippi Hedren gespielten Melanie identifizieren und die Ereignisse mit ihren Augen sehen. Ohne soweit gehen zu wollen, Hitchs Einstellung zu diesem Film mit Flauberts Wort »*Madame Bovary, c'est moi*« zu vergleichen, kann man doch sagen, daß Hitchcock während der Dreharbeiten im Geiste miterlebte und miterlitt, was seine unglückliche Heldin durchzumachen hatte, und deshalb das Publikum zwang, es ebenfalls mitzuerleben und mitzuerleiden.

Das ist es, was diesem Film eine so starke emotionale Dichte und Intensität verleiht. In den Händen eines anderen wäre er leicht zu einer brillanten, aber schalen Demonstration technischer Virtuosität verkommen. Zwar steckt eine beträchtliche technische Virtuosität in THE BIRDS. Bei zahlreichen Sequenzen fragt man sich immer wieder, wenn man sie in Ruhe betrachten kann, wie in aller Welt diese Effekte gemacht worden sind. Doch der Film läßt dem Zuschauer nur sehr wenig Zeit zum ruhigen Nachdenken. Und wo er es tut, läßt er trotz seiner apokalyptischen Grundstimmung sogar noch Raum für einige Proben des typischen bösen Hitchcock-Humors, etwa in der liebevollen Balgerei am Anfang oder in der Szene im Restaurant – ein Moment der Ruhe zwischen all den Schrecknissen – mit der greisen Ornithologin (gespielt von Ethel Griffies, die Hitch, wie er sich erinnert, als Kind auf einer Londoner Bühne gesehen hatte) und mit dem unheilverkündenden Trinker (eine Figur, der Hitch viele Züge ähnlicher Figuren aus Stücken von Sean O'Casey und, ein wenig maliziös, wohl auch von O'Casey selbst verliehen hat).

Während der ganzen Produktionszeit blieben einige wichtige Punkte absichtlich offen. Lange konnte sich Hitch nicht entscheiden, wie er den Schluß gestalten sollte. Eine Zeitlang spielte er mit dem Gedanken, die Flüchtlinge von Bodega Bay in San Francisco Zuflucht suchen zu lassen, wo sie dann entdecken, daß die ganze Golden Gate Bridge mit Vögeln übersät ist – aber dann entschied er sich für einen völlig offenen Ausgang, also für den jetzigen Schluß. Der war allerdings für die Universal, die den Film produzierte, etwas allzu offen. Ursprünglich hatte Hitch kein abschließendes »The End« vorgesehen, der Film sollte mit dem Blick auf eine unendlich gleißende Schar von lauernden Vögeln ausblenden. Auf nachdrücklichen Wunsch der Universal wurde dann aber, sehr zu Hitchs Ärger, ein »Ende«-Schriftzug darübergelegt, damit das Publikum nicht völlig die Orientierung verlor. Bei der Endmontage entschloß sich Hitch, ein paar Szenen wieder herauszunehmen, zum Beispiel eine Liebesszene zwischen Tippi Hedren und Rod Taylor, weil er fürchtete, daß sie den Gang der Handlung nur aufhalten würden. Außerdem widmete Hitch seine besondere Aufmerksamkeit dem Ton: Als der Schnitt fertig war, diktierte er ein ausführliches Sound-Script, in dem er genau festlegte, wie viele und was für Geräusche in jeder Szene zu hören sein sollten. Er wollte keine herkömmliche »Filmmusik« haben, doch er entwickelte mit Bernard Herrmann ein komplettes Muster suggestiver Klänge und »stiller« Phasen, das dann in Deutschland von Remi Gassman und Oskar Sala, zwei Spezialisten für elektronische Musik, ausgeführt wurde.

THE BIRDS war der erste Film auf der Basis eines neuen Vertrags, den Hitch mit Universal geschlossen hatte, der aber nur eine seit langem bestehende private und berufliche Verbindung fortsetzte und erweiterte, denn Universal war komplett von MCA übernommen worden, in deren Auftrag Hitchs Shamley Productions alle ALFRED-HITCHCOCK-PRESENTS-Serien sowie einige andere Fernseh-Shows produziert hatten. Chef der Universal war außerdem jetzt Lew Wasserman, Hitchs guter Freund, der den rührenden Augenblick miterlebt hatte, als man Tippi Hedren eröffnete, daß sie die Rolle der Melanie in THE BIRDS spielen solle, und der schon seit Jahren versucht hatte, alle Aktivitäten Hitchs unter einen Hut zu bringen. Die Verbindung sollte im folgenden Jahr noch stärker werden, als Hitch seine Rechte an den Fernseh-Shows gegen MCA-Aktien eintauschte und damit im Wortsinn sein eigener Arbeitgeber bei Universal wurde – auch wenn ihm das, wie wir noch sehen werden, nicht immer die gewünschte Unabhängigkeit garantierte.

Trotz seines Verzichts auf große und teure Stars war THE BIRDS der kostspieligste Film, den Hitch je gemacht hatte, und wurde mit einer gewaltigen Werbekampagne gestartet, in deren Zentrum der von Hitch selbst ausgegebene Slogan stand: »The Birds is Coming« (»Die Vögel kommt«). Die Kritiker reagierten seltsamerweise nur lauwarm. Obwohl zumeist voll des Lobes für die Vögel selbst und die vielen Spezialeffekte, fanden sie die Personen eher lahm und farblos, den Anfang bis zum ersten Angriff der Vögel zu lang, und vor allem zeigten sie sich unbeeindruckt von Tippi Hedren, von der sie eine neue Grace Kelly erwartet hatten und sich nun in dieser Hoffnung getrogen sahen. Dem Publikum dagegen gefiel THE BIRDS, was sich auf alle Beteiligten höchst gewinnbringend auswirkte. Wie PSYCHO eine Kettenreaktion von immer gewalttätigeren Schock- und Gruselfilmen ausgelöst hatte, so gab nun THE BIRDS den Anstoß zu zahllosen filmischen Ausflügen in das Reich der Horrorwesen, wo alles, was da kreucht und fleucht, von Ratten bis zu Riesenkaninchen, über die Menschheit herfällt. Wieder einmal war Hitchcock seiner Zeit um einige wenige, aber entscheidende Schritte voraus gewesen.

Persönlich litt Hitch gleichwohl noch immer unter der seltsamen Stimmung, die ihn während der Arbeit an THE BIRDS überkommen hatte. Und wie stets, wenn er persönliche Probleme hatte, versuchte er sich durch noch mehr Arbeit davon zu befreien. Den Kritikern zum Trotz glaubte er weiterhin an die enormen Möglichkeiten von Tippi Hedren, und da er sie ohnehin für sieben Jahre ganzjährig unter Vertrag hatte, wollte er sie auch einsetzen. So beschloß er nun plötzlich, das MARNIE-Projekt aus der Schublade zu holen und mit ihr zu verwirklichen. Joseph Stefano, der bereits mit der Adaption des Buches begonnen hatte, war nun zwar anderweitig beschäftigt, aber Hitch wollte sowieso viel weiter von der Vorlage abweichen, namentlich durch Verschmelzung zweier Personen – des Ehemannes und des Psychiaters – zu einer einzigen, die zudem keine Vaterfigur sein sollte, sondern ein attraktiver, sexy wirkender junger Mann (womit Hitch die gleiche Verjüngung vornahm wie mit der Anthony-Perkins-Rolle in PSYCHO, die ursprünglich auch einen älteren Mann verlangt hatte). So machte sich Hitch an ein neues Drehbuch, zunächst wieder mit Evan Hunter; aber dann überlegte er sich, daß eine Frau als Drehbuchautorin besser mit seinen Intentionen übereinstimmen würde, und engagierte Jay Presson Allan, die damals gerade einen großen Erfolg mit der Bühnenfassung von Muriel Sparks *The Prime of Miss Brodie* hatte.

Wieder erlebte Tippi Hedren den Entstehungsprozeß des Films von Anfang an mit. Allerdings kühlte sich nun manches in ihrem Verhältnis zu Hitch etwas ab. Situationen wie die zwischen dem Mädchen Trilby und dem Hypnotiker Svengali (in George du Mauriers Roman *Trilby* von 1894) sind meistens für beide Teile recht schwierig. Hitch hatte begreiflicherweise das Gefühl, Tippi erfunden, ihr alles, was sie konnte, beigebracht und einen Star aus ihr gemacht zu haben. Sie sollte ihm dafür dankbar sein und tun, was er ihr sagte. Dankbar war sie ihm auch, nur nicht bereit oder nicht fähig, ihre Selbständigkeit vollends aufzugeben. Sie hatte ihren Agenten, Noel Marshall, geheiratet, hatte ein Kind und wollte nun ihr eigenes Leben leben. Mochte sie ihm auch vertraglich das ganze Jahr über zur Verfügung stehen, so hatte er ihrer Ansicht nach doch kein Recht, in ihr Privatleben einzugreifen, zu jeder Tageszeit zu entscheiden, was sie tragen sollte, wo sie hingehen und mit wem sie sich treffen durfte. Charmant wie stets, wenn sie tat, was er wollte, belegte er sie doch mehr und mehr mit Beschlag. Früher oder später mußte es Ärger geben.

Im Moment freilich ging noch alles glatt. Dabei war das Thema von MARNIE ja wirklich absonderlich genug, handelt es doch von einer Art fetischistischer Obsession, von einer erotischen Beziehung, in welcher Mann und Frau gleichermaßen krank sind – beziehungsweise, wie Hitch sagt: »Wir sind alle so oder so pervers.« Marnie ist eine Kleptomanin, frigide, das Produkt einer liebesunfähigen, männerhassenden Mutter und eines Kindheitstraumas, aufgrund dessen sie beim Anblick der Farbe Rot in Panik gerät. Mark Rutland ist ein junger attraktiver und reicher Witwer, der sich unwiderstehlich zu ihr hingezogen fühlt, sobald er merkt, daß sie eine Diebin ist, und der sie nicht trotz, sondern wegen ihrer Kleptomanie begehrt. Was Hitch von Anfang an daran interessierte, war die seltsame sadistische Affinität, die sich zwischen den beiden entwickelt, der unterschwellige Wunsch von Mark, Marnie beim Diebstahl zu ertappen und sie auf der Stelle zu vergewaltigen. Doch offenbar hat Hitch dies in all den vielen Gesprächen über Motive und Charaktere, die er während der Vorarbeiten zu MARNIE mit Tippi Hedren führte, ihr gegenüber nie erwähnt – ganz wie er seinerzeit bei der Kuß-Szene in NOTORIOUS Cary Grant und Ingrid Bergman gegenüber nie die Urinierszene erwähnte, an die er dabei denken mußte. Er hatte die Vorstellung eben im Kopf, und sie sollte auf der Leinwand herauskommen, ohne daß er mit seinen Schauspielern darüber sprach.

Genau das ist ohne Zweifel der Grund für die außerordentlich starke und anders nicht zu erklärende Intensität, die der fertige Film auf der Leinwand ausstrahlt. Wahrscheinlich haben sich aber auch – denn es gibt etwas nahezu Telepathisches in der Art, wie große Regisseure durch das Medium Kino auf das Publikum einwirken – die sehr gespannten Beziehungen, die sich während der Dreharbeiten zwischen Hitch und Tippi Hedren aufbauten, irgendwie in Tippis Spiel niedergeschlagen. Vielleicht hat sich Hitch gewissermaßen in sublimierter Form psychologisch an ihr gerächt durch die Art, wie er Marnie im Film zur Lösung ihres Traumas von Mark (Sean Connery) beherrschen, vergewaltigen und quälen läßt. Gewiß war es ein sehr schwieriger und hochemotionaler Film, der seiner Hauptdarstellerin und allen anderen das Äußerste abverlangte. Hitch war nervös, Tippi Hedren war nervös, fast alle wurden im Laufe der Dreharbeiten nervös. Die Krise spitzte sich zu, nachdem etwa zwei Drittel im Kasten waren, als Tippi eine ihrer Meinung nach durchaus einsichtige Bitte äußerte. Sie wollte übers Wochenende wegen einer Wohltätigkeitsveranstaltung an die Ostküste und fragte Hitch, ob er den Drehplan dementsprechend geringfügig umstellen könnte. Hitch sagte schlicht nein. Nicht nur, daß ihm das nicht paßte, er fürchtete auch, daß eine solche Unterbrechung sie aus der für ihre Rolle notwendigen (und hauptsächlich durch ihre faktische Isolierung während der Drehzeit erzeugten) Stimmung herausreißen und damit letztlich ihr Spiel beeinträchtigen würde. Sie bezweifelte das, sie wurde ärgerlich, sie brauchte wirklich eine Pause. Infolgedessen trat das Undenkbare ein: Es kam zu einer Szene im Atelier! Das war Hitch in seinem ganzen Leben noch nie passiert. Sie schrien sich an, und dabei fielen böse Worte. Hitch sagte hinterher nur: »Sie hat etwas getan, was man einfach nicht tut: Sie hat auf mein *Gewicht* angespielt!« Von Stund' an herrschte eisige Distanz zwischen ihnen. Bis zum Ende der Drehzeit verkehrten sie nur noch durch Dritte: »Würden Sie bitte Miss Hedren fragen . . .?« – »Würden Sie bitte Mr. Hitchcock sagen . . .?«

Erstaunlicherweise hat sich das alles offenbar positiv auf den Film ausgewirkt. Er ist wahrscheinlich Hitchcocks umstrittenstes Werk, angesichts dessen sich seine Bewunderer in zwei Lager aufspalten: Die einen zählen MARNIE zu seinen Meisterwerken, die anderen halten den Film für fatal geschwätzig, altmodisch und schlecht gemacht. Dabei stützt sich das Anti-Lager weitgehend – abgesehen von einem allgemeinen und verständlichen Unbehagen an dem Film, der in jedem Falle beklemmend ist – auf einige sehr salopp gemachte Trickaufnahmen (zum Beispiel von der reitenden Marnie) und ein paar noch künstlicher wirkende gemalte Prospekte, namentlich den am Ende der Straße, in der Marnies Mutter wohnt. Doch zumindest dieser letzte Eindruck war, ob er nun die gewünschte Wirkung erzielte oder nicht, beabsichtigt: Hitch wollte damit den irrealen, traumartigen Eindruck wiedergeben, den er zuweilen in Hafenstädten empfunden hatte, in Southampton oder auch in Wellington auf Neuseeland, wenn große Schiffe gespensterhaft-surrealistisch über Hausdächern aufragen, ohne daß man die Wasserfläche unter ihnen sieht. Im übrigen hat er sich seit seiner Zeit im englischen Stummfilm nie viel mehr als unbedingt nowendig um das geschert, was er als technische Nebensächlichkeiten betrachtet. Es genüge vollauf, eine Vorstellung davon zu haben, daß da jemand reitet; es bis ins letzte naturgetreu zu zeigen, sei übertrieben.

Was immer man heute über MARNIE denken mag, damals ließ sich nicht leugnen, daß der Film ein Mißerfolg war, sowohl bei der Kritik wie beim Publikum – der erste Mißerfolg, den Hitch seit fast einem Jahrzehnt hatte. Auch in anderer Hinsicht setzte MARNIE den Schlußpunkt einer Ära. Er war der letzte Hitchcock-Film, den Robert Burks fotografierte, George Tomasini schnitt, Bernard Herrmann vertonte und in dem schließlich Tippi Hedren die Hauptrolle spielte. Kurz nach seiner Fertigstellung kam Robert Burks, Hitchs getreuer Kameramann seit STRANGERS ON A TRAIN, mit seiner Frau bei einem Brand in ihrem Hause um – ein schwerer Schlag für Hitch, da Burks nicht nur ein zuverlässiger Mitarbeiter, sondern auch ein guter Freund gewesen war. Kurz darauf starb George Tomasini. Bernard Herrmann machte noch ein bißchen weiter, da Hitch ihn trotz seiner kratzbürstigen, ziemlich launischen Art gern hatte und seine Arbeit respektierte. Doch das Schicksal wollte es, daß er keinen Hitchcock-Film mehr zu Ende komponieren konnte. Blieb Tippi Hedren, die noch immer bei Hitch unter Vertrag stand, aber wohl nicht der Beliebtesten eine war.

Gleichwohl gab Hitch den Gedanken, einen weiteren Film mit ihr zu machen, nicht gleich auf. Und er hatte auch schon eine Idee, mochte sie auch auf den ersten Blick recht abwegig und untypisch für ihn erscheinen. Im Jahre 1920 hatte er in London ein skurriles Stück keltischer Phantasie gesehen, *Mary Rose* von J. M. Barrie, eine Fabel von einer jungen Frau, die während einer verspäteten Hochzeitsreise auf eine verwunschene Insel verhext wird und Jahre später, gänzlich unberührt von der inzwischen vergangenen Zeit, wieder auftaucht; ihr Mann ist indessen ergraut und ihr kleiner Sohn erwachsen geworden und zur See gegangen. Das Stück galt seinerzeit, da man seine düsteren Untertöne überhörte (wie auch die in Barries berühmtestem Stück, *Peter Pan*), als eine zarte, melancholische Phantasie. Hitch war immun gegen den Zauber, doch fasziniert von der entsetzlichen Komponente, die er in dem Stück wahrnahm – denn was konnte entsetzlicher sein als die Vorstellung, daß ein junger Mann seine noch jüngere Mutter auf den Knien wiegt? Zudem verbarg sich für ihn unter der keltisch verschatteten Oberfläche ein fast science-fiction-hafter Gedanke, nämlich die beängstigende Frage: Wenn die Toten wieder lebendig würden, würden wir sie dann wirklich wiederhaben wollen? Und was würden wir mit ihnen anfangen? – Dieser Stoff, so meinte Hitch nun, wäre vielleicht etwas für »that Hedren girl«, wie er sie inzwischen respektlos nannte. Also ließ er ein Drehbuch ausarbeiten und plante bereits im Detail, wie er die Figur der Mary Rose überzeugend körperlich und zugleich geisterhaft erscheinen lassen könnte, nämlich mit einer blauen Neonröhre unter dem Kleid. Er war geradezu versessen auf das Projekt und sprach noch Jahre später immer wieder davon. Doch die Universal stand dem Unternehmen von Anfang an reserviert gegenüber und schlug es ihm schließlich rundweg ab. Noch heute steht ausdrücklich in Hitchcocks Vertrag, daß er *Mary Rose* nicht machen darf.

Es war die letzte Rolle gewesen, die er für Tippi Hedren vorgesehen hatte. 1966 lieh er sie an eine andere Universal-Produktion aus, bei der kurioserweise der zweite große Überlebende der englischen Stummfilmzeit Regie führte, nämlich Charles Chaplin. Und nach *The Countess from Hong Kong* endete ihre Verbindung – kühl, doch in aller Freundschaft. Die beiden anderen Projekte, die Hitch damals verfolgte, hatten nichts mehr mit ihr zu tun.

Eine Zeitlang arbeitete er an einer Adaption von John Buchans Roman *The Three Hostages*, einer Geschichte, in der wiederum Richard Hannay, der Held von THE THIRTY-NINE STEPS, im Mittelpunkt steht. Die äußerst verwickelte Story handelt von drei Kindern aus prominentem Hause, die von Feinden des britischen Empire entführt werden, woraufhin Hannay sie um die halbe Welt verfolgt und schließlich rettet. Daß Hitch den Plan dann doch aufgab, lag daran, daß der ganze Plot auf einer Hypnose beruhte (der Oberschurke sollte ein Hypnotiseur von unglaublicher Macht sein), was seiner Meinung nach auf der Leinwand nie recht überzeugend wirkt. Daneben arbeitete Hitch schon seit längerer Zeit an einem Projekt namens *R.R.R.R.R.*, dessen Grundidee ebenfalls auf seine Erlebnisse in der Vorkriegszeit zurückging. Damals hatte er, vor allem seit seiner Bekanntschaft mit dem Palace-Hotel in St. Moritz, eine zeitlebens anhaltende Faszination für die Mechanismen großer Hotels entwickelt, für die Details ihrer Alltagsroutine und ihrer inneren Hierarchie.

Anfang der sechziger Jahre sah er dann eine Möglichkeit, daraus einen Film zu machen. Er sollte von einem nach Amerika ausgewanderten Italiener handeln, der sich in einem großen Hotel vom Liftboy bis zum Direktor hochgearbeitet hat und nun seinen Erfolg mit seinen Familienangehörigen teilen möchte; diese stellen sich dann aber als eine Diebesbande heraus und müssen mit allen möglichen Tricks daran gehindert werden, die Juwelen einer in dem Hotel abgestiegenen reichen Dame zu stehlen. Als Drehbuchautoren hatte sich Hitch dafür die beiden Italiener Age und Scarpelli geholt, die damals gerade einen Riesenerfolg mit einem ähnlichen Stoff gehabt hatten, mit dem Monicelli-Film *I soliti ignoti* (»Diebe haben's schwer«) über eine Bande von kleinen Gaunern, dic mit viel Aufwand ein Warenhaus auszurauben versuchen. Die Sprachprobleme mit den beiden Italienern schienen jedoch unüberwindlich, und Hitch mußte zu seinem Bedauern feststellen, daß weder Disziplin noch dramaturgischer Aufbau ihre starke Seite waren. Er spielte noch ein paar Jahre lang mit der Idee, verlor dann aber die Hoffnung, das Thema richtig in den Griff zu bekommen, und gab das Projekt nach einem letzten Versuch, den er im Anschluß an TORN CURTAIN machte, schließlich auf.

Schwierigkeiten solcher Art gab es in diesem Abschnitt seines Lebens öfter. Nicht daß früher stets alles glatt gegangen wäre. Es hatte immer einigen Ausschuß gegeben in Form von Projekten, an denen Hitch gearbeitet hatte, die aber nie auf die Leinwand kamen – obwohl er auch sehr hartnäckig sein konnte wie bei ROPE und I CONFESS. Auch war die scheinbare Leichtigkeit und Problemlosigkeit von Filmen wie NORTH BY NORTHWEST oft das Ergebnis langwieriger und mühsamer Arbeit. Gelegentlich ging in der Tat alles glatt, etwa bei den von John Michael Hayes geschriebenen Filmen oder bei PSYCHO, aber das waren eher Ausnahmen von der Regel. In den fünfziger Jahren hatten die Ausnahmen glücklicherweise überwogen, doch um so massiver machte sich nun in den sechziger Jahren die Regel geltend.

TORN CURTAIN war gewiß keine Ausnahme. Die Grundidee dazu war Hitch bereits im Jahre 1951 gekommen, als zwei britische Diplomaten, Guy Burgess und Donald Maclean, sich unter großem Publicity-Wirbel zu den Russen abgesetzt hatten. Was Hitch daran am meisten fesselte, war die Person, die damals wohl am wenigsten Beachtung fand: Mrs. Maclean. Was für Gefühle bewegten sie? Was hatte sie, wenn überhaupt, gewußt, was hatte sie vermutet? Und wenn sie von dem Geschehen völlig überrascht worden war – wie wurde sie damit fertig? Diese Fragen waren für Hitch der Ausgangspunkt einer Überläufergeschichte, die aus der Sicht der zurückgebliebenen Frau erzählt werden sollte. Um die Wahrheit zu sagen: Im fertigen Film kommt das nicht sehr deutlich heraus – offenbar ist da unterwegs etwas verlorengegangen. Auch diesmal spielten zunächst verschiedene Autoren unter Hitchs Anleitung mit der Idee herum, bis schließlich der nordirische Romancier Brian Moore ein halbwegs brauchbares Treatment vorlegte und daraufhin das Drehbuch schrieb. Hitch war jedoch immer noch nicht zufrieden, am wenigsten mit den Dialogen, und zog daher Keith Waterhouse und Willis Hall hinzu, die Autoren des großen Bühnenerfolgs *Billy Liar*, die damals offenbar fast für jeden in England produzierten Film das Drehbuch schrieben und nun auch dieses Script umschreiben sollten. Hitch schätzte ihren Beitrag am Ende so hoch ein, daß er sie unbedingt im Vorspann von TORN CURTAIN genannt sehen wollte; doch Brian Moore erhob Einspruch dagegen, und die Screens Writers Guild, der Verband der britischen Filmautoren, sprach ihm zu Hitchs Ärger das alleinige Recht zu, im Vorspann zu erscheinen.

Als nächstes ging es um die Besetzung. Hitch gibt heute zu, sich mit der Entscheidung für Julie Andrews und Paul Newman in den Hauptrollen erheblich verkalkuliert zu haben. Warum? Er hatte dem Drängen der Universal und seiner anderen Berater nachgegeben. Julie Andrews war damals gerade durch die beiden Filme *The Sound of Music* und *Mary Poppins* zum absoluten Superstar avanciert, was Hitch freilich nur wenig imponierte, so sehr er auch Ernest Lehman (den Autor von *The Sound of Music*) mit der Bemerkung frozzelte, der Film sei nur deshalb zum größten Kassenschlager aller Zeiten geworden, weil die meisten Zuschauer bei ihm geglaubt hätten, sie sähen *Mary Poppins*. Grundsätzlich schien Julie Andrews durchaus alles zu haben, was eine Hitchcock-Lady ausmacht: Sie war kühl, entschieden, zupackend, konnte elegant sein, konnte blond sein und vielleicht sogar das erforderliche Knistern untergründiger Erotik erzeugen. Um den Reiz des »So haben Sie Julie Andrews noch nie gesehen!« zu betonen, beginnt TORN CURTAIN mit einer Szene, in der man sie mit ihrem Verlobten *vor* der Hochzeit im Bett sieht (beziehungsweise unter einem Wust von Bettdecken eher ahnt). Es hätte also schon klappen können mit ihr, aber es klappte nicht. Niemand weiß, warum. Hitch spricht höflich von ihr, sie spricht höflich von ihm. Doch offensichtlich sprang kein Funke von einem zum anderen über.

Wieder anders verhielt es sich mit Paul Newman. Hitchs Ungeduld mit den Affektiertheiten von Stanislawski-Schauspielern war bekannt, aber er hatte bei einigen auch schon Wunder gewirkt: bei Eva Maria Saint, die er mochte, und bei Montgomery Clift, den er nicht mochte. Also sah er keinen Grund, warum er Paul Newman nicht nehmen sollte, um ihn als Star zu benutzen und weniger als Schauspieler (ein fast ebenso konservativer Regisseur, Mark Robson, hatte das ein paar Jahre zuvor mit ermutigenden Ergebnissen in *The Prize* so gemacht, einem ebenfalls von Ernest Lehman geschriebenen Thriller mit unverkennbaren Anleihen bei NORTH BY NORTHWEST). Hitchs erste private Begegnung mit Paul Newman ging freilich total daneben. Er hatte Newman zu einem kleinen Dinner in seinem Hause eingeladen, und das erste, was Newman tat: Er zog sich bei Tisch das Jackett aus und hängte es über die Stuhllehne. Dann lehnte er Hitchs sorgfältig ausgesuchten Spitzenwein ab und wollte stattdessen ein Bier. Und um das Maß voll zu machen, ließ er sich nicht davon abbringen, das Bier selber aus dem Kühlschrank zu holen und es direkt aus der Dose zu trinken. Mit jemandem, der sich derart aufführte (der glaubte, sich derart aufführen zu müssen, um zu beweisen, daß er sich nicht bange machen ließ), konnte Hitch selbstverständlich nichts anfangen, und so lasteten die Schatten der Erinnerung an diesen Abend auf der gesamten Dreharbeit.

Zu allem Überfluß kosteten die beiden Stars auch noch einen Haufen Geld, so daß der Etat für andere Zwecke kräftig gekürzt werden mußte. Zwar legte Hitch ohnehin nie viel Wert darauf, an den Originalschauplätzen seiner Geschichten zu drehen, und so hätte er sich zweiffellos auch dann, wenn das Geld nicht so knapp gewesen wäre, mit Universal City, Long Beach, dem Campus der University of South California und einer Farm in Camarillo begnügt als Ersatz für die entsprechenden Orte in Deutschland, die das Drehbuch vorschrieb. Aber er bedauerte es, nun kein amerikanisches Kamerateam nach Deutschland schicken zu können, um Aufnahmen für Rückprojektionen machen zu lassen, sondern sich auf die – wie sich später herausstellte – leider mangelhafte Arbeit eines deutschen Teams verlassen zu müssen.

Das alles waren freilich nur sekundäre Mängel. Denn TORN CURTAIN hatte von Anfang an einen unheilbaren und für Hitch ganz untypischen Geburtsfehler: Der Film ist fast durchweg seicht und langweilig. Die Dramatik, die das Geschehen durch die Sicht der liebenden Frau gewinnen sollte, geht verloren, die Darsteller wirken unbeteiligt, und kaum je kommt wirkliche Spannung im Sinne des Hitchcockschen *Suspense* auf – nicht aus Ideenlosigkeit oder dramaturgischem Unvermögen, sondern weil einen in der ganzen Geschichte niemand wirklich interessiert.

Nur eine Szene macht davon eine Ausnahme – die einzige offenbar, die Hitch im endgültigen Drehbuch wirklich inspirierte. Wenn er sich Filme anderer Regisseure ansah, um zu sehen, »wie es im Kino zugeht«, hatte er sich schon immer an der unnatürlichen Mühelosigkeit gestoßen, mit der sich die Leute auf der Leinwand gegenseitig umbringen. Ein Hieb über den Kopf oder ein rasches Zudrücken der Kehle wirkten offenbar todsicher, und noch der blutigste Amateur, der nie zuvor mit einer Waffe umgegangen war, traf stets auf Anhieb tödlich. Wie anders ging es doch im wirklichen Leben zu: den Berichten über die großen Mordprozesse, die er so gern las, entnahm er immer und immer wieder, wie ungemein schwer es ist, jemanden umzubringen. Genau das wollte er längst schon einmal im Kino zeigen. TORN CURTAIN gab ihm dazu nun Gelegenheit in jener Szene, in der Paul Newman von einem Agenten des DDR-Staatssicherheitsdienstes (Wolfgang Kieling), der ihm zu einem einsamen Bauernhof gefolgt ist, als amerikanischer Geheimagent entlarvt wird und nun nichts anderes zu tun weiß, als – unpraktischer Intellektueller, der er ist – den Mann zu töten. Die Szene ist zwar auch ein Musterbeispiel für Hitchs Bemühen, durch Verwendung von Gazeschleiern und Diffusionslampen ein ganz natürlich wirkendes Licht zu erzielen, doch was sie unvergeßlich macht, ist ihre vollkommen begründete Gewalttätigkeit. Die Tötung muß lautlos vor sich gehen, denn draußen wartet ein zweiter Stasi-Agent, und sie muß mit den Geräten bewerkstelligt werden, die in der Küche eines normalen Bauernhofes herumliegen. So zieht sie sich gräßlich und immer gräßlicher in die Länge, denn Kieling will und will nicht sterben – Newman schlägt ihn nieder, sticht auf ihn ein, erwürgt ihn fast und drückt ihn schließlich in seiner Verzweiflung mit dem Kopf in einen Gasherd. Wer das gesehen hat, ist für immer geheilt von der Vorstellung, es sei leicht, einen Menschen zu töten.

Leider ist diese Szene der einzige Lichtblick im ganzen Film, ansonsten waren die Dreharbeiten eine schlimme Erfahrung für Hitch. Vielleicht die schlimmste kam aber, als die Dreharbeiten beendet waren. Die Universal hatte Hitch bedeutet, daß sie für die Musik zu TORN CURTAIN einen anderen als Bernard Herrmann wünschte, einen weniger »altmodischen« Komponisten, dessen Filmmusik sich auch in Form einer Musik-zum-Film-Schallplatte verkaufen ließe. Hitch hatte sich für Herrmann eingesetzt und seine Hand für ihn ins Feuer gelegt. Zugleich hatte er jedoch Herrmann wie üblich genau klargemacht, was er wollte: nichts allzu Schweres, keine bedrohliche Thriller-Musik, vor allem nicht in der eher spielerischen Eingangsszene. Herrmann meinte, er werde das schon hinkriegen. Dann kam der Tag der Musikaufnahmen in den Goldwyn-Studios. Hitch war dabei und hörte zum erstenmal die fertige Filmmusik. Der Anfang klang schwer und bedrohlich. Hitch war unzufrieden, doch Herrmann sagte: »Warten Sie ab, wie es weitergeht« und dirigierte das nächste Stück. Rein musikalisch mochte es seine Meriten haben, doch es war genau das, was Hitch nicht hatte haben wollen. Er war wütend. Er kam sich hintergangen vor, erklärte nach dem zweiten Stück, das entspräche nicht ihren Abmachungen, er wolle den Rest nicht mehr hören, und verließ bebend und ohne ein weiteres Wort das Tonstudio. Er ließ sich zu Universal zurückfahren und ging geradewegs zum Chef der Musikabteilung, um ihm zu sagen, daß er die volle Verantwortung übernehme und Herrmann aus eigener Tasche auszahlen werde. Den neuen Auftrag erhielt dann John Addison, dessen bis dahin bekannteste Filmmusik die für *Tom Jones* gewesen war. Der Bruch zwischen den beiden alten Freunden war endgültig, jeder glaubte, der andere sei ihm in den Rücken gefallen. Tatsächlich standen beide damals stark unter Stress: Hitch hatten die Dreharbeiten zu TORN CURTAIN mehr als gewöhnlich mitgenommen, und Herrmanns Ehe ging gerade in die Brüche. Später beruhigten sich die Gemüter wieder ein wenig, und Herrmann, der kurz darauf nach London zog, schaute bei seinem nächsten Besuch in Hollywood frischfröhlich in Hitchs Büro vorbei. Der aber ließ sich verleugnen, und sie haben nie wieder zusammengearbeitet.

Fast alle Kritiker verrissen TORN CURTAIN unisono, und das Publikum nahm den Film nur mit mäßigem Beifall auf. Nach MARNIE war das ein echter Rückschlag, und Hitch befand sich trotz seines ansehnlichen Aktienpakets bei MCA in der wackeligsten Position seit Jahren. Das Filmemachen wurde immer teurer, es gab kaum mehr mittlere Erfolge – kommerziell waren neue Filme entweder Bombenerfolge oder verheerende Katastrophen, und kein noch so anerkannter Regisseur konnte erwarten, daß eine Produktionsfirma es nach mehreren Katastrophen erneut mit ihm wagen würde. Gewiß hatte Hitch mit der Universal einen Vertrag, aber er mußte sich seine Projekte von ihr genehmigen lassen, jedenfalls wenn sie mehr als drei Millionen Dollar kosten würden. So hielt er nun Ausschau nach einem neuen Stoff, der ihn mehr als TORN CURTAIN inspirieren und zugleich der Universal zusagen würde. *Mary Rose* kam nicht in Frage (obwohl Hitch sogar noch in den siebziger Jahren nach FRENZY davon als einer Möglichkeit – oder Hoffnung – sprach). Den Kampf um das Projekt *R.R.R.R.R.* gab er von sich aus auf. Und bei seinem *Frenzy*-Projekt fand er immer noch keine Lösung für das Problem des »dritten Akts«.

Wenigstens hatte Hitch in diesen Jahren etwas mehr Zeit und Gelegenheit, sich dem gesellschaftlichen Leben zu widmen und auch ein paar Ausflüge über den magischen Kreis der Filmwelt hinaus zu machen. Im Januar 1965, vor Beginn der Dreharbeiten zu TORN CURTAIN, fuhren er und Alma mit den Wassermans zur Amtsübernahme von Präsident Johnson nach Washington. Vor dem Weißen Haus parkten sie auf dem Platz, der für die Obersten Richter reserviert war. Bei der Zeremonie im Freien war es sehr kalt, Alma fror entsetzlich, weshalb sie danach so schnell wie möglich ins Hotel zurück wollten. So bogen sie vom Parkplatz direkt in die Pennsylvania Avenue ein – um jedoch zu entdecken, daß sie die falsche Richtung eingeschlagen hatten und nun direkt vor der Kavalkade des Präsidenten herfuhren. Da gab's nichts anderes mehr, als entschlossen weiterzufahren. Alma und die Wassermans sanken in die Rücksitze und zischten Hitch, der wie immer vorn neben dem Fahrer saß, zu: »Um Gottes willen, so wink doch!« Was er denn auch tat, die Situation voll auskostend, und so fuhren sie die ganze Strecke stilgerecht vor dem Pulk einher. Merkwürdigerweise fiel es niemandem ein, ihm das Recht dazu streitig zu machen: Alfred Hitchcock an der Spitze der Inaugurations-Parade? Nun ja, warum eigentlich nicht?

Ein anderer Ausflug, diesmal nach TORN CURTAIN, führte Hitch in die Welt der modernen Cowboys. Sein Vermögensberater hatte ihm den Erwerb einer Viehherde vorgeschlagen, die ein paar hundert Meilen vor Los Angeles auf saftigen Weiden graste. Wahrscheinlich hätte Hitch seine Rinder nie zu Gesicht bekommen, wäre es nicht in Kalifornien aufgrund eines alten Gesetzes vorgeschrieben gewesen, beim Kauf einer Rinderherde persönlich anwesend zu sein, um eine mehr als nur nominelle Verbindung mit den Tieren zu dokumentieren. Hitch fuhr also los, wie üblich im dunklen Anzug mit weißem Hemd und Krawatte, um seine Rinder zu besichtigen und sich mit ihnen fotografieren zu lassen. Bei den Cowboys faszinierte ihn, daß sie alle motorisiert waren: mit Landrovern trieben sie ihm ein paar Parade-Rinder zusammen, und weit und breit war kein Pferd zu sehen, außer zu dekorativen Zwecken. Er war überwältigt von ihrer Gastfreundlichkeit (die Riesensteaks, die sie zum Frühstück verzehrten, waren selbst ihm zuviel), und er genoß in vollen Zügen die exotischen Einzelheiten des wirklichen Cowboylebens, das so ganz anders war als im Kino. Sehr merkwürdig fand er das fast wie aus Orwells *1984* anmutende Lager, in dem sie lebten: Es war rundum mit einem hohen Zaun und einem breiten, die ganze Nacht lang von Flutlicht erhellten Streifen gegen die Außenwelt abgeschlossen. Fürchteten sie etwa, fragte er sich im Gedenken an THE BIRDS, daß die Rinder zum Angriff übergehen könnten?

Doch als die Zeit verstrich, ohne daß er ein brauchbares neues Projekt in die Hand bekam oder auch nur am Horizont erblickte, wurde er immer unruhiger. Hitch haßte es, die Hände in den Schoß zu legen, und gelangte allmählich an den Punkt, wo er den ersten besten Stoff genommen hätte, nur um wieder tätig zu sein. So ging er zur Universal und fragte, was sie für Stoffe hatten, die sich vielleicht für ihn herrichten ließen. Eine Durchsicht der erworbenen Romane und Stücke ergab nicht viel Brauchbares – außer vielleicht Leon Uris' ausufernden und verwickelten Spionageroman *Topaz*. Das war nun zwar nicht gerade der ideale

Stoff, zudem hatte Hitch mit Spionagegeschichten und Polit-Thrillern um den Eisernen Vorhang bisher keine allzu glückliche Hand gehabt, doch es war immer noch besser als gar nichts, und so griff er entschlossen zu. Leon Uris selbst wurde zur Erstellung des Drehbuchs herangezogen, aber Hitch konnte mit dem Ergebnis nichts Rechtes anfangen und sah sich daher gezwungen, ohne die üblichen Vorarbeiten in die Produktion zu gehen. Der Film würde aufgrund seiner zahlreichen Außenaufnahmen in Kopenhagen, Paris und New York sehr teuer werden (er kostete am Ende vier Millionen Dollar), obwohl die Szenen in Cuba, wo der ganze Mittelteil des Films spielt, aus einleuchtenden Gründen im Studio gedreht werden mußten. Viel Geld verschlang auch eine naturgetreue Studio-Nachbildung des Hotels Theresa in Harlem, wo Castro während seines letzten UNO-Besuches gewohnt hatte und das inzwischen abgerissen worden war.

An Aufwand fehlte es also nicht. Allerdings wies die lange Besetzungsliste vorwiegend unbekannte Namen auf (John Forsythe aus THE TROUBLE WITH HARRY war das einzige vertraute Hitchcock-Gesicht), und Hitch fühlte sich sehr unwohl bei dem Gedanken, ohne die üblichen Vorbereitungen, ja sogar ohne ein fertiges Drehbuch in die Produktion gehen zu müssen. Er war schon in London auf der Suche nach geeigneten Drehorten, als er sich dazu aufraffte, das vorhandene Script wegzuwerfen und Sam Taylor, der ihm das Drehbuch für VERTIGO geschrieben hatte, telegrafisch zu bitten, er möge sofort per Flugzeug anreisen und das Script so schnell wie möglich umschreiben. Hitch ließ ihm nicht einmal die Zeit, den Entwurf von Leon Uris zu lesen. Taylor kam, schrieb das Drehbuch aus dem Stand neu, Szene für Szene, manchmal erst wenige Stunden vor den entsprechenden Aufnahmen. Für Hitch bedeutete das, diese Szenen entgegen seiner sonstigen Praxis zu improvisieren, und so fehlt dem Film trotz einzelner sehr wirkungsvoller Sequenzen (wie etwa der, in welcher die cubanische Geliebte des Helden stirbt – von Hitch inszeniert als eine Liebesszene, an deren Ende die Frau in wallendem Purpurgewand auf dem schwarzweißen Marmorboden zusammenbricht) im ganzen die sorgfältige Strukturierung, der Spannungs-Auf- und Abbau nach einem sinnvollen, den ganzen dramatischen Bogen umfassenden Plan – also gerade das, was das Markenzeichen des besten Hitchcock-Films ausmacht.

Sogar die Rollenbesetzung ging nur schrittweise voran: Die Rolle der Juanita zum Beispiel wurde erst besetzt, als das Team mit den fertigen Außenaufnahmen nach Hollywood zurückkam. Und immer noch wurde gestrichen und umgestellt. Ein Schauspieler namens Aram Katcher, der für die Rolle des cubanischen Polizeichefs engagiert worden war, spielte treu und brav seine Szenen und stellte erst bei der Uraufführung überrascht fest, daß er im fertigen Film gar nicht mehr vorkam: Hitch war mit seiner Darstellung unzufrieden gewesen und hatte alle entsprechenden Szenen mit Roberto Contreras nachgedreht, ohne es dem Ausgebooteten mitzuteilen.

Die einschneidensten Änderungen und damit die größten Probleme betrafen den Schluß. Mindestens drei Versionen wurden gedreht. Eine davon spielte in einem leeren Stadion, wo sich die beiden Repräsentanten des Ostens und Westens ein Duell liefern, bis der Ost-Agent von einem verborgenen Killer aus der Ferne niedergeschossen wird, offenbar weil seine Auftraggeber ihn nicht mehr brauchen. Außer Hitch konnte sich anscheinend niemand bei Universal dafür begeistern. Die zweite Version war etwas salopper: Die beiden Agenten winken einander zu, während der eine ein Flugzeug nach Moskau und der andere eins nach Washington besteigt. Die endgültige Version wurde dann aus bereits gedrehtem Material zusammengeschustert: Der Ost-Agent verschwindet in seinem Haus in Paris, und wir erfahren durch einen Pistolenknall, daß er sich selbst erschossen hat. Diesen Schluß hatte sich jemand bei Universal ausgedacht, als Hitch die Lust an der Sache vergangen war und er das Handtuch warf. Seitdem lehnt er es ab, mehr über TOPAZ zu sagen, als daß er für ihn eine komplette Katastrophe gewesen sei, was immer auch seine Verehrer ihm zugute halten mögen.

Als TOPAZ 1969 herauskam, war Hitchs Karriere in mancherlei Hinsicht auf ihrem tiefsten Punkt seit vielen Jahren. Andererseits wurde er nun mit allen möglichen Ehrungen überhäuft. 1968 hatte ihm die Motion Picture Academy den selten vergebenen Irving-Thalberg-Preis als Anerkennung für sein Gesamtwerk verliehen – und sicher auch als Entschädigung für die peinliche Tatsache, daß er niemals persönlich einen Oscar bekommen hatte, obwohl viele seiner Filme damit ausgezeichnet worden waren. Es folgten Ehrungen wie der Cecil B. de Mille Award des Vereins der Auslandspresse in Hollywood, verschiedene Auszeichnungen aus Frankreich, namentlich von seiten der Cinémathèque Française, sowie Ehrendoktorate der University of Southern California und anderer Hochschulen. All das war sicher recht nett und erfreulich, klang aber doch ein wenig nach Nachruf – als wäre nun Alfred Hitchcock nur noch ein Denkmal und kein lebendiger Teil des heutigen Kinos mehr.

Mochte es auch allmählich danach aussehen, so wartete Hitch doch auch diesmal wieder mit einer Überraschung auf. Er hatte schließlich immer noch seinen Vertrag mit Universal, der ihm ermöglichte, jeden beliebigen Film (mit Ausnahme von *Mary Rose*) zu machen, sofern er nicht mehr als drei Millionen Dollar kostete. Zwar wurde nun, was bisher ein ansehnlicher, wenn nicht enormer Etat gewesen war, mit den steigenden Kosten im Filmgeschäft immer geringer, aber das hatte auch seine Vorteile: Bei einem Etat von weniger als drei Millionen stand nun nicht mehr gar soviel auf dem Spiel, man konnte sich unterhalb jener Schwelle halten, über der es nur noch die Alternative zwischen Riesenerfolg oder Riesenpleite gab. Hitchcocks Name und Renommee garantierten inzwischen jedem neuen Film von ihm weltweite Verbreitung und eine befriedigende Zweitauswertung im Fernsehen. Mit anderen Worten, auch wenn der neue Film nicht der ganz große Erfolg werden sollte, würde er doch in jedem Fall seine Kosten wieder einspielen. Wenn Hitch also nun wieder einmal das Gefühl hatte, auf Nummer Sicher gehen zu müssen, so ging er doch immerhin auf eine Sicherheit, die er sich selbst erkämpft hatte. Also warum sollte er sie nicht nutzen? Zu seinen größten Vorzügen hatte seit jeher gehört, daß er sich von seinem eigenen Mythos überhaupt nicht beeindrucken ließ. Mochte ein neuer Hitchcock-Film für alle Welt DER NEUE HITCHCOCK-FILM sein, für ihn war er immer nur einfach ein weiterer Film, die kürzeste Verbindung zwischen dem vorigen und dem nächsten. Daher hatte er auch nie Probleme mit seinem Stolz, und der Gedanke, der große Alfred Hitchcock dürfe keinen bescheidenen kleinen Film machen, sondern müsse immerfort nach dem absoluten Meisterwerk streben, war ihm ganz fremd.

Ob er all diese Überlegungen damals bewußt angestellt hat oder nicht, jedenfalls war sein nächster Film – nachdem TOPAZ sein bisher teuerster Film überhaupt gewesen war – unverkennbar eine

Rückkehr zur Bescheidenheit und Schlichtheit. Bestärkt wurde dieser Eindruck noch dadurch, daß Hitch seinen neuen Film in England drehte, womit er unweigerlich Vergleiche mit seinen Thrillern aus den dreißiger Jahren heraufbeschwor. Aber mochte das neue Projekt auch in gewisser Weise eine Rückwendung bedeuten, so war es doch andererseits, vor allem inhaltlich, alles andere als ein Auf-Nummer-Sicher-Gehen. Denn im Grunde lief es auf eine Verwirklichung seines langgehegten *Frenzy*-Projekts hinaus, wofür Hitch nun glücklich eine Form gefunden hatte. Nach Abschluß der Arbeiten an TOPAZ hatte er die Idee wieder aufgegriffen und drei Autoren ans Drehbuch gesetzt, die aber auch nichts Befriedigendes zustandebrachten. Dann war durch die üblichen Kanäle ein Buch namens *Goodbye Picadilly, Farewell Leicester Square* auf Hitchs Schreibtisch gelangt, ein 1966 erschienener Roman des britischen Autors Arthur La Bern, der von einem geisteskranken Frauenmörder handelte – also von demselben Grundgedanken ausging wie Hitchs *Frenzy*-Projekt. Ansonsten hatte La Berns Geschichte nichts mit *Frenzy* zu tun, aber dieses bißchen genügte Hitch, um zu erkennen, daß er noch einmal ganz von vorn anfangen mußte. So kaufte er die Filmrechte an La Berns Roman und tat es.

Entsprechend seiner Gewohnheit, sich Autoren zu holen, die gerade en vogue sind (eine riskante Gewohnheit, sollte man meinen, hätte sich Hitch nicht so voll auf sein Talent im Umgang mit Autoren verlassen können), wählte Hitch sich als Drehbuchautor für seinen neuen Film, der sofort den Titel FRENZY erbte, Anthony Shaffer, dessen unverwüstlicher Bühnen-Thriller *Sleuth* damals gerade in London wie in New York Triumphe feierte. Diesmal war es eine gute Wahl: Shaffer und Hitch machten aus der Vorlage in erstaunlich kurzer Zeit ein fachgerechtes und brauchbares Drehbuch, das allerdings nicht den Beifall von Arthur La Bern fand, der sich nach der Uraufführung von FRENZY in einem Leserbrief an die Londoner *Times* darüber beklagte, der Film sei »geschmacklos«, das Drehbuch »fürchterlich« und der »Dialog . . . eine seltsame Mischung aus dem alten Aldwych-Schwank *Dixon of Dock Green* und dem fast schon vergessenen *No Hiding Place*«. Daran ist durchaus etwas Wahres. Denn es läßt sich nicht leugnen, daß Hitch das London von 1971 ziemlich anachronistisch zeichnet; obwohl rein physisch das heutige London, ist es atmosphärisch eher das London vor dreißig bis vierzig Jahren, als Hitch dort lebte. Doch was macht das schon – Hitchs Filmlandschaften waren von jeher Phantasielandschaften. Das einzige, was dabei zählt, ist die Intensität und Überzeugungskraft der Phantasie. Und kein Zweifel: Hitchs London in FRENZY existiert, ob es nun viel oder wenig zu tun hat mit dem London, wie es die anderen kennen.

Hitchs Wiedersehen mit London im Jahre 1971 gestaltete sich zu einem Triumphzug – anders als sein Besuch von 1949, als er sich nach eigenem Eingeständnis zu sehr vom Rampenlicht der Öffentlichkeit hatte faszinieren lassen. In den Pinewood-Studios, wo die Atelieraufnahmen gedreht wurden, bereitete man ihm einen fürstlichen Empfang und lud ihn zu einem Mittagessen von Bankett-Ausmaßen, bei dem er neben seinem alten Filmarchitekten Alec Vetchinsky aus den Tagen von THE LADY VANISHES saß, den man eigens dazu geladen hatte, damit Hitch sich ganz wie zu Hause fühlte. Zu seiner Freude konnte er feststellen, daß sich die englische Studio-Atmosphäre, die ihm in vielerlei Hinsicht freundlicher und familiärer in Erinnerung war als die in Hollywood, kaum geändert hatte. Noch immer trafen sich die Kollegen vom Aufnahmeteam nach den Dreharbeiten zwanglos im nächstgelegenen Pub, noch immer wies das Studio-Restaurant so zivilisatorische Errungenschaften wie Tischtücher, Silberbesteck und eine annehmbare Weinkarte auf. Entgegen Hitchs schrulliger Überzeugung, in England werde ihn niemand erkennen, weil er hier so viele Doppelgänger habe, erkannte man ihn natürlich überall, wo er auftauchte, und die Zeitungen berichteten über jeden seiner Schritte. Er ließ sich in Madame Tussauds Wachsfigurenkabinett mit dem Kopf seines Ebenbildes im Arm fotografieren, und er ließ als Gag eine Nachbildung von sich als Wasserleiche in der Themse treiben, was zu der Annahme führte, so werde diesmal sein traditioneller Kurzauftritt aussehen (tatsächlich sieht man ihn zwischen den Leuten, die vom Themse-Ufer aus zusehen, wie die erste Mädchenleiche entdeckt wird – die just in dem Moment vorübertreibt, als ein redseliger Abgeordneter gerade Stein und Bein schwört, in der Themse gebe es keinerlei Fremdkörper). Doch inzwischen hatte Hitch ja auch, seit er zum letztenmal Mitte der vierziger Jahre zu längeren Arbeiten in London gewesen war, nicht nur eine Reihe von Filmen gemacht, denen noch die chauvinistischsten englischen Kritiker bescheinigen mußten, daß sie mindestens so gut wie seine besten Filme aus den dreißiger Jahren sind, sondern auch seine Fernseh-Shows, die ihre Wirkung in England so wenig verfehlt hatten wie überall sonst auf der Welt. Obwohl nun offiziell Amerikaner, blieb Hitch doch einer der berühmtesten Engländer der Welt und wurde von den Londonern mit der ganzen Ehrerbietung und Freude begrüßt, die man einem in der Fremde groß gewordenen Sohn der Stadt entgegenbringt.

Auf der Suche nach der richtigen Besetzung für seinen neuen Film frischte Hitch eine alte Liebe wieder auf: seine große Liebe zum englischen Theater. Für die meisten Rollen nahm er bekannte (obwohl dem amerikanischen Publikum nicht vertraute) Größen des Londoner Theaters: Darsteller wie Alex McCowen als der Inspektor, Vivien Merchant als seine kochwütige Frau, Jon Finch als fälschlich des Mordes Verdächtigter, Barry Foster als der wirkliche Mörder und Anna Massie als eins seiner Opfer waren für das Kinopublikum ebenso begabte wie unverbrauchte Gesichter und vermittelten einen darstellerischen Nuancenreichtum, der Hitchs beiden vorausgegangenen Filmen leider so spürbar gefehlt hatte. Auch ließ diesmal das Drehbuch, anders als in jenen Filmen, mehr Spielraum für Hitch, besonders für die haarsträubenden Formen seines Humors. Nicht nur die im wesentlichen expositorischen Szenen zwischen dem Inspektor und seiner Frau, die Farbe und Würze erhalten durch jene schier unendliche Folge von immer ungenießbarer werdenden Speisen, welche die Frau ihrem Mann frisch vom Kochbuch weg auftischt (hier hat sich Hitchs berühmtes Interesse für Speisen einmal ausgezahlt), sondern auch die berüchtigte Szene, worin der Mörder die Leiche eines seiner Opfer unter einem Kartoffelhaufen hervorzieht und ihr die Finger brechen muß, um ein darin festgekrampftes Beweismittel wiederzubekommen – beides bezieht seine Kraft weitgehend aus der Mischung von Gefühllosigkeit und umwerfender Komik.

Tatsächlich hat Hitch in einigen Passagen von FRENZY sichtlich Freude daran, die Publikumsreaktionen krasser denn je zu manipulieren. Ohne zu zögern nutzt er die allgemeine Lockerung der Sittenvorschriften im Kino, um mehr Nacktheit als bisher zu zeigen und auch, beim ersten Mord, mehr sichtlich sexuell motivierte Gewalt (FRENZY erhielt als erster Hitchcock-Film in den USA das Prädikat »Nur bedingt jugendfrei«). Und wenn wir dann in der Szene unmittelbar nach dem Mord im Büro den Mörder herauskommen sehen und die Kamera draußen verweilt, während eine Sekretärin in das Büro geht und wir eine Ewigkeit auf den entsprechenden Aufschrei warten, spüren wir geradezu körperlich, wie Hitch uns steuert und dirigiert und ausprobiert, wie weit er damit gehen kann. Zugleich spielt Hitch in diesem Film auch wieder sein Lieblingsspiel, das Publikum zur Identifikation mit dem Bösen zu zwingen, indem er dem wirklichen Mörder bewußt soviel mehr charmante und gewinnende Züge gibt als seinem reichlich unappetitlichen Gegenspieler, auf den er den Mordverdacht lenkt, daß einem alle gewohnten Moralvorstellungen durcheinandergeraten.

Mit FRENZY hatte Hitch rundum eine glückliche Hand. Endlich fiel wieder einmal alles zu seiner Zufriedenheit aus und trat auf der Leinwand auch so zutage. Der Film enthält einige der denkwürdigsten Hitchcock-Effekte überhaupt, etwa die außerordentliche Einstellung, wenn sich die Kamera, als der Mörder sein nächstes Opfer mit in seine Wohnung genommen hat, rückwärts die Treppe wieder hinunter und durch die Haustür auf die Straße zurückzieht, wobei im selben Moment der bisher bedeutungsvoll gedämpfte Straßenlärm von Covent Garden wieder mit voller Lautstärke an unser Ohr schlägt. Als FRENZY herauskam, feierte die Kritik den Film einhellig als phantastische Rückkehr zur früheren Form des Meisters, und beim Publikum erwies er sich als Hitchs populärster Film seit PSYCHO zwölf Jahre zuvor. Für Hitch persönlich hätte FRENZY sogar sein größter Triumph werden können, wäre der berufliche Erfolg nicht durch einen schweren Schlag im privaten Bereich überschattet worden, der sich fast zu einer Tragödie ausgewachsen hätte: Eines Morgens im Claridge's Hotel erlitt Alma einen schweren Schlaganfall.

Später hat sie dann munter erklärt, sie sei wenigstens so gescheit gewesen, den Anfall in einem der besten Hotels der Welt zu bekommen, gemäß ihrem Grundsatz, wenn so etwas schon passieren müsse, solle es wenigstens in einer angenehmen Umgebung geschehen. Doch als es wirklich passierte, waren die Umstände alles andere als lustig. Eine sofortige Untersuchung in der Klinik ergab, daß sie halbseitig gelähmt war und nur noch mit Mühe sprechen konnte. Es bestand durchaus die Möglichkeit, daß dieser Zustand anhalten würde, obwohl ihr Geist und ihr Humor zum Glück so klar und beißend wie eh und je geblieben waren und sie schon bald ihre Umgebung zu trösten wußte. Hitch war natürlich von alledem tief betroffen, wollte aber auf keinen Fall aus der eingefahrenen Routine ausbrechen: Am Tage des Schlaganfalls sollte nachmittags seine Enkeltochter Mary auf dem Londoner Flughafen ankommen; natürlich fuhr er wie verabredet hin, um sie abzuholen. Sonst verbrachte er freilich jede freie Minute an Almas Krankenbett. Man hatte sofort mit der Therapie begonnen, und Alma mit ihrer angeborenen Hartnäckigkeit und Couragiertheit sprach erstaunlich schnell darauf an.

Hitchs erste Reaktion auf den Schock ihrer Krankheit war, daß er nun seine eigene, ängstlich gehütete Gesundheit plötzlich zu vernachlässigen schien, indem er seine gewohnte Diät aufgab und so wahllos aß und trank wie seit Jahren nicht mehr – fast so, als hätte er nur um Almas willen auf seine Gesundheit geachtet und als käme ein Leben ohne Alma für ihn überhaupt nicht in Betracht. Doch im Sommer 1972 hatte sie sich soweit wieder erholt, daß sie in der Lage war, ohne sichtbare Spuren ihrer Krankheit Hitch auf einer strapaziösen Publicity-Tour für FRENZY durch Westeuropa zu begleiten. Hitch hielt derweilen schon wieder ernsthaft Ausschau nach einem neuen Filmstoff.

15. Kapitel

Ich weiß nicht mehr genau, wann ich zum erstenmal davon erfuhr, daß Hitch einen neuen Film vorbereitete. Es muß wohl gegen Ende 1973 gewesen sein. Ich lunchte gerade mit ihm in seinem Büro-Bungalow oben bei Universal, und da erzählte er mir, er habe den ganzen Vormittag an dem Drehbuch seines nächsten, noch namenlosen Projekts gearbeitet. Es basiere, wie er sagte, auf einem im Vorjahr erschienenen Roman von Victor Canning mit dem Titel *The Rainbird Pattern.* Ich mußte gestehen, daß ich diesen Roman nicht kannte, obwohl er offenbar ausgezeichnete Rezensionen bekommen hatte und sich bestens verkaufte. Nun, sagte Hitch, wir werden nicht allzu viel davon beibehalten. Wir picken uns wie immer nur die Grundidee und einige passende Einzelheiten heraus. Und schon begann er, mir die Geschichte zu erzählen.

Was ich dann hörte, erschien mir zwar recht kompliziert, aber durchaus einleuchtend. Ich betone das deshalb, weil es oft heißt, das Hitch während der Vorarbeiten zu einem neuen Film jeden, der ihm über den Weg läuft, als eine Art Testperson oder Preview-Publikum benutzt, indem er ihm die Filmhandlung so plastisch wie möglich erzählt, um zu sehen, wie er darauf reagiert. Ich vermute, daß »Alfred Hitchcocks 53. Film«, wie das neue Projekt bis unmittelbar vor Beginn der Dreharbeiten geheimnisvoll hieß, schon in diesem Frühstadium eine Menge verstörter oder gar ablehnender Reaktionen ausgelöst haben muß. Ein berühmter Produzent hat mir gestanden, er habe sich, als ihm Hitch die Handlung erzählte, keinen Reim darauf machen können und ihm das auch unverblümt gesagt. Wie dem auch sei, mir leuchtete die Story ein. Zwei verschiedene Handlungen mit zwei in sich abgeschlossenen Personengruppen laufen nebeneinander her, bis sich ihre Wege kreuzen: ein angebliches »Medium« und ihr Freund, ein Taxifahrer, der ihr die nötigen Informationen für ihre »Séancen« besorgt und dabei herausfindet, daß eine ihrer Klientinnen ihren als Kind verschwundenen Neffen sucht, um ihm ihr Vermögen zu vererben; parallel dazu ein professioneller Kidnapper, der mit seiner Komplizin eine Reihe von spektakulären Entführungen unternimmt, um Lösegeld zu erpressen.

Am Ende erkennt man, wodurch diese beiden Handlungsstränge miteinander verknüpft sind: Der als Kind verschwundene und nun als Erbe gesuchte Neffe ist identisch mit dem Profi-Kidnapper. Daher auch die Ironie der Situation, wenn die beiden Betrüger – das falsche »Medium« und ihr Komplize, die nach dem verschwundenen Erben forschen – nach und nach immer mehr auf seine Spur kommen, aber aus ganz anderen Gründen, als er annehmen muß, nachdem er den Verdacht gewonnen hat, daß ihm jemand auf den Fersen ist. Die Szene, in der ihm dieser Verdacht zur Gewißheit wird, war die einzige, die mir Hitch bei unserem ersten Gespräch in allen Einzelheiten und mit sichtlichem Vergnügen beschrieb – nämlich wie der Bischof in der Kathedrale von San Francisco mitten aus der Heiligen Messe heraus gekidnappt wird: Die Entführer betäuben ihn und zerren ihn vor den Augen der versammelten Gemeinde aus der Kirche, wobei sie darauf rechnen, daß die Gläubigen, gehemmt von der Feierlichkeit des Ortes und der Situation, wie erstarrt zusehen, ohne etwas zu unternehmen. Alles klappt denn auch wie am Schnürchen – außer daß »jener Kerl« wieder da ist: der Taxifahrer, der jedoch aus einem ganz anderen Grund in die Kirche gegangen ist, nämlich um mit dem Bischof zu sprechen, weil er erfahren hat, daß dieser vor dreißig Jahren Gemeindepfarrer in dem Dorf war, wo man den verschwundenen Erben zuletzt gesehen hatte.

Wir kennen Hitchs Neigung, sich bei der Entwicklung seiner Filme von bestimmten Szenen oder visuellen Vorstellungen anregen zu lassen und davon ausgehend verschiedene Handlungsfäden zu spinnen, bis sich diese zu einem möglichst soliden Plot verknüpfen. Er selbst erklärte mir das Verfahren einmal kurz und bündig so: »Zuerst überlegt man sich, was die handelnden Personen tun sollen, und dann stattet man sie mit Charakterzügen aus, die ihr Tun plausibel machen.« Es lag also nahe zu vermuten, daß die Szene, die er mir so liebevoll ausgemalt hatte, für ihn sozusagen das Sandkorn aus Cannings Roman war, um das herum er die Perle seines neuen Films aufbauen wollte.

Wie groß war jedoch mein Erstaunen, als ich dann feststellte, daß diese Szene in Cannings Buch gar nicht vorkommt! Zwar verläuft die Romanhandlung ungefähr so, wie sie mir Hitch geschildert hatte, aber mit ein paar wichtigen Unterschieden. Erstens spielt sie in England, zudem in einem sehr friedlichen, ländlichen England, und setzt damit (sehr hitchcockisch, möchte man sagen) die Verbrechen in einen harten Kontrast zu der milden, wohlgesitteten Umgebung, in der sie sich abspielen. Zweitens sind die Charaktere bei Canning extremer und ausgefallener, als Hitch sie mir beschrieben hatte: Das »Medium« ist eine weitgehend echte Hellseherin, die freilich nichts dagegen hat, daß ihr Freund ihren übersinnlichen Kräften ein wenig nachhilft; der Kidnapper ist ein psychopathischer Mörder (von dem keineswegs nur schwach angedeutet wird, daß er als Zwölfjähriger einen Brand gelegt hat, bei dem seine Eltern umgekommen sind), und obwohl seine Verbrechen ihn schließlich einholen, hinterläßt er einen Sohn, der wahrscheinlich genauso psychopathisch wie er ist, nun das ganze Geld erbt und seinerseits Gott weiß was für schreckliche Dinge anrichten wird. Drittens schließlich wird in dem Roman kein Bischof mitten aus einer Messe heraus entführt. Es wird zwar ein Bischof entführt, aber während eines einsamen Waldspaziergangs.

Bei unserer nächsten Begegnung sprach ich Hitch auf diese drei Unterschiede an. Der erste hatte rein praktische Gründe: Hitch wollte diesmal nicht wieder einen Film in England machen und hatte daher die Handlung von vornherein nach San Francisco und Umgebung verlegt. Obwohl, wie er hinzufügte, er sich inzwischen selber frage, warum gerade nach San Francisco, in eine derart abgenutzte Kulisse (»Ich glaube, ich schreie, wenn ich nochmal eine Verfolgungsjagd über diese Hügel donnern sehe . . .«). Vielleicht sollte man lieber irgendwo an die Ostküste gehen, aber auf jeden Fall nach Amerika. Beim zweiten Unterschied stimmte er mir zu. Ja, das sei Absicht gewesen, er wolle diesen Film nicht so schwer und ernst haben, deswegen habe er den Figuren etwas hellere Züge gegeben. Außerdem sei er der Meinung, daß sich Übernatürliches schwer in eine normale Handlung einbauen lasse, da die betreffenden Figuren dadurch leicht dem natürlichen menschlichen Mitgefühl entzogen und zu Sonderfällen gemacht würden.

Zum Beispiel der zwanghafte Mörder: »Die Leute meinen immer, Schurken seien außergewöhnliche Menschen, aber nach meinen Erfahrungen sind sie im allgemeinen ganz normale, langweilige Mitbürger – gewiß weniger interessante und ausgefallene als die meisten normalen und rechtschaffenen Leute, die man so kennt. In dieser Geschichte, wie ich sie sehe, sind die Schurken eigentlich recht langweilige Typen, geradlinige Leute, wenn Sie so wollen, und ihre Motive sind höchst simpel und weltlich. Wohingegen das eher normale Betrügerpaar einige recht sonderbare Züge aufweist. Und sehen Sie, so werden die beiden Gruppen einander angenähert: Die Kriminellen bekommen mehr Züge von gewöhnlichen Leuten, und die ›Guten‹ bekommen mehr Kriminelles. Das macht die Geschichte weniger melodramatisch, leichter und glaubhafter – fast zu einer Kriminalkomödie. Ich denke, ich werde ein paar Andeutungen über die Vergangenheit des Kidnappers beibehalten, über sein kindliches Verbrechen und die mögliche Entstehung seiner kriminellen Energie, nur so zum Spaß – aber das ist alles.«

Und die Entführung des Bischofs? Ja, darauf habe ihn die Lektüre des Buches gebracht, weil es ihn immer schon sehr interessiert habe, wie sich Menschen unter bestimmten gesellschaftlichen Zwangssituationen verhalten, zum Beispiel während der Messe in einer Kirche, und er habe schon immer einmal gern ein Verbrechen mitten in einen Gottesdienst stellen wollen, nur um die Möglichkeiten einer solchen Situation abzuklopfen. Die Entführung eines Bischofs wäre sicher genau das Richtige dafür, nur: Wo ist der Witz, wenn sie so geschieht wie in Cannings Roman? »Wenn man einen Bischof kidnappt, der allein in Zivil durch den Wald spaziert, kann man ebensogut einen Börsenmakler kidnappen. Wer wirklich und unzweideutig einen *Bischof* kidnappen will, der muß es dort tun, wo er am bischöflichsten ist: mitten in der Messe, vor versammelter Gemeinde.« Zwar läßt das Drehbuch die Konfession des betreffenden Bischofs wohlweislich offen, aber die Art, wie Hitch von dieser Szene spricht, läßt keinen Zweifel daran, daß die Idee, einen Bischof vor den Augen der Gläubigen während des Hochamtes entführen zu lassen, für ihn den besonderen Reiz einer Tabuverletzung hatte.

Zu dieser Zeit arbeitete Hitch bereits Tag für Tag mit Ernest Lehman am Drehbuch. Einmal zeigte er mir das Manuskript, ein großes Ringbuch im Folioformat, auf der linken Seite Lehmans Entwurf und gegenüber, maschinengetippt mit handschriftlichen Randbemerkungen, Hitchs Kommentar dazu, oft ausführlicher als der Drehbuchtext selbst. Der Kommentar reichte von knappen Einwänden gegen die Formulierung mancher Dialogstellen bis zu umfangreichen und wohlüberlegten Erörterungen der dramaturgischen Logik bestimmter Handlungsabläufe – alles eher Anregungen als strikte Änderungswünsche. Und die Diskussion ging ständig weiter: Jeden Morgen kam Lehman pünktlich auf die Minute ins Studio, und dann sprachen sie, bequem nebeneinander auf einem ausladenden Sofa sitzend mit dem Script zwischen sich, alle anstehenden Probleme bis zum Mittagessen durch. Danach ging Lehman nach Hause, um die besprochenen Änderungen vorzunehmen, und kam am nächsten Morgen wieder. (Als ich Hitch ganz aufgeregt fragte, ob er solche Drehbuch-Manuskripte auch von seinen anderen Filmen habe, sagte er, nein, er habe keins aufbewahrt.)

Warum er diesmal wieder Ernest Lehman genommen hatte? Nun, zum einen, weil er damals bei NORTH BY NORTHWEST sehr gut mit ihm zusammengearbeitet hatte, und zum anderen, weil Lehman gerade frei war. Ich fragte mich, ob sich Hitchs Arbeitsweise in den fünfzehn Jahren seit NORTH BY NORTHWEST geändert haben mochte. Wenn ich mich recht entsinne, äußerte Hitch damals, er habe NORTH BY NORTHWEST ursprünglich viel abrupter und schroffer machen wollen, eher kantig und rissig wie ein frühes Bild von Nevinson. Dann aber habe er das Gefühl gehabt, er müsse die Kanten und Risse glätten und das Ganze geschmeidiger machen, um das moderne Publikum nicht zu verprellen. Könnte es nicht also sein, daß die veränderte Haltung zur Dramaturgie, wie sie durch die Fernsehgewohnheiten des Publikums bewirkt worden ist, Hitch inzwischen dazu geführt hatte, alles noch weiter aufzulockern? Aber Lehman meinte, als ich ihn darauf ansprach, Hitch sei eher noch strenger und penibler in seinen Scriptvorbereitungen geworden: Früher habe er lediglich eine brauchbare und zuverlässige Arbeitsgrundlage verlangt, doch für den neuen Film wolle er jede Szene und alle Übergänge präzise und überzeugend ausgearbeitet haben, drehbuchgerecht formuliert und mit Angabe der dramaturgischen Logik (oder ihres Anscheins), bevor er bereit sei, einen Fuß ins Aufnahmestudio zu setzen.

Dennoch verlief ihre Zusammenarbeit, wie schon bei NORTH BY NORTHWEST, nicht völlig problemlos. Wieder spielte Lehman zeitweilig mit dem Gedanken, alles hinzuwerfen, um sich dann murrend, doch fasziniert davon abbringen zu lassen. Und immer wieder staunte er fassungslos, wieviel nervenzermürbende Mühsal in die Gestaltung eines so geringfügigen Films eingeht und wie wenig am Ende davon zu spüren ist. Zur größten Meinungsverschiedenheit kam es über den Schluß, den Hitch am Ende selber schrieb und Lehman vorlegte, um sich dessen Einwände anzuhören (vor allem den, daß es inkonsequent und verwirrend sei, das Medium während des ganzen Films als Betrügerin vorzuführen und dann am Schluß anzudeuten, daß sie womöglich doch einen Anflug von übersinnlichen Kräften hat). Nach langen Diskussionen über Alternativlösungen drehte Hitch dann doch seine eigene Version.

So gingen die Vorarbeiten voran, und schon im Frühsommer 1974 begannen sie bereits, ein Team zu engagieren, obwohl noch gar nicht feststand, wann es losgehen würde – im Herbst, im Winter oder im nächsten Frühjahr. Unermüdlich sah sich Hitch alles an, was gerade in den Ateliers der Universal gedreht wurde, um in Frage kommende Schauspieler und Techniker bei der Arbeit zu beobachten. Einmal fand ich ihn ganz perplex, als er Goldie Hawn in *Sugarland Express* gesehen hatte, und fragte mich plötzlich, ob ihm vielleicht jemand eingeredet hatte, daß sie die Nachfolgerin von Grace Kelly sein könnte – man weiß schon: kühl mit der knisternden Erotik unter der Oberfläche. Und ehrlich gesagt, man hätte sich Goldie Hawn in der Rolle des »Mediums« (die dann Barbara Harris bekam) schon vorstellen können, wie auf ihre Weise auch Angela Lansbury, die sich Hitch damals in *Gipsy* ansah. Nicht vorstellen konnte sich Hitch in dieser Rolle die Schauspielerin, die ihm die Studioleitung am nachdrücklichsten ans Herz gelegt hatte: Liza Minelli.

Als das Drehbuch weitgehend fertig war, setzte sich Hitch mit seinem Zeichner Tom Wright zusammen, der in dieser Eigenschaft schon an ein bis zwei anderen Hitchcock-Filmen mitgewirkt hatte und diesmal gleichzeitig das zweite Aufnahmeteam leiten sollte. In dieser Phase der Vorarbeiten war ich gerade außer Landes, und bis ich zurückkam, hatte Hitch eine Reihe Unpäßlichkeiten und Beschwerden hinter sich, die ihn im Herbst 1974 nicht recht zum Arbeiten kommen ließen, da er immer wieder ins Krankenhaus mußte. Zuerst war ihm ein Herzschrittmacher eingesetzt worden, den er unter detaillierten Schilderungen der Operation mit makabrem Vergnügen herumzeigte. Dann bekam er, weil er die ihm verschriebenen Antibiotika nicht vertrug, eine Dickdarmentzündung, und als er die überwunden hatte, mußte ihm ein Nierenstein entfernt werden (»Selbstverständlich schneiden sie heute nicht mehr, sondern gehen von vorn herein – wenn Sie wissen, was ich meine«, fügte er genüßlich hinzu). Fasziniert nahm er die elektronische Speicherung seiner Herzdaten in Chicago zur Kenntnis und wollte sich nur noch unter örtlicher Betäubung operieren lassen, damit er alles genau beobachten konnte. Ich hatte das Gefühl, daß all jene chirurgischen Vorgänge, die die meisten Menschen schon erbleichen lassen, wenn sie nur davon hören, für ihn geradezu Wasser auf seine Mühlen sind.

Als ich Hitch im Dezember 1974 wiedersah, waren die Vorarbeiten zu seinem neuen Film in ihr Endstadium getreten. Das Drehbuch stand soweit fest (die endgültige Fassung zeugt von einer intensiven Überarbeitung um die Monatswende März/April 1975, die jedoch fast nur Details betraf), daß Hitch sich nun ganz darauf konzentrieren konnte, die Bewegungsabläufe mit Tom Wright zu skizzieren. Besonders genau skizziert wurde die Verfolgungsjagd im Auto, die voraussichtlich das zweite Kamerateam drehen sollte, aber natürlich präzise nach Hitchs graphisch niedergelegten Vorstellungen. Auch diesmal wurde der ganze Film Einstellung für Einstellung in einem Story-Board vorgezeichnet, so daß, wenn Hitch ans Drehen ging, alle im Team nicht nur genauestens wußten, was er gedreht haben wollte, sondern auch, wie es gedreht werden sollte. Hitch behauptet noch immer, die Vorbereitung der Dreharbeiten sei alles; sobald er sie abgeschlossen und die Besetzung vorgenommen habe, könne jeder den Film drehen – was natürlich nicht stimmt.

Die Autojagd ist im Grunde gar keine richtige Jagd, sondern ein verlängertes Katz-und-Maus-Spiel, bei dem die falsche Hellseherin und ihr Freund auf der Fahrt zu einem fingierten Treffen in den Bergen plötzlich merken, daß ihre Bremsen sabotiert worden sind, woraufhin sie in haarsträubender Kurvenfahrt zu Tal rasen. Mit knapper Not dem Tode entkommen, sehen sie sich danach von einem Wagen verfolgt, der sie offensichtlich überfahren will, aber dann selber bei einem Unfall zerschellt. Als ich das nächstemal mit Hitch zusammensaß, hatte er den ganzen Vormittag lang an dieser Szene gearbeitet und sprach mit großem

Enthusiasmus von der Notwendigkeit, konventionelle Situationen immer wieder daraufhin abzuklopfen, ob sie auch wirklich nicht anders als konventionell gedreht werden können. Manchmal sei das gewiß das einzig Richtige, doch in Fällen wie diesen bekäme man, wenn man einmal zu fragen beginne, kaum sehr sinnvolle Antworten.

Warum beispielsweise muß, wenn eine Straße aus der Sicht eines Autofahrers gezeigt wird, immer der Rand der Windschutzscheibe und die Motorhaube im Bild sein, selbst wenn der Wagen auf irgend etwas zurast oder vor irgend etwas flieht oder außer Kontrolle gerät? Völlig unbegründet, sagt Hitch. Tatsächlich spottet es jeder psychologischen Erfahrung, wenn ein Fahrer, obwohl all das natürlich in seinem Gesichtsfeld ist, seinen Blick auf etwas anderes richtet – und folglich wir mit ihm – als auf das, was im Augenblick für ihn das Wichtigste ist: die in schwindelerregendem Tempo auf ihn zurasende Straße oder die Landschaft, die zu beiden Seiten an ihm vorbeifegt. So hatte Hitch die ganze Sequenz dementsprechend Einstellung für Einstellung entworfen und mit seinem Zeichner Tom Wright durchgesprochen, der dann nachmittags das Besprochene säuberlich ausführte und am nächsten Morgen wiederkam, um die nächste Sequenz in Angriff zu nehmen – ganz wie in einem früheren Stadium der Drehbuchautor.

Wie genau wird nun das, was da in Worten und Bildern vorgezeichnet ist, schließlich im Film berücksichtigt? Die Antwort lautet wie zu erwarten: sehr genau, aber nicht sklavisch. Zwar hat Hitch das Story-Board in Greifweite, aber ich habe nie erlebt, daß er beim Drehen je einen Blick darauf geworfen hätte – offensichtlich braucht er es gar nicht mehr, es hat ihm nur dazu gedient, seine Vorstellungen über den Film zu ordnen, und sobald dieses Stadium abgeschlossen ist, hat er alles vollständig im Kopf. Nichts wird bei Hitch der Eingebung in letzter Minute überlassen, nicht einmal die Wahl der Schauplätze, deren besondere Merkmale er im Script festhält.

Da gibt es zum Beispiel etwa in der Mitte des Films eine Sequenz, in welcher der Taxifahrer bei der Beerdigung des Mannes, der ihn hatte töten wollen, sich an dessen Witwe heranmacht. Sobald sie ihn erkennt (in einer Scharfeinstellung, die ihn deutlich aus der Trauergemeinde am anderen Ende des Zuges herausholt), will sie ihm entfliehen, doch er folgt ihr auf den Fersen. Hitch meinte dazu, natürlich könne man das auf die herkömmliche Weise drehen: Kameraschuß auf den Rücken der enteilenden Frau; Schuß von vorn auf den Mann, wie er sie fast eingeholt hat; Großaufnahme der Frau, die in panischer Angst losrennt; Großaufnahme des wildentschlossenen Verfolgers, der ihr immer näher kommt, und so weiter. Die Szene ist notwendig, doch wenn man sie so konventionell dreht, wirkt sie langweilig. Das Publikum kann sich die Reaktionen der beiden auch von selber vorstellen, sie brauchen nicht unbedingt gezeigt zu werden. Und da sie normalerweise in solchen Fällen gezeigt werden, wollte Hitch es entsprechend seiner Gewohnheit auch diesmal nach Möglichkeit anders machen. Bei der Besichtigung des Friedhofs, den er als Schauplatz gewählt hatte (in Glendale, ganz in der Nähe des Studios), war ihm das eigentümlich unregelmäßige Gittermuster der Wege zwischen den Gräbern aufgefallen – und da wußte er auf einmal, wie er die Verfolgung drehen würde: von oben, von einer eigens dafür zu errichtenden Plattform aus, in einer einzigen Einstellung auf die beiden zwischen den Gräbern hin- und herspringenden Figuren, deren parallele Bewegungen aussehen sollten wie ein »sich bewegender Mondrian«. All das war jedoch bereits Monate vor Drehbeginn im Detail festgelegt worden – während ein anderer Regisseur sich auf die Auswahl des Drehorts beschränkt und alles übrige der spontanen Eingebung beim Drehen überlassen hätte.

Zweifellos hatte Hitch seine ursprüngliche Absicht, die Handlung ausdrücklich in und um San Francisco spielen zu lassen, schon sehr früh aufgegeben und sich entschlossen, den Film weitgehend auf dem Studiogelände und in dessen Nachbarschaft zu drehen. Nur an der Kathedrale, wo die Entführung des Bischofs stattfindet, und an ein paar Häusern und Fassaden in San Francisco hielt er fest. Einmal sprach er sogar davon, die Kathedralen-Szene im Atelier zu drehen (wobei er meinte, er bräuchte als Dekoration eigentlich nur einen Pfeiler, alles übrige könne man im Kasch-Verfahren darum herumdrapieren). Doch als sich dann herausstellte, daß die Szene im Atelier etwa 200 000 Dollar kosten würde, beschloß er, am Originalschauplatz zu drehen und bei der Gelegenheit die anderen Aufnahmen in San Francisco gleich mitzunehmen, die ursprünglich ein zweites Kamerateam machen sollte.

Zu dieser Zeit waren vor allem noch zwei Dinge unentschieden: die Besetzung und der Titel des Films. Am 22. April hatten sie dann sowohl einen Titel – *Deceit* – als auch einen Großteil der Besetzung: Bruce Dern als der Taxifahrer George Lumley, Barbara Harris als das »Medium« Blanche, Roy Thinnes als der Kidnapper Adamson, Karen Black als dessen Komplizin Fran sowie, erst kurz vor Drehbeginn engagiert, Cathleen Nesbitt als Julia Rainbird, die alte Dame, die das Ganze ins Rollen bringt.

Daß Hitch sich seine Besetzung erst zusammenholte, als alles andere geregelt war, ist meiner Meinung nach ein deutlicher Hinweis darauf, wie relativ wenig Bedeutung er unter den verschiedenen Elementen, die einen Film ausmachen, den Darstellern beimißt. Er machte sich überhaupt nicht die Mühe, die Charaktere der handelnden Personen mit den Eigentümlichkeiten der für sie vorgesehenen Schauspieler in Einklang zu bringen – es war eher umgekehrt: die Rollen lagen fest, und die Schauspieler hatten sich ihnen anzupassen.

Der einzige »alte Bekannte« unter ihnen – insofern er mit Hitch schon in MARNIE (sehr kurz) und in ein paar Fernsehfilmen gearbeitet hatte, war Bruce Dern – obwohl Cathleen Nesbitt natürlich seit der Zeit, als Hitch regelmäßig in London ins Theater ging, ein Begriff für ihn war. Roy Thinnes hatte er sich von nebenan geholt, wo er gerade mit Robert Wise in *Hindenburg* filmte. Barbara Harris war ihm in dem Film *A Thousand Clowns* aufgefallen, und obwohl es im Studio hieß, sie sei »unzuverlässig«, setzte er sie durch und nahm mit Vergnügen zur Kenntnis, daß sie in einem ihrer größten Bühnenerfolge, *On a Clear Day*, ebenfalls ein Medium gespielt hatte. Für Karen Black hatte sich die Studioleitung ins Zeug gelegt, weil sie ein Talent in ihr witterte, und war bei Hitch bestimmt nicht auf grundsätzliche Bedenken gestoßen, da die Rolle der Fran im Drehbuch am wenigsten konturiert ist und jede einigermaßen attraktive, einigermaßen begabte Schauspielerin sie spielen konnte.

Ohnehin betrachtete Hitch die beiden Kidnapper als das weniger interessante Paar, während er von Bruce Dern und Barbara Harris ganz begeistert war und meinte, sie hätten genau jene persönlichen Ticks und angeborenen Absonderlichkeiten, die ihren Figuren die gewünschte Dichte und Individualität verliehen. Mit anderen Worten, er hielt sich immer noch an seine alte

Devise, das Wichtigste für einen Regisseur sei es, Schauspieler rollengemäß zu besetzen, damit man sich darauf verlassen könne, daß sie den Anforderungen ihrer Rollen gerecht werden, auch ohne daß man ihnen dauernd Regieanweisungen geben muß. Besondere Freude hatte er dabei an Barbara Harris' nie versiegender Kreativität und an ihrer offenbar unbewußten Einfühlung in die Rolle und ihrer Fähigkeit, Details herauszuarbeiten und so die Figur mit Leben zu erfüllen. Als die Dreharbeiten beendet waren, sagte er, von allen Schauspielerinnen, mit denen er je gearbeitet habe, hätte sie als einzige in den Film Elemente hineingebracht, die ihm nie im Traum eingefallen wären – und zwar ohne daß er sie mittels »Regie« mühsam aus ihr hätte herausholen müssen. Demgegenüber habe ich ihn keiner Schauspielerin jemals soviel Anweisungen geben sehen wie Karen Black – und das sichtlich nicht etwa, weil er es für notwendig gehalten hätte, sondern weil sie ganz einfach die Bestätigung brauchte, daß der Meister zufrieden war. Ich staunte über die Wandlung, die sie seit dem vorangegangenen Jahr durchgemacht hatte, als ich sie ziemlich ausgiebig bei den Aufnahmen zu *Day of the Locust* hatte beobachten können. Damals war sie, entsprechend der ganzen Atmosphäre der Produktion, verspielt, extrovertiert, verrückt und von Zeit zu Zeit auch launisch gewesen. Bei den jetzigen Aufnahmen war sie zurückhaltend und respektvoll und konzentrierte sich ganz auf die rein technischen Probleme, sich in eine Szene einzufügen, wobei sie sich Hitch gegenüber fast wie ein kleines Mädchen aufführte, das sich von seinem Lehrer einen anerkennenden Klaps auf die Backe erhofft.

Die Dreharbeiten sollten am 5. Mai 1975 beginnen, mußten aber im letzten Moment auf den 12. Mai verschoben werden, weil noch ein paar Probeaufnahmen in Kostüm und Maske erforderlich waren. Dennoch bedeutete dieser Aufschub keine verlorene Zeit. Denn zu den wenigen Szenen, die im Drehbuch noch nicht bis ins letzte ausgearbeitet worden waren, gehörte die Eingangsszene, ein langer Dialog zwischen Blanche und Miss Rainbird, in dem während einer spiritistischen Sitzung die Vorgeschichte der Handlung deutlich wird. Wie das im einzelnen gedreht werden sollte, war bisher nur in Ansätzen klar. Da die erforderlichen Probeaufnahmen Cathleen Nesbitt und Barbara Harris betrafen, nutzte Hitch nun die Gelegenheit, sie persönlich durchzuführen und dabei die Eingangsszene in mehreren Versionen zu probieren, so daß er sie bis zum Beginn der Dreharbeiten genauso detailliert im Kopf hatte wie den übrigen Film.

Hitch bei der Dreharbeit zu beobachten, ist ein Lehrstück in Präzision und Sparsamkeit. Die Atelier-Atmosphäre bei einem Hitchcock-Film unterscheidet sich von der aller anderen Produktionen, die ich kenne. Noch bevor man die Außenaufnahmen in der Kathedrale von San Francisco drehte, muteten die entsprechenden Atelieraufnahmen in den Universal-Studios an, als würden sie in einer Kirche gedreht. Es gibt genug hochbegabte Regisseure, die am liebsten unter schlechthin chaotischen Umständen arbeiten. Altmeister Billy Wilder, der kurz zuvor im selben Studio *The Front Page* gemacht hatte, brachte Schauspieler und Techniker mit allen möglichen Witzen und Streichen ununterbrochen zum Lachen und war froh über jede Ablenkung, was mitunter soweit ging, daß er die Touristen, die durch die Universal-Studios geführt werden, zu ihrer Freude und zur Bestürzung der Studio-Bosse scharenweise durch sein Aufnahmestudio trotten ließ, während er drehte. Nicht so Alfred Hitchcock. Bei ihm bleibt das Atelier jedwedem Besucher strikt verschlossen, und drinnen herrscht eine Atmosphäre ausgesuchtester Höflichkeit und Korrektheit.

Das hat natürlich seinen genauen Sinn und Zweck. Seit Hitch in Hollywood lebt, trägt er bei der Arbeit stets die gleiche peinlich korrekte Uniform. Er selbst erklärt diese krasse Abweichung von der Hollywood-Norm weitgehend aus seinem Bedürfnis nach Bequemlichkeit: Wer einen derart mühsamen Job wie Filmregie ausübe, wolle sich dabei so unbeschwert wie möglich fühlen, und da er, Hitch, seit jeher dunkle Anzüge getragen habe, fühle er sich darin eben am wohlsten. Es steckt aber mehr dahinter. Gerade in Südkalifornien setzt man mit der Art, wie man sich kleidet, bestimmte Signale, die jeder sofort versteht. Ein Jackett bedeutet nach dem herrschenden Code bereits annähernde Korrektheit, eine Krawatte (jede Krawatte, ganz gleich, wozu man sie trägt) bedeutet Korrektheit, und ein Anzug, auch der grellste, sportlichste Tweed, bedeutet äußerste Korrektheit. Mithin signalisiert Hitchs Arbeitskleidung für jeden das Höchstmaß an menschenmöglicher Korrektheit, und wenn sich die anderen ebenso anziehen, was die älteren Mitglieder seines Teams früher oder später tun (der erste Regieassistent erzählte mir einmal, man habe ihm bei seiner Einstellung Monate vor Drehbeginn bedeutet, ein Jackett und eine Krawatte könnten sicher nicht schaden), dann werden sie dadurch ganz automatisch nüchterner, sachlicher und präziser.

Wenn Alfred Hitchcock dreht, gibt es im Atelier kein hektisches Herumgerenne, kein Geschrei und keine Temperamentsausbrüche. Er selber sitzt ruhig und gelassen in seinem Regiestuhl, schaut schweigend zu und sagt nur etwas, wenn es unbedingt sein muß, was einem nervösen und unsicheren Schauspieler durchaus auf die Nerven fallen mag. Gespräche finden fast nur zwischen Hitch und seinem Chefkameramann statt (Leonard South, ein alter Hollywood-Hase, der nur wenige Spielfilme selber fotografiert hat, aber jahrelang Kameramann bei Robert Burks war und sich in Hitchs Technik auskennt), ferner mit seinem ersten Regieassistenten und dem Scriptgirl. Um ihn herum bewegt sich alles fast auf Zehenspitzen, und dauernd hört man Höflichkeitsfloskeln wie: »Entschuldigen Sie bitte . . .«, »Verzeihung«, »Darf ich vielleicht . . .«. Ein Blick genügt, um zu erkennen: Hier ist alles unter Kontrolle, hier weiß jeder genau, was er zu tun hat. Hitch greift nur dann ein, wenn etwas nicht nach Plan verläuft, und das ist praktisch nie der Fall. Deshalb überraschte es mich auch gar nicht, daß von allen Filmen, deren Produktion ich miterlebt hatte, dieser der einzige war, bei dem man für jede Einstellung mit jeweils einem oder höchstens zwei Takes auskam. Als ich Hitch gegenüber einmal erwähnte, wie ungewöhnlich das doch für Hollywood-Verhältnisse sei, meinte er nur knapp: »Wenn man weiß, was man will, und wenn man weiß, wann man es hat, was braucht man dann mehr?«

Einmal zum Beispiel erlebte ich mit, wie er unmittelbar nach einem Presse-Empfang, den er auf einem nachgebauten Friedhof veranstaltet hatte – eine makabre Angelegenheit, wo es Bloody Mary zu trinken gab, die Kellnerinnen Trauerkleidung trugen und die Namen und Geburtsdaten der anwesenden Journalisten in die Grabsteine »eingemeißelt« waren (was man sich zweifellos zur Entschädigung der Hollywood-Presse dafür, daß sie keinen Zugang zu den Dreharbeiten hatte, wie auch zur Pflege von Hitchs Image als makabrem Spaßvogel hatte einfallen lassen) – wie er tatsächlich unmittelbar danach eine ganze Sequenz in zwei nebeneinander stehenden Dekorationen in rund zweieinhalb Stunden herunterdrehte.

Es handelte sich um jene Szene, in welcher der Kidnapper (hier noch Roy Thinnes) und seine Freundin und Komplizin (Karen Black) sich gerade ihren neuesten Coup ausdenken – die Forderung nach einem Riesendiamanten als Lösegeld für einen gekidnappten Geschäftsmann. Das Mädchen, bis zur Unkenntlichkeit verkleidet (fast wie Marnie) mit blonder Perrücke, dunkler Brille und ganz in Schwarz vom flotten Hütchen bis hinunter zu den ausgefallenen, übertrieben hochhackigen Stiefeln, hat sich gerade den Diamanten von der Polizei übergeben lassen und landet nun in einem Polizeihubschrauber, der sie auf ihre unausgesprochene Direktive hin zu einem meilenweit von jeglicher Behausung entfernt liegenden Golfplatz geflogen hat, um die Übergabe perfekt zu machen. Zuerst sehen wir, wie Karen Black in einer Hubschrauber-Attrappe dem Piloten durch Zeichen bedeutet, er solle bleiben, wo er ist, dann wie sie nach einem Signal Ausschau hält, mit einem Revolver in der Hand aussteigt und in der Dunkelheit verschwindet. Danach steigt der Pilot aus und schaut ihr nach, wobei er Blinkzeichen und das Geräusch eines davonfahrenden Wagens wahrnimmt. In der nächsten Einstellung sehen wir Adamson, den Kidnapper, in einem Wald vor einer am Boden liegenden menschlichen Gestalt; Fran geht auf ihn zu und händigt ihm ein Säckchen aus; er macht es auf und schüttet sich den erpreßten Diamanten auf die Handfläche, prüft ihn mit einer Juwelierslupe – in Großaufnahme sehen wir: Auge, Lupe, Diamant. Dann wenden sie sich befriedigt zum Gehen und machen sich unter Zurücklassung des Menschenknäuels durch das dunkle Gehölz davon, ohne ein Wort zu sprechen.

So sieht die eine Sequenz aus, bis auf einen Zwischenschnitt – Blinkzeichen im Wald für das Mädchen – innerhalb der ersten Einstellung von Karen Black. (»Haben wir genügend Zeit dafür?« will der Kameramann hinsichtlich der Art und Weise, wie Hitch die Einstellung angelegt hat, wissen. »Aber ja«, sagt Hitch, »das genügt schon. Ein paar Einzelbilder sind mehr als genug für die Einblendung.«) Der Hubschrauber besteht im Modell lediglich aus der vorderen Hälfte und steht vor einer unglaublich kleinen Rückwand; der Wald darauf hat sozusagen Westentaschenformat und erinnert irgendwie an THE THIRTY-NINE STEPS. Wenn der Pilot nach hinten aus dem Hubschrauber aussteigt und um die vordere Hälfte herumgeht, beträgt der Abstand zwischen ihm und der Rückwand höchstens fünfzehn Zentimeter. Ich spreche mit Hitch darüber, dem das sichtlich gefällt – der ziemlich komplizierte Vorgang, wie Karen Black aus dem Hubschrauber steigt, ist nach ein paar Proben auf Anhieb im Kasten, die Einstellung, wo der Pilot ihr nachfolgt, wegen einer kleinen Änderung seiner Blickrichtung und einer Beschleunigung seiner Reaktionen auf das, was er hört und sieht, erst beim zweiten Take. »Denken Sie daran«, sagt Hitch, »für das Publikum existiert nur das, was es auf der Leinwand sieht. Dabei spielt es keine Rolle, ob die Dekoration nur fünfzehn Zentimeter über das Blickfeld der Kamera hinausreicht oder fünfzehn Kilometer – die Wirkung auf das Publikum bleibt dieselbe. Zu wissen, worauf es in jeder Einstellung ankommt und was man mit ihr verkaufen will, das ist die ganze Kunst.«

Auch der Wald besteht nur aus drei schemenhaft in der Dunkelheit wahrnehmbaren baumartigen Gebilden. Ein Mehr an Dekoration wäre auch völlig unnötig gewesen. Zwar wird die betreffende Szene wie alle anderen klar und deutlich im Drehbuch beschrieben, doch muß Hitch dem Kamerateam hier einiges verdeutlichen. »Was wollen wir mit dieser Einstellung zeigen? Daß da ein Mann liegt, der aber nicht tot ist. Mehr nicht. Aber das muß ganz klar herauskommen.« Die im Script vorgesehenen Einstellungen werden bis zur Naheinstellung planmäßig heruntergedreht. Dann will Hitch lieber doch noch eine Einstellung von der Szene drehen, wie Adamson und Fran kehrtmachen und in der Dunkelheit verschwinden; im Drehbuch waren stattdessen die Reaktionen des Piloten vorgesehen. Die Szene wird sofort gestellt und in einer einzigen Einstellung gedreht, womit die Aufnahmen dieses Tages im Kasten sind – eine Stunde früher als veranschlagt.

In der folgenden Woche wird in San Francisco gedreht, und da liegen die Dinge etwas anders. Die Bedingungen, unter denen man in der Abgeschlossenheit des Ateliers arbeitet, lassen sich nicht auf Außenaufnahmen übertragen. Die Kathedrale, der Sitz des Bischofs von San Francisco, liegt auf dem Nob Hill, direkt neben den Hotels Fremont und Mark Hopkins, und wird trotz ihrer beherrschenden Lage eng von den umliegenden Hochhäusern eingekeilt. Der Kirchenbau, stilistisch der französischen Gotik nachempfunden, besteht originellerweise durchweg aus Eisenbeton, und so paßt denn auch die Gipsstukkatur einer im Studio gebauten Kanzeltreppe so beängstigend gut zu der Betonsäule, um die sie sich spiralförmig emporwindet, daß das an ihr emporgleitende Auge regelrecht erschrickt, sie unvermittelt im Nichts enden zu sehen: Kaum außerhalb des Bildfeldes angelangt, bricht die Treppe unversehens ab. Zwar spielen sich die Aufnahmen überwiegend in einer Ecke des Gotteshauses ab, doch ist es nicht möglich (oder vielleicht auch gar nicht erwünscht), alles drumherum abzusperren. Besucher dürfen ungehindert herumlaufen, vorausgesetzt, sie kommen der Kamera nicht in die Quere. Da es sich bislang noch nicht herumgesprochen hat, daß Hitchcock hier dreht, hält sich die Zahl der Neugierigen in Grenzen. Andererseits stellen die Hunderte von Statisten im Kirchenschiff wie im Domchor einen relativ unberechenbaren Faktor dar.

Die Statisten wollen, wie Statisten überall in der Welt, spielen, wollen aus den wenigen Sekunden, die sie auf der Leinwand zu sehen sind, das Beste machen und gehen in ihrem Eifer soweit, den Meister in Diskussionen über die Motivationen ihres Spiels verwickeln zu wollen. Doch wenn der sich das schon nicht von Paul Newman hat gefallen lassen, dann erst recht nicht von irgendwelchen Statisten. Als die Entführung des Bischofs gedreht wird, wollen ein paar hinten postierte Statisten von Hitch wissen, was genau da vorn vorgeht, damit sie richtig darauf reagieren können. »Können Sie sehen, was da vorgeht?« Nein. »Na, also. Sie können es nicht sehen. Sie merken nur vage, daß da vorn irgendwas im Gange ist. Sie brauchen also außer einer leicht neugierigen Reaktion nichts zu zeigen.« Trotzdem möchten sie mehr zeigen und jede Sekunde, die sie im Bilde sind, auskosten und soviel Spiel wie möglich darin unterbringen. Hitch bleibt freundlich und gelassen, nur einmal wendet er sich mit einem vernichtenden Blick an einen Unglückseligen, der laut redet: »Der Herr da am Ende der ersten Reihe unterhält sich schon die ganze Zeit angeregt mit seiner – mit der Frau, mit der er zusammenlebt. Wollen wir uns doch lieber ein bißchen auf den Fortgang des Geschehens konzentrieren!« Als Hitch dann die Einstellung (nach dem vierten Take) im Kasten hat, geht er kopfschüttelnd ab, grinst vor sich hin und sagt: »Sowas nenne ich, mit Idioten Regie führen.«

Die Entführung selbst wird – wieder genau nach Drehbuch –

dadurch gezeigt, daß sie nicht gezeigt wird. Fran humpelt, bis zur Unkenntlichkeit als alte Dame verkleidet, auf den Bischof zu und wirft sich ihm zu Füßen. Er beugt sich über sie. Adamson eilt ihm als Küster verkleidet zu Hilfe – und das weitere läuft als Kettenreaktion von Momentaufnahmen ab: Adamsons Hand mit einer Injektionsspritze, das Gesicht des Bischofs in Großaufnahme, wie er ohnmächtig wird, Großaufnahme von Frans Kopf, wie sie an der Kamera vorbei aufspringt, Großaufnahme von Frans und Adamsons Händen, wie sie dem Bischof unter die Arme greifen, um ihn wegzuschleppen, ein paar Reaktionen der Gemeinde und des Chors, ein Kameraschuß auf Fran und Adamson, wie sie den Bischof aufrichten, weitere Aufnahmen von Publikumsreaktionen und ein kurzer Blick auf die Flucht der Kidnapper durch eine Seitentür. Eine wahrhaft perfekte Stummfilmtechnik, bestehend aus einer blitzschnellen Abfolge von in sich selbst nahezu statischen Einzeleinstellungen. Schließlich vereinfacht Hitch die Drehbuchversion noch weiter: Die Passagen, wo sich die Hände unter die Arme des Bischofs schieben, werden ebenso herausgenommen wie die aus der Perspektive der Gemeinde gesehene Aufrichtung des Bischofs. Einer plötzlichen Eingebung folgend dreht Hitch noch eine zusätzliche Einstellung, nämlich von Karen Blacks auf dem Fußboden strampelnden Füßen, als sie sich gerade wieder erheben will – eine winzige Einzelheit, die ihn beim Drehen ebenso fesselt wie amüsiert. Und damit hat sich's. »Es kommt einzig darauf an, daß alles in Blitzesschnelle vor sich geht, bevor irgend jemand es recht begreift. Genau das ist die Situation, in der sich auch das Publikum befinden soll.« Und obwohl diese Bilder in Sekundenschnelle an uns vorbeihuschen, legt Hitch doch größten Wert darauf, daß alles genau stimmt, und erklärt den Mitwirkenden in allen Einzelheiten, was jeder von ihnen zu tun hat. Als wir nach Feierabend schon gehen wollen, sieht er sich plötzlich genötigt, genau zu erklären, an welcher Stelle der bischöflichen Arm-Attrappe die Nadel injiziert werden muß: »Das mag ganz unwichtig sein, aber wenn die Nadel nur ein bißchen höher oder tiefer angesetzt wird, schreiben todsicher Dutzende von Ärzten Beschwerdebriefe an das Studio. In diesem Geschäft muß man über alles wenigstens ein bißchen Bescheid wissen.«

Der erste Tag in San Francisco war grau und kalt. Am zweiten aber scheint die Sonne. Die Gelegenheit ist günstig, Bruce Derns

Eintreffen zu filmen. Die Szene wird vom Dach eines gegenüberliegenden Hauses aus gedreht. Die Umstehenden werden unruhig, weil sie keine Kamera erblicken; zwei Damen, die aussehen wie Mutter und Tochter, fragen mich ganz enttäuscht: »Ist das alles – nur wie der da in die Kathedrale geht?« Der da, bemerke ich, sei zufällig der Star des Films, Bruce Dern. »Bruce Dern!« ruft die Tochter und knickt sichtlich zusammen. »Ich hab genau gesehen, wie er mich angeschaut hat. Ich dachte noch, den kennst du doch. Bruce Dern . . .!« Zwischen den Einstellungen unterhalte ich mich mit Hitch und Alma, die wie stets bei seinen Außenaufnahmen mit dabei ist, wenn sie auch inzwischen nur noch selten im Atelier auftaucht. »Vielleicht liegt es daran, daß zu meiner Zeit beim Stummfilm acht oder neun Leute schon ein großes Team waren, aber sechzig Leute dauernd um mich rum, das find ich nicht so schön. Ich stell mir beim Lesen von Hitchs Drehbüchern immer schon den fertigen Film vor, und dann halte ich mich von Anfang der Dreharbeiten an am liebsten ganz heraus, bis der Rohschnitt fertig ist. Dann sehe ich, wieweit meine Vorstellungen mit dem Film übereinstimmen.« Und wieweit stimmen sie gewöhnlich mit ihm überein? »In der Regel ziemlich genau. Aber es gibt immer wieder Überraschungen.« Hitch ist diesmal besonders gesprächig, er redet über Gott und die Welt. Als wir über die Architektur ringsherum sprechen, fragt er mich, ob der Marmorfußboden in der neuen Kathedrale von Coventry inzwischen fertig ist, wie die Stationen des Kreuzwegs von Eric Gill heute aussehen und wie weit die Renovierungen in der Westminster-Abtei gediehen sind, die er seit Jahren nicht besucht habe (obwohl sie der Schauplatz eines seiner berühmtesten Kino-Tode war, als dort Edmund Gwenn in FOREIGN CORRESPONDENT ums Leben kam).

Kurz nach Abschluß der Außenaufnahmen in San Francisco gibt es indessen unerwartete Schwierigkeiten. In einer kurzen Pressemitteilung vom 14. Juni heißt es, die von Roy Thinnes verkörperte Figur des Kidnappers Adamson habe »einer konzeptionellen Änderung unterzogen werden müssen, die ein neues Rollenverständnis verlangt« – weshalb sie nun von William Devane gespielt werde, einem Schauspieler, der durch seine Verkörperung John F. Kennedys in dem TV-Film *The Missiles of October* bekannt geworden war und Roy Thinnes nun ersetzen sollte. Über die Hintergründe dieser plötzlichen Umbesetzung, die Neuaufnahmen erforderlich machte und die bis dahin sehr zügig vorangegangenen Dreharbeiten beträchtlich zurückwarf, gehen die Meinungen auseinander (die Drehzeit war ursprünglich auf achtundfünfzig Tage veranschlagt worden und der Etat auf bescheidene dreieinhalb Millionen Dollar – wovon, wie Hitch schiefmäulig bemerkte, mehr als eine halbe Million als Vergütung für diverse Leistungen draufgegangen seien, die auf der Leinwand nie in Erscheinung treten). Laut *Variety* soll Roy Thinnes nach Meinungsverschiedenheiten mit Hitch gefeuert worden sein, und in einem anderen Blatt wurde Hitch mit den Worten zitiert: »Wenn ich einen Film mache, dann führe *ich* Regie und nicht irgendein Schauspieler.« In Anbetracht von Hitchs absolutem und tiefeingewurzeltem Horror vor Auseinandersetzungen und Krächen erscheint so etwas recht unwahrscheinlich. Eher schon könnte es sein, daß Hitch sein oft verkündetes Prinzip befolgt hat, einen Darsteller, der ihm seiner Meinung nach nicht liefert, was er von ihm erwartet hat, lieber auszuzahlen und mit einem anderen von vorn anzufangen. Was einer Konfrontation am nächsten kam, war eine Szene, die mir ein Augenzeuge geschildert hat: Roy Thinnes stellte Hitch an dessen Stammtisch bei Chasens' während des üblichen Donnerstagabend-Dinners und fragte ihn betrübt: *Warum?* Woraufhin Hitch ebenso betrübt nur immer wieder geantwortet habe: »Weil Sie zu nett für die Rolle waren, zu *nett*.«

Vielleicht auch zu kühl und ohne die von der Rolle geforderte Wildheit. In dieser Hinsicht erwies sich William Devane als vollgültiger Ersatz: Seine linke Gesichtshälfte, die Kennedy-Seite, sieht hübsch und heroisch aus, die rechte dagegen finster und böse, so daß er im Handumdrehen einmal attraktiv und sexy und dann wieder irgendwie unbeherrscht und gefährlich wirken kann, Dr. Jekyll und Mr. Hyde in einer Person. Nach dieser entscheidenden Umbesetzung gingen die Dreharbeiten ohne weitere Mißhelligkeiten vonstatten und wurden am 18. August, nur dreizehn Tage später als geplant, abgeschlossen. Inzwischen hatte man auch einen neuen Titel gefunden: Seit Anfang Juli hieß der Film statt *Deceit* nun FAMILIY PLOT. Warum diese Änderung? Nun, sagte Hitch, man habe Erhebungen darüber angestellt, wie der Titel *Deceit* (Betrug) beim Publikum ankommen würde, und dabei festgestellt, daß die meisten Leute das Wort aus irgendwelchen Gründen mit Ehebruch verbinden und deshalb eine Geschichte erwarten würden, in der ein Ehepartner den anderen umbringt. FAMILY PLOT – natürlich ein Wortspiel, das sowohl auf die heikle Natur familiärer Beziehungen (*plot* = Intrige) wie auch auf die Grabstelle (*family plot* = Familiengrab) auf dem Friedhof anspielt, wo der verschwundene Erbe angeblich begraben ist – war von jemandem aus der Werbeabteilung vorgeschlagen worden, und Hitch fand, wenn er auch nicht begeistert war, daß dieser Titel zumindest nicht völlig irreführend war.

Nach Abschluß der Dreharbeiten blieb naturgemäß noch eine Menge zu tun und auch noch manches zu entscheiden. Die Trickaufnahmen in Sequenzen wie der Autojagd mußten fertiggestellt werden, was Hitch noch manche Kopfschmerzen bereitete. Er hatte sich wider besseres Wissen dazu breitschlagen lassen, dafür ein Blaufilter-Kasch-Verfahren zu benutzen, das die Personen im Vordergrund auf der Kopie mit einem nachträglich woanders aufgenommenen Hintergrund zusammenfügt. Wenn beides nicht haargenau ineinanderpaßt, zieht sich um die Aktionen im Vordergrund leicht eine bläuliche Linie, und Hitch hatte das letztemal mit diesem Verfahren schlechte Erfahrungen gemacht. Doch die Studio-Leitung drängte ihn, es doch noch einmal zu versuchen, es sei in den vergangenen zwölf Jahren grundlegend verbessert worden. Am Ende mußte er jedoch feststellen, daß ihre Hoffnung zu optimistisch gewesen war, und wünschte, er wäre bei der bewährten Rückprojektion geblieben, die, wie er den Herren vorrechnete, im Endeffekt viel weniger gekostet hätte als das auf den ersten Blick billigere Blaufilter-Verfahren, mit dem die betreffenden Szenen immer und immer wieder neu gemacht werden mußten, bis sie schließlich seinen Ansprüchen genügten. Als ich den Film am 7. Januar 1976 zum erstenmal sah, und sogar noch Wochen danach, als die auf den 21. März angesetzte Premiere näher und näher rückte, waren die Arbeiten mit dem Blaufilter-Verfahren immer noch nicht beendet. Schließlich kam aber doch alles tadellos heraus, und am 9. März, wenige Tage vor dem festgesetzten Termin, traf die fertige Kopie ein.

Eher zu den hinausgeschobenen Entscheidungen gehörte die Wahl des Komponisten. Als Hitch mit den Dreharbeiten schon halb fertig war, fragte ich ihn, wer eigentlich die Musik für den Film schrieb. Zu meiner Überraschung angesichts seiner sonstigen Gewohnheit, alles und jedes bis ins letzte Detail vorzubereiten (und angesichts der Bedeutung, die die Musik in vielen seiner Filme gehabt hat), sagte er nur, er wisse es noch nicht (»Vielleicht Maurice Jarre – der ist sehr flexibel«), und erzählte mir dann, wie unzufrieden er mit der Musik gewesen sei, die Henry Mancini für FRENZY geschrieben hatte (und die man nach der Aufnahme hatte wegwerfen und durch eine andere ersetzen müssen). Offensichtlich hatte Hitch sich weder bei den Vorbereitungen zu FRENZY noch zu FAMILY PLOT sonderlich viel Gedanken über die Musik gemacht, die in seinen Überlegungen nur einen relativ kleinen Platz einnahm und immer erst kurz vor der Fertigstellung eines Films seine Aufmerksamkeit fand – dann aber genau seinen Vorstellungen entsprechen mußte. Im vorliegenden Falle ließ er sich mit der Bekanntgabe des Komponisten Zeit bis zum Jahresende, als ohnehin durchgesickert war, daß es John Williams sein sollte, der – ob nun flexibel oder nicht – den Vorzug hatte, ein flinker Arbeiter zu sein sowie der Komponist für Universals damals größten Kassenschlager *Jaws* (»Der weiße Hai«).

Bis zum letzten Moment korrigierte und feilte Hitch noch an manchen Details. Beim Schnitt entschloß er sich, die Reihenfolge einiger Szenen umzustellen, so daß zum Beispiel die Szene, in der Adamson und seine Komplizin hinter Blanche und ihrem Freund hergehen und ein paar Gesprächsfetzen von ihnen aufschnappen, nun vor der Szene kommt, auf die sich das Gespräch ursprünglich bezog (das zweite Treffen mit Miss Rainbird), weshalb der entsprechende Dialog geändert werden mußte. Einiges Hin und Her gab es auch mit einem bestimmten Satz in der Schlußszene, mit dem Ernest Lehman gar nicht glücklich war, da er ihn als allzu eindeutige Anspielung auf Blanches offenbar doch vorhandene hellseherische Fähigkeiten empfand. Er hatte ihn schon bei der Ausarbeitung des Drehbuchs moniert, ohne bei Hitch damit durchgedrungen zu sein, doch nun entschloß sich Hitch, zurückgekehrt von seiner alljährlichen Neujahrs-Pilgerfahrt mit Alma ins Palace Hotel von St. Moritz, diesen Satz nach Lehmans Wünschen zu ändern. Aus größerer Distanz kann man freilich der Ansicht sein, daß der Aufwand die Mühe kaum lohnte. In Wahrheit ist die Schlußszene mit ihrem launischen Anflug von Mystifikation nur ein heiteres Nachspiel, das unser Verständnis des Vorangegangenen nicht ernsthaft beeinträchtigt. Wenn man so etwas überhaupt machen will, kann man es getrost auch gleich richtig machen und die dramaturgische Logik fahrenlassen. Gleichwohl spricht die Tatsache, daß Alfred Hitchcock, nie mit dem Erreichten zufrieden, noch im allerletzten Moment solche Änderungen vornahm, für sich selbst.

Family Plot sollte ursprünglich zu Ostern 1976 gestartet werden. Als sich jedoch im Dezember 1975 die Möglichkeit abzeichnete, den Film zur Eröffnung der Filmex, des Internationalen Filmfestivals von Los Angeles, schon am 21. März 1976 herauszubringen, griff Universal den Gedanken sofort auf und zog den Termin für die Auslieferung der endgültigen Kopie entsprechend vor. Am 18. März fand die erste Preview vor Publikum in der University of Southern California statt. Hitch war persönlich anwesend, sagte ein paar einführende Worte und freute sich sehr über die Aufnahme des Films bei dem studentischen Publikum. »Die haben jede Feinheit mitgekriegt.« Mit gleicher, wenn auch nicht ganz so sachkundiger Begeisterung wurde Family Plot bei der Eröffnung des Filmfestivals aufgenommen. Die Premiere war Teil einer großen Galaveranstaltung mit Feuerwerk, dressierten Elefanten und dergleichen mehr sowie einem anschließenden Wohltätigkeits-Dinner, in dessen Verlauf Hitch aus der Hand von James Stewart den neugeschaffenen Filmex-Preis erhielt, woraufhin er mit Bezug auf die viereckige Form der Auszeichnung launig bemerkte, er hoffe, das sei keine Anspielung auf ihn und sein Werk, aber man könne darin ja auch einen Würfel mit einem einzigen Punkt sehen: ihn selber.

Nach dieser so erfolgreichen Premiere wurden die offiziellen Erstaufführungen in den Kinos auf Ostern festgesetzt. Universal kurbelte also seine Publicity-Maschinerie an, und Hitch rührte die Werbetrommel kräftig mit. Da er keine Lust hatte, viel mit dem Film herumzureisen, begann der Feldzug mit einer einzigartigen, über alle Fernsehstationen von Küste zu Küste übertragenen Pressekonferenz. Die Sitzung begann um neun Uhr morgens (Los Angeles-Zeit) in Studio 5 der NBC in Burbank. Hitch war frisch und munter und hervorragend in Form, und wenn sich auch viele Fragen im Rahmen des Üblichen hielten, so nicht unbedingt alle seine Antworten. Unentwegt wiederholte er, wie wenig er von symbolischen Interpretationen seiner Filme halte, wich zum x-ten Male höflich der nicht totzukriegenden Frage nach der Stichhaltigkeit seines Vergleichs zwischen Schauspielern und Rindviechern aus, und sagte in Befolgung seines Grundsatzes, Klischees zu vermeiden, ein paar alltägliche Dinge in nicht-alltäglicher Form. Einer etwa fragte ihn, in welchem Alter sich ein Hollywood-Regisseur zur Ruhe setzen sollte. »Ich würde sagen, so bei Spule zwölf.« Ob er sich denn zur Ruhe setzen wolle? »Was ist Ruhe?« Nein, für seinen nächsten Film habe er noch keinen Stoff im Auge. Aber ja, den vierundfünfzigsten wolle er auf alle Fälle machen. Auf die Gratulation zu seiner und Almas bevorstehenden Goldenen Hochzeit erwiderte er, sie erfreuten sich beide einer ausgezeichneten Gesundheit »und eines reinen Gewissens« (merkwürdige Ideenassoziation, murmelte jemand). Die allerletzte Frage schien ihn ein bißchen aus dem Gleichgewicht zu bringen: A propos *Familiengrab*, wollte eine Dame wissen, ob er sich schon Gedanken darüber gemacht habe, was dereinst auf seinem Grabstein stehen sollte? Hitch überlegte: »Nun, ich glaube so etwas wie: Da siehst du, was einem passieren kann, wenn man als Kind nicht artig war.« Ein Gag natürlich – und doch auch noch immer die alten Ängste, noch immer die alten Schuldgefühle, sogar noch nach siebzig Jahren.

Epilog

»Was man von Hitchcock hält, hängt davon ab, was man vom Kino hält«, hat einmal einer seiner Autoren gesagt. Und es fällt auf, wie viele Berichte über Hitchcock und Szenen aus seinem Leben zu unterstellen scheinen, daß er selbst ein Stück Kino sei. Nicht so sehr, um mit Isherwood zu sprechen, eine Kamera, die alles aufnimmt, was sie sieht, sondern daß er – Subjekt, Objekt und Medium in einem – aus sich selbst einen Film gemacht habe. Seine Reaktionen werden Bild für Bild geschildert, seine Erinnerungen haben die Form und Schärfe eines durch den Sucher anvisierten Geschehens – freilich von jemand anderem anvisiert, da er selbst niemals durch den Sucher schaut. Warum sollte er auch? Wenn er einen bestimmten Film zu drehen beginnt, hat er ihn bereits völlig in sich aufgesogen, braucht er ihn nur noch zu denken und eine Linie um seine Gedanken zu ziehen. Seine Filme sind seine Phantasien – für einen sehr privaten Menschen (der er ist) ist er auch ein erstaunlich öffentlicher Mensch, der seine innersten Regungen ausstellt, so daß alle sie sehen können. Nacktheit aber ist, wie wir wissen, die beste Tarnung. Kraft seines schöpferischen Prozesses sind seine Filme, auch wenn er sich noch so sehr in ihnen verwirklicht, immer auch etwas anderes: autonome Kunstwerke, die mehr den Regeln der Kunst gehorchen als denen des Lebens, und es empfiehlt sich ein tiefes Mißtrauen gegen die naive Annahme, seine Filme seien leicht zu handhabende Patentschlüssel zu seinem Charakter.

Denn Hitchcocks Filme sind, mögen sie in gewissem Sinne auch eine Beichte sein, zugleich eine Waffe – die Waffe, mit der ein schüchterner Mensch eine feindliche Umwelt unter Kontrolle zu bringen versucht. Das Verhältnis zwischen einem Filmemacher und seinem Publikum – und besonders das zwischen Hitchcock und seinem Publikum – ist bis zu einem gewissen Grade ein Kräftemessen, dessen Ausgang davon abhängt, inwieweit der Filmemacher das Publikum mit Hilfe des Films zu lenken vermag. Der Film ist ein Instrument zur Beeinflussung von Menschen: Viel wichtiger als das, was auf die Leinwand ihres Kinos projiziert wird, ist das, was auf den Bildschirm ihrer Seelen projiziert wird. Nicht von ungefähr hat sich Hitchcock einmal eine Zukunft ausgemalt, in der man gar keine Filme mehr zu machen braucht, sondern die Zuschauer einfach mit Elektroden an eine riesige Orgel anschließt, um dann nach Belieben auf ihr mit ihnen zu spielen – man drückt diese Taste, und sie lachen, man drückt jene, und sie stöhnen. Doch wie auch immer, in jedem Fall bringt der Filmemacher die Menschen dahin, wo er sie haben will, kann er ihre Reaktionen beherrschen und voraussehen. Wie ganz anders als im täglichen Leben!

Soviel anders nun freilich auch wieder nicht, wenn Hitchcock die Hand im Spiel hat. Seit seinen frühsten Tagen im Kino hat man stets die vollendete Ruhe gerühmt, die perfekte Kontrolle der Arbeitsbedingungen, die er sich schafft. Seine Höflichkeit, seine Gelassenheit, die absolute Korrektheit seiner Kleidung und seines Auftretens sind mittlerweile zum Fetisch geworden. Einmal wurde er gefragt, was er wohl täte, wenn mitten in einer langen und schwierigen Aufnahme ein Techniker niesen oder einen Hammer fallen lassen würde: »Ich würde ›Aus!‹ sagen, würde in die Richtung des Mannes schauen, der da geniest hat, und erwarten, daß er nicht mehr da ist.« Einmal war bei den Aufnahmen zu PSYCHO mitten in einer Einstellung der Film ausgegangen. Kein Wort fiel, absolut nichts, aber für den Rest des Tages herrschte im Atelier eine Atmosphäre der Furcht. Zwar glaubt Hitchcock, er könne nicht wütend werden (wütend sein, mag er mit Alexander Pope sagen, heißt die Fehler anderer an sich selber rächen), doch in Wahrheit hat er es gar nicht mehr nötig. Selbst in seiner Häuslichkeit und in seinem geselligen Leben hat Hitchcock in jahrelangem Bemühen alles daran gesetzt, noch die kleinste Kleinigkeit in den Griff zu kriegen, soweit wie möglich alles Unvorhersehbare und womöglich Unerfreuliche von vornherein auszuschalten. Sein Freundeskreis ist klein, und jeder einzelne kennt seinen Platz. Hitchcock tritt nicht als Diktator auf, weil er es nicht mehr nötig hat – er spricht über nichts, wozu er keine Lust hat, er nimmt nichts in Angriff, worauf er sich nicht gründlich vorbereitet hat, und das genügt. Er tritt einem mit der ausgesuchtesten Höflichkeit entgegen, doch man merkt rasch, daß man, wenn man das Spiel des Lebens mit ihm spielen will, es nach seinen Regeln spielen muß. Und da diese Regeln sehr fair und nobel sind, kann man kaum etwas dagegen tun.

Es liegt auf der Hand, daß dies alles eine ausgeklügelte Abwehr ist, eine Strategie, um mit den Schrecknissen des Lebens fertig zu werden, ein Schutzwall, den sich Hitchcock in mühevoller Kleinarbeit über die Jahre hin um sich herum errichtet hat. Er hat sich mehr und mehr von der Außenwelt isoliert, um uneingeschränkt Regie zu führen in seiner kleinen, sicheren und berechenbaren Privatwelt. In der es freilich an Herausforderungen nicht mangelt, die keineswegs tot ist. Denn stets gibt es da die Herausforderungen, die er sich selber stellt, um sich in seinen Filmen an ihnen abzuarbeiten – nie steht sein Geist still, nie begnügt er sich mit dem Weg des geringsten Widerstandes, den die Kunstfiguren im Kino gehen. Und dann ist da ja auch noch Alma, sein perfektes Gegenstück, das einzige große unlenkbare, unberechenbare Element in seinem Leben. Vor allen Angst zu haben, kommt im Grunde auf dasselbe hinaus wie vor niemandem Angst zu haben, und manche behaupten, Alma sei der einzige Mensch, vor dem Alfred Hitchcock in dieser Welt wirklich Angst empfindet. Nicht so sehr Angst, möchte man meinen, als tiefe Besorgtheit um sie und ehrlichen Respekt vor ihren Reaktionen. Denn sie ist mit Sicherheit die einzige auf der Welt, die sich überhaupt nicht vor ihm fürchtet, die ihm frei heraus sagt, was sie von seiner Arbeit hält (mit der Autorität einer Kollegin, die sogar schon länger im Filmgeschäft ist als er) und die, jederzeit gewärtig, daß ihm ihre Meinung nicht paßt, eisern an ihren Überzeugungen festhält. Wenn es auch eine sentimentale Übersimplifizierung wäre zu behaupten, er habe in den letzten fünfzig Jahren »alles nur für Alma getan«, so ist doch diese Art Sentimentalität dem angeblich so abgebrühten, zynischen Hitch gar nicht so fremd, wie man meinen möchte.

Gleichwohl ist der Hitch, von dem sich fast alle seine Freunde und Mitarbeiter so sehr eingeschüchtert fühlen, in Wirklichkeit höchst verletzlich. Nicht von ungefähr ist das durchgängige Thema seiner Filme die Angst; zu tief haben ein strenger Vater und eine erdrückende Mutter, dazu jesuitische Lehrer und frühe Erlebnisse ihm Furcht in die Seele gepflanzt. Wohl zitiert er gerne Sardous Theaterrezept »Quäle die Heldin!«, doch ungeachtet dieser klassischen Autorität erscheinen die Haltungen zum Sex in seinen Filmen diktiert von einer erschrockenen Fasziniertheit und extremen Nervosität vor dem Unbekannten; die für seine Filme typische schlechte Behandlung seiner Heldinnen hat nichts mit persönlichem Frauenhaß zu tun, sehr viel hingegen mit der Errichtung eines Rituals, das Ungreifbare in den Griff zu bekommen, mit einer Möglichkeit, Impulse und Emotionen auszuleben, die andernfalls seiner Kontrolle entgleiten würden; nicht Abneigung gegen Frauen, sondern Angst vor sich selbst, dem braven katholischen Jungen, im Verhältnis zu Frauen. Seine Angst vor Behörden mag sich, unzureichend, aus der Geschichte mit seiner Inhaftierung im Kindesalter »erklären« lassen, doch ist das gewiß nur ein Teilaspekt all dessen, was an inneren Einstellungen von seiner frühesten Kindheit an bis auf den heutigen Tag in ihm nachwirkt.

Angst bestimmt selbst die Wurzeln seines Humors. Seine Streiche sind Mittel zur Kommunikation, Methoden, die Dinge so zu deichseln, daß der Deichsler die Oberhand gewinnt und das Heft in der Hand behält. In seinen Filmen ist zudem der Humor stets unlösbar mit dem Schrecken gekoppelt. Nach einer Preview von SHADOW OF A DOUBT ärgerte sich der Komponist Dmitri Tiomkin darüber, daß die Zuschauer an ein paar Stellen kicherten, wo es seiner Meinung nach nichts zu kichern gab. Nicht so Hitch: Er freute sich darüber, zeigte es ihm doch, daß ihnen das Geschehen wirklich an die Nieren ging. Oft liegen ja auch Kichern und Stöhnen nicht gar so weit auseinander – Schock und Unbehagen können beides auslösen. Hitchcocks Humor ist eine Waffe wie jede andere. Das erklärt vielleicht auch seine Bereitwilligkeit, mit der er sich, so sorgsam er sonst auf seine Würde bedacht sein mag, für die lächerlichsten Reklamemätzchen hergibt, wenn es um Publicity geht. Hitchcock neben einem Bernhardiner hockend mit einem Schnapsfäßchen um den Hals; Hitchcock inmitten von Schwänen, wie er sich für THE BIRDS »entschuldigt«; Hitchcock im Regen, wie er unter einem durchsichtigen Schirm in Mailand ein Niesen markiert; Hitchcock verkleidet als Königin Victoria; Hitchcock im Knabenanzug als böses Riesenbaby ... Wie kann er nur?! Nun, offenbar weil er die Zügel fest in der Hand hat: Seine Würde ist etwas, worauf er ohne weiteres verzichten kann (das könnte ein Anzeichen dafür sein, daß er im Grunde sein Publikum verachtet), was er sich aber von niemand anderem nehmen ließe. Außerdem erfüllen diese Mätzchen natürlich ihren Werbezweck und bezeugen damit sein außerordentliches Talent, sich und seine Filme zu verkaufen.

Das einzige noch viel Außerordentlichere ist sein Talent, das, was er verspricht, auch zu liefern. Darin läßt er sich entfernt mit einer ansonsten ganz anders gearteten Figur der heutigen Kunstszene vergleichen: mit Andy Warhol. Beide sind vollendete Selbstdarsteller, die ihren Publicity-Ansprüchen vollauf gerecht werden; beide legen den Beweis dafür ab, daß ernsthaftes Künstlertum nicht unvereinbar sein muß mit Popularität und einem geschärften Aktualitätssinn. Darüber hinaus sind beide, wenn sie auch behaupten, von kaufmännischen Dingen wenig zu verstehen, sichtlich gewiefte Geschäftsleute. Hitch ist mit seinen Filmen, seinen Fernseh-Shows, seinen Büchern, seinem Grusel-Magazin und allen sonstigen kommerziellen Aktivitäten, auf die er sich im Lauf der Jahre eingelassen hat, ein steinreicher Mann geworden – so reich, daß er, während er seinem Agenten die übliche Provision zahlt, seinem Geschäftsführer stolze 250 000 Dollar pro Jahr auszahlen kann. Das muß ihm eine Art Sicherheitsgefühl geben, besonders da die Hitchcocks in ihrem verhältnismäßig kleinen Haus in Bel Air (das nun wieder ihr einziges Heim ist, seit ihnen die Fahrt zu ihrem Haus bei Santa Cruz mit der Zeit zu beschwerlich wurde) stets sehr bescheiden gelebt haben. Gleichwohl kann materieller Wohlstand die Dämonen der Unsicherheit nicht bannen. Selbst eine so harmlose Sache wie sein erster Auftritt vor Studenten der University of Southern California, die ihn eingeladen hatten, erfüllte ihn derart mit Schrecken, daß er vorher umständliche Arrangements traf, sich nach einer halben Stunde durch einen wichtigen Anruf herausholen zu lassen – obwohl er dann, als er erst einmal zu reden begonnen hatte, rundum glücklich war und drei Stunden lang blieb. Der achtzigjährige Hitchcock scheint heute mit dem Leben und den Menschen nicht besser zurandezukommen als einst der zwanzigjährige.

Was ist nun die wirkliche Wurzel dieses tiefen Unsicherheitsgefühls? Hitch selbst, der dafür bekannt ist, gern seine Analytiker zu zitieren (wenn auch nicht unbedingt ihnen zu glauben), neigt dazu, seine religiöse Erziehung dafür verantwortlich zu machen. Doch es ist nicht leicht, Legende und Spekulation von den Tatsachen zu trennen. Nur weil eine Erklärung gerade paßt, braucht sie noch nicht unbedingt zu stimmen. Und man kann sich zweifellos fragen, wieviel Alfred Hitchcock seine Religion, der so manche

Kommentatoren soviel Bedeutung beigemessen haben, je wirklich bedeutet hat, wie tief sie wirklich die Ausbildung seiner Denkmuster geprägt hat. Die Antwort scheint allerdings zu lauten, mag es auch manche enttäuschen: mehr und tiefer, als er es seine Umwelt meist ahnen ließ. Der zynische Spaßvogel (der zuweilen sogar über die Kirche und ihre Institutionen herzog) ist stets ein regelmäßiger Kirchgänger gewesen. Es hatte ihm sichtlich viel daran gelegen, daß Alma vor ihrer Heirat zum Katholizismus übertrat, und Pat wurde ganz im Glauben ihrer Eltern erzogen. In gewisser Weise scheint er seine eigene Erziehung zu hassen. Kürzlich überraschte er auf einer Autofahrt in der Schweiz seinen Mitfahrer, als er plötzlich ausrief: »Das ist das Schrecklichste, was ich je gesehen habe«, wobei er auf einen kleinen Jungen zeigte, der mit einem Priester die Straße entlang ging, welcher, die Hand auf seiner Schulter, eindringlich auf ihn einsprach. Hitch beugte sich aus dem Wagen und rief: »Lauf, Kleiner, lauf – lauf um dein Leben!« – Als er zu Beginn der siebziger Jahre einmal in Rom war, arrangierten seine Gastgeber, in der Meinung, ihm eine Freude zu machen, für ihn eine Audienz beim Papst. Hitch aber lehnte dankend ab. »Was soll ich machen«, sagte er, »wenn der Heilige Vater mir nun sagt, ich solle doch, bei all dem Sex und der Gewalt in dieser Welt, endlich aufhören?« Nur ein Gag, vielleicht, und doch wahrscheinlich keiner. Denn was würde ein treuer Sohn der Kirche dann machen? Besser, er geht das Risiko gar nicht erst ein.

Es muß aber wohl eine Art Philosophie geben, der Alfred Hitchcock anhängt. Vielleicht, wie manche meinen, eine von der Art »Was wäre, wenn . . .?« Den katholischen Glauben hat man ihm im Kindesalter eingepaukt (Gebt uns die ersten sieben Jahre, sagen die Jesuiten). Das mag durchaus sein, und es wäre dumm, die Möglichkeit zu ignorieren. In jedem Falle braucht der Mensch etwas, woran er glaubt. Doch wer könnte sich, wenn man es so sieht, ganz sicher sein? Höchstwahrscheinlich nicht einmal das nichtbetroffene Subjekt der Spekulation. In Hitchcocks Leben gibt es nur zwei Dinge, die außer allem Zweifel stehen: seine unverbrüchliche Liebe zu Alma und seine totale Hingabe ans Kino. »Der wahre Alfred Hitchcock existiert nicht außerhalb seines Werkes.« Das könnte sein. Doch dann existiert offenbar auch kein wahrer Johann Sebastian Bach außerhalb seines Werkes. Und der wahre William Shakespeare? Und spielt das überhaupt eine Rolle? Es gibt einen wahren Alfred Hitchcock, der dem wahren Alfred Hitchcock vollauf genügt. Und für uns andere zählt nur sein Werk. Alfred Hitchcock hat fünfzig Jahre seines Lebens daran gearbeitet, ein Film zu werden, als Künstler ganz in seiner Kunst aufzugehen. Nach der Lebendigkeit seines letzten Films zu urteilen und nach der Energie, mit der er den Stoff für seinen nächsten sucht, kann der Prozeß noch ewig so weitergehen.

Filmographie

Die Titel der von Hitchcook inszenierten Filme sind in Versalien gesetzt.
Die Abkürzungen bedeuten: P Produzent (Producer) · AP Associate Producer · R Regisseur · Ra Regieassistent · B Buch · K Kamera · F Farbverfahren · Fb Farbberater · Tr Tricks · S Schnitt · Bt Bauten (Art Director) · M Musik · Kst Kostüme · T Ton · Te Titelentwurf · D Darsteller.

Stummfilme

1922

Number Thirteen (nicht beendet)
W & F · P Hitchcock · K Rosenthal · D Clare Greet, Ernest Thesiger.

Always Tell Your Wife
Als der Regisseur erkrankte, wurde der Film von Hitchcock und Seymour Hicks, dem Hauptdarsteller, beendet.

Woman to Woman
Balcon-Saville-Freedman. England · P Michael Balcon · R Graham Cutts · B Graham Cutts, Hitchcock, n. e. Stück v. Michael Morton · K Claude L. McDonnell · Ra, Bt Hitchcock · S Alma Reville · D Betty Compson (Daloryse), Clive Brook (David Compos, David Anson-Pond), Josephine Earle, Marie Ault, M. Peter.

1923

The White Shadow
Balcon-Saville-Freedman. England · P Michael Balcon · R Graham Cutts · B Michael Morton · K Claude L. McDonnell · Bt S Hitchcock · D Betty Compson, Clive Brook, A. B. Imeson, Henry Victor, Daisy Campbell, Olaf Hytton.

1924

The Passionate Adventure
Gainsborough. England · P Michael Balcon · R Graham Cutts · Ra, Bt Hitchcock · B Hitchcock und Michael Morton, n. e. Roman v. Frank Stayton · K Claude L. McDonnell · D Alice Joyce, Clive Brooks, Lillian Hall-Davies, Marjorie Daw, Victor McLaglen, Mary Brough, John Hamilton, J. R. Tozer.

1925

The Blackguard
Gainsborough/UFA. England/Deutschland · P Michael Balcon · AP Erich Pommer · R Graham Cutts · Ra, Bt Hitchcock, B Hitchcock, n. e. Roman v. Raymond Paton · D Walter Rilla, Jane Novak, Bernard Goetzke, Frank Stanmore, Rosa Valetti, Dora Bergner, Fritz Alberti.

The Prude's Fall
Balcon-Saville-Freedman. England · P Michael Balcon · R Graham Cutts · B, Ra, Bt Hitchcock · D Betty Compson.

THE PLEASURE GARDEN
Gainsborough/Münchener Lichtspielkunst. England/Deutschland · P Michael Balcon · Ra Alma Reville · B Eliot Stannard, n. e. Roman v. Oliver Sandys · K Baron Vintimiglia · Bt Ludwig Reiber · D Virginia Valli (Patsy Brand), Carmelita Geraghty (Jill Cheyne), Miles Mander (Levet), John Stuart (Hugh Fielding), Ferdinand Martini, Florence Helminger, Georg H. Schnell, Karl Falkenburg.

1926

THE MOUNTAIN EAGLE
Gainsborough/Münchener Lichtspielkunst. England · P Michael Balcon · B Eliot Stannard · K Baron Vintimiglia · Bt Willy und Ludwig Reiber · D Bernhard Goetzke (Pettigrew), Nita Naldi (Beatrice), Malcolm Keen (John Fulton), Ferdinand Martini.

THE LODGER – A STORY OF THE LONDON FOG

Gainsborough. England · P Michael Balcon · Ra Alma Reville · B Hitchcock, Eliot Stannard, n. e. Roman v. Mrs. Belloc Lowndes · K Baron Vintimiglia · Bt Wilfred Arnold, Bertram Evans · S Ivor Montagu · D Ivor Novello (der Mieter), June (Daisy Bunting), Marie Ault (Mrs. Bunting), Arthur Chesney (Mr. Bunting), Malcolm Keen (Joe Betts, der Polizist).

1927

DOWNHILL

Gainsborough. England · P Michael Balcon · B Eliot Stannard, n. e. Stück v. Ivor Novello und Constance Collier · K Claude L. McDonnell · Ra Frank Mills · S Lionel Rich, Ivor Montagu · Bt Bert Evans · D Ivor Novello (Roddy Berwick), Ben Webster (Doctor Dowson), Robin Irvine (Tim Wakely), Sybil Rhoda (Sybil Wakely), Lilian Braithwaite (Lady Berwick).

EASY VIRTUE

Gainsborough. England · P Michael Balcon · B Eliot Stannard, n. e. Stück v. Noel Coward · K Claude L. McDonnell · S Ivor Montagu · D Isabel Jeans (Laurita Filton), Franklin Dyall (M. Filton), Eric Bransby Williams, Ian Hunter.

THE RING

British International Pictures. England · P John Maxwell · Ra Frank Mills · K Jack Cox · Bt C. Wilfred Arnold · D Carl Brisson (Jack Sander), Lillian Hall-Davies (Nelly), Ian Hunter (Bob Corby), Forrester Harvey (Harry), Harry Terry, Gordon Harker, Billy Wells.

1928

THE FARMER'S WIFE

British International Pictures. England · P John Maxwell · Ra Frank Mills · B Eliot Stannard, n. e. Stück v. Eden Philpotts · K Jack Cox · S Alfred Booth · D Lillian Hall-Davies (Araminta Dench), Jameson Thomas (Samuel Sweetland), Maud Gill (Thirza Tapper), Gordon Harker (Churdles Ash), Louise Pounds, Olga Slade, Antonia Brough. 67 Minuten.

Champagne
British International Pictures. England · P John Maxwell · B Eliot Stannard, n. e. Erzählung v. Walter C. Mycroft, adaptiert v. Hitchcock · K Jack Cox · Bt C. Wilfred Arnold · D Betty Balfour (Betty), Gordon Harker (ihr Vater), Ferdinand von Alten, Jean Bradin, Jack Trevor, Marcel Vibert.

The Manxman
British International Pictures England · P John Maxwell · Ra Frank Mills · B Eliot Stannard, n. e. Roman v. Sir Hall Caine · K Jack Cox · S Emile de Ruelle · Bt C. Wilfred Arnold · D Carl Brisson (Pete), Malcolm Keen (Philip), Anny Ondra (Kate), Randle Ayrton (ihr Vater), Clare Greet.

Tonfilme

1929

Blackmail (Erpressung)
British International Pictures. England · P John Maxwell · Ra Frank Mills · B Hitchcock, Benn W. Levy, Charles Bennett, n. e. Stück v. Charles Bennett · S Emile de Ruelle · Dialog Benn W. Levy · K Jack Cox · Bt Wilfred C. Arnold, Norman Arnold. M. Campell und Connely, beendet u. arrangiert v. Hubert Bath u. Henry Stafford, aufgeführt v. British Symphony Orchestra unter d. Leitung v. John Reynders · D Anny Ondra (Alice White), Sara Allgood (Mrs. White), John Longden (Frank Webber, der Polizist), Charles Paton (Mr. White), Donald Calthrop (Tracy), Cyril Ritchard (der Künstler).

1930

Elstree Calling
British International Pictures. England · *Oberleitung* Adrian Brunel · R Hitchcock, André Charlot, Jack Hulbert, Paul Murray · S Emile de Ruelle, A. C. Hammond · B Val Valentine · K Claude Friese-Greene · M Reg Casson, Vivian Ellis, Chick Endor. Verse Ivor Novello, Jack Strachey · T Alec Murray.

JUNO AND THE PAYCOCK

British International Pictures. England · P John Maxwell · B Hitchcock, Alma Reville, n. d. Stück von Sean O'Casey · K Jack Cox · S Emile de Ruelle · Bt Norman Arnold · D Sara Allgood (Juno), Edward Chapman (Captain Boyle), Sidney Morgan (Joxer), Marie O'Neill (Mrs. Madigan). 85 Minuten.

MURDER

British International Pictures. England · P John Maxwell · Ra Frank Mills · B Alma Reville, n. d. Stück v. Clemence Dane u. Hellen Simpson, *Enter Sir John* · K Jack Cox · S Emile de Ruelle, René Harrison · Bt John Mead. T Cecil B. Thorton · D Herbert Marshall (Sir John Menier), Nora Baring (Diana Baring), Phyllis Konstam (Dulcie Markham), Edward Chapman (Ted Markham), Miles Mander (Gordon Druce), Esmé Percy (Handel Fane), Donald Calthrop (Ion Stewart). 92 Minuten.

MARY (SIR JOHN GREIFT EIN) (deutsche Fassung von MURDER)

Wie oben, außer: D Alfred Abel, Olga Tschechowa, Paul Graetz, Lotte Stein, Ekkehard Arendt, Jack Mylong-Münz, Louis Ralph, Hermine Sterler, Fritz Alberti, Hertha v. Walter.

1931

THE SKIN GAME (BIS AUFS MESSER)

British International Pictures. England · P John Maxwell · B Hitchcock, n. d. Stück v. John Galsworthy · *Zusätzlicher Dialog* Alma Reville · K Jack Cox, Charles Martin · S René Harrison. A. Gobbett · D Edmund Gwenn (Mr. Hornblower), Jill Esmond (Jill), John Longden (Charles), C. V. France (Mr. Hillcrest), Helen Haye (Mrs. Hillcrest), Phyllis Konstam (Chloe), Frank Lawton (Rolfe). 85 Minuten.

1932

RICH AND STRANGE

British International Pictures. England · P John Maxwell · B Alma Reville, Val Valentine, n. e. Thema v. Dale Collins · K Jack Cox, Charles Martin · S Winifred Cooper u. René Harrison · Bt

C. Wilfred Arnold · M Hal Dolphe, dirigiert v. John Reynders · T Alec Murray · D Henry Kendall (Fred Hill), Joan Barry (Emily Hill), Betty Amann (die »Prinzessin«), Percy Marmont (Gordon), Elsie Randolph (die alte Dame). 83 Minuten.

NUMBER SEVENTEEN
British International Pictures. England · P John Maxwell · B Hitchcock, n. d. Stück u. d. Roman v. Jefferson Farjeon · K Jack Cox. · D Léon M. Lion (Ben), Anne Grey (das Mädchen), John Stuart (der Polizist), Donald Calthrop, Barry Jones, Garry Marsh.

Lord Camber's Ladies
British International Pictures. England · P Hitchcock · R Benn W. Levy · B Benn W. Levy, n. e. Stück v. Horace Annesley Vachell · D Gertrude Lawrence (Lady Camber), Sir Gerald du Maurier (Lord Camber), Benita Hume, Nigel Bruce.

1933

WALTZES FROM VIENNA
Tom Arnold. England · B Alma Reville, Guy Bolton, n. e. Stück v. Guy Bolton · Bt Alfred Junge, Peter Proud · M Johann Strauss, Elder und Younger · D Jessie Metthew (Rasi), Esmond Knight (Schani Strauss), Frank Vosper (der Prinz), Fay Compton (die Gräfin), Edmund Gwenn (Johann Strauss d. Ä.), Robert Hale (Ebezeder), Hindle Edgar (Leopold), Marcus Barron (Drexter). 80 Minuten.

1934

THE MAN WHO KNEW TOO MUCH
Gaumont British. England · P Michael Balcon P2 Ivor Montagu · B A. R. Rawlinson, Edwin Greenwood, n. e. Entwurf v. Charles Bennett u. D. B. Wyndham-Lewis · *Zusätzl. Dialog* Emlyn Williams · K Curt Courant · S H. St. C. Stewart · Bt Alfred Junge u. Peter Proud · M Arthur Benjamin, dirigiert v. Louis Levy · D Leslie Banks (Bob Lawrence), Edna Best (Jill Lawrence), Peter

Lorre (Abbott), Frank Vosper (Ramon Levine), Hugh Wakefield (Clive), Nova Pilbeam (Betty Lawrence), Pierre Fresnay (Louis Bernard). 74 Minuten.

1935

THE THIRTY-NINE STEPS (39 STUFEN)

Gaumont British. England · P Michael Balcon · AP Ivor Montagu · B Charles Bennett, Alma Reville, n. d. Roman v. John Buchan · *Zusätzl. Dialog* Jan Hay · K Bernard Knowles · S Derek N. Twist · Bt Otto Werndorff, Albert Jullion · M Louis Levy · Kst J. Strassner · T Albert Birch · D Madeleine Carroll (Pamela), Robert Donat (Richard Hannay), Lucie Mannheim (Miss Smith-Annabella), Godfrey Tearle (Professor Jordan), Peggy Ashcroft. 87 Minuten.

1936

THE SECRET AGENT

Gaumont British. England · P Michael Balcon · AP Ivor Montagu · B Charles Bennett, n. e. Stück v. Campbell Dixon, nach Somerset Maughams *Ashenden* · Dialog Ian Hay, Jesse Lasky jr. · K Bernard Knowles · S Charles Frend · Bt Otto Werndorff, Albert Jullion · M Louis Levy · Kst Strassner · T Philip Dorté · D Madeleine Carroll (Elsa Carrington), John Gielgud (Richard Ashenden), Peter Lorre (der Mexikaner), Robert Young (Robert Marvin), Lilli Palmer, Michael Redgrave. 83 Minuten.

SABOTAGE

Shepherd/Gaumont-British Picture. England · P Michael Balcon · AP Ivor Montagu · B Charles Bennett, n. *The Secret Agent* v. Joseph Conrad · *Dialog* Ian Hay, Helen Simpson, E. V. H. Emmett · K Bernard Knowles · S Charles Frend · Bt Otto Werndorff u. Albert Jullion · M Louis Levy · Kst J. Strassner · T A. Cameron · D Sylvia Sidney (Sylvia Verloc), Oscar Homolka (Verloc), Desmond Tester (Sylvias Bruder), John Loder (Ted, der Polizist), Joyce Barbour (Renée). 77 Minuten

1937

YOUNG AND INNOCENT
Gainsborough/Gaumont-British Pictures. England · P Edward Black · B Charles Bennett, Alma Reville, n. e. Roman v. Josephine Tey · K Bernard Knowles · S Charles Frend · Bt Alfred Junge · M Louis Levy · D Derrick de Marney (Robert Tisdall), Nova Pilbeam (Erica), Percy Marmont (Colonel Burgoyne), Edward Rigby (Old Bill), Mary Clare (Ericas Tante), John Longden (Kent), George Curzon (Guy), Basil Radford (Onkel Basil). 84 Minuten.

1938

THE LADY VANISHES (EINE DAME VERSCHWINDET)
Gainsborough Pictures · P Edward Black · B Sidney Gilliat, Frank Launder, n. e. Roman v. Ethel Lina White · *Zusätzlicher Dialog* Alma Reville · K Jack Cox · S Alfred Roome, R. E. Dearing · Bt Alec Vetchinsky, Maurice Carter, Albert Jullion · M Louis Levy · T Sidney Wiles · D Margaret Lockwood (Iris Henderson), Michael Redgrave (Gilbert), Paul Lukas (Dr. Hartz), Dame May Whitty (Miss Froy), Googie Withers (Blanche), Cecil Parker (Mr. Todhunter), Linden Travers (Mrs. Todhunter), Mary Clare (die Baronin), Wayne (Caldicott), Basil Radford (Charters). 97 Minuten.

1939

JAMAICA INN (RIFF-PIRATEN)
Mayflower Pictures. England · P Erich Pommer, Charles Laughton · B Sidney Gilliat, Joan Harrison, n. d. Roman v. Daphne du Muarier · *Dialog* Sidney Gilliat u. J. B. Priestley · *Adaptation* Alma Reville · K Harry Stradling u. Bernard Knowles · Tr Harry Watt · S Robert Hamer · Bt Thomas N. Morahan · M Eric Fenby, dirigiert v. Frederic Lewis · Kst Molly McArthur · T Jack Rogerson · D Charles Laughton (Sir Humphrey Pengallan), Horace Hodges (Chadwick sein Butler), Hay Petric (sein Diener), Frederick Piper, Leslie Banks (Joss Merlyn), Marie Ney (Patience, seine Frau), Maureen O'Hara (Mary, seine Nichte). 108 Minuten.

1940

Rebecca (Rebekka)
David O. Selznick. USA · P David O. Selznick · B Robert E. Sherwood, Joan Harrison, n. d. Roman v. Daphne du Maurier · *Adaptation* Philip MacDonald, Michael Hogan · K George Barnes · S Hal C. Kern · Bt Lyle Wheeler · M Franz Waxman · D Laurence Olivier (Max de Winter), Joan Fontaine (Mrs. de Winter), George Sanders (Jack Favell), Judith Anderson (Mrs. Danvers), Nigel Bruce (Major Giles Lacey), C. Aubrey Smith (Colonel Julyan), Reginald Denny, Gladys Cooper, Philip Winter, Edward Fielding, Florence Bates, Leo G. Carroll. 130 Minuten.

Foreign Correspondent (Mord)
United Artists. USA · P Walter Wanger · Ra Edmond Bernoudy · B Charles Bennett, Joan Harrison · *Dialog* James Hilton, Robert Benchley · K Rudolph Maté · Tr Lee Zavitz · S Otto Lovering, Dorothy Spencer · Bt William Cameron Menzies, Alexander Golitzen · M Alfred Newman · T Frank Maher · D Joel McCrea (Jonnie Jones), Laraine Day (Carol Fisher), Herbert Marshall (Stephen Fisher), George Sanders (Herbert Folliott), Albert Bassermann (Van Meèr), Robert Benchley (Stebbins), Eduardo Cianelli (Krug), Edmund Gwenn (Rowley), Harry Davenport (Mr. Powers). 120 Minuten.

1941

Mr. and Mrs. Smith (Mr. und Mrs. Smith)
RKO. USA · P Harry E. Edington · B Norman Krasna · K Harry Stradling · Tr Vernon L. Walker · S William Hamilton · Bt Van Nest Polglase, L. P. Williams · M Roy Webb · D Carole Lombard (Ann Smith), Robert Montgomery (David Smith), Gene Raymond (Jeff Custer), Jack Carson (Chuck Benson), Philip Merivale (Mr. Custer), Lucile Watson (Mrs. Custer), William Tracy (Sammy), Charles Halton, Esther Dale, Emma Dunn, Betty Compson, Patricia Farr. 95 Minuten.

Suspicion (Verdacht)
RKO. USA · Ra Dewey Starkey · B Samson Raphaelson, Joan

Harrison, Alma Reville n. Francis Iles' *Before the Fact* · K Harry Stradling · Tr Vernon L. Walker · S William Hamilton · Bt Van Nest Polglase · M Franz Waxman · T John E. Tribby · D Cary Grant (John Aysgarth), Joan Fontaine (Lina MacKinlaw), Nigel Bruce (Beaky), Sir Cedric Hardwicke (General MacKinlaw), Dame May Whitty (Mrs. MacKinlaw), Isabel Jeans (Mrs. Newsham), Heather Angel, Auriol Lee, Reginald Sheffield, Leo G. Carroll. 99 Minuten.

1942

SABOTEUR (SABOTEURE)
Universal. USA · P Frank Lloyd, Jack H. Skirball · B Peter Viertel, Joan Harrison, Dorothy Parker, n. e. Entwurf v. Hitchcock · K Joseph Valentine · S Otto Ludwig · Bt Jack Otterson · M Charles Prévin, Frank Skinner · T Bernard Brown · D Robert Cummings (Barry Kane), Priscilla Lane (Patricia Martin), Otto Kruger (Charles Tobin), Alan Baxter (Mr. Freeman), Alma Kruger (Mrs. Van Sutton). 109 Minuten.

1943

SHADOW OF A DOUBT (IM SCHATTEN DES ZWEIFELS)
Universal. USA · P Jack H. Skirball · B Thornton Wilder, Alma Reville, Salley Benson, n. e. Erzählung v. Gordon McDonnell · K Joseph Valentine · S Milton Carruth · Bt John B. Goodman, Robert Bayle, R. A. Gausman, L. R. Robinson · M Dmitri Tiomkin, dirigiert v. Charles Prévin · Kst Adrian, Vera West · D Joseph Cotten (Charlie Oakley), Teresa Wright (Charlie Newton), MacDonald Carey (Jack Graham), Patricia Collinge (Emma Newton), Henry Travers (Joseph Newton), Hume Cronyn (Herbie Hawkins), Wallace Ford (Fred Saunders). 108 Minuten.

LIFEBOAT
20th Century-Fox. USA · P Kenneth MacGowan · B Jo Swerling, n. e. Erzählung v. John Steinbeck · K Glen MacWilliams · S Dorothy Spencer · Tr Fred Sersen · Bt James Basevi u. Maurice Ransford · M Hugo Friedhofer, dirigiert v. Emil Newman · Kst

René Hubert · T Bernard Fredericks, Roger Heman · D Tallulah Bankhead (Constance Porter), William Bendix (Gus Smith), Walter Slezak (Willy, U-Boot-Kommandant), Mary Anderson (Alice Mackenzie), John Hodiak (John Kovac), Henry Hill (Charles D. Rittenhouse), Heather Angel (Mrs. Higgins), Hume Cronyn (Stanley Garett), Canada Lee (George Spencer, gen. Joe). 96 Minuten.

1944

BON VOYAGE
Ministry of Information. England · B J. OC. Orton, Angus McPhail, n. e. Entwurf v. Arthur Calder-Marshall · K Gunther Krampf · Bt Charles Gilbert · D John Blythe, the Molière Players.

AVENTURE MALGACHE
Ministry of Information. England · K Gunther Krampf · Bt Charles Gilbert · D the Molière Players.

1945

SPELLBOUND (ICH KÄMPFE UM DICH)
Selznick International. USA · P David O. Selznick · B Ben Hecht, n. Francis Beedings *The House of Dr. Edwardes. Adaptation* Angus McPhail · K George Barnes · Tr Jack Cosgrove · S William Ziegler, Hal C. Kern · Bt James Basevi, John Ewing · M Miklos Rozsa · Kst Howard Greer · T Richard de Weese · *Traumsequenz* Salvador Dali · D Ingrid Bergman (Dr. Constance Peterson), Gregory Peck (John Ballantine), Jean Acker (die Direktorin), Rhonda Fleming (Mary Carmichael), Donald Curtis (Harry), John Emery (Dr. Fleurot), Leo G. Caroll (Dr. Murchison), Norman Lloyd (Garmes), Steven Geray, Paul Harvey, Erskine Sandford, Janet Scott, Victor Kilian, Bill Goodwin, Art Baker, Wallace Ford. 111 Minuten.

1946

NOTORIOUS (WEISSES GIFT, BERÜCHTIGT)
RKO. USA · P Hitchcock · AP Barbara Keon · Ra William

Dofman · B Ben Hecht, n. e. Entwurf v. Hitchcock · K Ted Tetzlaff · Tr Vervon L. Walker, Paul Eagler · S Theron Warth · Bt Albert S. D'Agostino, Carol Clark, Darrell Silvera, Claude Carpenter · M Roy Webb, dirigiert v. Constantin Balaleinikoff · Kst Edith Head · T John Tribby, Clem Portman · D Ingrid Bergman (Alicia Huberman), Cary Grant (Devlin), Claude Rains (Alexander Sebastian), Louis Calhern (Paul Prescott), Leopoldine Konstantin (Mrs. Sebastian), Reinhold Schünzel (Dr. Anderson). 102 Minuten.

1947

The Paradine Case (Der Fall Paradin)
Selznick International. USA · P David O. Selznick · B David O. Selznick, n. d. Roman v. Robert Hichens · *Adaptation* Alma Reville · K Lee Garmes · S Hal C. Kern, John Faure · Bt Joseph McMillan, Thomas N. Morahan · M Franz Waxman · Kst Travis Banton · D Gregory Peck (Anthony Keane), Ann Todd (Gay Keane), Charles Laughton (Richter Horfield), Ethel Barrymore (Lady Sophie Horfield), Charles Coburn (Sir Simon Flaquer), Louis Jourdan (André Latour), Alida Valli (Maddalena Anna Paradine), Leo G. Carroll. 110 Minuten.

1948

Rope (Cocktail für eine Leiche)
Transatlantic Pictures. USA · P Sidney Bernstein, Hitchcock · B Arthur Laurents, n. d. Stück v. Patrick Hamilton · *Adaptation* Hume Cronyn · K Joseph Valentine, William V. Skall · F Technicolor · Fb Natalie Kalmus · S William H. Ziegler · Bt Perry Ferguson · M Leo F. Forbstein, n. e. Thema v. Poulenc · Kst Adrian · T Al Riggs · D James Stewart (Rupert Cadell), Farley Granger (Philip), John Dall (Shaw Brandon), Joan Chandler (Janet Walker), Sir Cedric Hardwicke (Mr. Kentley), Constance Collier (Mrs. Atwater), Edith Evanson (Mrs. Wilson), Douglas Dick (Kenneth Lawrence), Dick Hogan (David Kentley). 81 Minuten.

1949

UNDER CAPRICORN (SKLAVIN DES HERZENS)
Transatlantic Pictures. England · P Sidney Bernstein, Hitchcock · B James Bridie, n. d. Roman v. Helen Simpson · *Adaptation* Hume Cronyn · K Jack Cardiff u. Paul Beeson, Ian Craig, David McNeilly, Jack Haste · F Technicolor · Fb Natalie Kalmus, Joan Bridge · S A. S. Bates · Bt Thomas N. Morahan · M Richard Adinsell, dirigiert v. Louis Levy · Kst Roger Furse · T A. W. Watkins · D Ingrid Bergman (Lady Henrietta Flusky), Joseph Cotten (Sam Flusky), Michael Wilding (Charles Adare), Margaret Leighton (Milly), Jack Watling (Winter), Cecil Parker (d. Gouverneur), Dennis O'Dea (Corrigan). 116 Minuten.

1950

STAGE FRIGHT (DIE ROTE LOLA)
ABPC. USA · P Hitchcock · B Whitfield Cook, n. zwei Erzählungen v. Selwyn Jepson · *Adaptation* Alma Reville · *Zusätzl. Dialog* James Bridie · K Wilkie Cooper · S Edward Jarvis · Bt Terence Verty · M Leighton Lucas, dirigiert v. Louis Levy · T Harold King · D Marlene Dietrich (Charlotte Inwood), Jane Wyman (Eve Gill), Michael Wilding (Inspektor Wilfred Smith), Richard Todd (Jonathan Cooper), Alastair Sim (Kommodore Gill), Dame Sybil Thorndike (Mrs. Gill). 110 Minuten.

1951

STRANGERS ON A TRAIN (VERSCHWÖRUNG IM NORDEXPRESS, DER FREMDE IM ZUG)
Warner Bros. USA · P Hitchcock · B Raymond Chandler, Czenzi Ormonde, n. d. Roman v. Patricia Highsmith · *Adaptation* Whitfield Cook · K Robert Burks · Tr H. F. Koene Kamp · S William H. Ziegler · Bt Edward S. Haworth u. George James Hopkins · M Dmitri Tiomkin, dirigiert v. Ray Heindorf · Kst Leah Rhodes · T Dolph Thomas · D Farley Granger (Guy Haines), Ruth Roman (Anne Morton), Robert Walker (Bruno Anthony), Leo G. Carroll (Senator Morton), Patricia Hitchcock (Barbara Morton), Laura Elliott (Miriam Haines), Marion Lorne (Mrs. Anthony), Jonathan Hale (Mr. Anthony). 101 Minuten.

1952

I Confess (Ich beichte, Zum Schweigen verurteilt)
Warner Bros. USA · P Hitchcock · AP Barbara Keon · Ra Don Page · B George Tabori, William Archibald, n. e. Stück v. Paul Anthelme · K Robert Burks · S Rudi Fehr · Bt Edward S. Haworth, George James Hopkins · M Dmitri Tiomkin, dirigiert v. Ray Heindorf · Kst Orry-Kelley · T Oliver S. Garretson · D Montgomery Clift (Pater Michael Logan), Anne Baxter (Ruth Grandfort), Karl Malden (Inspektor Larrue), Brian Aherne (Willy Robertson), O. E. Hasse (Otto Keller), Dolly Haas (Alma Keller), Roger Dann (Pierre Grandfort), Charles André (Pater Millais), Judson Pratt (Murphy), Ovila Legare (Vilette), Gilles Pelletier (Pater Benoit). 95 Minuten.

1954

Dial M for Murder (Bei Anruf Mord)
Warner Bros. USA · P Hitchcock · B Frederick Knott, n. s. Stück · K Robert Burks · F Warner-Color · S Rudi Fehr · Bt Edward Carrere, George James Hopkins · M Dmitri Tiomkin · Kst Moss Mabry · T Oliver S. Garretson · D Ray Milland (Tony Wendice), Grace Kelly (Margot Wendice), Robert Cummings (Mark Halliday), John Williams (Inspektor Hubbard), Anthony Dawson (Captain Swan Lesgate), Leo Britt (der Erzähler), Patrick Allen (Pearson), George Leigh (Williams), George Alderson (der Polizeibeamte), Robin Hughes (ein Polizeisergeant). 105 Minuten.

Rear Window (Das Fenster zum Hof)
Paramount. USA · P Hitchcock · Ra Herbert Coleman · B John Michael Hayes, n. e. Novelle v. Cornell Woolrich · K Robert Burks · F Technicolor · Fb Richard Mueller · Tr John P. Fulton · S George Tomasini · Bt Hal Pereira, Joseph McMillan Johnson, Sam Comer, Ray Mayer · M Franz Waxman · Kst Edith Head · T Harry Lindgren, John Cope · D James Stewart (L. B. Jefferies), Grace Kelly (Lisa Feremont), Wendell Corey (Thomas J. Doyle, der Kriminalbeamte), Thelma Ritter (Stella), Raymond Burr (Lars Thorwald), Judith Evelyn (Miss Lonely Hearts), Ross Bagdasarian (der Komponist), Georgine Darcy (Miss Torso). 112 Minuten.

1955

To Catch a Thief (Über den Dächern von Nizza)
Paramount. USA · P Hitchcock · Ra Daniel J. McCauley · R *des zweiten Teams* Herbert Coleman · B John Michael Hayes, n. d. Roman v. David Dodge · K Robert Burks · K *des zweiten Teams* Wallace Kelley · F Technicolor · Fb Richard Mueller · Tr John P. Fulton · S George Tomasini · Bt Hal Pereira, Joseph McMillan Johnson, Sam Comer, Arthur Krams · M Lyn Murray · Kst Edith Head · T Harold Lewis, John Cope · D Cary Grant (John Robie), Grace Kelly (Frances Stevens), Charles Vanel (Bertani), Jessie Royce Landis (Mrs. Stevens), Brigitte Auber (Danielle Foussard), René Blancard (Kommissar Lepic). 107 Minuten.

1956

The Trouble with Harry (Immer Ärger mit Harry)
Paramount. USA · P Hitchcock · B John Michael Hayes, n. d. Roman v. Jack Trevor Story · K Robert Burks · F Technicolor · Fb Richard Mueller · Tr John P. Fulton · S Alma Macrorie · Bt Hal Pereira, John Goodman, Sam Comer, Emile Kuri · M Bernard Herrmann. Song *Flaggin the Train to Tuscaloosa: Verse* Mack David, M Raymond Scott · Kst Edith Head · T Harold Lewis u. Winston Leverett · D Edmund Gwenn (Captain Albert Wiles), John Forsythe (Sam Marlowe), Shirley MacLaine (Jennifer), Mildred Natwick (Miss Gravely), Jerry Mathers (Arnie), Mildred Dunnock (Mrs. Wiggs), Royal Dano (Calvin Wiggs). 99 Minuten.

The Man Who Knew Too Much (Der Mann, der zuviel wusste)
Filwite Productions. USA · P Hitchcock · AP Herbert Coleman · Ra Howard Joslin · B John Michael Hayes u. Angus McPhail, n. e. Erzählung v. Charles Bennett u. D. B. Wyndham-Lewis · K Robert Burks · F Technicolor · Fb Richard Mueller · Tr John P. Fulton · S George Tomasini · Bt Hal Pereira, Henry Bumstead, Sam Comer, Arthur Krams · M Bernard Herrmann · *Verse* Jay Livingston, Ray Evans: *Whatever Will Be, We'll Love Again* Kantate *Storm Cloud* v. Arthur Benjamin u. D. B. Wyndham-

Lewis, aufgeführt v. London Symphony Orchestra, dirigiert v. Bernard Herrmann · Kst Edith Head · T Paul Franz, Gene Garvin · D James Stewart (Dr. Ben McKenna), Doris Day (Jo, seine Frau), Daniel Gélin (Louis Bernard), Brenda de Banzie (Mrs. Dravton), Ralph Truman (Inspektor Buchanan), Mogens Wieth (der Botschafter), Alan Mowbray (Val Parnell), Hillary Brooke (Jan Peterson), Christopher Olsen (Hank McKenna), Reggie Nalder (Rien, der Mörder). 119 Minuten.

1957

THE WRONG MAN (DER FALSCHE MANN)
Warner Bros. USA · P Hitchcock · AP Herbert Coleman · Ra Daniel J. McCauley · B Maxwell Anderson, Angus McPhail, n. *The True Story of Christopher Emmanuel Balestrero* v. Maxwell Anderson · K Robert Burks · S George Tomasini · Bt Paul Sylbert u. William L. Kuchl · M Bernard Herrmann · T Earl Crain, sen. · D Henry Fonda (Christopher Emmanuel Balestrero, gen. Manny), Vera Miles (Rose, seine Frau), Anthony Quayle (O'Connor), Harold J. Stone (Leutnant Bowers), Charles Cooper (Matthews, ein Kriminalbeamter), John Heldabrand (Tomasini), Richard Robbins (Daniel, der wahre Schuldige). 107 Minuten.

1958

VERTIGO (AUS DEM REICH DER TOTEN)
Paramount. USA · P Hitchcock · AP Herbert Coleman · Ra Daniel J. McCauley · B Alec Coppel, Samuel Taylor, n. d. Roman *D'entre les morts* v. Boileau u. Narcejac · K Robert Burks · F Technicolor · Fb Richard Mueller · Tr John P. Fulton · S George Tomasini · Bt Hal Pereira, Henry Bumstead, Sam Comer u. Frank McKelvey · M Bernard Herrmann · Kst Edith Head · T Harold Lewis, Winston Leverett · Te Saul Bass · D James Stewart (John ›Scottie‹ Ferguson), Kim Novak (Madeleine Elster, Judy Barton), Barbara Bel Geddes (Midge), Henry Jones (der Leichenbeschauer), Tom Helmore (Gavin Elster), Raymond Bailey (der Arzt). 128 Minuten.

1959

North by Northwest (Der unsichtbare Dritte)
MGM. USA · P Hitchcock · AP Herbert Coleman · Ra Robert Saunders · B Ernest Lehman · K Robert Burks · F Technicolor · Fb Charles K. Hagedon · Tr A. Arnold Gillespie, Lee Leblanc · S George Tomasini · Bt Robert Boyle, William A. Horning, Merrill Pye, Henry Grace, Frank McKelvey · M Bernard Herrmann · T Franklin Milton · Te Saul Bass · D Cary Grant (Roger Thornhill), Eva Marie Saint (Eve Kendall), James Mason (Phillip Vandamm), Jessie Royce Landis (Clara Thornhill), Leo G. Carroll (C der Professor), Philip Ober (Lester Townsend), Josephine Hutchinson (die Haushälterin), Martin Landau (Leonard), Adam Williams (Valerian). 136 Minuten.

1960

Psycho (Psycho)
Paramount. USA · P Hitchcock · Ra Hilton A. Green · B Joseph Stefano, n. d. Roman v. Robert Bloch · K John L. Russell · Tr Clarence Champagne · S George Tomasini · Bt Joseph Hurley, Robert Clatworthy, George Milo · M Bernard Herrmann · Kst Helen Colvig · T Walden O. Watson, William Russell · Te Saul Bass · D Janet Leigh (Marion Crane), Anthony Perkins (Norman Bates), Vera Miles (Lila Crane), John Gavin (Sam Loomis), Martin Balsam (Milton Arbogast), John McIntire (Sheriff), Simon Oakland (Dr. Richmond), Frank Albertson (der Millionär), Patricia Hitchcock. 108 Minuten.

1963

The Birds (Die Vögel)
Universal. USA · P Hitchcock · Ra James H. Brown · B Evan Hunter, n. d. Erzählung v. Daphne du Maurier · K Robert Burks · F Technicolor · Tr Lawrence A. Hampton · *K Berater* Ub Iwerks · S George Tomasini · Bt Robert Boyle, George Milo · *T Berater* Bernard Herrmann · *Elektronischer T* Remi Gassman, Oskar Sala · Kst Edith Head · *Vogeldresseur* Ray Berwick · Te James S. Pollak · D Rod Taylor (Mitch Brenner), Tippi Hedren (Melanie

Daniels), Jessica Tandy (Mrs. Brenner), Suzanne Pleshette (Annie Hayworth), Veronica Cartwright (Cathy Brenner), Ethel Griffies (Mrs. Bundy), Charles McGraw (Sebastian Sholes), Ruth McDevitt (Mrs. MacGruder). 120 Minuten.

1964

MARNIE (MARNIE)
Universal. USA · P Hitchcock · Ra James H. Brown · B Jay Presson Allen, n. d. Roman v. Winston Graham · K Robert Burks · F Technicolor · S George Tomasini · Bt Robert Boyle, George Milo · M Bernard Herrmann · Kst Edith Head · T Waldon O. Watson, William Green · D Tippi Hedren (Marnie Edgar), Sean Connery (Mark Rutland), Diane Baker (Lil Mainwaring), Martin Gabel (Sidney Strutt), Louise Latham (Bernice Edgar, Marnies Mutter), Bob Sweeney (Vetter Bob), Alan Napier (Mr. Rutland), S. John Lainer (Sam Ward), Mariette Hartley (Susan Clabon), Bruce Dern. 130 Minuten.

1966

TORN CURTAIN (DER ZERRISSENE VORHANG)
Universal. USA · P Hitchcock · Ra Donald Baer · B Brian Moore · K John F. Warren · F Technicolor · S Bud Hoffman · Bt Frank Arrigo, Hein Heckroth, George Milo · M John Addison · Kst Edith Head · T Waldon O. Watson u. William Russell · D Paul Newman (Michael Armstrong), Julie Andrews (Sarah Sherman), Lil Kedrova (Gräfin Kuczinska), Hansjörg Felmy (Heinrich Gerhard), Tamara Toumanova (Ballerina), Wolfgang Kieling (Hermann Gromek), Günter Strack (Professor Karl Manfred), Ludwig Donath (Professor Gustav Lindt), David Opatoshu (Mr. Jacobi), Gisela Fischer (Dr. Koska), Mort Mills (Bauer), Carolyn Conwell (Bäuerin), Arthur Gould-Porter (Freddy). 128 Minuten.

1969

TOPAZ (TOPAS)
Universal. USA · P Hitchcock · AP Herbert Coleman · Ra Douglas Green, James Westman · B Samuel Taylor, n. d. Roman v.

Leon Uris · K Jack Hildyard · F Technicolor · Tr Albert Whitlock · S William H. Ziegler · Bt Henry Bumstead, John Austin · M Maurice Jarre · Kst Edith Head · T Waldon O. Watson, Robert R. Bertrand · D Frederick Stafford (André Devereaux), Dany Robin (Nicole Cordoba), John Vernon (Rico Parra), Karin Dor (Juanita de Cordoba), Michel Piccoli (Jacques Granville), Philippe Noiret (Henri Jarre), Roscoe Lee Browne (Philippe Dubois), Per-Axel Arosenius (Boris Kusenow), John Forsythe (Michel Nordstrom), Claude Jade (Michèle Picard), Michel Subor (François Picard). 125 Minuten.

1972

FRENZY (FRENZY)
Universal. England · P Hitchcock · AP Bill Hill · Ra Colin Brewer · B Anthony Shaffer, n. d. Roman *Goodbye Piccadilly, Farewell Leicester Square* v. Arthur La Bern · K Gil Taylor · F Technicolor · S John Jympson · Bt Sydney Cain, Robert Laing · M Ron Goddwyn · T Rusty Coppleman, Peter Handford, Gordon K. McCallum · D Jon Finch (Richard Blaney), Alec McCowaen (Inspektor Oxford), Barry Foster (Bob Rusk), Barbara Leigh-Hunt (Brenda Blaney), Anna Massay (Barbara ›Babs‹ Miligan), Vivien Merchant (Mrs. Oxford), Bernard Cribbins (Forsythe), Billie Whitelaw (Hetty Porter), Michael Bates (Wachtmeister Spearman), Jimmy Gardner (Hall Porter), Rita Webb (Mrs. Rusk), Clive Swift (Johnny Porter), Jean Marsh (Brendas Sekretärin), Magda Ryan (Mrs. Davison), George Tovey (Mr. Salt). 116 Minuten.

1976

FAMILY PLOT (FAMILIENGRAB)
Universal. USA · P Hitchcock · Ra Howard Kazanjian, Wayne Farlow · B Ernest Lehman, n. d. Roman *The Rainbird Pattern* v. Victor Canning · K Leonard J. South · F Technicolor · S J. Terry Williams · Bt Henry Bumstead · M John Williams · T James Alexander, Robert L. Hoyt · Kst Edith Head · D Bruce Dern (George Lumley), Barbara Harris (Blanche Tyler), William Devane (Arthur Adamson), Karen Black (Fran), Cathleen Nesbitt

(Julia Rainbird), Ed Lauter (Joe Maloney), Katherine Helmond (Mrs. Maloney), William Prince (Bischof Wood), Nicholas Colasanto (Victor Constantine), Warren J. Kemmerling (Hank Granderson), John Lehne (Andy Bush), Martin West (Floyd Sanger), Edith Atwater (Mrs. Clay), Marge Redmond (Vera Hannagan), Charles Tyner (Wheeler), Alexander Lockwood (Priester), Louise Lorimer (Ida Cooksen), Fran Ryan (Verwaltungsangestellte), Darrell Zwerling (Mesner), Kate Murtagh, Clint Young. 120 Minuten.

Personen- und Titelregister

Zusammengestellt von Dorothee Mosch.
Kursivsetzungen bezeichnen Titel von Filmen, Büchern etc.

Bildnachweise

Bild 12, 13, 14, 20: Privates Archiv für Filmkunde Köln; Bild 15, 16, 19, 21, 23, 24: Stiftung Deutsche Kinemathek Berlin; alle übrigen Bilder: John Russell Taylor